진화를 묻다

The Tangled Tree

다윈 이후, 생명의 역사를 새롭게 밝혀낸 과학자들의 여정

진화를 묻다 The Tangled Tree

초판 1쇄 2020년 2월 7일
　　2쇄 2020년 5월 7일

지은이 데이비드 쾀멘
옮긴이 이미경, 김태완
발행인 최홍석

발행처 (주)프리렉
출판신고 2000년 3월 7일   제 13-634호
주소 경기도 부천시 원미구 길주로 77번길 19 세진프라자 201호
전화 032-326-7282(代)   **팩스** 032-326-5866
URL www.freelec.co.kr

편집 강신원
표지디자인 박진범
본문디자인 박경옥

ISBN 978-89-6540-262-6

The
Tangled
Tree

진화를 묻다

다윈 이후, 생명의 역사를 새롭게 밝혀낸 과학자들의 여정

데이비드 쾀멘 지음 | 이미경·김태완 옮김

프리렉

내 영혼의 대리인,

데니스 허친슨과 데이비드 로에게

20세기 후반 생명과학 발전에 지대한 공헌을 했음에도 노벨상을 받지 못한 사람이 둘 있다. 세포내공생으로 유명한 린 마굴리스와 아르케이아(고세균)를 발견해 분류학을 혁신한 칼 워즈다. 이 책은 워즈를 주연으로 마굴리스를 포함한 많은 과학자들을 조연으로 등장시켜 분자 수준에서 진화의 미스터리를 파헤치는 분자계통학의 등장과 전개를 생동감 있게 펼쳐보이고 있다. 1990년 워즈가 '3영역 분류 체계'를 제시한 지 30년이 되는 해에 이 책의 한국어판이 나와 더욱 감회가 새롭다.

- 강석기, 과학칼럼니스트

'아는 만큼 보인다', 잘 알고 있는 말이지만 이 책을 읽으면 더욱 실감하게 된다. 과학의 발달로 인간이 바라볼 수 있는 시각이 넓어지고 있는데, 이는 '진화'도 마찬가지다. 이 책은 다윈의 진화론부터 최근 유전자가위 기술(CRISPR)의 출현까지 일반인들이 이해하기 어려운 진화에 대한 이야기를 가능한 한 쉽게 풀어내고 있다. 더불어 이 과정에 관여한 많은 과학자들의 삶이 과학을 어설프게라도 접한 사람으로서 과거에 대한 기억과 아련한 친근감을 느끼게 한다.

- 윤강식, 국가항암신약개발사업단 본부장

찰스 다윈의 진화론에서 핵심적인 통찰 중 하나는 생명이 마치 나무의 가지처럼 갈라졌다는 것이다. 그리고 한 세기가 지나 분자생물학의 혁명적인 발견 중 하나는 '생명의 나무'가 사실 훨씬 더 복잡한 가지들로 구성된 미로라는 점이다.

－ 칼 짐머, 《진화: 모든 것을 설명하는 생명의 언어》, 《기생충 제국》의 저자

이 책은 새로운 분자 기술이 어떻게 기존에 진화 과정을 이해하던 방식과 생명을 일관성 있게 분류하던 방식을 혁신하게 되었는지 밝혀낸다. 저자 콤멘은 이러한 혁명을 둘러싼 과학과 인물 이야기를 훌륭하게 엮어냈다.

－ 사이언스지

옮긴이의 글

이 책은 진화론에 대한 이야기다. 우리가 진화론 하면 떠올리는 다윈으로부터 최근의 분자생물학까지의 여정을 다루고 있다. 진화론이 분자생물학과 무슨 관계가 있을까? 이런 생각이 든다면 이 책이 바로 그 의문을 차근차근 풀어나가는 과정이 될 것이다. 이 과정은 외떡잎, 쌍떡잎식물이나 멘델의 완두콩 교배 실험처럼 학교 생물 시간에 배웠던 유전법칙을 복습하듯이 상기시키고자 하는 것이 아니다. 이 이야기들에서 주인공은 우리 인간이나 우리가 주변에서 볼 수 있는 동, 식물이 아니다. 바로 우리 눈에 보이지 않는 미생물이다. 흠.... 미생물은 진화와 또 어떤 관계일까?

분자생물학은 말 그대로 분자의 차원에서 생물계를 연구하는 학문이다. 여기서 말하는 분자는 유전자, 즉 DNA, RNA다. 1900년대 중반에 DNA의 구조가 밝혀지고 본격적인 연구가 진행되면서, DNA는 생명의 본질일뿐만 아니라 생명의 탄생과 진화에 대한 깊은 비밀을 담고 있음이 밝혀졌다. 그런데 바로 이 DNA의 유전 방식, 즉 그들이 자신의 존재를 이어 가기위해 복제하고 옮겨 다니는 과정에서 미생물들이 지대한 역할을 하고 있음이 밝혀졌고, 이는 우리를 포함한 모든 생물체와 그 진화에 대해서 우리가 지금껏 가지고 있던 근본적인 인식들을 바꾸고 있다. 미생물은 이 책에서 잠깐 언급되고 잊힐 소설 속 여주인공 같은 존재가 아니라, 향후 우리의 삶과 건강에서 이제껏 조용히 물러나 있던 조연이 아닌 주연으로서 우리의 사고체계 안에 자리 잡게 될 것이다. 아울러 이러한 과정들을 하나하나 짚어 나가면서 그것이 과연 우리 인간에게 무엇을 의미하는지 의문을 가지게 된다면 이 책은 그 소임을 다했다고 할 수 있다.

역자는 이 책을 번역하면서 한 가지 의문과 놀라움에 맞닥뜨렸다. "우리 인간에게 이토록 치명적인 과학적 사실들이 왜 세상에 제대로 알려지지 않고 있는 것일까?" 국내의 상황은 좀 더 심각하다. 이것은 그저 알면 좋고 모르면 그만인, 또는 미래에 관한 저자의 뛰어난 상상력이 발휘된 SF 과학 소설 속에나 등장하는 가상의 현실이 아닌, 우리의 현재 상황인 것이다. 번역 과정에서 책 속의 많은 인물과 사건들을 인터넷 혹은 관련 서적을 뒤져 가며 조사했지만, 이 책의 주요 인물이자 분자계통학의 포문을 열었던 칼 워즈조차도 한글 위키백과에는 단 한 줄의 설명에 그칠 뿐이다. 어떤 이유든 간에 우리는 과학 지식의 사각지대에 살고 있었다. 이 책을 통해 그러한 사각지대에서 조금이라도 벗어날 수 있지 않을까 하는 바람을 가져본다.

여기에는 우리가 이전에 알지 못했던 가공할 진실과 분자생물학이 이토록 흥미진진할 수 있다는 사실에 대한 놀라움이 있다. 그리고 독자들이 새롭게 알게 될 이 사실들은 비단 과학에 흥미가 있는 학생이나 전문가의 지적 호기심을 채워주기 위한 난해한 전문지식이 아니다. 어떻게 지구에 생명이 생겨났고, 생명은 어떻게 진화해서 우리 인간에 이르렀으며, 그러한 인간들이 몸을 일으켜 이미 아득해진 지구 생명의 역사를 하나하나 되짚어 나가는 과정에 대한 지식들이다. 되짚는 과정에서 얻게 되는 산물은 인간과 생태계, 그리고 우리라는 존재에 대한 재해석일 것이며, 그것이 바로 이 책이 일부 전문가를 위한 협소한 지식일 수 없는 이유다. 이 책을 읽으며 독자의 패러다임에 변화가 생길 것임을 확신한다.

이 책에서는 반드시 필요한 몇 개의 그림 말고는 설명을 돕기 위한 도식이나 도표를 거의 볼 수 없다. 그저 건조한 과학서적으로 오인될 것을 우려한 저자의 경계심이었을 것이다. 그러나 여러분이 중고등학교 때 생물 수업에서 DNA나 RNA, 단백질에 대해서 들어봤다면 이 책을 읽는 데 무리가 없을 것이다. 더불어 생소하게만 느꼈던 과학적 사실들을 놀라우리만치 쉽게 이해시키는 저자의 탁월한 문장력과 구성 속에서 독자 여러분도 어느새 편안하게 지식의 흐름 속으로 빠져드는 자신을 발견하게 될 것이다. 따라서 마지막 페이지를 읽고 난 후 독자들의 머릿속에는 생물학의 전체 흐름이, 생명에 대한 새로운 견해가 마치 마법과 같이 자리 잡고 있음을 깨닫게 될 것이다.

우리 주변에는 새로운 연구를 하는 사람이 늘 존재한다. 학계에서, 연구소에서, 기업에서, 또는 개인적인 관심으로 연구하는 이들도 있을 것이다. 그러나 하나의 과학적 발견이 학계에 알려지기는 쉬운 일이 아니다. 우연히 한 상점에서 유명인에게 발견된 그림 한 점이 한 무명작가를 대중에게 소개하는 계기가 되기도 하듯이, 수십 년을 묻혀 있다가 한 지방 도서관에서 발견되는 과학적 발견들도 허다하다. 이 책을 통해 과학의 발견이 어떻게 세상에 유통되어 알려지게 되는지 이해하는 것도 우리에게 하나의 성과가 될 것이다.

독자들은 이 책을 통해 진화에 대한 새로운 관점과 이를 뒷받침하는 최근의 연구들을 접하게 될 것이다. 그 주축이 되는 인물로 칼 워즈와 린 마굴리스를 위시하여 우리가 익히 들어본 또는 들어보지 못한 여러 과학자가 등장한다. 이 책의 저자는 그들 중 현존하는 상당히 많은 학자를 대부분 직접 찾아가 인터뷰했고, 그 노력의 흔적은 내용 속에 생생한 현장감으로 스며들어 있다. 그러나 그러한 와중에도 특정 인물에 대해서 중립을 유지하려 애쓰는 저자의 의도를 다분히 느낄 수 있다. 특히 주요 인물인 칼 워즈에 대한 저자의 거리 두기를 눈여겨보기 바란다. 독자들은 칼 워즈라는 인물에게 애정을 가질지도 모르며, 칼 워즈를 향해 욕을 할지도 모른다. 이 책은 진화의 과학을 다루고 있지만 그것만이 다는 아니다. 다윈이나 칼 워즈를 포함하여 모든 등장인물의 애환을 다루고 있다. 이것이 이 책을 가치 있게 하는 적지 않은 요소라고 장담할 수 있다. 다른 여느 인간사처럼 과학계에서 벌어지는 경쟁과 인간적인 욕망, 세기적인 천재들에 대한 이야기, 지식에 대한 탐구열, 유명해지고자 하는 야망, 노벨상에 대한 애증 같은 것들이다. 이들을 통해 독자는 과학적인 사실뿐만 아니라, 그것을 이루어 내는 것이 다름 아닌 사람이라는 것을 새삼 느끼게 될 것이다. 과학은 사람들이 빚어내는 그릇과도 같다. 그릇은 차고 비워짐을 반복한다. 그러나 그러한 그릇이 새로운 것을 담아내지 못할 때도 있다. 시대를 막론하고 새로운 이론을 세우거나 새로운 아이디어를 표현하는 사람들의 작품이 자유롭게 출판되는 것은 무척이나 어렵다. 과학은 새로운 발견에 따라 과거의 것을 비워낼 수 있어야 하지만, 시간이 지나면서 그 벽이 더욱 두터워지고 그것을 지켜내느라 새로운 것을 외면하게 되며 그러한 태도를 오히려 자연스레 합리화한다. 한때 새로운 발견, 새로운 아이디어였던 것들이 어느 순간에 이미 고리타분한 편견으로 인식되는 것은 과학계라고 해서 다르지 않다. 과학적인 발견을 이루어 내는 것은 기계가 아니라 인간이며, 과학자들의 이러한 인간사는 단순한 가십거리가 아닌 진지한 삶의 과정으로 이해할 수 있을 것이다.

　장차 과학도가 되고자 하는 학생에게 이 책은 특히 도움이 될 것이다. 오늘날의 과학이 어떻게 전개되는지, 과학자로서 어떤 태도를 취해야 할지에 대한 진지한 사고의 기회를 제공할 것이다. 한 눈에도 결코 만만해 보이지 않는 이 책을 끝까지 읽어낼 수 있을지 걱정할지도 모를 독자들에게 이 글이 다소나마 그러한 마음의 걸림돌을 치워주는 자상한 안내가 되었으면 하는 바람이다.

참고로, 독자의 혼동을 피하기 위해 생물 분류에 대해 잠깐 짚고 넘어가려 한다. 모든 생물은 세분화된 하위로부터 종^{Species}, 속^{Genus}, 과^{Family}, 목^{Order}, 강^{Class}, 문^{Phylum}, 계^{Kingdom} 순으로 분류한다. 이 중 특히 자주 등장하는 가장 상위의 '계'는 이 책에서는 문맥에 따라 영어식 표현인 '왕국'으로 표기한 곳도 적지 않다. 또한 칼 워즈가 제시한, 왕국(계)보다 한 단계 더 상위인 영역(또는 역)^{Domain} 역시 '도메인'이라고 그대로 표기하기도 했다. 우리말로 옮겼을 때 오히려 다른 의미로 받아들여질 우려를 피하기 위해서다. 같은 이유로, 우리말로 번역된 고유명사 옆에는 원문을 병기하였다. 혹여 이것이 몰입에 방해되지 않을까 우려가 되기도 하지만 과학서적의 특성상 직접 원어로 검색해야 할 상황을 고려한 것이다.

끝으로, 흔치 않은 명저를 역자가 번역할 수 있도록 애써 준 프리렉 최홍석 사장님께 감사드린다. 왜 이처럼 중요한 과학을, 놀라운 사실들을 이제 접하게 된 것일까를 생각할 때, 이 책을 번역하는 과정은 고통이 아닌 발견의 기쁨이었다. 결코 가볍지 않은 이 책을 한 단락 한 단락 번역해 나갈 때마다 역자는 지식의 습득을 넘어 내면이 성장하는 느낌을 받았다. 만약 책을 읽고 독자 여러분이 그런 느낌을 받지 못했다면 이 책을 욕하지 않기 바란다. 그것은 역자 우리의 잘못이다.

옮긴이 이미경, 김태완

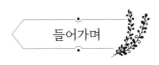

생명.

우리가 아무리 생생하게 상상을 표현해낸다 해도 우리가 알고 있는 생명은 지구에만 존재하는 매우 특이한 현상이다. 이에 이의를 제기하는 수많은 추론과 확률적 가능성이 있지만 뚜렷한 증거는 아직 발견되지 않았다. 물론 수학적 확률과 화학적 조건으로 따진다면 생명현상은 우주 다른 곳에도 충분히 존재할 수 있다. 설사 그렇다 해도 현재까지 이런 이야기는 모두 허구다. 그것은 가능성일 뿐 지구상의 생명만이 현실이다. 당장 내일 혹은 미래에 외계 생명체가 발견된다면 지구 생명의 특별함은 사라질 테지만 아직은 아니다. 생명은 오로지 중간 크기 은하의 후미진 한 켠에 있는 작은 행성, 바로 지구에서 펼쳐지고 있는 단 한 번 일어난 실제 사건이다. 우리는 이 한 번의 사건, 그리고 그 속에 담긴 광범위한 주제와 그 속내까지 들여다보게 될 것이다.

이 책은 새로운 방법론으로 사건들을 추적할 것이며, 결과는 우리가 전혀 예상치 못한 것들이다. 바로 "분자계통학molecular phylogenetics"이다. 꽤 거창한 이름이지만 사실 그 원리는 의외로 단순하다. 오늘날 살아 있는 생명체에 존재하는 분자들, 그 긴 분자들의 구성단위로부터 기나긴 생명의 역사 그리고 생명체들 간의 관계를 추적하는 것이다. 그 의문을 풀어줄 분자들은 DNA와 RNA, 일부 단백질이며 우리가 주목할 구성단위들은 뉴클레오티드 염기와 아미노산이다. 이들로부터 얻은 놀라운 성찰은 생명의 역사와 우리를 포함한 모든 생명체에 관해서 우리가 알고 있는 것들을 근본적으로 뒤바꾸게 될 것이다. 그 놀라운 성찰은 우리 자신에 대한 의문들, 즉 다세포 생물로서 인간의 정체는 무엇이며, 무엇으로 이루어져 있는지, 그리고 지구상의 생명체는 어떻게 진화했는지에 다가가는 세 가지 단서들이다.

그 중의 하나는 지금까지 모든 생명을 통틀어 우리가 상상할 수 없었던 기이한 생명체 '아르케이아'라 불리는 것이다. 그리고 '수평적 유전자 전달'이라는, 역시 우리가 예상조차 하지 못했던 유전적 변형 방식이 그 두 번째다. 마지막 세 번째는 우리의 가장 오랜 시조를 밝혀낼, 또는 그럴 가능성이 농후한 단서. 이 단서들은 우리 인간이 불과 40년 전에 겨우 존재가 알려진 어떤 생명체로부터 유래되었다고 암시하고 있다.

아르케이아^{archaea}는 오랫동안 박테리아의 일부로 오인되었다(공식적인 분류에서는 대문자 Archaea로 표기한다). 그러나 아르케이아의 정체가 밝혀짐에 따라, 오늘날 미생물들은 이제껏 과학이 묘사했던 것과 그 차원이 다르다는 사실뿐만 아니라, 원시생명의 역사 또한 매우 다르다는 사실이 밝혀졌다. 유전자는 후손에게 수직으로만 전달되므로 다른 종으로 전달될 수 없다는 기존의 관념 또한 뒤바뀌게 되었다. 이는 수평적 유전자 전달(HGT)이 광범위하게 일어난 현상이라는 사실에 기인한 것이다. 또한 최근까지 아르케이아에 관해 밝혀진 바에 따르면 우리 인간은 바로 이 기묘한 미생물의 자손이라는 것이다. 인간뿐만 아니라 모든 동식물, 균류, 핵 속에 DNA를 가진 세포들로 구성된 모든 고등생물도 마찬가지란다. 어떤가, 이것은 마치 지구 반대편에 있는 외국인도 아닌, 다른 행성의 외계인을 앞에 두고 바로 그가 여러분의 증조의 증조의 증조 할아버지라고 말해주는 것만큼 황당하지 않은가?

이 세 가지 놀라운 사실들은 우리에게 새로운 불확실성을 가져다주는 것이며, 그것은 인간의 정체성, 인간의 독립성, 인간의 건강에 곧바로 연관된 것이다. 우리는 우리가 생각했던 존재가 아니다. 우리는 복합적인 생명체다. 게다가 우리의 조상은 바로 몇십 년 전까지도 과학계에서 관심조차 두지 않았던 후미진 생태계 구석에서 이제 깨어나려 하는 것이다. 진화는 우리가 알고 있는 것보다 훨씬 더 교묘하고 복잡하다. 생명의 나무 역시 더 복잡하게 얽혀 있다. 유전자는 아래 세대로만 흐르는 것이 아니라, 종의 경계를 넘고 더 큰 경계들을 가로질러 다른 계^{kingdom}를 넘나들기도 한다. 어떤 것들은 예상조차 못 한 비영장류로부터 샛길을 따라 우리 영장류에 침입하기도 한다. 바로 수혈이나 감염으로 유전자 변형을 초래하는 "감염 유전"(기존 유전과 구별하기 위해 과학자들이 선호하는 표현)이다. 본문에서 더 자세히 다룰 것이다.

감염에 대해서 더 이야기해 보자. 수평적 유전자 전달로 의학계는 전 세계적으로 큰 도전에 직면하게 되었다. 항생제 내성을 가진 박테리아는 미래에 다가올 커다란 재앙을 예고하는 조용한 경고라고 할 수 있다. MRSA(메티실린 내성 포도구균)는 미국에서만 매년 11,000명 이상, 세계적으로는 더 많은 사상자를 내는 치명적인 세균이다. 그것이 수평 유전을 통해 다른 종의 박테리아로부터 순식간에 모든 약물에 내성을 가진 유전자를 획득한다면 어떻겠는가? 이것이 바로 슈퍼버그, 즉 다중 내성을 가진 죽지 않는 박테리아가 전 세계에 급속도로 퍼지는 이유다. 현실일 뿐만 아니라 의미심장한 이 새로운 사실들은 불현듯 우리 인간은 누구인지, 우리는 어떻게 만들어졌는지, 생태계는 어떻게 돌아가는지에 대한 우리의 근본적인 생각들에 이의를 제기하는 것들이다.

생물학의 개념을 근본부터 뒤엎는 이 혁명은 서로 다른 시대에 서로 다른 곳에서 발생한 몇몇 사건들에서 기인한다. 그중 가장 주목할 만한 사건은 1977년 가을 일리노이주 어바나 대학교에서 일어났다. 사건의 주인공은 칼 워즈라는 사람이다. 그는 뉴욕타임스 사진기자들 앞에서 책상에 다리를 올린 채 의기양양하게 포즈를 취했다. 그의 뒤에 있는 칠판에는 설명과 그림들이 빼곡히 적혀 있었다. 그리고 1977년 11월 3일 자 뉴욕타임스에는 워즈와 동료들이 기존에 알려진 두 생물계 외에 "제3계"를 구성할 "다른 형태의 생물체"를 발견했다는 기사가 바로 그 사진과 함께 대서특필되었다. 당시의 일면 기사들, 즉 납치된 신문재벌 상속녀 패티 허스트나 남아프리카공화국 인종차별정책에 대항하는 무기금수조치 같은 인기 기사들을 모두 제치고 첫 페이지 상단을 차지한 것이다. 당시에 뉴욕타임스 독자들이 내용을 이해했을지는 모르지만 "다른 분류의 생명체"에 관한 기사는 한 마디로 특종이었다. 이 기사는 마치 "앤디 워홀의 15분"처럼 워즈의 명성에 정점을 찍었다(워홀은 한 방송프로그램에서 "미래에는 누구라도 15분 동안은 세계적 유명인이 될 수 있다"는 말을 남겼다). 그는 다시 연구실로 돌아갔다. 워즈는 자신의 분야 그리고 생명의 역사에 혁명을 일으켰다. 하지만 그는 분자생물학이라는 난해한 변방에서 여전히 사람들에게 알려지지 않고 있다.

워즈는 난해한 사람이었다. 지독하게 외골수였고 심오한 질문들에 둘러싸인 내밀한 사람이었다. 그는 천재적인 방법들을 고안하여 의문들을 추적해 나갔다. 그 과정에서 과학계의 몇몇 관행을 거스르고, 적을 만들고, 소소한 것들을 무시하고, 자신의 생각을 고집스럽게 주장하면서, 대부분의 사람들이 관심조차 갖지 않았던 자신의 연구에 강박적으로 매달렸다. 그러나 그는 생물학의 뿌리를 뒤흔들 만한 몇 가지 발견을 이루어 냈다. 그와 친했던 사람들은 그를 편안하고 재미있는 사람으로 기억했다. 재즈를 사랑하고 맥주와 스카치를 즐기며 피아노를 연주하기도 했다. 대학원생과 동료 교수, 조교에게는 좋은 보스이자 멘토였고 (늘 그렇지는 않더라도) 관대했으며 현명하고 사려 깊은 사람이었다.

워즈는 일리노이 대학의 미생물학 교수였으나 학부생에게 좋은 스승이라고 할 수는 없었다. 열정만 넘치는 학생들에게 인내심을 가지고 박테리아의 기본부터 가르치는 것은 그의 몫이 아니었다. 강의는 그의 능력도 관심사도 아니었다. 학회에서 자신의 연구를 발표할 때조차도 유창하지 못했다. 회의를 싫어해서 출장을 가려 하지도 않았다. 연구실을 운영하는 다른 과학자처럼 세미나를 주최하거나 크리스마스 파티를 열어 흔한 단체 사진 한 장 찍는 일조차 없었다. 단지 그가 좋아했던 몇몇 젊은 친구들만이 교정과 가까운 그의 집에서 맥주, 바비큐를 함께 하며 가졌던 행복한 시간을 기억할 뿐이다. 그들만이 가진 매력이 있었을 것이나 분명히 워즈와 소통했던 몇 안 되는 선택받은 사람들이었다.

워즈는 후반부에 노벨상을 제외한 많은 영예를 안으며 자신의 공로를 인정받았다. 그러나 그의 마음 한 켠에 자리 잡은 상처는 지워지지 않았다. 그는 스스로를 아웃사이더라고 생각했다. 미국 국립과학아카데미에서 뒤늦게 "august body"(영예로운 인물)로 선출되었으나 이미 그의 나이 60세였고 이와 같은 대우는 그에게 상실감을 안겨주었다. 일부 기록에 따르면, 그는 가족들과 떨어져 살았고 그의 과학적 성과를 다룬 출판물 어디에도 가족 이야기는 없었다. 워즈는 그렇게 별난 사람이었지만 생물학에 있어서는 가장 기본 개념인 "생명의 나무"(진화와 계통을 표현한 위대한 나무 그림)를 근본부터 바꾸어 놓았다. 그가 1977년 11월 3일 어바나에서 거둔 승리의 순간, 그것이 이 책의 중심에 자리 잡은 이유이기도 하다.

워즈와 그의 나무가 있기까지는 다른 과학자들과 또 다른 발견들이 있었다. 1920년대 중반의 프레드 그리피스라는 무명의 영국 의사는 보건부 산하에서 폐렴을 연구하다가 박테리아에서 뜻밖의 현상을 발견했다. 무독성이던 한 종이 치명적인 다른 종으로 요술처럼 순식간에 변한 것이다. 당시에 폐렴이 주요 사망 원인이었던 것을 감안할 때 공중보건 차원에서 엄청나게 중요한 사안이었다. 그것은 순수과학 차원에서도 깊이 감춰져 있던 진실에 이르는 단초가 된 셈이었으나 당시에는 그리피스조차도 예상하지 못했다.

그리피스가 발견한 황당한 현상은 1944년에 이르러서야 메커니즘이 밝혀졌다. 1944년 뉴욕의 록펠러 연구소에서 일하던 조용하고 세심한 성격의 연구원 오즈월드 에이버리는 박테리아의 형질을 갑자기 다른 것으로 바꾸어 버리는 "전환 요소"를 발견했다. 바로 디옥시리보핵산, DNA다. 그로부터 10년이 채 안 돼서 조슈아 레더버그와 동료들은 이를 "감염 유전"이라 명명하고 이러한 형질전환은 박테리아 세계에서 일상적이고 중요한 과정이라는 것을 밝혀냈다. 또 추가 연구에서는 그것이 박테리아만의 특성이 아니라는 사실도 알아냈다.

한편, 옥수수 유전학자인 바버라 매클린톡은 자신이 키우던 식물의 염색체를 연구하던 중 한 자리에서 다른 자리로 튕겨 다니는 유전자를 발견했다. 그녀는 무명의 신세로 경력 대부분을 보냈으나 이 발견으로 81세에 노벨상을 받게 되었다.

린 마굴리스, 그녀는 모든 면에서 유별났던 시카고 출신의 미생물학자다. 마굴리스와 매클린톡에게는 최소한 한 가지 공통점이 있었다. 둘 다 동료 과학자들로부터 제정신이 아니거나 드센 여성으로 무시당하는 아픔을 겪었다는 사실이다. 마굴리스는 오래전부터 터무니없는 아이디어로 여겨졌던 "세포 내 공생설"을 부활시켰다. 이 개념은 한마디로, 살아 있는 생명체와 그 안의 생명체들이 협력 관계로 통합되었다는 것이다. 거기에는 큰 생명체들의 위장이나 코 안에 서식하는 작은 생명체들뿐만 아니라 세포들 내에 있는 세포들도 포함된다. 좀 더 구체적으로 말하면 인간을 포함한 모든 동물, 식물, 균류와 같이 복잡하게 분화된 생명체 세포들은 포획된 박테리아들을 감싼 비박테리아 껍질들이 모여 있는 괴물 같은 것이라고 마굴리스는 주장했다. 그리고 그들 박테리아는 아주 오랜 시간에 걸쳐 세포기관으로 변형되었다는 것이다. 마치 소 안으로 이식되어 신장의 역할을 하게 된 굴 정도랄까. 마굴리스가 처음 이렇게 주장했던 1967년에는 모두 미쳤다고 했지만 대부분 맞는 것으로 확인되었다.

그 외에도 프레드 생어와 프랜시스 크릭, 라이너스 폴링, 츠토무 와타나베와 같은 과학자들이 이 일련의 사건에서 중요한 징검다리가 되었다. 그들은 학문적 역량은 물론 개인적인 탁월함으로 중요한 역할을 해냈다. 과거로 좀 더 거슬러 가보면 페르디난트 콘과 에드워드 히치콕, 오귀스탱 오지에 같이 잘 알려지지 않은 사람들과 에른스트 헤켈, 어거스트 바이스만, 칼 린네우스와 같이 우리에게 익숙한 유명인사들도 포함된다. 또한 최초로 진화 개념을 제시했던 프랑스 진화론자 장바티스트 라마르크의 혼령은 아직도 진화론의 그늘에서 부활을 노리며 끈질기게 주변을 서성이고 있다.

이들 모두가 과학계에 지각변동을 일으킨 공로자들이다. 그들이 어떻게 그러한 업적을 이뤄 낼 수 있었는지 그들의 삶에도 관심을 기울일 만하다. 과학이 정밀하고 객관적인 학문이기는 하지만 역시 인간의 산물이라는 사실을 우리는 그들을 통해 깨닫게 된다. 과학은 알아가는 과정이자 동시에 의문을 품는 과정이다. 그저 사실이나 법칙에 그치지 않는다. 음악과 시, 야구, 그랜드마스터 체스처럼, 불완전한 사람들이 빛을 발하기까지의 과정이다. 그러한 인간적인 발자취들을 곳곳에서 확인하게 될 것이다.

이 책의 주역이 사람들만은 아니다. 많은 생명체가 등장한다. 우리가 모르던 그들의 독특한 내력에 대하여 이야기하게 될 것이다. 주로 미생물인 그들은 앞에서 언급한 박테리아, 아르케이아, 그 외 자그마한 생명체들이다. 작지만 무시할 수 없다. 그들이 가진 힘과 영향력은 대단하다. 그리고 그들의 긴 이름에 개의치 않기를 바란다. 라틴어로 표현되는 바실루스 서브틸리스(탄저균)와 살모넬라 티피무륨(에밀리아누스), 메타노박테리움 루미난티움(메탄균) 온갖 혀 꼬인 발음들 말이다. 이 난해한 라틴어를 내가 선호해서가 아니라 달리 이름이 없기 때문이다. 일반적으로 미생물에게는 종명이 없다. 남부기린, 올리브나무, 왕나비, 코모도왕도마뱀 같은 평범한 이름이 그들에게는 없다. 만약 헤모필루스 인플루엔자로 알려진 박테리아를 "플레밍의 코 간질이"라고 불러도 된다면 그렇게 쓰고 싶은 마음이 간절하다.

서문에 등장해야 할 사람이 더 있다. 노바스코샤의 한 대학에 틀어박혀 철학적 사색을 즐기는 그는 덥수룩한 수염의 미국 미생물학자 포드 둘리틀이다. 칼 워즈와 린 마굴리스, 그리고 분자계통학의 새로운 연구들을 주류 생물학의 강력한 대항마로 이끌어 낸 사람이다. 그는 큰 키에 지적 논쟁을 즐기지만 외모와는 다르게 조심스러운 태도를 가진 사람이다. 2000년 즈음에 둘리틀은 "생명의 나무 뿌리 뽑기"라는 글을 발표하여 끊임없는 논쟁을 불러일으켰다. 그 글과 다른 논문들을 통해 나는 그에 대해서 알게 되었고, 특히 수평적 유전자 전달과 그 의미를 논하는 대목에서 "수평적이라는 게

뭐지?"라고 의아해했다. 나는 순례자처럼 그를 만나러 핼리팩스로 떠났고 그의 연구실에 며칠 간이나 눌러앉게 되었다. 둘리틀은 반쯤 은퇴한 상태로 여전히 대학원생들을 지도하고 있었다. 권위 있는 연구기금을 지원받고 있었지만, 그가 초창기에 했던 것처럼 연구실에서 엑스레이 필름으로부터 게놈(DNA 전체)을 분석하기 위해 방사성 박테리아를 배양하거나, 전기영동젤을 통해 분자 조각들을 추출하는 작업은 더 이상 하지 않았다. 대신 그는 읽고 생각하고 쓰고 그림을 그렸다(그는 예술사진을 찍었다. 그의 취미활동이기도 하지만 가끔 전시회를 열 만큼 전문가였다). 사실 생물학자로서의 업적 외에도 포드 둘리틀을 더욱 영향력 있게 만든 것은 그가 어느 과학자보다도 글을 잘 쓰고 그림을 잘 그린다는 것이다. 그는 큰 개념을 고급스러우면서 우화적으로 솜씨 좋게 그려낼 줄 알았다. 그의 아버지는 화가이자 미술교수였다. 어린 둘리틀 역시 미술을 하고 싶어했으나 아버지는 "인생을 망치는 일"이라며 만류했다. 1957년 소련이 우주비행선을 발사했을 때 그는 15살이었다. 이 사건으로 인해 둘리틀을 포함한 많은 미국인은 과학과 공학이 가장 중요한 주류 직업이 될 것으로 생각했고, 결국 그는 하버드에 진학하여 생화학을 공부하게 되었다. 그러나 둘리틀의 예술적 충동은 사라지지 않은 채 지금도 자신의 반항적 발상과 도전을 표현하기 위해, 나무가 아닌 나무를 그리고 있다.

워즈와 둘리틀, 마굴리스, 레더버그, 에이버리, 그리피스 그 외에도 많은 과학자가 이 사건, 즉 이 책의 이야기 속에서 중요한 역할들을 해냈다. 그러나 그 훨씬 이전인 1837년의 런던, 역사적인 시대를 살았던 역사적인 한 과학자가 이 이야기의 자연스러운 출발점이 될 것이다.

CONTENTS

1 부

다윈의 첫 스케치
Darwin's Little Sketch

1

다윈의 B 노트

1837년 7월.

찰스 다윈Charles Darwin은 "B"라고 이름 붙인 작은 비밀 노트에 그의 발칙한 아이디어들을 적어 나가기 시작했다. 재킷 주머니에 들어갈 만큼 작지만 280페이지에 달하는 크림색 종이와 갈색 가죽 표지에 끈과 걸쇠로 제본된 노트였다. 꽤나 고급 재료로 공들여 만든 이 노트는 딱히 일하지 않는 자연주의자naturalist●로서 런던에 사는 다윈이 얼마나 부유한 젊은이인지를 짐작하게 해준다. 때는 HMS 비글호 항해를 마치고 영국으로 돌아온 지 불과 9개월 만이었다.

5년 가까이 다윈은 비글호를 타고 바다와 육지를 누볐다. 주로 남미의 해안을 따라 이어진 평야와 산들, 그리고 돌아오는 길에 주목할 만한 몇몇 정박지들을 들렀다. 특권을 누렸던 그의 안락한 인생에서 거의 유일한 여행이나 다름없었다. 하지만 그것으로 충분했다. 마음을 뒤흔들고 변화의 계기가

● 자연에서 식물과 동물을 연구하는 사람, 즉 당시의 생물학자를 뜻한다.

되었다. 그가 품은 중요한 아이디어의 단초가 되었고 설명하기 어려운 현상들에 눈 뜨게 만들었다.

다윈은 케임브리지 대학 시절 자신의 생물학 교수이자 친구였던 존 스티븐스 헨슬로John Stevens Henslow에게 호주 시드니에서 편지를 보냈다. 태평양 한가운데 자리한 화산섬 갈라파고스 군도Galápagos Archipelago에서 목격한 흉내지빠귀mockingbirds(핀치새와 다르다)의 불가사의한 현상에 대해서였다. 이 기다란 회색 부리의 새는 섬마다 조금씩 다르게 생겼는데, 한 종에서 마치 여러 갈래로 분화된 것 같았다.

분화됐다고? 그래서 흉내지빠귀가 세 종류나 된다고? 이 섬, 저 섬마다 조금씩 다르게? 그렇고말고.

조금씩 다르지만 여전히 유사하다는 것은 그들이 서로 관련성이 있다는 것을 암시했다. 이런 짐작이 사실이라면 "사실상 종의 안정성에 위배"되는 것일 텐데. 이것은 다윈이 헨슬로에게 자신의 지적 이단을 털어놓은 것이나 다름없었다.

종의 안정성은 자연사의 핵심 기반이었다. 이는 성직자와 독실한 일반인에게뿐만 아니라 과학자 사이에서도 당연시되는 중요한 원칙이었다. 지구상의 모든 생명체는 신이 특별히 창조한 것이고 따라서 절대 변하지 않는다는 사실은 다윈 시대, 영국 성공회 과학협회의 신조였다. '특수창조설'로서 당시에는 가설이라기보다 교리에 가까웠다. 다윈이 공부했던 케임브리지에서 저명한 자연주의자들과 과학철학자들이 수용하고 지지해온 것이었다.

다윈은 이제 막 거친 항해에서 돌아왔다. 엄한 아버지의 반대에도 불구하고 거친 영국 선원들과 함께한 패기 넘치는 모험이었다. 항해는 그를 변화시켰다. 하지만 아버지가 우려하던 방향은 아니었다. 주정뱅이나 난봉꾼이 된 것도 아니었고, 여느 갑판장들처럼 욕을 해대지도 않았다. 육체적으로 충족된 그의 모험심은 이제 지적 욕구로 향했다. 그는 과학적 정설에 맞서는 급진적인 대안을 신중하게 연구하기로 마음먹었다. 즉, 살아 있는 생명체의 형태는 신이 창조한 모습 그대로 고정된 것이 아니라, 시간의 흐름에 따라 변화한다는 것이다. 아직은 다윈 자신도 이해하지 못하는 어떤 메커니즘에 의해서.

위험천만한 주제임이 분명했다. 하지만 다윈은 이제 27살이었고 그의 경험은 그를 뼛속 깊이 변화시켰다. 은밀하고 대담하게.

다윈은 도심이자 그가 즐겨 가는 영국박물관과 가까운 그레이트 말보로 거리에 거처를 정했다. 형 에라스무스Erasmus의 집이 몇 집 건너에 있었다. 다윈은 지질학협회, 동물학협회와 같은 과학클럽에 가입했지만 직장을 구하지는 않았다. 딱히 그럴 필요가 없었다. 다윈의 비글호 여행을 반대했지만 이제 영국 과학계에서 인정받는 젊은 자연주의자인 둘째 아들을 자랑스러워하게 된 다윈의 아버지, 그가 바로 슈루즈베리Shrewsbury 시내에서 잘 나가는 내과의사 로버트 다윈Robert Darwin 박사였기 때문이다. 겉으로는 엄했지만 다정한 속내를 가진 다윈 박사는 두 형제의 든든한 후원자였다. 게다가 다윈은 독신이었다. 그는 런던 주변을 느긋하게 산책했고, 항해에서 수집한 표본들을 정리했으며, 비글호 일지를 바탕으로 여행담 책을 새로 썼다. 그리고 은밀하게는 특수창조설에 맞설 위험한 대안에 대해 깊이 고민하고 있었다. 폭넓게 책을 읽으며 사실과 문구들을 여러 노트에 갈겨 적었다. A 노트는 지질학이었다. B 노트는 그가 남들 모르게 "변이transmutation"라 이름 붙인 시리즈 중 첫 권이었다. 짐작하겠지만 진화론을 향한 행보의 시작인 것이다.

다윈의 B 노트는《주노미아Zoonomia(동물생태학 또는 유기체 법칙)》라는 책을 떠올리게 하는 몇 개의 문장으로 시작한다. 주노미아는 내과의사였던 할아버지 에라스무스 다윈Erasmus Darwin이 수십 년 전에 발간한 책이었다. 의학 논문이었지만 모호하게나마 진화에 대한 도발적인 발상을 담고 있었다. 모든 온혈동물은 "하나의 생명 줄기로부터 나왔고", 그들은 "종착점 없이" 세대를 넘어 전달되는 방식으로 "계속 개선하는 능력"을 가지고 있다는 것이다. 세대를 거치며 개선한다? 그리고 그러한 변화가 우리의 역사 속에 이어져 왔다고? 이는 특수창조설에 반하는 것이었지만, 호기로운 자유사상가이자 때로는 시인이기도 했던 늙은 에라스무스라면 그리 놀랍지 않은 것이었다. 다윈은 학창시절에 이미 주노미아를 읽었지만 당시에는 할아버지의 대담한 아이디어를 그리 신뢰할 수 없었다. 그러나 이제는 그것을 출발점으로 삼았다. 다윈의 B 노트 첫 페이지 첫 단락은 바로 할아버지의 책, 주노미아의 독서 노트로 시작한다.

하지만 구체적이지 못한 그 제안들은 손자 다윈에게 어떤 방향도 제시하지 못했다. 에라스무스 다윈은 "계속 개선하는 능력"에 대한 실제 메커니즘을 제시하지 못했고, 그것은 당시에 스스로는 인지하지 못했을 수도 있지만 젊은 다윈이 진정 얻고자 했던 것이었다. B 노트에서 다윈은 할아버지의 책으로 시작해서 다른 책들로, 다른 추정과 질문을 이어가며, 가끔은 서툰 맞춤법으로 발췌한 문구들을 메모했다. 책을 내기 위한 것이 아니라 자신에게 보내는 메시지였다.

"왜 생물의 수명은 짧은 것일까", 이어지는 생각을 급하게 적느라 물음표를 찍지도 못했다. 생식은 왜 그리 중요한가? 어떤 동물은 육지 전체를 통틀어 봐도 형태를 일정하게 유지하는데 왜 고립된 섬에서만은 미세하게나마 달라지는가? 그는 갈라파고스의 코끼리거북을 잊을 수 없었다. 흉내지빠귀도 그렇다. 갈라파고스에는 항해 중 35일밖에 머물지 않았지만 그의 생각에 격변을 일으켰다. 아르헨티나 팜파스에 사는 "타조^{ostriches}"(크고 날지 못하는 새에 그가 붙인 이름이며 지금은 '레아^{rheas}'로 알려져 있다)는 어째서 리오네그로 $^{Rio\ Negro}$ 북쪽과 남쪽에 사는 두 종류로 갈라진 것일까? 생명체는 고립된 환경에서 왜 달라지는 것일까? 가령 한 섬에 고양이 한 쌍을 풀어놓고 약간의 천적이 있는 환경에서, 여러 세대에 걸쳐 근친 교배하고 번식하게 놔둔다면 "누가 그 결과를 예단할 수 있단 말인가." 그는 스스로 묻고 또 답했다. "그 후손들은 어느 고양이들과는 다르게 보일 것이다. 그렇지 않을까?" 다윈은 그 이유를 알고 싶었다.

또 다른 중요한 물음이 이어졌다. "각 종들은 변화를 겪는다. 그것은 진보를 의미하는가." 고양이는 더 '나은' 고양이가 되는가, 아니면 그 특정 섬에서 번식하기에만 유리한 고양이가 되는가? 만약 그렇다면 그 과정은 얼마나 걸릴 것인가? 어느 정도까지 변하게 되는가? 만약 "번식에 성공한 모든 동물이 계속해서 위쪽으로 분기해 간다면", 옛 형태들이 사라지고 "다양한 유형으로 개선된 기관"을 가진 새로운 형태가 생겨나는 데 있어 논리적인 한계는 어디까지인가? 여기서 '분기^{branching}'라는 단어는 곧게 자라고 여러 갈래로 갈라지는, 나무 형태라는 의미가 담겨 있다.

다윈이 자신에게 했던 이 질문들은 고양이와 타조에게만 적용되는 것이 아니었다. 아르헨티나의 아르마딜로와 나무늘보, 호주의 유대목 동물들, 갈라파고스의 코끼리거북, 포크랜드 섬의 늑대여우처럼 언뜻 보면 그저 고양이, 거북이, 여우와 유사해 보이지만 고립된 환경 때문에 모두 특이한 방법으로 독특하게 달라진 것들을 향한 의문이었다. 다윈은 많은 것을 보았다.

그는 철저히 관찰하고 사색하는 젊은이였다. 그는 그들의 미세한 특징들뿐만 아니라 그 안에 존재하는 패턴을 감지해 냈다. 그는 마치 "적응의 법칙^{law} $^{of\ adaptation}$"이 작용하는 것 같다고 적었다.

더 많은 현상, 더 많은 생각, 이 모든 것이 B 노트의 첫 21페이지를 빼곡하게 채우고 있었다. 여기까지 며칠 또는 몇 주가 걸렸는지는 알 수 없다. 다윈은 날짜를 기록하지 않았다. 어쨌든 이때까지는 아직 이론이 정립되지 않았다. 위대한 아이디어들이 직관과 통찰을 거쳐 그를 향해 다가오고 있었다. 그가 펼쳐 놓은 수많은 단서는 이제 정리가 필요했다. 그리고 적절한 비유^{metaphor}가 필요했을 것이다. 21페이지 끝에 다윈은 이렇게 적었다. "유기체들은 하나의 나무로 표현할 수 있다."

2

다윈, 생명의 산호초

    다윈이 이 문구를 쓰고는 의자에 등을 기댄 채 새삼 명료해지는 것을 느끼며 크게 심호흡을 했을지는 모르겠다. 아마 그랬을 것이다. 그에게는 그럴 자격이 있었다.

    "불규칙하게 뻗어나갔어." 그는 B 노트에 다시 끄적였다. "어떤 가지는 더 멀리 뻗어 있군." 큰 가지는 작은 가지로 나뉘고, 다시 잔가지가 나오고, 가장 끝의 잔가지나 끝눈이 '종'이니까, 그보다 한 단계 상위 분류라면 "그럼 속이 되겠군"이라고 썼다. 새로운 싹이 자라기도 하지만 더 이상 자라지 않고 사라지는 싹도 있다. 가지 끝에 다다른 것, 즉 멸종을 의미했다. 멸종에 대한 바로 그 생각은 자연주의자들과 철학자들 사이에서 한동안 논란을 일으켰다. 신에 의해 특별히 창조된 지구상의 생명체들은 사라질 수 없다는 이유로 가능성마저 의심받거나 아예 받아들여지지 않았다. 하지만 다윈은 알고 있었다. 한 개체의 죽음 만큼이나 "종의 죽음"은 전혀 이상할 게 없다는 것을. 사실 멸종은 자연스러운 것이며 오래된 종이 사라지면서 새로운 종에게 자리를 내주는 것은 불가피한 것이었다. 그는 다음과 같이 썼다. 죽은 조상의 형체, 즉 "죽은 가지에서 생명의 나무가 자라난다. 그렇다면 생명의 산호초라 불러야겠군."

다윈은 비글호 항해 중 인도양 동부 킬링 아톨^{Keeling Atoll}을 비롯해 여러 곳에서 암초들을 보았기 때문에 산호초에 대해 알고 있었다. 그는 산호초에 매혹되어 암초 형성 과정에 대한 이론을 고안해 냈다. 그리고 노트에 기록한 지 5년 후인 1842년에 산호초에 관한 책을 냈다. 그는 산호초가 제격이라 생각했다. 그가 생각하는 것은 뇌산호나 테이블산호가 아닌 가지산호를 말한다. 산호초 아래쪽 뿌리와 굵은 가지는 죽은 석회질의 골격인데 이것이 마치 멸종한 조상들의 형체로 보였고, 위로 뻗어가는 여린 산호들은 살아 있는 종들처럼 여겨졌다. 그렇다 해도 "생명의 산호초"가 생명의 나무만큼 기념비적이지는 않다는 것을 그도 느꼈던 것 같다. B 노트 26페이지를 보면, 세 개의 가지를 뻗은 산호초가 희미한 펜으로 그려져 있었고 아래쪽 부분은 점선으로 조상의 멸종을 묘사했다. 그러고 나서 다윈은 산호초 비유에 대한 생각을 접게 된다.

생명의 나무가 이겼다. 나무는 1837년 당시에 이미 통용되던 개념이었기에 다윈은 진화이론가로서 자신의 목적에 맞게 각색할 수 있었다. 무리하게 처음부터 생소한 비유를 지어내는 것과는 비교할 수 없었다. 물론 다윈의 각색은 근본적인 의미를 바꾸는 것이었지만 개의치 않고 밀고 나갔다. 열 페이지에 걸친 그의 스케치는 굵은 펜으로 점점 더 선명해지고 더 복잡한 형태로 그려졌다. 하나의 나무 기둥으로부터 네 개의 주요 가지와 몇 개의 작은 가지가 나오고, 주요 가지는 다시 여러 다발의 가지로 나누어지고, 각 다발의 잔가지에는 A, B, C, D라는 이름이 붙었다. 나무 꼭대기에서 서로 인접해 있는 B와 C 가지에 속한 생명체들은 서로 밀접하게 연관되어 있다는 것을 나타내며, 반대편에 떨어져 있는 A는 관계는 있으나 훨씬 먼 관계임을 의미했다. 각 알파벳들은 살아 있는 종 또는 속이 들어갈 자리였다. 고양이나 개, 여우 혹은 고릴라였을까? 당시에 그가 무엇을 염두에 두고 그렸는지 정확히 알 수는 없지만 특정 생물을 지칭한 것 같지는 않다. 어쨌든 이것은 청천벽력 같은 주장이었고 추상적이지만 설득력이 있었다. 오늘날 우리는, 큰 가지로부터 네 개의 꼬리표가 달린 왕관 모양의 잔가지들이 그려진 그의 작은 그림을 보면서, 그 모든 생명체가 공통 조상으로부터 갈라져 진화해 왔음을 상상할 수 있게 되었다.

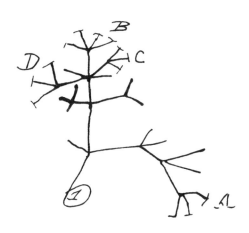

다윈의 1837년 스케치, 패트리샤 윈Patricia J. Wynne이 재구성함

다윈은 스케치 위에 수줍은 듯 이렇게 썼다. "I think"

3

나무의 기원

다윈은 "생명의 나무"라는 말을 만들지 않았다. 자신의 이론에 새로운 의도로 나무를 응용하기는 했어도 그것을 상징의 대상으로 처음 사용한 사람은 다윈이 아니다. 우리 생각 깊숙이 박혀 있는 많은 비유가 그렇듯이 생명의 나무는 아리스토텔레스^Aristotle와 성경에서 출발해 점차 와전되고 변형을 거듭하며 전해져 내려온 것이다. (이런 것들은 왜 늘 아리스토텔레스로 귀결되는 것일까? 그만큼 아리스토텔레스가 대단했기 때문이다)

성경에서 생명의 나무는 상당히 중요한 주제다. 창세기 3장, 아담과 이브가 에덴의 동산에서 쫓겨날 때 등장하며, 영어권에서 대표적인 성서 번역본으로 인정받는 킹 제임스 성경의 마지막 페이지, 요한계시록의 끝에 다시 등장한다. 요한계시록 22장 1~2절에서 선지자는, 하나님의 보좌에서 흘러넘치는 신성한 "생명의 물"과 그 옆에 달마다 열두 가지 열매를 맺고 사람들을 치유하는 잎이 달린 "생명의 나무"가 자라는 황홀한 광경을 묘사하고 있다. 여기서 나무는 잎과 열매로 교회 혹은 세상에 축복을 내리는 그리스도를 상징할 것이다. 그 유래는 불확실하며, 번역에 따라 나무가 한 그루인지 여러 그루인지도 제각각인지라 더 혼란스럽기만 할 뿐이다. 쉽게 말해서

"생명의 나무"는 서구 사상에 오랫동안 내재해 오면서 어떤 식으로 해석해도 누구나 공감하는 오래된 시적 이미지라는 것이다.

기원전 4세기에 쓰인 아리스토텔레스의 《동물의 역사History of Animals》에서 생명의 나무는 아직 나무의 모습이 아니었다. 오히려 사다리에 가까웠고, 그리스어 원본으로부터 만들어진 라틴어 번역본에서는 '스칼라 나투라scala naturae', 즉 자연의 사다리라고 불렸다. 아리스토텔레스는 다음과 같이 말했다. 자연계의 분화는 흙이나 불 같은 생명이 없는 것에서부터 동물과 같은 살아 있는 생물로 "진보"했으며 "아주 조금씩" 진행된 것이므로, 하나의 형태로부터 다른 형태 사이에 뚜렷한 선을 긋는 것이 불가능하다. 이 생각은 중세 너머까지 지배했고, 16세기에는 '존재의 대사슬Great Chain of Being' 또는 '지능으로 서열화된 사다리Ladder of Ascent and Descent of the Intellect'라는 제목의 목판화까지 등장했다. 이는 돌이나 물 같은 무생물로부터 식물과 동물, 인간, 그리고 천사, 마침내 신으로 한 단계씩 올라가는 전형적인 계단 형태였다. 이른바 '천국의 계단Stairway to Heaven'이다. 레드 제플린의 노래에 등장하기 거의 5세기 전 일이다.

스위스 자연주의자 샤를 보네Charles Bonnet는 1745년까지도 이러한 계단식 선형 모형을 사용했다. 다른 계몽주의 사상가들과 예술가들은 이미 가지들이 사방으로 뻗어나가는 식으로 자연의 분화를 표현하던 시기였다. 그 해에 출판된 보네의 곤충 논문에는 '자연물 계층에 대한 이론Idea of a Scale of Natural Beings'이라는 접었다 펴는 방식의 도표가 들어 있었다. 불과 공기, 물에서 시작해 흙과 여러 광물을 거쳐 버섯, 이끼, 식물, 그다음은 해양생물, 촌충과 달팽이, 다음은 물고기, 특히 날아다니는 물고기, 그 위로 조류, 박쥐와 날다람쥐, 그리고 네발 달린 포유동물, 원숭이, 유인원, 그리고 맨 위에 사람의 순서로 수직 정렬된 그림이었다. 논리적인 근거를 보자. 날아다니는 물고기는 날기 때문에 다른 물고기보다 뛰어나고, 박쥐와 다람쥐는 포유류이기 때문에 새보다 높은 곳에 있고, 오랑우탄과 인간은 최고의 포유류이며, 그중 인간은 가장 높은 곳에 있다. 보네는 변호사였지만 곤충과 식물 연구에 더 관심이 있었다. 그는 일생을 제네바 공화국 시민으로 살았지만, 그의 선조는 종교탄압으로 프랑스에서 추방당했다. 그의 사다리 도표 꼭대기에 신이 아닌 사람이 있었던 것은 우연이 아니었던 것이다.

보네의 자연물 계층 이론에서는 신뿐만 아니라 미생물도 볼 수 없었다. 보네는 미생물에 관심을 두지 않았다. 이미 초창기 개척자인 네덜란드 현미경학자 안톤 판 레벤후크^{Antoni van Leeuwenhoek}가 박테리아와 원생동물, 그리고 다른 작은 "극미동물"을 발견한 지 70여 년이 흐른 뒤였다.

레벤후크는 우리가 고등학교 때 읽었던 폴 드 크루이프^{Paul de Kruif}의 《미생물 사냥꾼^{Microbe Hunters}》(지어낸 이야기들로 세부적으로는 엉터리투성이지만 이 주제에 대해서는 유명한 입문서다)이나 다른 과학사 책들을 통해 익히 들어온 이름이다. 하지만 레벤후크가 원래는 델프트^{Delft}(네덜란드 서부의 도시)의 포목상이었으며 섬유의 올을 자세히 들여다보려고 직접 확대경을 만들었다는 사실을 기억하는 사람은 드물다. 그는 단순한 호기심에서 나아가 다른 물질들을 렌즈로 신중하게 관찰하면서 놀라운 발견을 하게 되었다. 호숫물이나 빗물, 배수관에서 나오는 오물 속에서, 심지어 자신의 치아에서 긁어낸 찌꺼기에서도 미세한 생물 집단을 발견했다.

레벤후크가 해낸 미생물 발견은 런던 왕립학회지에 게재되면서 유럽 과학계 전체에 알려졌다. 하지만 샤를 보네는 그의 계단에 이 "지극히 미미한 동물들"을 넣을 생각이 없었다. 석면과 송로버섯이 위치한 구석진 곳에서도 찾을 수 없었다. 이 누락은 골치 아픈 문제의 시작을 예고했다. 생명의 사다리 또는 훨씬 더 복잡한 여러 갈래 나무에 미생물을 배치하는 것은 지속적으로 문제가 되었다. 이 문제는 뒤에서 다시 언급할 것이다. 1977년에 이것이 논란의 핵심이 되었기 때문이다.

생명의 분화를 선형적으로 묘사하는 방식은 보네의 자연물 계층 이론에도 불구하고 더 복잡하고 차원 높은 후계자인 나무에게 자리를 내어 주고 있었다. 18세기 후반에서 19세기 초에 자연철학자(지금은 과학자라 부르지만 당시에는 과학자라는 단어가 없었다)들은 생물을 분류할 때 그들의 유사점과 차이점, 그리고 체계적인 기준에 근거하여 여러 계층과 여러 그룹으로 나누고자 했다. 꼭대기를 향해 일렬로 늘어서서 한 계단씩 통과하며 신에 다가서는 사다리로는 충분치 않았다. 당시 유럽에서는 위대한 항해 탐사시대의 개막으로 지식이 폭발적으로 늘고 있었다. 학자들은 다양한 동물과 식물, 전 세계의 생물들에 대한 엄청난 양의 새로운 사실을 체계적인 범주로 분류함으로써 쉽게 접근하여 사용하고자 했다.

그것은 진화에 대한 고민이 아니라 자료관리에 가까웠다. 몇 권의 책을 거뜬히 채울 정도로 지식이 넘쳐나면서(독일의 자연주의자 알렉산더 폰 훔볼트는 혼자서 남미 여행에 대한 30권의 책을 출간했다), 개요와 구성 원리, 한눈에 보고도 이해할 수 있는 삽화가 더욱 중요해졌다. 하지만 삽화가들은 이제 1차원이 아니라 2차원이 필요했다. 그들은 사다리를 나무로 바꾸었다. 나무 몸통에서 큰 나뭇가지가 나오고 다시 가지들로 갈라졌다. 이제 위아래뿐만 아니라 사방으로 엄청나게 다양한 생명체들을 광범위하게 정렬할 수 있게 되었다.

그전까지 생명의 나무는 적어도 창세기나 요한계시록까지 거슬러 가야 하는 낡은 문구이자 오래된 상징이었다. 또한 가문의 내력을 표시할 때, 예를 들면 독일 공작의 족보나 계보로나 사용하던 것이었다. 그렇게 상투적이 었던 나무는 이제 생물학을 체계화하는 훌륭한 도구로 탈바꿈했다. 처음부터 이를 지지한 이들 중에는 프랑스인 오귀스탱 오지에^{Augustin Augier}가 있다. 그는 1801년에 "계통수는 식물들의 체계와 함께 단계별 차이를 파악하기에 가장 적절한 형태다"라고 쓰면서 식물의 분화에 대한 자신의 관심을 표명 했다.

프랑스 리옹의 평범한 시민 오지에는 식물학을 자투리 시간을 내어 연구 하고 있었다. 그의 실제 직업이나 자세한 이력은 백 년 후 발간된 리옹 식 물학자 목록에도 나와 있지 않다. 오지에는 영원히 사라졌다. 그러나 그가 남긴 8절짜리 작은 책에는 "자연이 따랐을 법한 질서를 적용한" 새로운 식 물 분류체계가 들어 있었다. "자연의 질서"란 인간의 변덕이나 편의에 따 른 작위적인 분류에 맞선 것이었다. 그의 《나무 식물학(또는 식물나무)^{arbre botanique}》 그림을 보면, 몸통과 줄기는 거의 메노라^{menorah}(유대교 전통의식에 사용되는 7 ~ 9 갈래로 갈라진 큰 촛대)처럼 곧게 뻗어 있지만 옆으로 난 가지 와 풍성한 잎은 사방으로 분화된 식물을 표현하고 있었다.

이것이 기원설에 반하는 이단적인 사상을 의미하는 것은 아니다. 오지에 는 시대를 앞서가는 진화론자가 아니었다. 그가 말하는 자연의 질서는 모 든 식물이 공통된 조상으로부터 일종의 물질적 변형을 거쳐 지금에 이르지 않았다는 것이다. "각각의 형태는 신이 개별적으로 창조한 것이다. 조물주 가 식물의 각 기관을 정확한 비율과 수열에 따라 만들었다는 것은 의심할 수 없는 사실이다." 오지에의 업적은, 그가 관찰한 것에서 신이 깔끔한 패턴 으로 디자인한 비율과 수열을 발견했다는 것, 그리고 식물에 관한 지식을

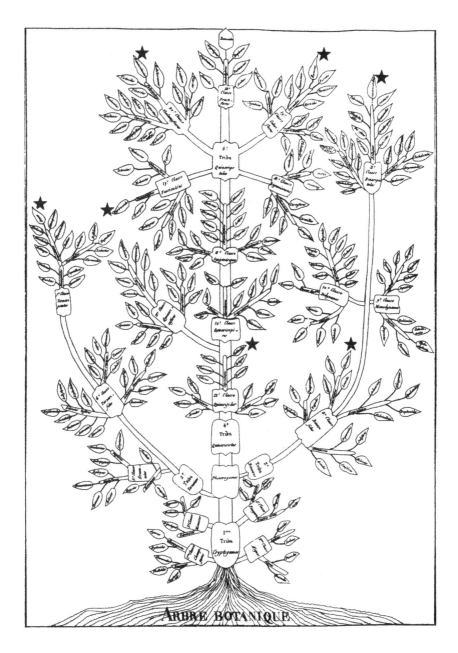

오지에의 《나무 식물학》, 1801년

체계적으로 정리하는 데 이를 사용했다는 것이다.

오지에가 자연의 분화에 '자연의 질서'를 적용한 최초의 자연주의자는 아니다. 아리스토텔레스는 동물을 "무혈"과 "유혈"로 분류했다. 1세기 때 로마군 소속이었던 그리스 의사 디오스코리데스Dioscorides는 500가지가 넘는 식물의 구전 지식을 모아서 약용, 식용, 향신료용으로 분류해 전집으로 정리했다. 그 책은 다양한 번역본과 판본을 거듭하며 1,500년간이나 굳건하게 식물학 교재로 사용되다가 르네상스로 접어들어서야 인기가 시들해졌다. 여행이 좀 더 일반화되면서 사람들은 자연에 대한 사실적 묘사에 더 많은 관심을 기울이게 되었고, 오래된 디오스코리데스의 책은 새로운 식물도감에 자리를 내주었다. 식물도감들은 식물학 현장에서 필수 가이드로서 사용되며 목판 인쇄 기술 덕분에 한층 세련된 삽화들로 꾸며졌지만, 여전히 자연의 질서가 아닌 인간의 편의에 따른 것이었다. 특히 16세기에 나온 레온하르트 푹스Leonhart Fuchs의 책은 수백 개의 식물을 아름답게 묘사하여 알파벳순으로 정리한 것이었다. 2세기 후에 위대한 식물학자 칼 린네우스(린네) Carl Linnaeus는 보랏빛이 도는 붉은 꽃식물에 푸크시아Fuchsia라고 이름을 붙임으로써 푹스에게 경의를 표하였다. 젊은 시절 세계 각지를 여행하고 웁살라Uppsala의 교수가 된 스웨덴인 린네우스는 그러한 식물학자들의 전통에서 벗어나 저만치 앞서가고 있었다.

1735년에 린네우스가 내놓은 《자연의 체계Systema Naturae》는 매우 독특했다. 12페이지를 간신히 넘긴 커다란 2절 크기 책으로 마치 차를 즐기면서 훑어보는 지도책같이 보였다. 그는 자연의 모든 구성원을 세 개의 계kingdom, 즉 식물과 동물, 광물계로 분류하는 체계적인 틀을 만들었다. 광물까지 넣기는 했지만, 우리는 린네우스가 생명의 계를 보는 관점에 주목할 필요가 있다.

동물에 대해서는, 두 페이지 걸쳐 모두 6개의 열로 나누고 상단에는 각각의 강^{class}에 대한 이름을 배치했다. 쿼드러피디아^{Quadrupedia}(4족 동물), 에이브스^{Aves}(조류), 암피비아^{Amphibia}(양서류), 파이시스^{Pisces}(물고기), 인섹타^{Insecta}(곤충), 비르메스^{Vermes}(선충류)이다. 쿼드러피디아는 다시, 앤트로포모르파^{Anthropomorpha}(주로 영장류)와 페라이^{Ferae}(늑대와 여우 같은 개의 형태와, 사자와 표범 같은 고양이 형태, 그리고 곰), 기타 다른 4족 동물 목^{order}으로 나누었다. 암피비아에는 양서류와 함께 파충류를 포함했고, 비르메스는 벌레, 거머리, 흡충뿐만 아니라 민달팽이, 해삼, 불가사리, 그리고 다른 해양동물까지 포함하는 잡동사니 집단이었다. 그는 각각의 목을 다시 속^{genus}(사자^{Leo}, 곰^{Ursus}, 하마^{Hippophamus}, 사람^{Homo}과 같이 익숙한 이름이 포함된)으로 나누었고, 속은 다시 종^{species}으로 나누었다. 그리고 6개의 강 외에 파라독사^{Paradoxa}라고 부르는 것에 하나의 열의 절반을 할애했다. 그것은 신화적인 존재들, 실존하지만 괴상한 생명체들로서 유니콘, 사티로스^{satyr}(그리스 신화에서 숲의 신), 불사조, 용 그리고 거대한 올챙이(현대의 이름은 거꾸로개구리$^{Pseudis\ paradoxa}$)라는 변태 기간 동안 줄어들어서 성체가 되면 올챙이 때보다 작아지는 이상한 개구리와 같은 의문스러운 생명체들이었다. 맨 위에는 큰 글씨로 '칼 린네우스의 동물계$^{caroli\ linnaei\ regnum\ animale}$'라고 적었다. 그러나 그의 동물계는, 당시에 이미 통용되던 동물의 분화를 더 넓은 범주로 통합하기 위한 임시 작업 정도로, 특별히 독창적이라고 할 수는 없었다. 한마디로 동물은 린네우스의 전공이 아니었다.

하지만 식물은 달랐다. 린네우스의 식물계 분류는 더 혁신적이고 포괄적이었으며 질서정연했다. 그것이 "자웅분류법$^{sexual\ system}$(24강 분류법)"으로 불리게 된 이유는 그가 꽃이 '생식 기관'이라는 것을 알고 나서 꽃의 암수기관으로 그룹을 분류했기 때문이다. 바로 꽃가루를 주고받으려고 꼿꼿하게 일어선 작고 섬세한 수술과 암술이다. 린네우스는 수술의 개수, 크기, 배열 방식에 따라 모든 꽃식물을 23개의 강class으로 정의했다(24강 중 나머지 하나는 꽃이 피지 않는 민꽃식물이다). 그리고 다시 각 강을 암술에 따라 목order으로 분류했다. 강에는 모난드리아Monandria, 다이안드리아Diandria, 트리안드리아Triandria(일부제, 이부제, 삼부제), 강 아래 목에는 모노기니아Monogynia, 다이기니아Digynia, 트라이기니아Tryginia(이미 짐작했겠지만 부인의 수)와 같이 숫자로 된 이름을 붙였다. 그것은 당시 사람에게 온갖 종류의 다처제와 다부제를 떠올리게 하면서 외설적인 농담을 유발하기도 했다. 예를 들자면 테트란드리아Tetrandria 강에 있는 모노기니아Monogynia 목의 식물은 4명의 남편을 둔 한 아내를 연상시킨다. 린네우스 역시 그러한 성적 은유를 즐겼는지는 모르겠다. 어찌 되었든 린네우스의 식물 분류체계는 유럽 전체에서 받아들여졌다.

그로부터 반세기나 지나서 오귀스탱 오지에는 린네우스의 지나치게 깔끔한 자웅분류에 도전하는 자신의 식물계통수를 내놓았다. 오지에는 "수술의 개수는 확연히 구분되는 형질"이라고 인정했지만 "식물 전체가 그런 것은 아니다." 즉, 모든 식물이 그러한 확연한 형질을 가진 것은 아니기 때문에 방대한 식물 분류체계의 기준이 되기에는 미흡하다는 것이다. 오지에는 린네우스에게 정중하게 경의를 표하며 자신의 분류체계를 제안했다. 또 한 사람, 식물을 꽃, 열매와 같은 해부학적 특징을 기준으로 약 700개의 속으로 분류한 프랑스의 식물학자 조제프 피통 드 투르네포트Joseph Pitton de Tournefort도 그의 경의의 대상에 포함되었다. 오지에는 식물 간의 모호하고 미묘한 차이를 구별하기 위해 각 분류 단계마다 여러 형질을 기준으로 사용했다. "내 식물나무는 하나의 몸통에서 갈라져서 서로 다르게 분화된 식물 간의 관계를 보여준다. 마치 족보가 같은 조상을 가진 가문들 간의 위계를 보여주듯이." 모두 분리되어 있지만 모두 연결되어 있다는 것이다. 같은 나무에서 나온 나무 조각처럼.

하지만 오지에는, 그들이 하나의 조상으로부터 갈라져 나옴으로써 연결된 것이라고 생각한 것은 아니었다. 족보를 들먹이며 "최초의 기원이 된 나무"에서 모든 가지가 분화되었다고 말하긴 했으나 그의 글이나 나무 그림 어디에도 진화론을 받아들이거나 심지어 그것에 대해 고민한 어떠한 흔적도 없다.

4

라마르크의 뒤집힌 나무

진화라는 아이디어는 아직 등장하지 않았다. 하지만 이제 진화론 때문에 생명의 나무는 일대 전환을 겪게 될 것이다. 이는 많은 사람의 영혼을 뒤흔들 만큼 급진적인 변화였다. 기존 믿음에 도전하는 것이기 때문이다. 그래서 강한 저항에 부딪혔다.

프랑스의 위대한 초기 진화론자인 장바티스트 라마르크 Jean-Baptiste Lamarck, 또 "기독교인 지질학자"를 자처했던 미국인 에드워드 히치콕 Edward Hitchcock, 두 과학자의 업적과 삽화를 보면 다윈이 진화론을 발표하기까지 약 수십 년 간 나무에 대한 생각이 어떻게 변화했는지 알 수 있다.

라마르크는 변화무쌍한 인물이었다. 군인 귀족가문 출신으로 군인에서 식물학자가 되었고, 그 후 파리에 소재한 국립자연사박물관의 동물학 교수에까지 임명되었다. 때는 1793년 공포정치 직전이었다. 박물관에서 맡은 직책 덕분에 그는 한 번도 연구한 적이 없는 세 종류의 생명체, "곤충, 유충, 미생물"을 담당하게 되었다. 그는 발 빠르게 적응했고 이들을 통칭하는 '무척추동물'이라는 단어를 만들기도 했다. 당시는 프랑스혁명 중 가장 암울한 시기였고 라마르크는 쥐꼬리만 한 봉급을 받고 일했지만, 식물학을 버리고 무척추동물학을 연구하면서 최소한 목숨을 유지할 수 있었다. 앙투안로랑 드 라부아지에^{Antoine-Laurent Lavoisier} 같은 과학자는 단두대에 처형되기도 했다. 라마르크 역시 1790년 채용될 당시의 왕립식물원^{Jardin du Roi}이라는 이름 아래서 일하고 있었다면 혁명가들과 함께 단두대 신세를 면치 못했겠지만, 그때 그는 왕실이라는 이름을 버리고 파리식물원^{Jardin des Plantes}으로 바꿔야 한다고 주장했다. 확실히 그는 탁월한 정치적 본능을 지니고 있었다. 하지만 종에 대해서는 보수적인, 즉 신이 창조한 고정불변의 것이라는 입장을 고수하고 있었다. 그런데 1797년, 화석과 연체동물 연구를 기점으로 관점이 바뀌게 되었다. 그들에게서 점진적인 변화의 패턴을 발견한 것이다. 1800년 5월 11일, 라마르크는 무척추동물에 대한 첫 강의를 시작으로 진화론자로 나서게 된다. 이후에 그는 진화동물학에 관한 세 가지 주요 저서를 출판했는데, 그 중 가장 대단한 영향력을 미친 것은 1809년의 《동물철학^{Philosophie Zoologique}》이다.

라마르크는 프랑스혁명 이후 나폴레옹 시대를 지나 부르봉 왕정복고 시대(1814 ~ 1830)를 살았다. 네 명의 아내와 일곱 자녀를 두었지만, 그 중 네 명의 자녀만이 그보다 오래 살았다. 잘생긴 얼굴은 입꼬리가 처지고 머리는 정수리 쪽으로 차츰 벗겨졌으며 마지막 10년은 실명까지 된 상태였다. 딸 코넬리만이 자신의 삶을 바치며 그에게 헌신했고, 실명한 그에게 프랑스 소설을 대신 읽어주곤 했다. 그가 85세를 일기로 생을 마감했을 때 조프루아 생틸레르^{Geoffroy St. Hilaire} 같은 중요한 인사들이 죽음을 애도했지만, 나중에는 유골조차 제대로 대우받지 못했다. 그의 유골은 몽파르나스^{Montparnasse} 묘지에 매장되었으나 영구적인 개인 무덤이 아닌, 때가 되면 재활용되는 일반 무덤이었다. 결국 그의 유골은 수천 명의 빈민과 함께 파리의 지하묘지에 버려진 것으로 추측된다. 이제는 그를 기리려 찾아갈 무덤조차 없다. 한 전기 작가의 말처럼 그는 너무 빨리 "잊히고 묻혀 버렸다." 물론 당장은 아니겠지만 언젠가 그는 명성을 되찾을 것이다. 하지만 세계 최초의 진정한 진화론자라고 하기에 그의 마지막은 여전히 초라하기만 하다.

오늘날 라마르크는 그의 이름을 따른 라마르키즘Lamarckism으로 더 유명하다. 라마르키즘에는 획득 형질의 유전(용불용설)이라는, 간단하지만 부정확한 이름이 붙어 있다. 많은 사람이 그를 막연히 다윈의 전임자 정도로 인식하며, 도발적이지만 잘못된 이론의 선봉자로 생각한다. 이후에 나온 증거로 인해(다윈에 의한 것은 아니다) 획득 형질의 유전이 그저 허황된 개념에 불과한 것으로 치부되었기 때문이다. 사실 이는 그렇게 간단한 문제가 아니다. 다윈 자신도 "용불용use and disuse"이라는 이름으로 획득 형질의 유전을 진화의 한 요소로 포함했었다. 라마르크가 직접 제시했던, 적응이 유전되는 사례로는 가장 유명한 기린을 들 수 있다. 아프리카의 건조한 평야에 있는 원시 기린은 높이 있는 잎에 도달하기 위해 몸을 뻗쳤고, 그러다 목이 길어졌고(추측이지만), 앞다리도 같이 길어졌고, 결과적으로 태어난 자식들이 더 긴 목과 앞다리를 가지게 되었다는 것이다. 이러한 라마르키즘은 마치 만화처럼 우스갯소리로 취급받기는 해도 완전히 틀리다고 하기도 어렵다.

라마르키즘이 다시 회자된 것은 19세기 후반, 다윈의 진화에 대한 개념을 대중이 받아들이기 시작하던 시기였다. 당시에 다윈의 위대한 이론에서 핵심 요소들은 아직 받아들여지지 않고 있었다. 바로 진화론의 주된 메커니즘으로 제시한 자연선택이다. 그것은 너무 기계론적으로 느껴졌고 냉혹했으며 난해했다. 많은 진화론자로부터 외면당했고 이런 상황은 수십 년 동안 지속되었다. 세상은 다윈의 진화론을 받아들였지만 그 과정에 대한 설명은 받아들이지 않았다. 지금은 일부 역사가들만이 기억하는 사실이지만 말이다. 라마르키즘은 네오라마르키즘이 되었고, 덜 허황된 대안처럼 보였다. 그것은 여전히 의심스럽지만 무시할 수 없는 개념, 즉 획득형질의 유전이라는 하나의 사상으로 명맥을 유지한 채 현재까지도 숨죽인 재고의 목소리가 이어져 오고 있다.

물론 이 하나의 사상이 라마르크의 전부는 아니다. 그에게는 다른 생각들이 있었고 형편없는 것들도 있었다. 그는 자연 발생을 믿었지만 자연적인 멸종은 믿지 않았다. 그는 또한, 생명체의 몸에는 "감지하기 어려운 액체"가 흘러다니며 몸의 각 기관이 변형되도록 한다고 주장했다.

동물 연구로 옮기고 숙명의 진화론자가 되기 전, 라마르크는 초기 식물 연구에서 식물을 불완전한 것, 완전한 것, 최고인 것으로 분류했다. 진부한 생명의 사다리에 수직으로 배치하였고 "변화의 실제 단계the true order of gradation"라는 제목을 붙였다. 그리고 이를 별도의 동물 사다리에 "대응"시켰고, 동물 사다리에는 벌레로부터 곤충, 물고기와 양서류, 새 그리고 포유류를 순서대로 상향 배치했다. 이 사다리에서는 공통 조상으로부터의 분화 또는 변형을 암시하는 어떠한 낌새도 찾을 수 없었다. 그러나 1809년의 동물철학에서는 알아채기 어렵지만 극적으로 다른 형태의 그림을 끼워 넣었고, 여기에 바로 동물 분화가 표현되어 있었다. 그림은 아래쪽으로 가지가 분기되면서 주요 동물군들이 점선으로 연결되어 있었는데, 마치 점들을 연결하는 아이들 놀이처럼 보였다. 한번 점들에 숨겨진 비밀 모양을 찾아보자. 비행기! 코끼리! 아니면…. 라마르크 점선의 비밀 형체는 바로 생명의 나무였다.

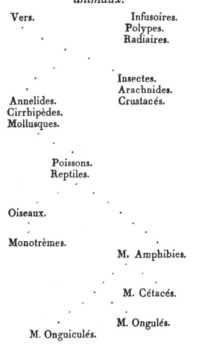

TABLEAU
Servant à montrer l'origine des différens animaux.

Vers.

Infusoires.
Polypes.
Radiaires.

Insectes.
Arachnides.
Annelides.   Crustacés.
Cirrhipèdes.
Mollusques.

Poissons.
Reptiles.

Oiseaux.

Monotrèmes.

M. Amphibies.

M. Cétacés.

M. Ongulés.

M. Onguiculés.

라마르크가 점선으로 그린 생명의 나무, 1809년

　새들은 파충류에서 갈라져 나온 가지에 앉아 있었다. 곤충들은 중앙 몸통에서 분화되었고 거기서 연체동물이 갈라져 나왔다. 바다코끼리와 다른 바다 포유동물들은 몸통을 따라 더 먼 곳에 자리 잡았고, 그 너머 다른 가지에 고래, 그다음은 굽이 있는 포유동물, 마지막에 모든 포유동물이 있었다. 이 그림은 과학에서 중요한 사고의 전환을 의미했다. 몇몇 세부적인 부분에 오류가 있고 나무는 뒤집혀 있지만, 학자들은 이를 최초의 진화론적 나무로 인정했다.

5

히치콕, 지질학과 생명의 나무,
그리고 신의 왕관

다윈이 모든 것을 바꾸기 전 수십 년 동안, 처음으로 진화론적 나무를 만든 라마르크와 함께 나무의 마지막을 장식한 이는 에드워드 히치콕^{Edward Hitchcock}이다. 히치콕의 1840년 기초지질학^{Elementary Geology}은 증쇄를 거듭할 정도로 성공적이었다. 히치콕은 동물과 식물을 분리하여 두 그루의 나무로 제시했다. 그의 나무가 혁신적이었던 이유는 생명체에 대한 면밀한 관찰뿐만 아니라 화석에 대한 깊은 지식을 바탕으로 한 것이었기 때문이다. 그가 명명한 "고생물학 연대표^{Paleontological Chart}"는 캄브리아기(약 5억 4,000만 년 전)부터 현재까지 지질학적 연대에 따라서 동물과 식물계의 분화를 표시했다.

히치콕의 나무는 이전 것과는 달랐다. 동물과 식물 각각의 나무는 단풍나무나 참나무처럼 우거진 윗부분이 바깥으로 퍼진 우산모양을 하고 있었다. 마치 길가에 빽빽하게 자란 양버들 방풍림을 연상케 했다. 방풍림 아랫부분은 굵고 단단한 몸통이 차지하고, 여기서 가는 줄기들이 뻗어 나와 잎이 무성해지고 위로 갈수록 가짓수가 줄어드는 모습이었다. 수직적이자 수평적으로, 갑각류, 벌레, 연체동물, 척추동물 각각이 분리되어 배치되었다. 척추동물 줄기는 다시 여러 갈래로 갈라진다. 그 중 지금의 포유동물에 이르는 갈래 끝에 인간이라고 적혀 있었고 위에는 십자가로 장식된 왕관이 씌워져 있었다.

십자가 왕관을 쓴 "인간^{Man}"에서 우리는 생명체에 대한 히치콕의 생각을 엿볼 수 있다. 그의 지질학은 전통적인 자연신학에 깊게 뿌리내린 것이었다. 거기서 과학은, 신성한 모든 창조물과 그 정점에 있는 인간을 만드신 신의 능력과 지혜를 증명하기 위해 존재한다. 히치콕은 뉴잉글랜드 출신의 독실한 신자였고 "고생물학 연대표"는 그의 지질학적인 관점과 함께 인간을 창조의 정점으로 보는 관점이 반영된 것이었다.

히치콕은 매사추세츠주 디어필드^{Deerfield}의 가난한 집에서 태어났다. 독립전쟁에 참전했던 그의 아버지는 모자를 파는 상인이었는데 늘 빚에 쪼들려서 세 아들을 초등학교와 지역에서 운영하는 교육원에 간신히 보내는 정도였다. 나중에 히치콕은 "내 앞길에는 육체노동만이 있을 뿐이었다"라고 회고했다. 그는 아버지를 따라 모자를 팔거나 다른 상점의 수습생이 되는 대신 농장에서 일했다. 빌린 땅이지만 형이 경작하는 땅이었다. 그가 인생에서 가장 길다고 느낀 기간이었다. 나중에 그는 몇 년을 그렇게 살았는지 기억조차 할 수 없다고 토로했다. 그는 특별히 비가 오는 날이나 저녁 시간을 틈타 과학과 고전을 공부했다. 야망과 굶주림 속에서도 그는 하버드 대학에 가겠다고 다짐했다. 삼촌의 영향으로 그는 천문학을 배우기 시작했다. 1811년 히치콕이 18살 때의 일이다. 바로 그때 거대한 혜성이 출현했다. 혜성은 가을 내내 북쪽 하늘에 가장 밝게 떠 있었고, 그는 디어필드 교육원에서 기구를 빌려와 밤마다 혜성의 경로를 관측했다. 그는 "난 거기에 완전히 빠져들었고 그때 너무 무리해서 몸을 망쳤다"라고 기록했다.

건강의 위기는 그에게 종교적인 변화를 가져왔다. 그는 유일신교^{Unitarianism}

로부터 자신이 예전에 등한시했던 아버지의 조합교회주의Congregationalism로 다시 돌아가게 된다. 이는 히치콕에게 삶을 되돌아보는 계기가 되었다. 하버드 대신 디어필드로 돌아왔고 운 좋게 23살에 디어필드 교육원의 학장으로 임용되었다. 그리고 나서 목사 과정을 공부하여 안수를 받았고 디어필드와 인접한 매사추세츠 콘웨이 조합교회의 목사로 부임했다. 이때부터 남은 생애 동안 히치콕은 육체적으로 멀쩡함에도 자신을 스스로 병자라고 여겼다. 자신의 허약함에 집착하여 곧 죽을 것처럼 엄살을 부렸지만 70세까지 살아남았다. 후에 히치콕의 생애를 연구한 학자는 그에게 "중증 건강염려증환자"라는 별명을 붙였다.

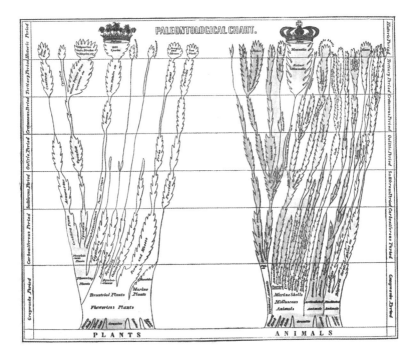

히치콕의 고생물학 연대표, 1857년 판

히치콕은 스스로 판단하기에, 교구를 순회하며 설교하고 부흥 운동을 계속한다면 건강에 문제가 생겨 곧 죽을 거라고 말하고 다녔다. 결국 1825년 가을에 콘웨이 목사직에서 "해고" 당했는데, 그것이 오히려 과학 경력에는 도움이 되었다. 당시에 설립된 애머스트^{Amherst} 대학에 화학과 자연사 교수로 임용되어 여생을 보낼 수 있었다. 그는 자연신학과 지질학 교수로 있다가 이후에 학장으로 9년을 더 역임했다. 한편, 히치콕의 애머스트 초기에 영국의 찰스 라이엘^{Charles Lyell}은 《지질학의 원리^{Principles of Geology}》라는 책을 시리즈로 출판했다. 이 책들은 지질학의 증거를 성서적 기반으로 해석하는 (히치콕 자신의 업적을 포함한) 견해들에 반하는 과격한 내용을 담고 있었다.

전통 학설 중 격변설^{catastrophism}(천변지이설)이라 불리는 가설은 지구의 역사를 창조주가 내린 천재지변의 격변들이 이어진 것으로 보았다. 여기서 격변은 창세기에 나오는 노아의 홍수에서 40일 밤낮으로 비를 내린 창조주의 홍수와 같은 것이다. 그러한 대재앙은 방향과 목적이 있다고 생각했다. 멸종된 공룡과 같이 지구상의 몇몇 생명체들을 제거하고 포유동물과 같이 새로운 창조물을 추가하기 위해 신이 대재앙을 수단으로 사용했다는 것이다. 라이엘은 동일과정설^{uniformitarianism}로 이에 맞섰다. 지구는 침식과 퇴적, 때로는 화산폭발과 같은 과거의 물리적 과정과 사건에 따라 형성된 것이며, 과거에 그랬듯이 현재에도 거의 같은 속도로 진행되고 있다는 것이다. 멸종은 그러한 자연의 힘이 초래한 여러 현상 중의 하나일 뿐이다. 라이엘의 주장대로라면 어떤 동물과 식물을 살려 둘지에 대한 신의 고민은 여기에 들어 있지 않았다.

히치콕은, 1830년부터 1833년 사이에 라이엘의 첫 세 권이 출간되자마자 읽고는 완전히 심기가 상했다. 그는 화산활동과 침식이 계속되는 과정이라는 것은 인정했지만, 어린 지구가 스스로 창조되었다고는 생각할 수 없었다. 그는 라이엘의 견해가 "창조와 다스림으로부터 신을 쫓아내는 것"이라고 우려했다. 대홍수에 관한 한 논문에서 히치콕은 성경과 지질학 자료를 비교해 가며 신랄한 글을 썼다. "라이엘 씨의 종교적 신념에 대해서는 알 수 없으나 성서를 대하는 그의 모호한 태도에는 이교도적인 교활함과 이중성이 깔려 있다." 하지만 적어도 《지질학의 원리》를 출간할 당시 라이엘은 이교도가 아닌 착실한 영국성공회 교인이었다. 아마도 히치콕은 라이엘의 책들이 무신론적인 물질주의 사상으로 독자를 유혹할 것임을 라이엘보다도 먼저 직감한 것 같았다.

히치콕이 우려한 독자 중에 바로 찰스 다윈이 있었다. 그는 비글호에서 라이엘의 저서를 읽고 크게 영향을 받았다. 지질학의 동일과정설뿐만 아니라 결과적으로는 진화론까지도. 이것은 라이엘이 라마르크를 지지하지 않으면서도 그 생각들을 잘 묘사했기 때문으로 보인다. 히치콕이 라이엘에 대하여 "교활하고 이중적"이라고 한 것은 틀린 말이었지만, 적어도 《지질학의 원리》가 독자를 타락시킬 것이라고 한 말은 적중한 셈이다. 어찌 되었든 다윈은 중요한 독자 중 한 사람이었으니 말이다.

1840년, 라이엘의 제3권이 나온 지 7년 후에 히치콕은 자신의 《기초지질학Elementary Geology》을 출판했다. 거기에는 양버들 형태의, 손으로 색을 입힌 고생물학 연대표가 접혀진 페이지로 들어 있었다. 그의 비진화적인 두 생명의 나무였다. 여기에는 지질학 연대에 따른 동식물들의 변화가 묘사되어 있다. 히치콕의 식물이나 동물 줄기들은 더 굵게 번성하거나 약해지기는 해도 가지에서 가지로 갈라지지는 않는데, 이것은 신이 이들을 직접적으로 통제하기 때문이라고 그는 설명했다. 생명체를 넣거나 거두는 것은 세상을 개선하고 완벽하게 만들기 위한 하나님의 원대한 계획이라는 것이다. 주요 줄기들 모두가 신이 마련한 약간의 시련을 견디며 지금까지 존재하지만 "더 진보된 기관"을 가진 새로운 종이 중간에 추가되었고, 마침내 "더 완벽한" 생명체들로 구성된 지구는 "인간을 정점에 두고 모든 것이 완벽해졌다"라는 것이다. 또한 "더 진보된 종"을 서서히 추가하는 것은 "그들을 지구 환경의 변화에 따라 더 완벽한 종으로 적응하게 하려는 신의 현명한 계획과 완벽하게 맞아떨어진다"라고 썼다. 이들은 신의 의도대로 환경의 변화에 적응한 특별한 피조물들이었다. 신은 지구상의 동물과 식물에 대해 변덕을 부리는 것이 아니라 단지 그들을 새로운 환경에 적응하게 하려는 것이었다. "이상하게 생각되더라도 찰스 라이엘이나 나를 비난할 일은 아니다. 단지 신의 뜻일 뿐이다."

히치콕의《기초지질학》은 성공적이었다. 1840년부터 1850년대 후반까지 30쇄의 기록을 세웠지만, 그동안 그는 고작 몇 개의 문구와 자료를 수정했을 뿐이다. 특히 전체 판본을 통틀어 나무 그림은 색을 조절한 것 외에는 변화가 없었다. 그런데 이후에 변화가 생겼다. 무언가에 의한 결과인지 우연한 일치인지, 1860년 히치콕의 책 31쇄에는 눈에 띄는 변화가 있었다. 바로, 나무를 볼 수 없었다.

1859년, 찰스 다윈이《종의 기원On the Origin of Species》을 출판하는 '사건'이 발생했다. 그의 책에도 나무 한 그루가 있었다. 도발적인 의미를 품은 새로운 나무였다.

6

다윈, 세 조각의 퍼즐을 맞추다

다윈은 이미 인생의 중반에 이르렀지만 자신의 이론을 비밀리에 키우고 있었다. 1837년 B 노트에 첫 나무를 스케치한 후, 끊임없이 자료를 읽고 증거를 수집하고 패턴을 찾아내고 문구를 만들었다. 그렇게 열여섯 달의 기록이 C, D 그리고 E 노트까지 이어졌다. 책상에 머리를 파묻고 진화의 수수께끼를 풀려고 온 정신을 집중했다. 1838년 11월 E 노트, 마침내 종의 진화에 대한 퍼즐이 풀리는 순간이었다. 그의 머릿속에 세 조각의 퍼즐이 맞춰지는 순간, 진화론을 설명할 메커니즘이 그려졌다.

첫 번째 퍼즐은 유전의 연속성이다. 자손은 그 부모와 조부모를 닮는데, 세대를 거듭하면서 자리 잡은 안정적인 형질을 물려받는다. 두 번째 퍼즐은 그와 반대로 변이가 발생하는 것이다. 자식은 부모를 똑같이 닮지 않는다. 사람의 눈동자 색, 키, 머리 색깔, 코의 생김새, 나비의 날개무늬, 새의 부리 크기, 기린의 목 길이. 모두 다르게 태어난다. 그대로 복제되지 않는다. 부모 자식뿐 아니라 형제·자매도 서로 다르다. 다윈은 이 두 요소, 즉 유전과 변이는 역동적인 관계를 유지하며 공존한다고 생각했다.

가장 뒤늦게 연구를 시작한 세 번째 퍼즐은 그의 다방면에 걸친 독서에서 영감을 얻었는데, 종은 종족보존에 필요한 것 이상으로 개체를 번식한다는 것이다. 지구의 생명체는 늘 차고 넘친다. 암컷 고양이 한 마리는 다섯 마리의 새끼를 낳고, 토끼는 여덟 마리, 연어는 천 개의 알을 낳는다. 그 모든 새끼가 살아남아서 다음 세대를 생산한다면 엄청난 개체 수가 될 것이다. 크기나 생식력에 상관없이 미생물과 인간을 포함한 모든 생물체는 기하급수적으로 증식하는 경향이 있다. 1, 2, 3, 4, 5가 아니라 1, 2, 4, 8, 16으로 증가한다는 것이다. 그러나 식량과 서식공간은 그렇게 빨리 늘지 못한다. 즉, 서식지는 번식하지 못한다. 개체들은 포화상태가 되고 굶어 죽지 않기 위해 생존경쟁한다. 경쟁과 박탈, 고통, 승자와 패자, 그리고 버려진 새끼들과 불운한 개체들은 죽음에 이르게 된다. 청함을 받은 자는 많되 택함을 입은 자는 적으니라(마태복음 22:14). 다윈에게 이러한 현실을 일깨워준 것은 성직자이자 극도로 논리적이었던 학자 토머스 맬서스^{Thomas Malthus}가 쓴《인구론^{An Essay on the Principle of Population}》이다.

맬서스의 암울한 책은 1798년에 등장했다. 그 후 30년간 여섯 번의 개정을 거치며 영국의 복지정책에 영향을 미쳤다(당시 빈곤법의 비교적 안이한 자선정책을 반대하는 내용이었고 그 결과로 법은 곧 개정되었다). 다윈이 책을 접한 것은 1838년 초가을이었다. 나중에 그는 "재미삼아 읽었다"고 회상했지만, 재미 이상으로 유익했다. 그는 인구론에서 얻은 퍼즐을 다른 두 조각과 결합하고는 D 노트에 "맬서스에서 추론한 종의 투쟁"이라고 휘갈겨 적었다. 그랬다, 다윈은 이 "투쟁"이 인간뿐만 아니라 다른 생물에도 적용된다는 것을 깨달았다. 경쟁은 치열했고 기회는 한정되어 있었다. 이것은 "틈새를 차지하려는 수십만 개의 쐐기에 맞먹는 힘에 비유할 수 있다"라고 다윈은 적었다. 즉, 자연의 경제학에는 한정된 틈새에 들어맞기 위해 "모든 쐐기를 그에 맞는 구조로 탈바꿈하게 만드는 힘"이 있다는 것이다. 모든 쐐기의 궁극적인 목적은 적절한 구조를 끌어내고 적응시켜 변화를 얻어내는 것이다. 그가 말하는 "궁극적인 목적"이란 본질적으로 투쟁은 최적의 형태로 적응한 개체만을 남긴다는 뜻이다. 이것이 핵심이었다. 이제 시작에 불과한 것이지만....

D 노트가 끝날 때쯤 다윈은 맬서스를 떠나는 듯했으나 곧 다시 돌아왔다. 1838년 10월, E 노트, 갈색 계통의 가죽 표지에 금속 걸쇠가 달린 그것은 생물학 역사의 진정한 유물이 되었다. 노트의 앞부분에서 다윈은 "개체의 과포화"에 대해 더 깊이 파고들었고 그때까지 계속 "나의 이론^my theory"이라고 적어 두었다. 그의 확신은 점점 더 굳어지고 명확해졌다. 그러고 나서 11월 27일 즈음, 그는 특유의 불완전한 어법으로 다음과 같이 썼다.

세 가지 원리가 모든 것을 설명할 것이다.

1. 할아버지, 닮은, 손자
2. 조금씩 변화하려는 경향 ... 특히 육체적 변화
3. 부모의 양육능력을 크게 넘어서는 생식능력

유전, 변이, 과잉번식. 다윈은 이들이 어떻게 맞물리는지 알아냈다. 이 세 개를 크랭크에 연결해서 돌린다고 가정하면, 무엇을 기반으로 하는지에 따라 다른 생존 결과를 얻게 될 것이다. 그렇다면 무엇을 기반으로 해야 하는가? 변이를 기반으로 하는 것이 가장 유리한 것으로 판단된다. 그러한 변이는 후세에 유전될 것이다. 그 결과는 선별적인 도태과정에 따라 유전형질의 점진적인 변형과 환경 적응으로 나타날 것이다. 이 크랭크에 그가 붙인 이름은 바로 자연선택$^{natural\ selection}$이다.

그렇게 E 노트에 기록한 지 20년이 흘렀다. 그러나 세상은 아직 자연선택에 대해서 아무것도 들을 수 없었다.

7

월리스의 편지, 그리고 종의 기원

의문을 품고도 남을 긴 시간이다. 비밀스런 E 노트에 적힌 네 줄, 그리고 나서 다윈이 처음 이론을 발표하기까지 20년이 흐른 것이다. 1859년 11월 마침내 그의 이론이 《종의 기원On the Origin of Species》이라는 제목으로 출판되기까지는 21년이었다. 이 공백에 대해서는 과학계와 개인적인 사정, 그가 느낀 두려움과 전술적인 사유까지 여러 책에서 자세히 다루고 있다(나의 다른 책들에도 나와 있다). 간단히 이야기하자면, 한 젊은 자연주의자가 다윈과 똑같은 이론으로 그에게 손을 내밀었을 때 결국 다윈은 자신의 이론을 발표하지 않을 수 없었다.

앨프리드 러셀 월리스Alfred Russel Wallace는 아마존에서 4년, 말레이 군도에서 다시 4년간의 현장연구 후에 자연선택이라는 개념을 떠올렸고 그것을 짧은 논문으로 썼다. 물론 정확하게 '자연선택natural selection'이라는 말로 표현한 것은 아니다. 월리스는 오랜 시간이 지난 후에 다음과 같이 회고했다. 그 생각은 몰루카Moluccas(인도네시아 동부의 제도) 북쪽에 잠시 머물며 자료를 채집하던 중에 나왔다. 말라리아에 걸려 열병을 앓는 상태에서 그에게 이 특별한 통찰이 찾아왔다. 변이와 함께 과잉번식의 상태가 되면, 실패한 변이들은 도태하게 되고 적응한 변이는 유전될 것이다. 열이 내리고 정신을 차린 후에도 몽상 속 아이디어는 살아 있었고 이치에 맞았다. 그는 원고를 작성했고 본격적으로 연구하기 시작했다.

월리스는 가난한 집에서 태어나 열대지방을 돌아다니며 일했다. 다윈의 비글호 항해처럼 여유로운 여행이 아니라 박제된 새, 나비, 예쁜 딱정벌레와 같은 장식용 견본을 팔기 위해서였다. 교육환경은 열악했고 인맥도 없었다. 영국 상류층이나 유럽 과학계에 아는 사람이 전혀 없었고 그들 역시 아무도 월리스를 알지 못했다. 그와 동료였다거나 직접 만났다는 사람도 찾을 수 없었다. 그는 자연사 연구용 말린 생물을 팔아 생계를 유지했다. 영국 빅토리아 시대에서 모든 분야가 그렇듯이 과학계에도 계급이 있었다. 그럼에도 그는 권위 있는 저널에 몇 개의 논문을 발표했고 그중 하나는 위대한 지질학자 찰스 라이엘^{Charles Lyell}로부터 주목을 받기도 했다. 아, 그리고 월리스는 유명한 또 한 사람을 알고 있었다. 물론 개인적으로 아는 사이가 아니라 펜팔을 통해서지만, 바로 그가 정중한 편지를 보낸 찰스 다윈이었다.

1858년 2월, 당시에 다윈이 진화론자라는 사실은 극히 일부의 사람들만 아는 비밀이었다. 다윈을 믿어주었던 절친한 친구 라이엘도 그중 하나였지만 월리스에게 다윈은 진화론자가 아니었다. 그에게 다윈은 그저 유명한 정통 자연주의자로서 따개비 분류법과 같은 실용서들, 그리고 비글호 연대기의 저자 정도였다. 월리스의 배가 몰루카 제도에 정박해 있을 때 거기에 네덜란드 우편배 한 척이 곧 트르나테^{Ternate} 항에 도착할 예정이었다. 그는 새로운 발견이 될 수도 있는 자신의 발견에 들떠 있었고 이 위험한 가설을 과학계에 알리고 싶었다. 월리스는 한 장의 편지와 함께 정성스레 포장한 논문을 다윈에게 보냈다. 다윈이 논문의 가치를 알아주기만 한다면 라이엘에게 알릴 것이고, 라이엘은 출판할 수 있도록 도와줄 터였다.

아마도 1858년 6월 18일이었을 것이다. 다윈은 소포를 받은 순간 둔기에 맞은 듯한 충격을 받았다. 그는 산산이 부서지는 자신을 느꼈다. 하지만 월리스의 요청대로 논문이 출판되도록 넘겨주고 자신의 명예를 지키고자 했다. 다윈은 자신이 20년 동안 키워 왔지만 아직 출판 준비조차 되지 않은 이 세기적인 아이디어에 대한 모든 공로가 이 젊은 친구에게 돌아가게 될 것임을 잘 알고 있었다. 그럼에도 불구하고 그는 월리스의 논문을 라이엘에게 보냈고 이러한 자신의 우려를 털어놓았다. 라이엘은 논문을 받고 한 가지 방안을 생각해 냈다. 그는 다윈과 가까운 동료 식물학자 조지프 후커 Joseph Hooker와 함께 다윈을 설득했다. 그는 자기 희생적인 명예보다는 합리적이고 공정한 자세로 공동 발표할 것을 제안했고 다윈을 절망에서 구하게 된다.

결국 1858년 여름, 린네 협회의 영국 과학 모임에 앞서 월리스의 논문과 다윈의 미발행 저작물들이 어설프게 합쳐진 공동 논문 발표가 있었다. 라이엘과 후커의 소개 연설 후 침묵 속에 경청이 이어졌다. 논문의 두 당사자가 불참한 상태로 대리인이 논문을 큰 소리로 읽어 내려갔다. 다윈은 성홍열로 죽은 막내아들 때문이었고, 월리스는 먼 말레이 군도 시골에 계속 머물러 있었다. 이 공동 발표는 린네 협회의 몇 안 되는 참석자들은 물론 그 누구에게도 감동을 주지 못했다. 그날 밤은 무척 더웠고 용어는 난해했으며 논리는 두루뭉술했다. 논문이 갖는 커다란 의미는 부각되지 못했다.

17개월 후인 1859년, 다윈은 《종의 기원On the Origin of Species》을 출판했다. 1858년의 논문이나 발췌문이 아니라 다윈 혁명을 일으킨 바로 그 책이다. 물론, 이후에 자연선택에 관해 훨씬 더 길고 지루하게 보강하기 전의 서른 축약본에 불과했지만 그 당시에는 그것으로 충분했다. 다윈의 이론은 단순한 삼단논법에서 그치지 않고 수많은 자료에 많지 않은 주석이 달린 "하나의 긴 논쟁"으로 전개되었다. 직설적이었고 누구나 쉽게 읽을 수 있었으며, 이후 베스트셀러가 되어 여러 판으로 인쇄되었다. 과학계는 아직 자연선택을 기본 메커니즘으로 받아들이지는 않았으나 진화론을 향한 과학자들의 세대교체는 이미 시작되었다. 특히 독일을 포함된 여러 나라에서 여러 언어로 번역되면서 인기를 얻었다. 오늘날 다윈은 역사상 가장 존경받는 생물학자가 되었으나, 월리스는 극소수의 사람들에게만 후광 뒤편의 비운의 인물로 알려져 있다.

종의 기원 제4장 "자연선택Natural Selection"은 다윈 이론의 중심 메커니즘이자 "하나의 긴 논쟁"의 핵심이다. 그가 20년 전에 E 노트에 휘갈겨 쓴 세 가지 원리를 크랭크에서 합친 바로 그것이다. 그에 따르면 "자연선택은 형질의 변이를 이끌어 내고 덜 발달하거나 불완전한 개체들을 멸종시키는 것"이다. 시간이 지남에 따라 계통이 변화하는 것은 화석을 보면 알 수 있다. 각각의 생물은 저마다 환경과 삶의 방식에 적응하면서 점점 뚜렷한 형태와 습성으로 분화된다. 중간 단계는 사라진다. 그리고 그는 이렇게 썼다. "같은 강class에 속한 개체들 간의 유사성은 큰 나무에서 그 일부를 볼 수 있다. 이 비유가 대체로 현상들을 잘 설명해 줄 것이라 믿는다."

8

다윈, 생명의 나무

    다윈은 제4장 말미에서 긴 단락으로 나무의 비유를 설명하고 있다. "푸른 새싹이 돋아나는 잔가지들은 현존하는 종들을 나타낸다." 그의 설명은 현재부터 거슬러 올라갔다. "최근 멸종된 멈춰버린 가지들, 빛이 드는 자리를 차지하려는 가지들 간의 경쟁, 작은 가지들로 분기된 큰 팔다리들, 그리고 그들이 갈라진 마지막의 큰 몸통과 만나게 된다." 다윈은 "눈이 자라 새싹을 틔우고, 새싹이 잔가지가 되고, 그 잔가지 중 어떤 것은 힘차게 또 어떤 것은 약하게 자라고, 어떤 것은 번성하고 어떤 것은 죽어간다. 거대한 생명의 나무에 모든 세대가 깃들어 있다. 죽은 나뭇가지와 부러진 나뭇가지들이 땅 위에 쌓이고, 활발하게 뻗어나가는 아름다운 가지(분지ramifications)들이 온 나무를 뒤덮고 있는 것이다." 분지! 적절한 표현이었다.

    특히 다윈의 문맥과 잘 어울렸다. 라틴어에서 분지를 직역하면 "가지를 형성하는 구조"지만 넓은 의미로는 "함축"을 뜻하기도 하기 때문이다. 다윈의 나무는 분명히 함축성이 있었다.

    에드워드 히치콕의 책처럼 그의 책에도 나무처럼 생긴 삽화가 들어 있었다. 초판본의 유일한 그래픽 이미지였다. 세대가 바뀌면서 계통이 어떻게 달라지는지 설명하는 116페이지와 117페이지 사이에 등장했다. 히치콕의 책처럼 접힌 페이지로 되어 있지만 흑백이었고, 나무라기보다는 거의 도표에 가까웠다. 예술적인 면에서는 오래전 그가 노트에 그렸던 작은 스케치보다도 못한 것이었다. 다윈 역시 그것을 도표라고 불렀다. 진화의 역사 속에서 위로 계속 뻗어나가고 분화되는 가상의 계통을 도식화한 것이었다. 점선들은 수직으로 상승하면서 측면으로 분기하고 있었다. 다윈은 예술가가 아니고 그 방면의 재능도 없었지만, 연필과 자를 사용해 도표를 그려 낼 수 있었다. 그리고 그의 초안 그대로 출판했을 것이다. 어쨌든 그것은 종의 분화를 묘사한 것이었다.

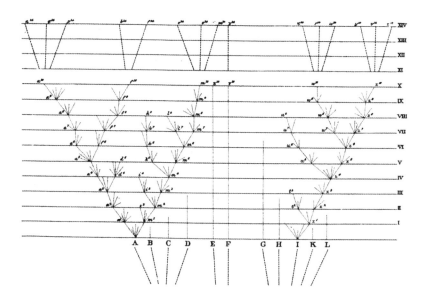

다윈의 분화 도표. 《종의 기원》에서 발췌, 1859년

도표에서 다윈은 수직 방향의 각 단계가 1,000세대의 유전을 상징한다고 설명했다. 긴 시간이었다. 11개의 주요 계통에서 출발했다. 그중 8개는 막다른 길에 다다랐다. 멸종한 것이다. 삼엽충trilobites, 암모나이트ammonites, 어룡ichthyosaurs, 수장룡plesiosaurs 모두 어떠한 자손도 남기지 않은 채 종말을 맞았다. 한 계통이 영겁의 세월에도 분기되거나 기울어지지 않고 콩나무 줄기처럼 솟아올랐다는 것은 시간이 지나도 변하지 않고 그대로라는 것을 의미한다. 그것이 바로 살아 있는 화석이라고도 불리는 투구게horseshoe crab가 4억 5천만 년 이상을 거의 변함없이 살아온 방식이다. 도표 대부분을 차지하는 두 계통은 계속해서 분기했고 수평으로 퍼지면서 수직으로 올라갔다. 가지가 분기되며 가로로 퍼지는 것은 새롭게 진화한 형태들이 다른 환경에 적응했다는 것을 상징한다. 거기에는 진화, 그리고 분화의 기원에 대한 모든 것이 담겨 있었다.

다시 매사추세츠로 돌아와보자. 히치콕은 다윈의 책을 읽고 심기가 매우 불편했다. 물론 그가 진화에 관한 이론을 처음 접한 것은 아니었다. 라마르크의 이론이나 그보다 더한 가설들을 알고 있었다. 그러나 다윈의 것은 훨씬 더 구체적이고 논리적이며 따라서 가장 막강한 설득력으로 무장한 최근의 주장이었다. 다른 독실한 과학자들 역시 불쾌하기는 마찬가지였다. 그들은 화석 기록을 신의 직접적인 행위의 증거로 보았다. 그런 과학자들로는 하버드 대학의 루이 아가시Louis Agassiz, 제네바 대학의 프랑수아 쥘 픽테트François Jules Pictet, 다윈의 멘토였던 케임브리지 대학의 지질학자 애덤 세지윅Adam Sedgwick도 있었다.

히치콕은 자신의 《기초지질학》 1860년 판에서 그러한 권위자들의 증거를 들며 다윈에게 반박했다. 그는 픽테트가 물고기 화석 기록에서 변이에 대한 어떠한 증거도 발견하지 못했다고 지적했다. 아가시즈는 동물들 사이의 유사성이 창조주의 의도에 따른 것이라고 강조했다. 히치콕은 "다윈에 동조하는 많은 이들의 머릿속에 종이 점진적으로 변화한다는 교리가 자리잡으려 하고 있다. 그럴 때일수록 이러한 과학계 전문가들의 의견에 주의를 기울이는 게 좋을 것"이라고 충고했다.

그것은 정중하지만 단호했고, 무시하는 어조였다. 히치콕은 그렇게 함으로써 독자들도 자신과 똑같이 해주기를 바랐다. 그런데 그의 대응은 공격적이고 방어적인 그의 말들과는 좀 달랐다. 히치콕 자신의 책에서 나무 그림을 삭제한 것이다. 고생물학 연대표는 아예 사라져 버렸다. 이전의 《기초지질학》 판본들에서는 상상할 수 없었던 일이다.

이제 나무 그림은 다윈의 진영으로 들어왔다. 20세기 후반까지 나무는 생명의 역사, 시간에 따른 진화, 원시로부터의 분화와 적응을 표현한 최고의 그래픽이었다. 그러다가 갑자기 소수 과학자 그룹의 새로운 발견이 있었다. 아! 아냐, 뭔가 잘못되었어.

2 부

다른 분류의 생명체
A Separate Form of Life

9

크릭, 천재 과학자의 제안

　분자계통학, 분자 수준에서 진화적 관련성을 연구하는 학문이다. 1958년에 프랜시스 크릭Francis Crick이 다른 분야의 한 중요 논문에서 스치듯 제안한 것이 그 시작이었다. 크릭은 항상 그런 식이었다. 그의 탁월하고 엄청난 상상력은, 그가 무심하게 던져 놓은 개념조차도 생물학의 미래를 좌지우지할 정도였다.

　영국의 분자생물학자 크릭은 DNA 분자의 이중 나선 구조를 밝혀낸 것으로 유명하다. 1953년의 일로, 그의 인생을 통틀어 가장 유명한 승리였다. 그 덕분에 젊은 미국인 파트너 제임스 왓슨James Watson과 또 한 명의 과학자와 함께 1962년에 노벨상을 받게 된다. 1958년, 크릭은 스톡홀름(노벨상)의 영광을 꿈꿀 만큼 한가하지 않았다. DNA 내 순수한 구조 문제로부터 더 심오한 문제들로 관심을 옮겼다. 그는 늘 그랬던 것처럼 즐거운 놀이를 하듯이 유전자 코드 해독에 빠져들었다.

　유전자 코드에 대해서는 익히 들어 알고 있겠지만, 다시 상기해 보는 것도 나쁘지 않을 것이다. 유전자 코드는 DNA 이중 나선의 요소인 뉴클레오티드 염기를 나타내는 네 개의 알파벳으로 되어 있다. A(아데닌adenine), C(시토신^{cytosine}), G(구아닌^{guanine}), T(티아민^{thymine}). 여기서 DNA, 즉 디옥시리보 핵산$^{\text{deoxyribonucleic acid}}$이라는 단어를 이해할 필요가 있다. DNA는 뉴클레오 티드라는 단위들이 사슬로 이어진 두 개의 가닥이, 가운데 축을 중심으로 나선형으로 돌면서 서로 평행하게 꼬인 이중 나선 구조로 되어 있다. 각 뉴 클레오티드는 한 개의 염기(A, C, G, T)와 당(디옥시리보오스^{deoxyribose}), 인산 기(산)로 구성된다. 한 뉴클레오티드가 가진 당의 끝이 다음 뉴클레오티드 가 가진 인산의 끝과 결합하여 두 줄의 길게 꼬인 나선형 가닥을 형성한다. 두 가닥이 평행하다고 말했지만 사실은 서로 역평행하다고 해야 더 정확하 다. 당-인산 결합은 앞쪽 끝과 뒤쪽 끝이라는 방향성이 있기 때문이다. 즉, 나선형 가닥 하나의 앞쪽 끝이 다른 가닥의 뒤쪽 끝과 맞추어지는 것이다. 뉴클레오티드 염기들은 수소결합을 통해 횡으로 두 나선 가닥을 묶고 있 다. A와 T, C와 G가 쌍을 이루면서 나선형 계단처럼 안정적인 구조를 형성 한다. 이것이 왓슨과 크릭이 추론해 낸 깔끔한 DNA 배열이다.

이러한 구조는 안정적일 뿐만 아니라 유전정보를 저장하고 복제하며 적 용할 때에도 기가 막히게 효율적이다. 두 가닥이 떨어져 있을 때 한 가닥의 염기서열은 복제 또는 사용할 준비가 된 유전 정보가 된다. 왓슨과 크릭은 1953년 논문에서 절묘하게 숨겨져 있던 그 능력에 주목했다. 네이처지에 실 린 이것은 단 한 페이지에 스케치까지 포함된 정교한 논문이었다. 마지막에 그들은 DNA의 이중 나선 구조와 A와 T, C와 G의 짝을 이루는 결합을 설 명하면서 이렇게 썼다. "우리가 가정한 특정 결합이 유전 물질의 복제 메커 니즘을 직접적으로 시사한다고 봐도 무방하다."

유전자 전달을 위해 정보를 복제하는 것은 하나의 과정에 불과했다. 그것 이 살아 있는 유기체 안에서 번역^{translation}되는 것은 또 다른 일이다. 어떻게 번역되는가? 어느 단계에서 DNA의 정보가 실제로 발현되는가?

그 의문은 단백질로 이어졌다. 생체활동에 필요한 네 가지 생명분자는 탄수화물과 지질, 핵산, 단백질이다. 단백질은 다양한 분자구조를 형성하여 촉매, 운반 등 가장 광범위한 기능을 수행한다. 단백질 조각을 만들고 이들 단백질을 조립하여 실제로 사용하는 과정에 대한 통제는 DNA에 기록되어 있다. 모든 단백질은 아미노산이 사슬로 길게 연결된 것이고 그것들은 다시 접혀진 형태로 정교한 이차 구조를 형성한다. 약 500개의 아미노산이 화학적으로 규명되었지만 사실상 그중 20개만이 생명의 기본 구성물로 사용된다. 그것들로 가능한 모든 단백질이 조립되는 것이다. 그렇다면 단백질 사슬에 연결되는 아미노산을 결정하는 네 개의 염기 서열은 무엇일까? 어떤 글자 조합이 류신을, 시스테인을 만드는가? A, C, G, T를 어떻게 배열해서 글루타민이라는 의미를 전달하는가? 티로신의 철자는 무엇인가?

네 개의 염기들이 어떻게 아미노산을 지정하는가? 이 근본적인 질문의 열쇠는 "코딩(암호) 문제"로 밝혀졌다. 1950년대 후반 프랜시스 크릭에 의해서다. 이것을 풀 수 있다면, 유기체가 어떻게 성장하고 영위하고 복제하는지를 이해하는 중요한 걸음을 내딛는 것이다.

질문지를 열면 또 다른 질문지가 들어 있었다. 염기는 조합되어야만 작동할까? 그렇다면 몇 자를 조합해야 할까? 4개의 염기 중 CT, CG, AA처럼 두 자씩 합친다면 순서까지 고려해도 겨우 16가지 조합이 나오는데 이는 20가지 아미노산을 코드화하기에 충분치 않아 보인다. 그러면 세 자 또는 그 이상이 결합할 수도 있을까? 만약 CTC, CGA, AAA처럼 세 자씩이라면, 쉼표로 구분된 세 글자 단어처럼 각각이 별도의 기능을 하는 것일까, 아니면 중첩된 채로 작동하는 것일까? 쉼표가 기능을 갖고 있다면 마침표는 어떨까? 네 가지 글자로 세 글자 열을 조합하게 되면 64가지 조합이 가능한데 그것들은 모두 사용될까? 만일 그렇다면 하나의 아미노산에 코드들이 중복된다는 것을 의미한다. 혹시 코드에는 "종결"이라는 명령이 들어 있을까? 그게 없다면, 유전자의 끝은 어디고 또 다른 시작은 어디인가? 크릭을 비롯한 모든 사람의 관심사였다.

크릭은 이미 이 문제를 넘어 어떻게 단백질이 암호화된 정보로부터 물리적으로 조립되는지 궁금했다. 즉 하나의 아미노산이 다른 아미노산으로 줄줄이 이어지는 과정을 생각하고 있었다. DNA 주형가닥이 어떻게 아미노산을 찾아서 가져오는지? 끌려온 아미노산들은 어떻게 사슬처럼 연결되는지? 생명체가 하나의 언어라면, 그는 단지 글자, 단어, 문법뿐만 아니라 그것이 입 밖으로 나오는 바로 그 메커니즘을 알고 싶었던 것이다. 폐와 후두를 거쳐 입술, 혀를 통해 소리가 나오듯이 말이다.

미국에 잠시 머물던 크릭은 1950년대 중반에 영국으로 돌아와 왓슨과 함께 일했던 케임브리지의 캐번디시 연구소Cavendish Laboratory에 다시 자리 잡았다. 그는 기초과학과 의학 연구를 관장하는 정부산하 의학연구위원회(MRC)와 계약을 맺었다. DNA 구조를 밝혀낸 성과로 크릭과 왓슨은 과학적인 명성과 함께 이후에 노벨상까지 받게 되었지만, 당시에는 크릭의 급박한 재정 상황을 즉시 해결해주지 못했으며 셋째 아이가 태어나면서 상황은 더욱 나빠졌다. 그는 돈을 벌어야만 했다. MRC의 연봉은 충분치 않았고 더러 라디오 방송이나 대중적인 기사들로 작은 수입을 얻는 게 고작이었다. 당시에 그는 왓슨 말고 시드니 브레너Sydney Brenner라는 다른 과학자와 사무실을 같이 쓰며 칠판까지도 공유했다. 점심시간이면 그와 늘 열띤 대화를 나누었다. 캐번디시 초창기부터 크릭을 알았던 한 동료에 따르면 "그는 언제나 큰 소리로 떠들면서 일했다"고 한다. 브레너와 떠들지 않을 때면 그는 과학 논문을 읽고 연구자들의 결론을 되짚어 보면서 자신이 붙들고 있는 미스터리에 단서가 될 만한 자료들을 샅샅이 뒤졌다. 그는 데이터를 만들어 내는 실험과학자가 아니었다. 그는 이론가였다. 생물학 분야에서 가장 뛰어난 직관력을 가진 금세기 최고의 이론과학자.

1957년에 크릭은, DNA가 단백질로 번역되는 과정에 대한 자신의 생각들, 잘 알려진 추정들을 모아서 그해 9월에 런던 대학교University College London에서 열린 실험생물학회의 연례 심포지엄에서 발표했다. 한 역사학자에 따르면, 그의 강연은 "발표장을 장악했으며, 생물학의 이론적 근거를 영원히 바꾸어 버렸다"고 한다. 그리고 1년 후 그 학회지에 "단백질 합성에 관하여 On Protein Synthesis"라는 짧은 제목으로 게재됐다. 역사학자 맷 리들리Matt Ridley는 크릭에 관한 짧은 전기에서 이것을 두고, 아이작 뉴턴Isaac Newton의 《프린키피아Principia(뉴턴 역학의 기본서)》와 루트비히 비트겐슈타인Ludwig Wittgenstein의 《트락타투스Tractatus(논리철학 논고)》에 비견되는 "그의 가장 뛰어난 논문"이라고 했다.

이 논문은 DNA 명령에 따라 단백질이 어떻게 만들어지는가에 대한 통찰과 추론을 총괄적으로 제시했다. 그는 중요하지만 아직 명확하지 않은 가설에 주목했다. DNA의 그늘에 가려져 있었던 또 다른 핵산인 RNA(리보핵산)가 관여하고 있다는 가설이다. 단백질 생성에 있어, DNA에 코드화된 아미노산들의 정렬 순서를 표출해내는 과정에 RNA가 관련되어 있는가? 이러한 반문들 도중에, 크릭은 거의 즉흥적으로 또 다른 아이디어를 내뱉었다. "아, 그런데, 이 긴 분자들은 진화의 나무 연구를 위한 증거자료가 될 수도 있겠네요."

출판된 논문에는 이렇게 적혀 있었다. "생물학자들은 머지않아 '단백질 분류학protein taxonomy'이라는 분야가 나타나는 것을 보게 될 것이다. 바로 유기체의 단백질과 아미노산 서열, 그리고 종들 간에 이러한 차이를 다루는 연구가 진행될 것이다."

그가 "분자계통학"이라는 용어를 쓰지는 않았지만, 의미한 바는 긴 분자 기록으로부터 진화의 역사를 추론해 내고자 하는 바로 그것이었다. 척추동물의 혈액을 통해 산소를 운반하는 헤모글로빈처럼, 기본적으로 동일하지만 두 생물체 사이에 미세하게 달라진 단백질을 서로 비교하면 그들 간의 유사성을 추론해 낼 수 있다는 것이다. 그러한 추론은, 이형 헤모글로빈이 공통된 조상의 분자로부터 시간이 흐르면서 우연히 또는 자연선택에 의해 아미노산 서열의 작은 차이가 생기기 시작하여 다른 종으로 분화되었다는 가정에서 출발한다. 헤모글로빈들 간의 그러한 차이는 계통 분화가 진행된 시간과 관계될 것이다. 크릭은 그러한 데이터로 계통발생 나무를 그릴 수 있다고 제안했다. 인간처럼 말도 헤모글로빈을 가지고 있다. 인간과 말의 헤모글로빈은 얼마나 다른가? 우리는 말과 언제부터 갈라진 것인가? 크릭은 덧붙이기를, 단백질 서열은 유기체의 물리적 실체를 관찰할 수 있는 가장 정확한 기록이며, "진화에 관한 방대한 정보가 그 안에 숨겨져 있을 수 있다"고 했다.

크릭은 그토록 엄청난 제안을 툭 던져 놓고는 논문에서 다시 자신의 원래 주제로 돌아왔다. 세포 내에서 단백질이 어떻게 만들어지는가 하는 주제였다. 그는 늘 그런 식이었다. 천근의 무게 같은 묵직한 사고를 순간적으로 해낸 후에도 정작 그가 하는 말은 이랬다. "자, 단백질 분류학은 내 분야가 아니에요. 하지만 누군가가 하겠죠."

10

폴링과 주커칸들, 분자시계

누군가는 했다. 당장은 아니었으나 몇몇 과학자들이 다양한 접근 경로로 출발해서 비슷한 아이디어에 도달했고 그렇게 7년이 지났다. 그들 중에는 라이너스 폴링Linus Pauling과 에밀 주커칸들Emile Zuckerkandl이 있었다. 그들은 자신들의 연구를 "화학 고유전학chemical paleogenetics"이라고 고급스럽게 부르며 다른 경로로 파고들었다.

주커칸들은 비엔나의 젊은 생물학자였다. 그의 가족은 파리와 알제Algiers(알제리의 수도)를 거쳐 유럽의 나치를 탈출했다. 미국에 도착한 그는 일리노이 대학교(칼 워즈 훨씬 이전이다)에서 석사학위를 취득하고 전쟁 후 파리로 돌아와 박사학위를 받았다. 프랑스 서부 해안에 있는 해양 실험실에서 일하게 된 그는 게의 탈피 주기를 연구했는데, 여기에는 헤모글로빈과 유사한 분자가 관련되어 있었다. 갑각류 생리학으로부터 분자 수준의 질문으로 관심이 옮겨가면서 그는 미국으로 돌아가기로 마음먹었다. 그리고 1957년에 드디어 폴링을 만날 기회를 얻게 된다. 당시에 폴링은 이미 두 개의 노벨상 중 하나를 받은 유명한 화학자였다. 첫 노벨상은 폴링에게 캘리포니아 공대의 화학 실험실로부터 더 넓은 세계로 연구 주제를 확장할 수 있는 지위와 함께 그에 필요한 영향력을 갖게 했다. 특히 두 가지 분야를 꼽을 수 있다. 겸상적혈구빈혈증sickle cell anemia과 같은 유전병과, 또 하나는 핵실험으로 인한 방사성 낙진과 같은 위협이다. 1950년대 후반, 폴링은 목소리를 높이고 있었다. 대기권 핵실험에 반대하는 탄원서를 제출했으며 거기에는 11,000명 이상의 과학자들이 서명했다. 그는 영국의 철학자이자 노벨상 수상자인 버트런드 러셀Bertrand Russell과 함께 세계적으로 가장 저명한 평화주의자의 반열에 오르게 되었다.

폴링과 주커칸들은 처음 만났을 때부터 관심사가 일치했다. 당시에 폴링은 유전학과 진화, 돌연변이, 특히 무기실험에서 방사선에 노출된 돌연변이들에 더욱 관심을 쏟고 있었다. 질병에 대한 관심도 같은 맥락에서 시작된 것인데, 겸상적혈구빈혈증은 헤모글로빈 유전자 내의 돌연변이에 의한 문제이기 때문이다. 폴링은 젊은 주커칸들에게 캘텍(캘리포니아 공대) 화학과에 포스트닥(박사후과정)을 제공할 정도로 깊은 인상을 받았다. 그 후 주커칸들은 캘리포니아 패서디나Pasadena에서 게의 탈피 분자에 대한 연구를 계속하고자 했다. 폴링은 그를 제지하며 말했다. "헤모글로빈을 연구하지 그래요?"

폴링은 더 나아가서 아직은 초기 단계지만 유망한 최신 기술을 제안했다. 전하를 이용해서 분자를 크기별로 분리하는 전기영동법과, 단백질을 지문처럼 다루어 변이의 차이를 구분하는 핑거프린트법fingerprint과 같은 방법들이었다. 폴링은 이 방법으로 단백질 분자를 비교한다면 연구자들이 진일보한 결론을 도출할 수 있을 것으로 생각했다.

주커칸들은 곧 작업에 착수했다. 기술을 터득하여 다양한 형태로 변이된 헤모글로빈에 적용했다. 얼마 지나지 않아 그는 인간과 침팬지의 헤모글로빈 사이에서 밀접한 유사성을 발견했고, 인간과 오랑우탄의 헤모글로빈은 덜 유사하다는 것을 알게 되었다. 또한 분자 지문만으로 상어와 돼지를 구별할 수 있게 되었다. 물론 돼지와 상어를 구별하는 더 쉬운 방법들이 있지만 그게 중요한 것은 아니다. 이는 비록 그가 지금껏 생각했던 그 방법론은 아니지만 분자 비교 연구의 출발점이 되었다.

그 후 6년 동안 주커칸들의 연구는 성공적이었고 폴링과 함께 잇달아 논문을 발표했다. 그중 일부는 저명한 과학자들의 은퇴나 생일 전후에 발간되는 기념 논문집에 수록되기도 했다. 그런 기회들은 폴링의 명성에 따른 것이었고, 주커칸들은 폴링과 공동저자로서 많은 연구를 함께하며 대부분의 글을 쓰곤 했다. 한편 폴링은 핵무기 확산과 실험에 반대한 공로를 인정받아 두 번째 노벨상인 평화상을 수상했다. 이것이 그의 과학 경력에 도움이 되지는 않았지만(사실 대학 행정가들과 이사회는 그의 평화주의 행보를 인정하지 않았기 때문에 그는 캘텍 교수직에서 사임했다), 그의 공적인 목소리를 높이는 데는 확실히 도움이 되었다. 그는 분주한 유명인사였다. 초대연설, 초청, 기념출판에 게재할 과학 논문 초청이 쇄도했다. 그러한 논문들은 보통 동료평가를 거치지 않기 때문에 전형적인 학술 논문에 비해 더 대담하고 추론적일 수 있었다.

그중 하나는 1963년 러시아 과학자의 70번째 생일을 기념하기 위해 쓰인 "진화 역사의 증거로서의 분자Molecules as Documents of Evolutionary History"라는 논문이었다. 2년 후에는 이론생물학 저널Journal of Theoretical Biology에 영어로 다시 게재되어 널리 알려지며 큰 영향을 주었다. 폴링과 주커칸들은 프란시스 크릭이 발을 담근 바로 그 연못을 향하고 있었다.

그들의 1963년 논문은 유전 정보를 운반하는 분자들과 다른 분자들 사이의 핵심적인 차이에 관한 것이다. 유전 정보를 운반하는 분자란 DNA 또는 DNA가 암호화한 대상인 단백질 같은 분자들을 말하며, 나머지 분자는 살아 있는 생명체 안에서 순환하다가 끝에 가서 배출되는 비타민 같은 분자들을 뜻한다. 정보 분자 안에 바로 추론할 수 있는 역사 기록이 있다. 조상으로부터 다양하게 분화된 온갖 생명체 안에 그 이력들이 적혀 있다는 것이다. 주커칸들과 폴링은 그런 분자를 면밀하게 연구함으로써 세 가지 사실을 알아낼 수 있다고 썼다. "계통이 갈라진 지 얼마나 지났는지, 조상의 분자는 어떻게 생겼는지, 그리고 어떤 혈통에서 갈라져 나왔는지." 그중 첫 번째는 분자시계로 불리지만 당시에 폴링과 주커칸들이 그 이름을 지은 것은 아니다. 그리고 세 번째는 나무를 시사했다.

주커칸들은 공동저자이자 후원자인 폴링과 함께 아이디어를 지속해서 연구하고 발전시켰다. 1964년 9월에 러트거즈 대학교Rutgers University에서 열린 유명하고 논쟁적인 심포지엄의 청중 앞에서 주커칸들은 공동 아이디어의 최종안이 된 긴 논문을 발표했다. 주커칸들이 대부분의 글을 썼음에도 이 논문은 "폴링의 후반 경력에서 가장 영향력이 큰 것"으로 알려졌다. 이 논문에서 두 저자는 인상적인 비유 하나를 제시했다. 변이된 분자들에 발생한 극미한 변형들이 만일 영겁의 시간 동안 일정한 속도로 발생한 것이라면, 우리는 "분자 진화 시계"를 갖고 있는 것이다.

물론 그것은 검증되지 않은 가설일 뿐이었다. 하지만 러트거즈 심포지엄에서 논쟁이 벌어졌고 여러 해 동안 논란거리가 되었으며, 세간의 관심을 집중시켰다. 이 가설대로라면 생명의 역사를 측정하는 완전히 새로운 방법을 약속한 것이었다. 분자시계는 그 후 "진화 분야에서 가장 명확하고 가장 강력한" 개념인 동시에 "가장 논란거리가 많은" 개념으로 통한다. 나중에 크릭은 "그 당시 사람들이 생각했던 것보다 원론적으로 훨씬 더 옳았던 매우 중요한 아이디어"라고 평가했다.

에밀 주커칸들은 다시 프랑스로 돌아갔다. 그는 폴링을 비롯해 몇몇 사람들이 시작한 새로운 과학사업에 참여했고, 1971년에 분자진화 저널Journal of Molecular Evolution이 생겼을 때 첫 편집장을 맡았다. 주커칸들은 폴링만큼 유명해지지는 못했지만, 만일 분자생물학자들에게 "주커칸들과 폴링"을 물어보면 그들은 "분자시계"라고 답할 것이다. 이는 완전히 틀린 말은 아니지만 핵심을 빠트린 것이다. 러트거즈의 긴 논문에는 또 다른 비유가 있었다. 여기에서 주커칸들은 "분자계통수에서 가지의 분기는 원칙적으로 분자 정보로만 정의할 수 있는 것"이라고 썼다. 그 말인즉슨, 시계가 째깍거릴 때마다 가지가 돋아나고 뻗치는, 나무를 그리는 전혀 다른 방식을 뜻하는 것이었다.

11

칼 워즈, 유전자 해독 메커니즘

1964년 주커칸들이 러트거즈에서 논문을 발표한 바로 그 해에 칼 워즈 Carl Woese는 어바나의 일리노이 대학교로 오게 되었다. 분자계통학이 세간의 관심을 끌기 시작했고, 당시에는 크릭의 '단백질 분류학'이나 폴링과 주커칸들의 '화학 고유전학'이라는 이름으로 알려지고 있었다. 워즈는 엄청난 가능성을 누구보다도 선명하게 감지했고, 분자 서열 정보가 과거를 규명하는데 사용될 수 있다는 것을 인식했다.

36세의 워즈는 처음 임용 때부터 종신 재직권을 얻게 되었다. 논문 발표에 대한 빠듯한 압박감 없이 지난하고 모험적인 연구 프로젝트에 매진할 수 있는 여지가 생긴 것이다. 그는 미생물학과에 적을 두고 있었지만, 미생물학자가 아닌 생물물리학자였으므로 박테리아나 작은 곤충을 현미경으로 들여다보는 일은 거의 없었다. 그의 관심은 당시에 거의 초기 단계에 있던 분자생물학에 있었다. 그것은 과학계에 흥분을 불러일으킬 새로운 분야였다. 방법론들이 막 나오기 시작했고 기본적인 원리들이 이제 겨우 자리를 잡고 있었다. 그는 그 일부가 되고자 했다. 그러나 분자시계는 워즈의 주제가 아니었고 분자계통수에 대한 전망은 아직 그의 상상력을 자극하지 못했다. 대신에 그는 유전자 코드에 집중했다. 단지 코드 해독에 대한 것뿐만 아니라, 어떤 염기들이 어떤 조합들을 이루면서 그것들이 어떤 아미노산들로 단백질을 만드는지에 대한 의문이었다. 그는 더 깊은 시간을 거슬러 그 의미에 다가가고 싶었다. 즉, 코드가 어떻게 진화한 것인지 알고 싶었다.

워즈는 프랜시스 크릭이나 다재다능한 러시아 물리학자 조지 가모프 George Gamow 같은 과학자들이 유전자 코드 해독을 마치 추상적인 두뇌게임을 하듯이 이론적인 문제로 다루어 왔다는 것을 잘 알고 있었다. 유전자 코드 문제는 1958년 크릭의 논문으로 급부상했으나 해결되지 않고 있었다. 그 논문으로 인해 RNA가 단백질을 만들어 내는 세포 내 장소로 DNA 명령을 전달하는 메신저 분자로써 기능한다는 것이 새롭게 인식되었다. 하지만 RNA는 어떤 구조를 가지며 어떻게 그런 역할을 하는가? 가모프와 같은 과학자들에게 그것은 짜릿한 퍼즐게임이었다. 그것들이 어떻게 암호화되었고 단백질이 어떻게 합성되는지 서로 의견을 교환하기 위해 그들은 생명의 아미노산 20개를 의미하는 20명의 엘리트로 구성된 조금 익살스러운 소모임도 만들었다. 이 모임을 RNA 타이 클럽RNA Tie Club이라고 불렀다. 여전히 신비로운 매개체인 RNA와 옛날 교복 넥타이의 배타적인 유대감을 떠올리는 Tie에서 딴 것이었다. 회원의 징표로서 같은 무늬를 수놓은 넥타이와 각각의 아미노산이 각인된 타이핀도 가지고 있었다. 그들이 각자의 아미노산 별명을 가졌다는 것이 익살맞다. 세린, 리신, 아르기닌 등등, 귀엽지 않은가. 물론 워즈는 명단에 없었다.

크릭이나 가모프와 같은 과학자들에게 가장 흥미진진한 수수께끼는 이것이었다. 어떻게 A, C, G, T 단 4개의 DNA 염기들로부터 최소한 3개가, 쉼표 유무에 관계없이, 조합을 이루어 20개의 아미노산을 만들어 내는가? 위즈는 혼자 연구했다. 그는 RNA 타이 클럽의 집단적인 이론 연구보다 미국 국립보건원US National Institutes of Health의 젊은 생화학자인 마셜 니런버그Marshall Nirenberg가 이끄는 팀이 실험적인 접근법으로 더 앞서고 있다는 것을 알고 있었다. 하지만 그는 더 깊이 파고들고 싶었다.

"코드의 본질에 대한 생각부터 나는 그 사람들과 완전히 달랐습니다." 십여 년 뒤에 워즈가 한 말이다. 그는 코드의 본질을 해독 메커니즘의 기원으로부터 분리할 수 없는 문제로 인식했다. 해독 메커니즘이란 어떤 생체기관이나 분자가 DNA 정보를 실제의 물리적 단백질로 변환하는 것을 뜻했다. 그런데 해독 메커니즘의 기원이라고? 이것은 당시 그에게 가장 중요한 생물학적 관심사였다. 그는 해독 메커니즘이 어떻게 작동하는가의 문제뿐만 아니라 그것이 40억 년 전에 어떻게 생겨났는지 알고 싶었다. 만약 DNA 내 정보를 번역하는 시스템이 없었다면 생명은 가장 단순한 원시 형태를 벗어날 수 없었다는 것을 워즈는 누구보다도 분명하게 알고 있었다.

워즈의 발언은 과학계의 아웃사이더라는 그의 불편한 심기를 대놓고 드러내는 것이었다. "나는 그 사람들과 달랐습니다." 그는 타고난 외톨이였고 다른 길을 택했다. RNA 타이 같은 모임에도 속하지 않았다. 그는 네이처지에 코드와 관련된 몇 편의 논문을 발표했고, 사이언스지에 논평을 실었다. 모두 단독 저자로서 주로 아이디어를 제시하거나 다른 과학자들의 성과를 비평했다. 그는 1967년 저서인 유전자 코드The Genetic Code에서 자신의 진화에 대한 견해 전체를 제시했다. 이 책은 선견지명이 있었고 야심 차고 설득력이 있었지만 대부분 틀린 것이었다. 그러나 과학에서 틀렸다는 것이 쓸모없다는 것을 의미하지는 않는다. 유전자 코드의 기원을 따지려는 노력은 어쩔 수 없이 워즈를 생명의 나무로 이끌었다.

워즈는 보편적인 도표가 필요하다고 느꼈다. 생명의 핵심 역할을 하는 어떤 필수적인 시스템을 이해하기 위한 기본 틀을 말하는 것이었다. 즉, DNA 코드 정보를 단백질로 바꾸는 번역 시스템을 의미했다. 태초의 생물학을 이해하려면 태초의 역사를 이해해야 한다. 생물역사가가 된 식물유전학자 얀 샙Jan Sapp은 워즈와도 친분이 있었으며 그가 던진 화두이다. "그러므로 보편적인 나무는 그 자체로서 존재의 비밀을 담고 있을 것이다." 역사는 생물학을 밝혀낸다. 역으로, 생물학은 역사를 밝혀준다. 진화생물학은 결국 역사다. 그런데 거기에 문제가 있었다. 미생물학에는 나무가 없었다. 박테리아나 단세포생물들 말이다. 지금까지의 나무들은 그런 유기체를 포함시키지 않았고 그들의 다양성을 제대로 그려 낸 적도 없었다. 린네와 다윈이 했던 것처럼 동물은 외형과 습성으로 비교할 수 있었다. 식물과 균류도 그랬다. 가시적으로 드러난 증거로부터 추론한 그들의 관계를 나무 같은 패턴에 배치할 수 있었다. 그러나 미생물은 불가능했다. 고배율 현미경으로 봐도 미생물들은 거의 비슷해 보이기 때문이다.

몇 가지 기본 형태들, 즉 막대형, 구형, 필라멘트형, 나선형. 이것들은 박테리아를 크게 분류할 때 사용하는 것들이다. 하지만 우리가 종을 분류한 것처럼 박테리아를 자연의 체계에 따라 분류하고 진화 관계를 보여주기는 어렵다. 아니, 그것은 불가능하다고 전문가들은 입을 모은다. 그들의 외형과 습성, 생리학적 형질(미생물 차원의 생태)로는 할 수 없다. 누군가 새로운 방법을 찾지 않고서는 불가능한 일이었다.

"내 연구 프로그램에 뭔가 전환이 필요해." 나중에 워즈는 그 말을 재밌다는 듯이 회상했다. 그 전환을 20년간 그가 계속해 왔기 때문이다.

12

칼 워즈, RNA와 리보솜

1969년 6월 24일, 어바나에 있던 워즈는 케임브리지의 프란시스 크릭에게 중요한 내용이 담긴 서한을 보냈다. 워즈가 크릭을 알게 된 것은 약 8년 전, 그가 뉴욕 스키넥터디Schenectady에 있는 GE 연구소에 무명의 생물학자로 있을 때, 그리고 크릭은 이미 DNA 구조를 발견해 세계적으로 유명했을 때였다. 그 시작은 격식을 갖춘 간단한 편지였다. 워즈는 유전자 코드에 관한 크릭의 논문 중 하나에 대해 별쇄본을 요청했고, 크릭은 그에 응했다. 1969년에 이르러서는 좀 더 개인적인 것까지 요청할 수 있을 정도로 친해졌다. "프란시스에게, 저는 지금 돌이킬 수 없는 중대한 결정을 내리려고 합니다"라고 썼으며 크릭의 조언과 자신에 대한 인간적인 지원에 감사한다고 덧붙였다.

워즈가 하고자 했던 것은 "사건들의 실타래를 풀기 위해" 가장 단순한 세포의 기원을 연구하려는 것이었다. 바로 미생물학자가 원핵생물이라고 부르는 박테리아를 말한다. 진핵생물은 또 하나의 큰 범주인 다른 영역domain으로 분류된다. 따라서 모든 세포성 생물은(바이러스는 포함되지 않는다) 원핵생물과 진핵생물로 나누어진다. 원핵생물prokaryotes은 그리스어로서 pro는

"before"를, karyon은 "nut" 또는 "kernel(핵)"을 뜻하므로 "핵이 없는[before kernel]" 세포를 말한다. 진핵생물[eukaryotes](eu는 "true")이라는 이름은 "true kernel", 즉 세포에 핵을 포함한 생물체로서, 다세포 동물과 식물, 균류, 단세포 생물이지만 아메바와 같이 복잡한 유기체를 포함한다. 원핵생물은 진핵생물 이전에 지구에 존재했을 것이다. 박테리아는 지금도 여전히 번창하여 우리 주변을 지배하고 있지만, 1969년까지도 거의 원시생물 정도로 인식되었다. 워즈는 크릭에게, 그들 미생물의 기원을 조사하려면 현재 알려진 진화의 범위를 "10억 년 더 거슬러" 올라가지 않으면 안 될 것이라고 말했다. 즉, 세포생물이 막 형태를 갖추던 시점, 나아가 세포 이전에 미지의 어떤 것이 존재하던 그 시점을 의미했다.

10억 년 전? 워즈는 늘 어마어마한 것을 생각했다. "확실하지는 않지만 가능성이 있습니다." 그는 크릭에게 말했다. "세포의 '내부 화석 기록'을 사용한다면 말입니다." 그가 말한 의미는 바로 긴 분자 증거들, 즉 DNA와 RNA, 단백질을 이루는 일렬로 늘어선 구성단위들이었다. 같은 분자에서 변이를 일으킨 생명체들로부터 그러한 분자 서열을 서로 비교해 본다면, 그 분자들이 이런저런 계통으로 분화된 "옛 조상의 서열"을 추론할 수 있다는 것이다. 그리고 그런 추론의 결과물인 조상의 형태로부터 워즈는, 아득한 과거에 그러한 생명체들이 어떻게 진화했는지에 대한 단서를 얻고자 했다. 명칭은 달랐지만 그가 말한 것은 바로 분자계통학이었다. 그는 이 기술로 적어도 30억 년 전까지 밝혀낼 수 있지 않을까 생각했다.

하지만 어떤 분자들이 가장 적절한 것일까? 가장 좋은 내부 화석 기록은 무엇일까? 겸손하지만 예지력이 있었던 영국의 생화학자 프레더릭 생어[Frederick Sanger]는 소 인슐린의 아미노산 서열을 밝혀냈다. 인슐린은 동물 그리고 다른 진핵생물 안에 오래전부터 있었던 분자 집단이다. 그러나 워즈가 기대한 만큼은 아니었다. 또한 과학자들은 시토크롬 씨cytochrome c라고 하는 단백질의 서열을 밝혀냈다. 이것 또한 많은 생명체가 갖고 있는, 세포 생화학에 있어서 매우 중요한 것이었지만 역시 워즈를 만족시키지는 못했다. 그는 좀 더 근본적이고 좀 더 보편적인 것을 원했다. 그를 완전히 처음으로 데려다 줄 수 있는 것, 생명이 시작된 바로 그곳으로 말이다.

"여기서 올바른 분자의 선택은 번역기의 구성요소 안에 있습니다." 워즈는 크릭에게 말했다. "아주 오래된 계통 정보를 가지고 있는 것이 있을까요?" 워즈가 말하는 "번역기"란 DNA 정보를 단백질로 바꾸는 시스템, 즉 해독 메커니즘을 의미했는데, 크릭이 1958년 논문 "단백질 합성에 관한 연구On Protein Synthesis"에서 찾으려고 애쓰던 바로 그것이었다. 번역기를 연구함으로써 워즈는 자신의 출발점인 유전자 코드 자체가 어떻게 진화했는지에 대한 의문에 한 단계 다가갈 수 있을 것이다. 크릭의 단백질 논문이 나오고 11년이 지난 지금 번역 시스템에는 많은 진전이 있었다.

워즈가 생각하는 번역기의 구성요소는 모든 세포생물에 공통으로 들어 있는 작은 분자 메커니즘 조각들, 바로 리보솜이었다. 마치 음식에 뿌려진 양념 가루처럼 거의 모든 세포에는 리보솜이 풍부하게 들어 있으며 그것들은 끊임없이 유전정보를 단백질로 번역한다. 그중 하나인 헤모글로빈은 산소를 운반하는 굉장히 중요한 단백질이다. 헤모글로빈 분자를 구성하라는 명령은 DNA에 코드로 암호화되어 있지만 헤모글로빈을 합성하는 곳은 바로 리보솜이다. 그것이 워즈가 생각하는 번역기의 핵심 요소들이었다.

크릭은 논문에서 "번역기"라는 말은 쓰지 않았다. 또한 "리보솜"이라는 단어도 쓰지 않았다. 대신 "미소체 입자microsomal particles"라는 이전의 이름으로 모호하게 다루고 있었다. 1956년 루마니아의 세포 생물학자가 전자현미경으로 그 입자들을 처음 발견했을 때만 해도 그 실체를 아는 사람은 없었다. 이후에 단백질이 합성되는 장소로 알려졌지만 여전히 큰 의문이 남아 있었다. 어떻게? 몇몇 연구자들은 리보솜이 실제로 단백질의 레시피를 갖고 있어서 스스로 단백질을 합성한다고 추측했다. 이런 주장은 1960년 크릭과 공동으로 사무실을 쓰던 똑똑한 동료 시드니 브레너에 의해 일격에 무너졌다. 그의 명석한 생각은 케임브리지 대학에서의 열띤 회의 중에 튀어나왔다. 맷 리들리^{Matt Ridley}는 크릭의 전기에서 그 순간을 이렇게 생생하게 묘사했다.

> 순간 브레너가 외마디 비명을 질렀다. 갑자기 그의 말이 빨라지기 시작했다. 크릭의 대꾸도 같이 빨라졌다. 회의실에 있던 사람들 모두 어리둥절했다. 브레너는 답을 발견했고 크릭은 그것을 알아차렸다. 리보솜은 단백질의 레시피를 갖고 있지 않았다. 바로 테이프 판독기였다. 리보솜은 "전령^{messenger}" RNA로부터 알맞은 테이프가 오기만 한다면 어떤 단백질도 만들 수 있다.

때는 디지털 레코딩 이전의 자기 테이프에 녹음하던 시절이었다. 브레너의 "테이프"는 RNA 가닥이었다. 이는 다양한 기능을 수행하는 여러 형태의 RNA 중에서도 전령RNA(mRNA)^{messenger RNA}라 불리는데, 세포 DNA의 유전자 메시지를 리보솜으로 전달한다. 리보솜은 두 개의 소단위로 이루어지며 큰 것과 작은 것이 결합하여 상호 보완적으로 기능한다. 작은 소단위가 RNA 메시지를 읽으면 큰 소단위는 해당 정보에 따라 적절한 아미노산을 사슬 모양으로 연결하여 단백질을 구성한다. 리보솜과 전령RNA, 그 외 일부

부품들이 워즈가 말하는 번역기의 구성요소들이다. 이들의 중요한 역할이 인정받게 된 것은 1969년, 워즈가 크릭에게 편지를 썼을 때쯤이었다.

박테리아를 포함해 우리 몸을 구성하는 세포뿐만 아니라 식물, 균류는 물론 다른 모든 세포 유기체는 모두 많은 리보솜을 갖고 있다. 조립 메커니즘으로 작동하는 리보솜은 유전자 정보를 받아서 아미노산을 원료로 하여 더 큰 물질인 단백질을 생산한다. 한 마디로 리보솜은 유전자를 살아 있는 몸으로 바꾸는 것이다. 최종적으로 단백질은 접혀진 3차원 분자로 탄생한다. 그렇다면 리보솜은 브레너가 말한 테이프 판독기라기보다는 오늘날의 3D 프린터에 가깝다고 할 수 있겠다.

우리가 알고 있는 세포 내 구조 중에서 리보솜은 가장 작으면서도 풍부한 양으로 중요한 일을 수행한다. 포유류의 세포 한 개에는 약 천만 개의 리보솜이 있다. E. coli로 알려진 대장균$^{Escherichia\ coli}$ 세포 한 개에는 수만 개의 리보솜이 들어 있다. 세포 내에서 리보솜은 협업을 통해 조직적으로 활동하며, 각 리보솜은 분당 200개의 아미노산으로 단백질을 빠르게 만들어 낸다. 이런 활동은 모든 형태의 생명에서 가장 기본적이기 때문에 아마도 거의 40억 년 동안 지속해 왔을 것이다. 1969년 당시, 태초부터 그러한 생명의 보편적인 역할을 담당해 온 리보솜의 위력을 간파한 사람은 칼 워즈밖에 없었을 것이다. 그는 이 작디작은 분자 알갱이들이 그가 갈망하던 바로 그 단서가 될 수도 있음을 깨달았다. 생명이 어떻게 작동하는지, 태초로부터 어떻게 분화되었는지 말이다.

워즈의 또 다른 날카로운 통찰력은 리보솜의 역할이 밝혀진 지 얼마 되지 않은 때에 리보솜의 특정 부분에 주목한 것이다. 바로 구조RNA$^{structural\ RNA}$다. 우리가 알고 있는 RNA는 앞에서 설명했던 것처럼, 이중 나선의

DNA와 다르게 한 가닥으로 된, 리보솜에 전달할 암호화된 유전 정보가 기록된 분자다. 세포 내에서 일시적으로 존재하며 한 번 사용되고는 폐기되는 것이다. 그런데 그것은 한 가지 기능만을 수행하는 전령RNA에만 해당하는 이야기다. RNA는 더 많은 종류가 있다. RNA는 메시지 전달뿐만 아니라 구성요소로도 사용된다. 즉, 리보솜은 단백질과 함께 구조RNA 분자로 구성된다. 마치 에스프레소 기계가 강철과 플라스틱의 합작품인 것과 같다. 워즈는 크릭에게 보낸 편지에서 "제가 보기에는 이 기계(리보솜)에서 RNA 성분이 단백질보다 더 많은 부분을 차지하는 것 같습니다"라고 털어놓았다. 그는 RNA 성분에서 오랜 역사를 추적할 수 있는 잠재력을 본 것이다. 그것은 오래전부터 존재했고 아마도 지금까지 거의 변하지 않았기 때문이다.

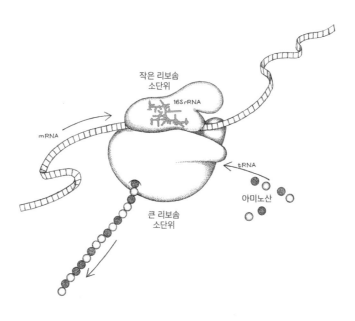

전령RNA를 단백질로 변환하는 리보솜의 구조와 기능

워즈는 RNA의 비밀스러운 실체를 알게 되었다. 단순한 분자가 아닌 다재다능하고 복잡하지만 아직 인정받지 못하는 분자 집단이었다. 그들은 유명한 경쟁자인 DNA보다 훨씬 더 흥미롭고 역동적이었다. 여기서부터 RNA의 이야기가 시작되면서 점차 중심을 차지하게 된다. 워즈는 리보솜 RNA(rRNA)$^{ribosomal\ RNA}$를 최종적인 분자 화석 기록으로 사용하기로 결정했다.

"저의 제안이 과학적으로 명쾌하지는 않습니다." 워즈는 크릭에게 털어놓았다. 과학적 명쾌함은 문제 해결에 필요한 최소한의 데이터를 생성하는 데 있다. 그의 접근법은 훨씬 더 지난한 일이 될 터였다. 우선 그에게는 리보솜 RNA의 가장 작은 일부라도 분석할 수 있는 장비가 들어갈 큰 실험실이 필요했다. 당시에 그것은 엄청난 일이었다. DNA나 RNA, 단백질과 같은 긴 분자들의 서열분석까지도 거의 자동화된 오늘날에는 워즈가 당시에 직면한 난제를 이해하기 어려울 수 있다. 1970년대 초반에 그와 연구원들이 몇 달에 걸쳐 고되게 해낸 작업은 이제 웬만한 학부생이 비싼 기기를 사용해 반나절이면 할 수 있다. 1969년에는, 게놈^{genome}● 전체는 고사하고 긴 분자 전체의 서열을 분석하는 것은 꿈도 꾸지 못했다. 그러나 힘들고 번거롭고 엄청난 시간과 노력을 들여서라도 워즈는 리보솜RNA 분자의 작은 일부라도 읽을 수 있기를 바랐다. 그는 서열분석 계획을 세웠다. 한 생명체로부터 다른 생명체로, 그리고 그것들을 비교하여 그 최초의 형태와 역동성을 추론할 수 있는 시점으로 거슬러 가고자 했다. 그에게 리보솜RNA는 진화의

● '유전체'라고도 한다. 유전자(gene)와 염색체(chromosome)가 합쳐진 용어로, 하나의 생명체를 형성하고 유지하는 데 필요한 유전 정보의 총체를 말한다.

시초로 가는 앨리스의 토끼굴이었다.

실험실을 갖추는 것이 첫 단계였다. 그는 자신의 부족한 관리 능력 탓에 모든 일이 쉽지 않으리라는 것을 크릭에게 실토했다. 그러나 워즈에게는 실험 장비와 돈, 관리 외에도 필요한 것이 하나 더 있었다. "이 부분에서 특별히 당신의 조언과 도움이 필요합니다." 그가 크릭에게 원한 것은 "프레드 생어Fred Sanger 연구실 출신으로, 자신의 능력을 보완해 줄 과학적 능력을 갖춘 부지런한 젊은 인재"였다. 당시에 그런 엄청난 서열분석을 해내려면 방법을 아는 조력자가 필요하다는 것을 의미했다.

13

칼 워즈, 그의 조력자 미치 소긴

프레드 생어의 선구적인 업적은 그 당시 RNA 서열분석의 표준이 되었다. 이전 연구자들의 아이디어를 바탕으로, 생어는 긴 분자를 짧게 조각낸 다음 전기영동법electrophoresis으로 각 조각들을 일렬로 된 젤 칼럼 안에서 끌어당겨 분리해 내는 기술을 개발했다. 젤 칼럼은 크기가 제각각인 절편들의 경주용 트랙과 같았다. 전기력이 가해지면 각 절편은 한쪽 끝으로 끌려가는데 이때 각 분자의 크기와 전하에 따라 서로 다른 속도로 젤 칼럼을 따라 이동한다. 서로 다른 속도가 그들을 분산시키기 때문에, 그 절편들이 필름에 노출될 때는 2차원 평면상에 독특한 타원 형태의 점으로 보일 것이다. 다음 공정에서 각각의 타원 점은 더 작게 잘라지고 끌어당겨져서 짧은 코드 토막으로 읽히게 된다. 이것은 분자의 변이 형태들을 식별하기 위해 폴링이 주커칸들에게 추천했던 "핑거프린트법fingerprinting"과 일반적으로는 같은 방법이지만 한 단계 더 진보된 것이었다.

프레드 생어와 라이너스 폴링은 둘 다 화학자이며 두 개의 노벨상 수상자라는 공통점을 갖고 있다. 영국 미들랜드의 퀘이커교도 출신이었던 생어는 폴링과 달리 조용하고 겸손한 사람이었다. 두 사람 모두 노벨상을 두 번씩이나 수상했지만, 화학 분야에서만 두 번의 노벨상을 받은 사람은 생어가 유일하다. 첫 노벨상은 1958년 그가 40세 때, 소 인슐린 단백질의 분자구조에 관한 연구였다. 분자구조를 풀기 위해 생어는 자신의 독창적인 기술에 다른 연구자들의 다소 원시적인 방법들을 적용하여, 결국 두 개의 긴 가닥으로 된 인슐린 분자의 아미노산 서열을 알아낼 수 있었다. 이것은 소의 혈당 조절뿐만 아니라 일반적인 단백질 연구에 대해서도 노벨상을 받을 만한 성과였다. 각 단백질은 비정형적인 것이 아니라 각기 정해진 화학적 조성을 가지고 있다는 것이었다. 그는 단백질로부터 RNA, 그리고 DNA 서열분석으로 옮겨갔고 1980년에 다시 한번 DNA 연구에 관한 결정적인 성과로 두 번째 노벨상을 수상했다. 얼마 후 65세에 그는 과학계에서 은퇴했고 케임브리지 교외의 작고 아늑한 자신의 집에서 정원 가꾸기에 전념했다.

나중에 그는 이렇게 말했다. "이제 내가 할 수 있는 일은 다 했다고 봅니다." 그는 연구자에서 관리자로 변하고 싶은 생각이 없었다. 또한 그는 기사 작위도 거절했다. 친구들이나 사람들에게 "프레드 경"으로 불리고 싶지 않다고 말했다. "기사는 사람을 다르게 만들어요. 나는 달라지고 싶지 않아요." 그러나 그가 생각한 킨키나투스^{Cincinnatus}●와 같은 은퇴는 오랫동안 미루어졌다. 1969년 워즈가 크릭에게 보낸 편지에서, 자신을 도와줄 생어의 제자를 영입할 백일몽을 꾸고 있을 당시였다.

사실 워즈가 있던 학과의 한 연구실에는 이미 포스트닥으로 어바나에 온 생어의 제자가 있었다. 바이러스 RNA 서열을 분석하는 솔 스피겔먼^{Sol}

● 로마를 두 번이나 위기에서 구하고 절대 권력마저 마다하고 귀향한 고대 로마의 집정관으로서 이상적인 정치인의 표상이다.

Spiegelman이 조교로 데려온 데이비드 비숍David Bishop이다. 스피겔먼은 GE의 무명 과학자였던 워즈를 1964년에 일리노이 대학으로 불러 준 사람이다. 비숍이 오고 나서 1년 뒤에 스피겔먼은 일리노이를 떠나 뉴욕 콜롬비아 대학에서 새 경력을 시작하면서 비숍을 데려갔다. 워즈가 움켜쥘 수 있었던 생어의 기술이 순식간에 빠져나갈 수 있는 상황이었다. 하지만 몇 달 사이에 워즈는 전도유망한 미첼 소긴Mitchell Sogin이라는 박사과정 학생을 찾았고 비숍이 떠나기 전에 얻어내야 할 것들을 배우게 했다. 분자생물학이 막 걸음마를 시작하던 시절이었다. 연구 성과들은 저널을 통해 알려졌지만, 실험실에서 행해지는 세세한 방법론들까지 알 수는 없었다. 그것은 마치 소중한 불씨나 석기처럼 사람에서 사람으로 전해졌다.

미치 소긴은 수영 장학생으로 일리노이 대학의 학부생으로 들어와서 의학부 예과에 들어가려고 했던 똑똑한 시카고 젊은이였다. 수영은 끝났고 의학의 야망도 시들해졌지만 소긴은 농경대학의 식품과학부에서 산업미생물학 석사학위에 매달려 있었다. 그는 박테리아에 관해 연구했는데, 특히 인간의 건강과 직결되는 식품산업에 대한 실질적인 문제로 박테리아 포자의 발아에 대해 연구했다. 워즈는 완전히 다른 세상, 다른 분야에 몸담고 있었지만 자신이 초창기에 연구한 적 있었던 포자 발아에 관심을 버리지 못하고 있었다. 그 실낱같은 인연으로 누군가가 젊은 소긴을 그에게 소개했다. 그들은 처음부터 통했다. 거의 50년 뒤에 미치 소긴은 내게 당시의 소감을 말해 주었다. "그때 저는 내려가서 그와 이야기하게 됐습니다. 그가 맘에 들었어요."

이렇게 이야기할 때 소긴은 이미 70세였고 하얗게 센 머리에 두꺼운 돋보기를 쓰고 있었다. 그러나 얼굴만은 젊어 보였고 안경 너머로 수줍은 미소를 지을 때는 폴 사이먼처럼 보이기도 했다. 우리는 해양생물학연구소 본

부인 유서 깊은 매사추세츠 우즈홀$^{Woods\ Hole}$ 연구소의 오래된 붉은 벽돌건물 3층에 자리한 그의 사무실에 마주 앉았다. 소긴은 분자생물학과 진화를 비교 연구하는 센터의 선임과학자 겸 책임자였다. 그는 해양 미생물 군집과 인간의 장 내 미생물 군집, 화성 우주선의 미생물 반출을 연구하는 우즈홀에서, 1968년으로 돌아가 갑자기 칼 워즈와의 첫 만남에 대해 질문을 받았을 때 한동안 멍하게 생각에 잠기는 듯했다.

역사적으로 불안한 시기였던 그 당시, 소긴은 자신의 나이와 지리적 여건상 지역 징병위원회 명단의 꼭대기에 있다는 것을 알게 되었다. 징집명령이 내려진 것은 아니지만 목전에 임박했고 징병위원회의 그야말로 무작위적인 첫 추첨을 앞두고 있었다. "학교에 남을지 베트남에 갈지 바로 결정해야 했습니다." 전쟁은 극에 달했고, 그 해 2월의 구정 대공세$^{Tet\ offensive}$는 소긴과 나를 포함해서 많은 미국 젊은이들의 생각을 얼어붙게 만들었다. 그는 비겁하게 느껴졌지만 대학원을 이유로 징병을 미룰 수 있었다. "학교에 남기로 결심했어요. 간단했어요." 소긴이 말했다. 그는 워즈의 멘토 아래 박사과정을 시작했다. 그의 연구 주제는 리보솜RNA였다.

워즈는 미치 소긴을 처음 만났을 때 직감했다. 소긴은 영리한 데다 장비에 밝았다. 손재주가 있었고 공학적 사고와 꼼꼼함, 인내심, 전기와 배관에 관한 지식을 갖췄다. 이들의 조합은 실험뿐만 아니라 실험 도구들을 만드는 데에도 유용할 것이었다. 그때 솔 스피겔먼은 생어의 방법으로 RNA 서열을 분석할 장비들을 구입했으나 그것들을 남겨둔 채 콜롬비아로 떠나 버렸다.

"결국 칼은 그 장비를 물려받았죠. 그런데 주변에 사용법을 아는 사람이 아무도 없었어요." 소긴이 연구실에 들어가기 전까지는 그랬다. "저는 그 기술들을 통째로 전수받아야 하는 책임을 맡았습니다." 스피겔먼의 실험실과는 다른 곳에서 방법을 배워 워즈의 연구실로 가져와야 했다. 소긴은 비숍이 뉴욕으로 떠나기 전까지 생어의 기술에 대하여 가능한 모든 것을 배웠다. 그렇게 박사과정 학생 소긴은 리보솜RNA 서열분석 장비 여러 대를 조립하고 유지하는 워즈의 재주꾼이 되었다.

워즈는 실험과학자가 아니었다. 프랜시스 크릭과 마찬가지로 그는 이론가이자 사상가였다. "그가 실험실 장비를 직접 사용한 적은 거의 없었어요." 소긴이 말했다. 필름을 판독할 때 라이트박스를 맞추는 정도였다. 그 라이트박스는 소긴이 형광등으로 직접 만들었는데, 커다란 X선 네거티브 원판에 방사성 인(P-32)에 의해 찍혀진 RNA 절편들의 이미지가 담긴 필름을 위에 얹어서 관찰할 수 있게 한 것이었다. 그는 책장 벽 전체를 투명 플라스틱 판과 형광전구들로 개조하여 게시판처럼 크고 기다란 라이트박스를 만들었다. 그들은 그것을 '라이트보드'라고 불렀다. 새로 만들어지는 모든 필름은 라이트박스 위나 라이트보드에 테이프로 고정해서 보게 되는데, 검은 타원형 패턴이 마치 밝은 평원을 가로질러 달리는 거대한 아메바 무리처럼 보였다. 바로 RNA 분자의 지문fingerprint이었다. 당시 연구원들의 기억과 오래된 몇 장의 사진 속에는 지문들을 몇 시간이고 뚫어지게 응시하는 칼 워즈를 볼 수 있었다.

워즈 자신은 후에 이렇게 상기했다. "일상적으로 해야 하는 지루한 일이었지만 엄청난 집중이 필요했다." 점 하나는 작은 염기서열 하나를 나타내며, 최소 3개에서 20개의 염기를 넘지 않는다. 각 필름마다 다른 지문이 찍혀 있는데 그것은 다른 생물체의 리보솜RNA를 나타냈다. 그 패턴들은 모두 칼 워즈의 머릿속에 자리 잡았고 생명의 나무를 위한 새 그림으로 형상화되었다.

14

칼 워즈, 위험한 실험들

워즈의 연구실에서 사용된 기술과 장비는 복잡하고 다루기 어려우며 으스스하기까지 했는데, 그것은 마치 소긴이 있었던 기간 후에도 10년 넘게 지속되었다. 폭발성 액체와 고전압, 방사성 인, 그리고 적어도 하나의 병원성 박테리아에 노출됐고, 안전절차들은 느슨하며 거의 임기응변식이었다. 모두가 꿈이 있었다. 용기 있는 젊은 대학원생, 포스트닥 연구원, 기술보조원들이 투지 넘치는 리더 아래서 미지의 한 영역으로 과학을 이끌고 있었다. 그곳은 생어나 폴링조차도 가보지 못한 곳이었다. 그 당시에 설립된 미연방 산업안전보건청(OSHA, 1971년 설립)은 무용지물이나 다름없었다.

기본적인 목표는 이랬다. 모든 세포 생물에 공통으로 있는 가장 역사 깊은 분자를 골라서, 그 분자의 변이 서열을 분석하고 차이를 비교한 뒤, 시초부터 이어져 내려온 진화의 역사를 추론하는 것이다. 워즈가 일찌감치 머릿속에 점 찍어 둔 분자는 리보솜이었다. 세포 해부학적으로 보편적인 요소이자, 유전 정보를 단백질로 변환시키는 번역기다. 그런데 중요한 결정이 남아있었다. 어떤 리보솜 분자를 연구할 것인가? 리보솜은 앞서 말했듯이 두 개의 소단위로 구성되어 있다. 마치 심장의 심방과 심실처럼 큰 단위 옆에 작은 단위가 바싹 붙어 있는 모습이며, 각각은 다시 RNA와 단백질로 이루어져 있다. RNA 분획에는 길이가 다른 여러 분자들이 있다. 처음에 워즈는 5S("5-S")라고 불리는, 큰 소단위에 있는 짧은 RNA 분자를 점찍었다. 여기서 더 자세히 설명하지는 않을 것이다. 그냥 작은 숫자 5를 기억하면 된다. 어쨌든 그 분자는 너무 짧아서 충분한 정보들을 얻을 수 없었다. RNA를 구성하는 뉴클레오티드 염기는 DNA와 살짝 다르다. A, C, G, 그리고 T(thymine) 대신 U(uracil)이다. 짧은 5S 배열에는 A, C, G, U가 생명체들을 식별할 수 있을 만큼 충분치 않았다. 그는 작은 소단위에 있는 긴 분자로 대상을 바꾸었다. 그 분자의 이름을 말하면 머리에 쥐가 난다고 불평할 수도 있겠다. 하지만 매우 중요한 것이어서 독자들이 알아두는 것도 나쁘지 않을 것이다. "16S rRNA"라는 놈이다. 영어로는 "sixteen-S ribosomal RNA", 지구상의 모든 박테리아에 있는 구성 분자다. 그리고 박테리아는 초창기부터 워즈의 연구 대상이었다.

18S rRNA라는 가까운 변이는 동물과 식물, 균류처럼 좀 더 복잡한 생명체의 리보솜에 있다. 16S 분자와 이것의 변이인 18S는 모든 세포 유기체 사이의 분화와 연관성을 추론하는 데 있어서 상당한 단서이자 참조 기준이 될 수 있다. 생명의 나무를 그리는 데 있어서 가장 신뢰할 수 있는 단일한 증거 조각인 분자 혹은 다른 무엇이었다. 비록 뉴욕타임스의 일면 기사로 나오지는 않았으나, 이 통찰로 인해 칼 워즈는 20세기에서 21세기에 걸쳐 생물학에 가장 독보적으로 기여한 과학자가 되었다.

1970년대 초로 돌아가 워즈의 당면 과제를 정리해 보면, 서로 다른 유기체로부터 리보솜RNA를 추출한 후, 각 유기체로부터 선정한 rRNA의 유전 서열을 가능한 많이 알아내고, 그들 간의 연관성을 수치화해 비교하는 것이었다. 그는 박테리아로 시작했다. 보통 박테리아들은 실험실에서 배양할 수가 있고 아주 옛날부터 존재했기 때문이다. 여러 과^{family}에 속하는 수많은 박테리아를 관찰한 결과 이제 그는 16S rRNA와 같이 진화가 느린 분자들에서도 대조군을 찾을 수 있게 되었다. 우선 박테리아 세포에서 리보솜RNA를 추출하여 그 안에 있는 16S rRNA 분자 샘플들을 깨끗하게 정제한 후, 효소를 사용해서 다양한 크기의 절편으로 잘라 낸다. 그러고 나서 전기장과 젤(이나 젖은 종이)로 된 경주트랙을 사용하는 전기영동법으로 절편들을 분리했다.

전기영동법의 경우, 절편들이 섞인 용액을 트랙에 올리고 전원을 공급하면, 전기력에 의해 크기가 작은 절편들부터 먼저 끌려가게 되고 결국에는 트랙을 따라 뚜렷하게 띠나 타원형 점을 만들며 분리된다. 이때 워즈는 각 절편에서 최소한의 A, C, G, U 염기들만 남도록 했는데, 염기들은 최소 3개짜리부터 5개, 8개 많게는 20개짜리까지 있었지만, 전체 분자로 보면 극히 작은 부분이다. 이제 더 작아진 절편들을 다시 측면 방향으로 끌어당기게 되면 A, C, G, U 간의 화학적, 전기적 차이에 따라 정확한 서열이 드러나기 시작한다. 매머드처럼 거대한 사슬이 아닌 작은 절편들의 서열을 분석하기에는 이 방법이 그나마 간편했다. 한 눈에도 AAG가 AAUUUUUCAUUCG보다는 쉽지 않겠는가.

작업은 몇 단계로 나뉘었다. 1단계에서는 절편들을 서로 분리하는 과정이 시작된다. 2단계는 측면으로 분리해서 각 절편이 더 잘 드러나게 한다. 즉, 각 절편은 트랙 방향에 더해 수직 방향으로도 분리되어 좀 더 구분된 상태로 식별할 수 있게 된다. 그 절편들에 함유된 방사능 물질이 X-ray 필름에 노출돼 타원 모양을 그려 낸다. 판독 전문가 워즈가 필름에서 타원

표식들을 보고 서열을 추론한다. 우선 A, C, G, U로 시작되는 것들을 각각 분류한 다음, 조각 하나하나의 순서를 알아낸다. 이런 식으로 해석하면 검은 아메바 패턴들이 이제는 단어처럼 보인다. 자신만의 철자를 갖게 되는 것이다. 이 조그만 단어, 아니 절편의 철자는 어떻게 되나요? 저 절편은요? CAAG? 아니면 CAUG였나요? 그건 좀 더 긴 다른 거였나요? 그럼 CUAUGG? 이것들이 바로 핵심이었다. 이 단어들이 모여서 문장이 되고, 그들로부터 워즈는 생명체들 간의 연관성을 추론하는 식이다.

긴 절편들은 2단계를 거치고도 염기서열을 판독하기 어려울 때가 자주 있었는데 이때는 다른 효소를 사용해 더 잘게 자르고 3단계를 거치게 된다. 4단계까지 가는 일은 거의 없지만, 박테리아에 주입한 방사성 인의 짧은 반감기 때문에 2주 후에는 방사선이 빠르게 사라져 필름 위에 이미지가 감광되지 않는다. 워즈는 이제 경험상 절편들을 어떻게 잘라야 하는지, 어떻게 해야 3단계로 모두 끝낼 수 있는지 감으로도 알 수 있었다.

미치 소긴과 그의 후임자들은 미생물을 배양하고, RNA를 추출하고, 자르고, 전기영동법을 수행했다. 분자를 자르기 위해 여러 효소들을 시험하고, 전기영동법을 개조하는 등 방법론을 개선해 나갔다. 1973년쯤 워즈 실험실은 생어법 RNA 서열분석 기술의 선두주자였다. 대학원생과 기술자들은 지문을 찍어 냈고 워즈는 전적으로 판독에 매달렸다. 그 결과가 가지는 엄청난 잠재력만큼 실제로 그 과정도 지난한 것이었을까? 그랬다. 나중에 그가 회상했다. "몇 날이고 쳇바퀴처럼 반복해야 했다. 일을 마치고 집으로 걸어가며 혼자 중얼거렸다. 워즈, 오늘도 너를 상심시켰군." 1968년부터 1977년의 세월은 외롭고 길기만 했다. 오늘날 서열분석은 자동화됐지만 그 시대 맨 앞줄에 서 있던 워즈는 사막의 모래밭을 더듬듯이 정보를 찾아야 했다. 그의 강한 목적의식이 없었다면 불가능했을 것이다.

그의 조수나 학생이 되려면 두둑한 배짱이 필요했다. 소긴은 1972년까지 상당한 양의 방사성 인(P-32로 명명된 동위원소, 반감기는 14일)이 월요일마다 격주로 배달되었다고 말했다. P-32 용액은 운송자를 보호하기 위한 용기인 납으로 된 "통"으로 배달됐는데 아무도 열려고 하지 않았다. 소긴은 정확한 양을 덜어 내서 다음 단계에 쓸 박테리아 배양액에 넣어야 했다. "P-32로 뭔가를 기르다니 미친 짓이었어요. 내가 지금까지 어떻게 살아 있는지 모르겠어요." 이제는 아무렇지도 않다는 듯이 그는 말했다. 필수영양소 인이 부족한 배양액에서 배양된 박테리아는 P-32를 게걸스럽게 흡수하여 자신의 분자에 집어넣는다. 그러면 소긴은 리보솜RNA를 추출하고 정제해야 한다. "그런 과정 중에 실험실이 오염되지 않아야 했어요." 어쨌든 그러길 바랄 뿐이었다. 16S를 다른 리보솜 분획들과 분리하기 위해 그는 "자가 제조한 전기영동 기구"를 사용했다. 다양한 분자 절편이 서로 다른 속도로 이동할 수 있도록 만든 아크릴아마이드 젤로 채워진 실린더였다. (아크릴아마이드는 수용성 증점제로서 과학계뿐만 아니라 산업에서도 자주 사용한다.) 그런 다음 젤을 냉동시키고 잘 드는 칼로 볼로냐 슬라이스 햄처럼 얇게 썰어야 했다. 쉽지 않은 작업이었다. 슬라이스 젤들이 녹아내리지 않게 하려면 정확한 온도에서 다루어야 했고, 그것은 "방사능이 강한 물질"이었다. 그리고 나서는 효소를 사용해 16S 분자를 절편으로 잘게 잘라 낸다. 절편들은 젤 실린더가 아닌 특별한 흡착지로 된 경주트랙을 따라 자신들만의 경주를 하게 되는 것이다.

긴 종이 스트립의 한쪽 끝은 완충액이 들어 있는 생어 탱크(프레드 생어가 개발한 것)로 들어갔다. 스트립은 선반을 지나 길게 이어져서 또 다른 생어 탱크로 떨어졌고, 두 탱크는 전기 공급 장치에 연결되었다. 종이 스트립을 냉각하기 위해서 탱크 바닥에는 고전압 백금 전극이 3인치 높이의 완충액에 잠겨 있고, 그 위에는 페인트 희석제와 비슷한 바솔^{Varsol} 용제가 최소 15인치 높이로 덮여 있었다. "바솔은 휘발성과 폭발성을 모두 가지고 있습니다. 약 3,500볼트의 충분한 전원이 공급됐고요. 그 정도면 확실하게 사람을 죽일 수 있어요." 소긴은 그렇게 말하며, 자칫 바솔에 불꽃이라도 튄다면 사람을 가뿐히 날려보낼 수 있다고 덧붙였다.

위험하고 복잡하기 이를 데 없는 이 장비들은 전기영동실이라고 적힌 연구실 한쪽에, 바닥부터 천장까지 이어진 커다란 슬라이딩 도어가 있는 차폐 후드로 격리되어 있었다. 시스템을 설정하고, 문을 닫고, 잘 되기를 기도하며 장치를 가동했다. "두려움을 모를 정도로 우둔했던 겁니다." 소긴이 말했다. "너무 순진했고 너무 어렸습니다. 다행히 죽지 않았어요." 그는 운이 좋았던 것이다. 다행히 아무도 다치지 않았다.

소긴이 박사학위를 마치고 떠나려 할 때쯤, 워즈는 다른 건물에서 온 린다 보넨$^{Linda Bonen}$이라는 젊은 여성을 채용했다. 소긴이 하던 기술 작업을 담당할 사람이었다. 온타리오 교외 출신으로 일리노이 대학에서 생물물리학 석사를 마쳤다. 워즈는 그녀를 직접 훈련시켰다. RNA를 절편으로 조각내는 것부터 2차원 전기영동법을 작동시키는 법, 필름을 준비하는 법, 심지어 그것들을 해석하는 방법까지 가르쳤다. 필름상의 타원형 점이 어떤 절편에서 왔는지, 따라서 그것은 어떤 염기들을 나타내는지 추론하는 방법이었다. UCUCG인가, 아니면 UUUCG인가? 구별하기 어려울 것이다. 하지만 GAAGU는 분명히 구별할 수 있을 것이다. 워즈는 모든 작업 그리고 그 의미까지 끈기 있게 가르쳤다.

"매우 차근차근 저를 훈련시켰습니다." 40년 후 내가 찾아갔을 때 보넨이 한 말이었다. 그녀는 반쯤 센 머리에 교수로서의 품위를 갖춘 분자유전학 전문가이자 오타와 대학교 생물학 교수였다. "최종 결과물은 미생물 X의 '카탈로그'라고 할 수 있을 겁니다." 그것은 예를 들면 X라는 생명체의 16S rRNA 분자 절편들의 목록을 의미했다. 절편을 하나의 낱말에 비유한다면 이 카탈로그는 하나의 단락인 셈이다. 가령 매우 정확한 기준으로 두 유기체의 카탈로그를 비교한다면 그들 간의 유사성과 차별성으로 진화된 시간만큼의 거리를 알아낼 수 있다. 생명의 나무 몸통 어디쯤에서 큰 가지가 갈라졌는지, 큰 가지 어디쯤에서 다시 가지가 갈라졌는지, 왜 하필 거기서 갈라진 것인지, 그래서 어떤 생명체로 이어졌는지? 데이터를 수집하는 길고 지루한 과정이 지나면 워즈가 알아내고자 했던 이 질문들의 답이 기다리고 있을 터였다.

"상사 또는 지도교수로서는 어땠나요?" 나는 보넨에게 워즈에 대해 물었다.

"글쎄요, 그가 상사로 저를 대한 적은 없어요."라고 그녀는 말했다. "부드러운 어조로 말하고 침착하고 내성적이었어요. 당신도 아마..." 말을 멈추고 그녀가 조심스럽게 물었다. "혹시 워즈를 아시나요? 만난 적이 있나요?"

난 그를 만난 적이 없었다. 그녀에게 설명하지는 않으나 이유는 간단했다. 2012년 말, 노인이 된 워즈는 췌장암으로 갑자기 사망했다. 내가 그의 궤적을 찾아 나서기 직전이었다.

그녀는 말했다. "모두에게 그는 상사라기보다는 그냥 칼Carl이었어요."

보넨은 개인 파일 속에서 기념사진 한 장을 보여주었다. 연구실에서 찍은 꽤 젊은 시절의 칼 워즈였다. 그는 연녹빛 조명에 휩싸여 턱을 고인 채 검은 점들로 된 패턴을 뚫어져라 응시하고 있었다. 짧은 갈색 머리에 줄무늬 티셔츠의 그는 비치보이즈 멤버들만큼이나 멋지고 당당해 보였다. 그녀는 미안한 듯이 말했다. "이게 내가 가진 유일하게 제대로 된 사진이에요." 그는 내 생각과는 전혀 다른 모습이었다. 나는 막연히 내성적이고 까다롭고 다소 권위적인 만년의 칼 워즈 박사로만 생각하고 있었다.

내성적인 것은 맞지만 그가 "권위적"인 것은 틀렸다고 보넨은 말했다. "그런 생각은 한 번도…." 그녀는 다시 조심스럽게 말했다. "제가 함께 있던 시간은 너무 짧았어요."

15

칼 워즈, 한 걸음 더 가까이, 메탄생성균

보넨이 있었던 짧은 기간 후에 후임자로 온 사람은 켄 루어슨^{Ken Luehrsen}이 다. 워즈 실험실에서 루어슨의 경험은 약간 다른 것이었다. 워즈를 처음 보 았을 때 그는 일리노이 학부생이었다. 워즈가 자신의 전문분야가 아닌 발생 생물학 세미나 강사 중 하나였을 때였다. 루어슨에 따르면 그 생뚱맞은 수 업 배정의 이면에는 "다른 교수들이 단지 자신의 연구에 반영하기 위해 칼 의 생각을 듣고자 하는" 의도가 있었다는 것이다. 워즈는 천재였고 비범한 아이디어로 가득했지만 자신의 노력이 허비되는 것은 극도로 꺼렸다. "확실 히 칼은 힘들이지 않고도 강의점수를 따는 요령을 알고 있었어요." 세미나 에서 학생들은 여러 주제의 저널 논문을 설명하는 발표를 했고 워즈는 편 하게 토론을 조정했다. 그는 자료들을 준비하고 설명하는 식의 힘든 수업을 싫어했다. 그것이 "그의 진짜 관심사인 생명의 진화와 기원에 대한 탐구로 부터 자신을 멀어지게 한다고 느끼기" 때문이었다.

세미나에서의 안면으로 루어슨은 이 대단한 인물을 찾아갔고 그의 지도 하에 그럴듯한 프로젝트를 하게 해달라고 요청했다. 놀랍게도 워즈는 그를 받아들였을 뿐만 아니라, 자신의 사무실에 앉혔다. 두 개의 책상이 있는 아주 작은 방이었고 책상 위에는 논문들이 어지럽게 쌓여 있었다. 진심인지 그를 놀리려 한 것인지 모르지만 "계속 지켜보겠다"고 말했다는 것이다. 루어슨은 혼란스러웠다. 정말 거기 있어야 하는지, 전화가 울릴 때마다 자리를 비켜주어야 하고, 자신의 사생활을 워즈가 알게 해야 하는지를 말이다. 루어슨의 우려는 곧 사라졌다. 워즈는 대부분의 시간을 그 사무실이 아닌 연구실에서 보냈다. 연구실 라이트보드에 비친 "16S rRNA 지문을 해독하면서."

루어슨은 워즈가 세상을 떠났을 때 그의 업적, 성격 그리고 오래전 함께했던 시간에 대한 짧은 회고록을 썼다. 그것은 워즈에게 헌사하는 다른 추모글들과 함께 과학 저널에 실렸다. 내가 실리콘밸리 외곽에 있는 캘리포니아주 샌 카를로스San Carlos에 있는 그를 찾았을 때, 그는 다시 기억을 떠올렸다. 그는 이제 말년의 선임과학자이자 생명공학 발명가였고, 한 작은 회사의 고문역을 맡고 있었다. 생명공학 분야에서 그는 항체와 분자생성물 등을 생산하는 방법과 관련해 많은 특허를 가지고 있었고, 하프 문 베이Half Moon Bay라는 도시 해안에 있는 오래된 반문화 공동체에서 편안하게 지내고 있었다. 그는 일하고 싶을 때 일했다. 이 회사에서 그는 젊고 똑똑한 동료들과 나란히 앉아 있는 머리 희끗희끗한 선배였다. 그에게 "워즈"는 "다윈"이나 "피보나치Fibonacci"처럼 아득하게 느껴지는 사람이었다. 키가 크고 마른 체형의 루어슨은 편안해 보이면서도 냉소적인 듯한 미소를 지었다. 그는 시내 외곽에 있는 초밥집을 제안했고, 우리는 오후 내내 이야기를 나눴다.

그는 워즈와의 인연에 대해 이야기했다. "아마 제가 3학년이었을 거에요. 저는 아무것도 몰랐어요." 루어슨은 무지했지만 대가는 그에게 정성을 들였다. 워즈에게 개인교습은 무심한 대중들 앞에서 강의하는 것보다 덜 고통스러웠다. "그가 하고 있는 일을 나한테 설명해 주었어요. 글쎄요, 4분의 1이나 이해했을까요." 하지만 젊은 루어슨은 집중했고 빠르게 따라잡았다. "제가 관심 있어 한다는 걸 그가 알아준 것 같아요. 전 그때 정말 열심히 하는 사람이었거든요."

1974년에 루어슨은 학부 조교로 워즈 실험실에 합류했다. 한 대학원생과 짝을 이루어 박테리아를 배양하고 거기서 방사능 rRNA를 추출해 내는 까다로운 일을 맡았다. 배양용기에 10밀리퀴리의 P-32를 붓고(꽤 많은 양이다) 박테리아가 흡수하도록 하룻밤 배양한 후에, 원심분리기에 혼합물을 넣고 돌려서 방사능을 흡수한 박테리아를 작은 덩어리 형태로 회수했다. 이 덩어리들을 완충액에 녹인 다음 마치 프렌치프레스 커피 여과기와 비슷한 기계에서 걸러낸다. 박테리아 세포를 찢어내 내부를 분리하는 과정이다. 그러고 나서 루어슨과 동료는 화학물질로 리보솜RNA를 추출한다. 크기가 서로 다른 16S와 짧은 5S 분자들은 소기가 직접 만든 아크릴아마이드 젤 실린더에서 각각 분리된다. 오늘날에는 발암물질로 분류된 아크릴아마이드 외에도 그들은 페놀, 클로로포름, 에탄올 그리고 방사성 인을 다루었다. 루어슨은 회고록에 이렇게 썼다. "어쩌나 자주 엉망진창이 됐는지! 가이거 계측기에서 날카로운 소리가 계속 울려 댔다."

그가 배양해 걸러낸 박테리아 중 하나는 가스 괴저병$^{gas\ gangrene}$을 일으키는 미생물인 클로스트리듐 페르프린젠스$^{Clostridium\ perfringens}$였다. 상처로 연약해진 근육조직을 흉측하게 괴사시키는 유형으로, 특히 전쟁터에서 부상당한 병사들 사이에서 발생하곤 했다. 루어슨은 이 사실을 알고 불평을 했다. 그런데 워즈는 "상처가 없으니 걱정하지 말라"고 대수롭지 않게 말했다. 워즈는 자신이 의대에 "2년 하고도 이틀"을 다녔고, 클로스트리듐 페르프린젠스가 루어슨에게 괴저를 일으키지 않을 것이라고 장담했다. 이 사건은 루어슨에게 워즈를 믿기보다는 자신의 통찰력을 믿어야 한다는 교훈이 됐다. 루어슨은 워즈가 왜 3년 차 때 소아과 병원 실습을 맡고 단 이틀 만에 의대를 포기했는지에 대해서는 캐묻지 않았다.

루어슨은 1975년 일리노이 대학교를 졸업한 후에도 워즈의 박사과정 학생으로 남았다. 워즈가 연구 방향을 전환한 바로 그 시기였다. 그것은 워즈의 아주 놀라운 발견을 이끌어 낸 작지만 매우 중요한 변화였다. 그때까지 그들은 일반 박테리아나 이스트 같은 단세포 유기체의 분자 분석에 초점을 맞췄다. 그것들은 쉽게 구할 수 있고 실험실에서 배양하기 쉬운 것들이지만 개선된 방법론으로 나아가기 위한 준비작업에 불과했다. 루어슨은 "그가 진짜 하려고 했던 건 특이한 박테리아를 관찰하는 거였어요"라고 말했다. 워즈는 이것이 "진화 깊숙한 곳"으로 이끄는 한 통로가 되기를 바랐다. 더 깊숙이 들어가 진화의 큰 가지가 갈라지는 곳을 의미했다. 그는 랄프 울프Ralph Wolfe라는 미생물학과 동료 교수와 공동연구를 시작했다. 울프는 '메탄생성균'을 배양하는 세계 최고의 전문가였다.

메탄생성균Methanogens이라는 이름은 산소가 부족한 환경에서 대신 수소와 이산화탄소로 대사하면서 부산물로 메탄을 생산하는 특수한 생화학 대사에서 기인한 것이다. 쉽게 말해서 이 미생물들은 진흙투성이 습지에서 습지가스를 발생시키고 거품을 통해 가스를 배출한다. 마치 소의 위에서부터 트림이나 방귀로 뿜어져 나오는 가스 같은 것이다. 어떤 메탄생성균은 그린란드 빙하나 깊은 바닷속, 뜨거운 사막의 토양처럼 극한 환경에서도 번성한다. 랄프 울프는 워즈에게, 메탄생성균들이 공통된 대사특성을 갖고 있으면서도 메탄생성균 군집 사이에서 특이한 비일관성이 나타난다고 귀띔해 주었다. 바로 그들의 모양에 관한 것이었다. 구균ᶜᵒᶜᶜⁱ 형태인 것도 있고 막대균 bacilli 형태인 것도 있었다. 구균과 막대균(간균)은 서로 다른 종류의 박테리아로 알려졌기 때문에, 미생물학자들은 메탄생성균을 분류할 때 대사를 기준으로 묶어야 할지 모양으로 구분해야 할지 난감했었다. 이 수수께끼는 바로 워즈를 사로잡았다.

이 외에도 루어슨은 내게 많은 이야기를 해주었고 헤어질 때는 멋진 선물도 주었다. 하나는 1970년대 중반에 그가 찍은 워즈의 흑백사진이었다. 워즈는 컬러로 코드를 기록할 펠트펜 한 움큼을 손에 쥐고 귀 뒤에도 자료 등록용 펜을 꽂은 채 라이트보드의 검은 점들에 집중하고 있었다. 또하나는 당시 루어슨 자신의 노트에서 직접 뜯어낸 색 바랜 종이 한 장이었는데, 한 유기체에서 나온 절편들의 카탈로그였다. 네 개의 코드 문자가 덩어리를 이루며 두 줄로 깔끔하게 기록되어 있었는데, UCUCG. CAAG. GGGAAU, 등 수십 가지가 적혀 있었다. 맨 위에는 해당 유기체가 당시에 불리던 이름 '메타노박테리움 루미난티움Methanobacterium ruminantium'의 약자가 손으로 쓰여 있었다. 그러나 이름과 달리 그것은 박테리아가 아니라는 것을 나는 나중에야 알 수 있었다. 루어슨이 내게 준 것은 '다른 범주의 생명체'에 관한 유전자 기록이었다.

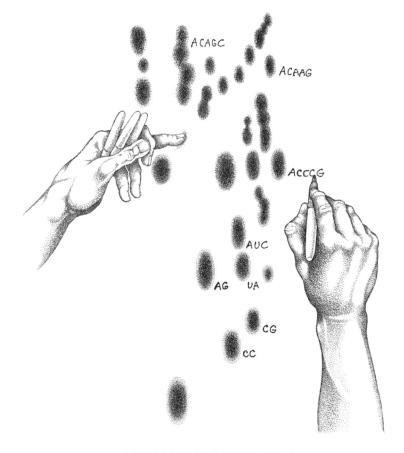

"지문" 필름의 RNA 절편에 주석을 다는 모습

16

페르디난트 콘,
박테리아를 분류하다

메탄생성균은 어떻게 분류해야 하는가? 생명의 나무 어디쯤에 두어야 하는가? 가장 가까운 미생물은 무엇인가? 이 질문들은 1970년대 중반에 워즈와 그의 동료들이 풀고자 하던 것들이다. 일단 '박테리아 분류학'이라 부르고 중요한 당면 과제에 포함시켰다. 종, 속, 과, 목과 같이 계통으로 박테리아를 분류하는 일이었다. 그런데 '메타노박테리움 루미난티움^{Methanobacterium} ^{ruminantium}'으로 불리는 놈은 어디로 가야 하지?

이런 연구는 마치 타로 카드를 맞추는 것처럼 보일 수도 있다. 또는 우표 수집을 어드벤처 스포츠라고 하듯이 우스꽝스러우면서 사소한 여가활동 정도로 여길 수도 있겠다.

물론 박테리아는 아주 작고 지극히 단순하며 눈에 보이지도 않는다. 하지만 보이지 않는다고 해서 덜 중요한 것은 아니다. 중력이나 전자파도 눈에는 보이지 않는다. 지구상의 대부분의 생명체들은 미생물이라는 것을 기억해야 한다. 우리의 몸과 환경을 결정하는 것도 미생물이다. 인간의 몸에는 작게 잡아도 인간의 세포 수 이상의 미생물들이 살고 있다. 몸 안의 장기에, 피부에, 속눈썹 같은 모낭에, 그 외의 모든 곳에 함께 살고 있는 작은 식구들인 것이다. 우리의 환경도 미생물로 채워져 있다. 우리가 먹는 음식들, 숨 쉬는 공기도 마찬가지다. 미생물은 세계를 지배한다. 그리고 미생물의 많은 부분은 박테리아다. 인간을 이롭게 하거나 해를 끼치지 않는 것도 있지만, 반면에 탐욕스럽고 혈관이나 폐에 독을 퍼뜨려 죽음에 이르게 하는 것도 있다. 따라서 박테리아를 구분하는 것은 결코 사소한 일일 수 없다.

한때 과학자들은 현미경을 통해 그들의 형태를 관찰하면 이와 같은 분류 작업이 가능할 것으로 생각했다. 나아가 동물과 식물, 균류를 분류한 종의 개념을 박테리아에도 그대로 적용할 수 있을 거로 생각했다. 이런 단순화는 그 당시로서는 꽤 유용했다. 아인슈타인이 모든 것을 바꾸기 전에 단순했던 뉴턴 물리학처럼 말이다. 하지만 그건 이미 오래전 이야기다.

이 분야의 초기 개척자는 페르디난트 율리어스 콘^{Ferdinand Julius Cohn}이다. 그는 19세기 후반의 브레슬라우^{Breslau} 대학(현재 폴란드의 브로츠와프^{Wrocław} 과학기술대학교)의 식물학자이자 미생물학자였다. 콘은 대단한 인물이었으나 거의 알려지지 않았다. 그의 중요한 업적은, 동시대에 더 실용적이고 화려한 업적을 이룬 루이스 파스퇴르^{Louis Pasteur}, 로베르트 코흐^{Robert Koch}, 조지프 리스터^{Joseph Lister} 같은 사람들에 가려졌다. 그들은 질병과 농업, 와인에 대해 연구했다. 콘은 주로 미생물을 설명하고 분류하는 연구를 했고, 그런 박테리아 분류학자에 관한 할리우드 영화를 만드는 제작자는 아무도 없었다(파스퇴르는 1922년에 100주년 탄생기념으로 프랑스에서 영화화된 적 있다).

물론, 박테리아 범주를 만들고 종류별로 구별하여 생명의 나무 적절한 곳에 배치하는 작업들을 콘이 처음으로 시도한 것은 아니다. 그러나 그의 방법은 누구보다 더 냉철하고 통찰력이 있었다. 그는 레벤후크^{Leeuwenhoek} 같이 놀라운 관찰자가 단순한 현미경으로 이 작은 생명체들을 발견한 이후로,

한 세기 이상이나 혼탁한 안갯속에 머물러 있던 세균학을 세상으로 끌어내는 데 크게 기여했다. 그는 뛰어난 통찰력으로 방법을 개선해 나가며 성과를 이끌어 냈다. 현미경 관찰은 더 좋아진 렌즈와 정밀한 부품으로 한층 개선되었다. 콘의 연구소는 박테리아를 배양하기 시작했다. 옛날 방식인 배양액이 아니라 익힌 감자 슬라이스 같은 고형 배지를 사용하게 되면서, 그는 박테리아들을 개별적으로 선택하고 배양하고 균주별로 구별할 수 있게 되었다. 또한 박테리아 종을 분류하는 데 있어서 구조적인 특징뿐만 아니라 생리적이고 행태적인 특징들이 유용하다는 것을 깨닫게 되었다. 다른 배지에서는 어떻게 자라는가? 어떻게 움직이는가? 그 당시에는 콘 역시 다윈의 진화론을 수용했기 때문에, 시간 경과에 따라 박테리아 균주가 변이를 일으키고 적응해 나갈 수 있다고 생각했다. 물론 이것은 점진적인 변화를 말하는 것이며, 일부 과학자들이 그 가능성을 제기하듯이 어떤 박테리아가 갑자기 다른 변이형으로 완전히 전환되는 것과는 다른 이야기였다. 콘은 그러한 전환을 믿지 않았다. 박테리아는 기본적으로 안정된 정체성을 가진다고 보았다. 마침내 그는 네 개의 족^{tribe}으로 나뉜 분류시스템을 출판했다. 구형과 막대형, 필라멘트형, 나선형이다. 그는 인상적인 라틴어 이름들을 붙이고는 큰 분류 안에서 다시 종^{species}과 속^{genus}으로 세분화했다.

콘의 박테리아 종 분류법과 박테리아의 정체성이 안정적이라는 그의 견해에 대하여 이 분야의 모든 과학자가 수긍한 것은 아니며, 모양을 바꾸는 박테리아에 대한 주장은 이미 10년 전부터 이어져 오고 있었다. 과학 역사학자들의 우유부단한 판단은 오히려 그에게 도움이 되었다. 그는 스스로 내세우지 못하는 "내성적인" 인간이자 과학자였기에, 겸손함과 설득력 있는 강의 그리고 성과로 인정받았다. 그의 성과는 "그 당시 가장 연구하기 어려운 주제에서, 뒤죽박죽으로 난무하던 여러 학설로부터 옳거나 중요한 것을 모두 추려 내어 혼란을 수습했다는 것"이다. 박테리아 종들의 실체를 밝혀내고 분류법의 윤곽을 잡은 것 외에도, 콘은 파스퇴르와 함께 새로운 생명체가 자연적으로 발생한다는 끈질긴 망상을 잠재우는 데에 크게 기여했다. 그는 그것을 증명해 냈다. 박테리아가 없던 곳에서 갑자기 나타나는 것처럼 보이지만 실은 어딘가의 오염에서 온 것, 즉 공기 중에 떠다니다 발화된 포자라는 것이었다. 1938년에 쓰인, 이 분야의 명망 있는 연대기 작가에 따르면 콘의 논문은 "특징과 표현에서 완전히 새로운 것"이며, "마치 고대로부터 현대로 여행 온 느낌을 준다"는 것이다. 1938년 당시의 이야기다. 물론 지금은 현대적으로 보이지 않는다.

철저하게 실증적이었던 페르디난트 콘에게도 오류는 있었다. 그중 하나는 다른 동료와 마찬가지로, 자신의 모든 연구결과에서 박테리아가 식물계에 속한다고 생각했다. 오늘날의 기준으로 본다면 콘의 나무는 완전히 틀린 것이었다. 또 하나는 박테리아의 급격한 변이에 관한 전제다. 어떤 박테리아가 다른 박테리아로 갑자기 전환될 수 있다는 가설은 그가 상상한 것과는 다른, 훨씬 더 복잡한 메커니즘에 의해 사실인 것으로 밝혀졌다.

17

원핵생물 대 진핵생물

"카오스Chaos"는, 위대한 분류학자 린네우스Linnaeus가 자신의 《자연의 체계Systema Naturae》1774년 판에서 레벤후크의 박테리아와 기타 작은 생명체들을 통째로 묶어 놓은 그룹의 이름이다. 그의 결정은 오랫동안 바뀌지 않았다. 페르디난트 콘 이후 수십 년이 흐른 20세기에 들어서도 전문가들은 박테리아 분류학이 유의미한 연구인지, 여전히 가망 없는 '카오스'인지에 대한 논쟁을 계속하고 있었다.

1923년부터 박테리아를 구별identification●하는 기준의 근거는, 세균학자 데이비드 헨드릭스 버지David Hendricks Bergey가 편집한 《버지의 세균분류학편람 Bergey's Manual of Determinative Bacteriology》이라는 두꺼운 개론서였다. 그러나 미생물학이 발전하면서 버지의 분류는 모호하고 일관성이 없었으며 일부 기본적인 원리에 오류가 있는 것으로 판명되었다. 그것은 박테리아의 나무를 제시하지 못했으며 그저 잘 꾸며진 안내서에 불과했다. 그러나 버지의 방법을

● 생물학에서는 '동정'이라고도 한다. 동정의 의미는 새로 만든 생물의 표본이나 어떤 생물을, 각종 도감이나 검색표 등으로 비교 검토하여 이미 밝혀진 분류군 중에서 그 위치를 결정하는 일을 말한다

비판하고 고쳐 보려고 했던 연구자들도 그것이 말처럼 쉬운 일이 아니라는 것을 깨달았다. 박테리아 분류는 그만큼 어려운 일이었다. 박테리아는 조상에 대한 화석 기록이 거의 없었다. 외부 형태와 내부 구조는 고배율 현미경으로도 거의 구별하기 어렵다. 박테리아의 생리적 특성들 또한 그 조상으로부터 유전됐다기보다는 평행 유전의 결과를 반영하는 것이어서 오해할 가능성이 높다. 그렇다면 남은 분류 기준은 무엇인가? (1977년에 칼 워즈가 답을 찾아내기 이전이다.) 이 난제는 1962년에 세계 최고의 미생물학자 반 니엘C. B. van Niel과 로저 스태니어Roger Stanier가 절망에 빠진 채 백기를 들면서 정점에 달했다.

네덜란드인 반 니엘은 델프트 공과대학교TU Delft를 졸업한 후, 1928년 캘리포니아로 건너가 스탠퍼드 대학교 부설 해양생물연구소에서 학생들을 가르쳤다. 그는 박테리아 생리학과 분류학에 특히 관심이 많았다. 반 니엘의 학생이었던 캐나다 출신의 로저 스태니어는 특별한 수제자에서 더 나아가 공동작업자가 되었다. 1941년 스태니어가 겨우 25살이었을 때 그들은 박테리아 분류에 관한 영향력 있는 논문을 공동 발표했다.

이 논문은, 두 저자가 스스로 논문의 잘못을 선언할 때까지 한 세대 동안 절대적인 위치를 차지하고 있었다. 나중에 스태니어는 당시의 약간 당혹스러운 심정을 회고했는데, 비록 이 논문은 주로 스태니어의 작업이었지만, 지도교수인 반 니엘에게 공동저자로 서명하도록 그가 요청했었기 때문이다. 논문에는 버지의 분류에 대한 날카로운 비평과 함께 박테리아를 분류하는 빛나는 아이디어가 담겨 있었다. 단순히 체크리스트나 안내서가 아니라 진화 관계를 드러내는 "자연적인" 분류체계였다. 이미 알려진 박테리아를 콘의 분류와 동일한 방식으로 네 개의 강class으로 나누면서, 남조류(녹조류)blue-green algae를 또 하나의 강으로 추가하여 모두를 간단한 유기체의 왕국(계)에 배치시켰다.

조류algae를 말하는 것인가? 그렇다. 남조류는 그 이름에서도 느껴지듯이 오랫동안 박테리아와 식물 중간에 있는 애매한 존재였다. 콘이 모든 박테리아를 식물이라고 분류한 것도 그 경계 위에 흐릿하게 자리 잡은 남조류가 한몫했던 것이다. '조류'는 이 작은 청록의 생명체를 포함하여 광합성을 하는 수많은 생명체를 통틀어 일컫는 말이다. 그러나 그들이 하나의 조상에서 갈라졌다는 것을 의미하지는 않았다. 스태니어와 반 니엘은 틀렸다고 했다. 그들의 새로운 정의에 따르면, 남조류는 다른 조류들보다 오히려 박테리아에 더 가까우며, 따라서 두 그룹(남조류와 박테리아를 말한다)을 묶어서 별도의 생물계로 분리해야 한다는 것이다. 결국 그들은 이 세포들을 핵 이전을 의미하는 '원핵생물procaryotic'이라 부르고, 그 밖의 모든 것을 포함하는 진핵생물eucaryotic과 같은 선상에 배치했다. (원핵prokaryotic과 진핵eukaryotic의 철자는 나중에 그리스어의 정확한 음역에 따라 수정된 것이다.)

여기서 핵kernel은 세포핵cell nucleus을 말한다. 박테리아에 핵이 없듯이, 남조류로 알려진 생명체들에도 핵이 없다(이제는 시아노박테리아cyanobacteria(남세균)로 분류된다). 2차 세계대전 이후 현미경과 함께 전자현미경 기술이 더욱 발전함에 따라 미생물학자는 이들을 좀 더 쉽게 구별할 수 있게 되었다. 어떤 생물이 박테리아인지 아닌지에 대한 새로운 분석이 가능해졌다. 스태니어와 반 니엘은 "박테리아의 개념The Concept of a Bacterium"이라는 1962년의 새 논문에서, 원핵생물에 대한 새로운 분석을 제시했다. 그들의 표현에 따르면 "박테리아학에서 가장 고질적인 학문적 수치"는 그들의 개념조차도 명확하게 기술하지 못하고 있다는 것이다. 박테리아란 무엇인가? 음, 글쎄....

그 문제를 해결하기 위해, 그들은 박테리아와 남조류를 묶어서 원핵생물로 분류하고 그 외의 모든 세포생물 집단인 진핵생물과 나란히 대비시켰다. 스태니어와 반 니엘에 따라 원핵생물의 주요 특징을 정리하면 (1) 세포핵이 없고, (2) 염색체 짝에 의한 체세포분열^{mitosis}이 아닌 단순 분열^{fission}에 의해 세포분열을 하며, (3) '펩티도글리칸^{peptidoglycan}'이라는 격자 모양의 분자로 된 단단한 세포벽을 가지고 있다. 쥐라기공원에서 날아다니는 파충류 이름처럼 들릴 것이다. 그러나 펩티도글리칸은 생명의 나무 가장 깊숙한 곳의 구조와 우리 인간이 자라난 큰 몸통 위의 가지, 그리고 그 위의 잔가지를 이해하는 데 있어 중요한 단서로서 뒤에 다시 다루게 될 것이다.

원핵생물^{prokaryote}과 진핵생물^{eukaryote}, 세포핵이 있는 것들과 없는 것들, 단순한 생물과 복잡한 생물, 이러한 이분법은 생물학의 기본 구성원리가 되었다. 나중에 스태니어는 두 공동집필자들과 함께 만든 교과서에서 "우리가 살고 있는 생태계에서 가장 뚜렷하게 드러나는 유일한 진화적 단절^{discontinuity}"이라고 했다. 동시에 그것은 인간이 매우 하등한 생명체들과 관련되었다는 것을 말해준다. 아주 기본적인 분류에서 인간은 진핵생물이다. 아메바나 효모도 마찬가지다. 해파리, 해삼, 말라리아를 일으키는 작은 기생충, 진달래도 진핵생물이다. 우리는 보통 아메바와 박테리아가 가까운 사이라 생각하기 쉽다. 우리 대부분은 고등학교 생물 시간 이후로 현미경을 들여다본 적이 없으니 당연한 일이다. 원핵과 진핵의 구분은 마치 대양을 나누는 것처럼 보인다. 이 세상에 살아 있는 모든 것을 원핵과 진핵으로 나눈다고 상상해 보자. 스태니어와 반 니엘이 1962년 논문을 발표했을 당시부터 생물학자들이 상상한 것처럼.

"박테리아의 개념"이란 논문은 그들의 아이디어를 엄청나게 영향력 있는 것으로 만들었지만, 스태니어와 반 니엘이 박테리아 분류라는 전쟁에서 항복을 선언한 것으로도 유명하다. 그들은 솔직하고 냉정하게 고백했다. 레벤후크 이후 미생물학자들은 박테리아를 분류하는 최선의 방법을 모색해 왔다. 다윈 이후 그들은 박테리아들을 서로 어떻게 연결지어야 할지 논쟁을 벌여 왔다. 그들은 충분히 아니 그 이상의 역할을 했다. "쉽사리 정의될 수 없는 집단을 연구하는 데에 인생을 바친다는 것이 지적으로 얼마나 고통스러운 일인지 진정한 생물학자라면 알 것이다." 반 니엘 자신은 40년을 바쳤다. 그와 스태니어는 자신들이 오래전 1941년에 발표했던 그들의 "상세한 분류학적 제안"에 대해서 "우리는 더 이상 그것을 옹호하지 않는다. 그러니 염두에 두지 않기를 바란다"고 말했다. 그들은 그러한 형식적인 분류체계와 그것을 개선하기 위한 노력들이 "가치가 있는지에 대해 회의적"이라고 시인했다. 그럼에도 그들은 이 골치 아픈 박테리아 연구의 중요성에 대해서만은 여전히 확고했다.

분류학자로서 반 니엘의 이 절망적인 회의는 오래전부터 그의 내면에 꿈틀거리기 시작했다. 그가 첫 번째 논문에 서명했던 20년 전에도 스태니어에게 보내는 편지에 이렇게 고백했다. "언제부턴가 나는 우리의 모든 노력이 다 부질없는 것이라는 생각을 자주 한다네. 연구실을 왔다갔다하며 미생물의 이름과 관계에 대해 이야기하고 생각하는 것이 점점 고통스러워지고 있다네." 올바른 게 있기나 했나? 단순히 박테리아에 이름을 붙여 상자에 넣는 것이 어떤 가치를 가지는가? "그 시기에 나는 연구소에서 일을 끝내고 집에 가면서 아무 곳이든 고등학교 교사로 가면 좋겠다고 생각했지." 그가 가르치는 것을 좋아해서가 아니었다. 단지 "그것은 적어도 내가 가치 있는 일을 하고 있다는 확신을 줄 수 있을 것"이라 생각한 것이다. 요즘 식으로 쉽게 말한다면 조울증이라고 할 수도 있겠지만, 그보다는 반 니엘이 박테리아 분류학을 냉철하게 이해하고 있었다는 게 더 정확한 표현일 것이다.

원핵생물과 진핵생물은 각각 prokaryote, eukaryote라는 이름으로 개정되어 우리 세대에 가장 기본적인 생물 분류로 자리 잡았다. 세포핵을 가진 진핵생물과 세포핵이 없는 원핵생물, 이러한 이분법은 스태니어와 그의 동료들이 언급했듯이 생태계의 진화를 드러내는 가장 뚜렷한 구분이라고 여겨졌다. 기본적인 두 생물 집단이 있고, 원핵생물과 진핵생물 사이에는 아무것도 없었다.

우리가 지금에 와서 이것을 상기하는 이유는 칼 워즈가 결국 이것이 틀렸다는 것을 증명해 냈기 때문이다.

18

칼 워즈, 세 번째 생명체의 발견

1976년 초, 켄 루어슨 등이 아직 워즈와 함께 있던 시기였다. 워즈는 30여 종의 샘플에서 각각의 리보솜RNA 분자를 추출한 후, 그들 간의 연관성relatedness을 측정하기 위해 특별한 방식의 카탈로그를 만들어 분석했다. 그들은 대부분 원핵생물이었지만 총체적으로 비교하기 위해서 효모와 같은 몇몇 진핵생물도 포함시켰다. 진핵생물의 리보솜 분자에는 16S 대신 18S rRNA가 들어 있었다. 워즈는 필름 시트에 찍힌 점들만 보고도 원핵과 진핵을 구별할 수 있었다. 당시에 그는 랄프 울프가 귀띔해 준 '비정상적인 박테리아', 메탄생성균에 몰두하고 있었다.

메탄생성균의 가장 까다로운 점은 산소에 쉽게 오염되기 때문에 실험실 배양이 어렵다는 것이다. 울프 팀의 재간이 많은 박사과정생 빌 볼치Bill Balch는 기발한 방법으로 이 문제를 해결했다. 볼치는 검은 고무 마개로 단단히 밀폐된 알루미늄 튜브 안에 메탄생성균을 배양하고, 그 속에 무언가를 넣거나 빼야 할 때에는 주사기를 사용했다. 산소 대신 수소와 이산화탄소를 주입하고 배양액을 주사한 결과 번식에 성공한 것이다.

워즈는 자신의 포스트닥을 합류시켰다. 화학공학을 전공한 조지 폭스

George Edward Fox라는 다재다능한 젊은이였다. 폭스는 볼치와 함께 이 메탄생성균을 배양하고, 방사성 인을 주입하여 태그를 붙였다. 폭스와 켄 루어슨 외에 다른 연구원들도 나머지 과정에 투입됐다. 방사성 RNA를 추출하고, 16S와 5S 분자를 농축하기 위한 정제 작업을 하고, 분자들을 잘게 잘라 내고, 전기영동법으로 절편들을 서로 분리하고, 필름 위에 점들을 찍어 내는 작업들이었다. 그들이 첫 메탄생성균에 붙인 공식 명칭은 '메타노박테리아 호열성세균Methanobacterium thermoautotrophicum'이라는 긴 이름이었다. 워즈 자신도 그 이름에 대해서 "14음절의 괴물"이라고 말했고 대신 '델타 H'라는 짧은 실험실 균주명을 사용했다. 그런데 라이트보드에서 1차 지문들을 조사하던 워즈가 뭔가 이상한 것을 발견했다.

이제 능숙하게 지문을 읽어 낼 수 있었던 워즈는 특정한 작은 절편 한 쌍을 단번에 알아볼 수 있었다. 이 절편은 모든 박테리아에서 공통적인 것으로, 마치 자신들이 바로 원핵생물이라고 "간절히 외치는" 것처럼 보였다. 그는 델타 H의 1차 필름을 뒤졌으나 이러한 절편을 찾을 수 없었다. 그는 안달하며 2차 지문을 기다렸다. 며칠 후, 절편들을 측면으로 당겨 더 선명하게 분리하는 과정이 끝나고 그는 필름을 받았다. 1976년 6월 11일, 그는 다시 라이트보드에 1차 필름을, 라이트테이블 위에는 2차 필름을 놓고 그가 본 것을 찾아내려고 애썼다. 이렇게 1차 패턴에서 절편들의 염기서열을 추론하기 위해 2차 필름을 가이드로 사용하는 것은 이 단계에서 그가 늘 하던 방법이었다. 어두운 방에는 그의 책상과 라이트보드만이 빛을 발하고 있었고 그의 얼굴 역시 섬뜩한 빛을 반사했을 것이다. 그는 단번에 여러 개의 이상한 점들을 알아차릴 수 있었다.

처음 놓친 한 쌍의 절편은 여전히 행방이 묘연했지만 그게 끝은 아니었다. 워즈는 그와 유사한 절편, 즉 모든 원핵생물에서 공통적인 "표식"이 되는 서열이 나타나기를 기대하며 다른 패턴들을 뒤지기 시작했다. 그러나 대신에, 그는 이제껏 없었던 기다란 서열을 가진 이상한 절편을 발견했다. "무슨 일이지?" 그는 당시의 의문에 대해 회상했다. 이 메탄생성균 rRNA는 원핵생물 "같지 않았다." 더 많은 절편의 서열을 분석할수록 원핵생물과 더욱 멀어지는 것처럼 보였다. 이때쯤 박테리아의 리보솜RNA 서열은 워즈에게 너무나 익숙한 것이어서 그는 정상적인 분자들에 대한 그만의 "감각"을 가지고 있었다. 그리고 이 특별한 생명체 '델타 H'에는 정상적이지 않은 것들이 들어 있었다. 몇몇 박테리아 절편은 예상한 대로, 예상한 곳에 나타났다. 그러나 일부 다른 절편들은 진핵생물로 보였다. 그렇다면 이것은 완전히 다른 형태의 생명을 의미하는 것이었다. 효모일까, 원생동물일까, 뭐지? 이상한 절편들은 그뿐만이 아니었다. 이 RNA는 무엇일까? 그는 이 유기체의 정체가 궁금했다. 이것은 원핵생물일 수가 없었다. 또한 진핵생물도 아니었다. 그렇다고 외계 생물로 보이지도 않았는데 너무나도 익숙한 RNA 코드들을 가지고 있기 때문이었다. "그때 분명해졌다"라고 그가 썼다. 지구라는 풍부한 생태계에는 원핵생물과 진핵생물 말고도 "그들 이외의 것"이 존재했다. 생명의 세 번째 형태를 의미했다.

워즈는 "생물학을 뛰어넘는 경험"이라고 당시의 흥분을 표현했다. 그의 과학 인생에 분수령이 되는 순간이었다.

19

일리노이 기록보관소, 델타 H

2012년 12월 워즈의 사후에 그의 과학 서신, 원고, 학술 논문 등 그와 관련된 자료들은 일리노이 대학 기록보관소로 보내져 분류된 후 전시, 보관되어 있다. 자료들은 몇 개의 보관소에 나뉘어 있는데, 그중 하나는 캠퍼스 남쪽 끝 오처드^{Orchard} 거리에 있는 별관으로, 오래된 헛간 같은 붉은 벽돌 건물의 자료연구센터$^{Archives\ Research\ Center}$다. 입구의 원예연구소$^{Horticulture\ Field}$ ^{Laboratory}라고 적힌 낡은 현관에서는 세월의 깊이가 느껴졌고, 주목나무들과 만발한 비비추가 통로까지 이어져 있었다. 안에는 열람이 가능한 칼 워즈의 자료들이 34개의 상자에 정돈되어 있었다. 뜨거운 7월의 오후, 나는 워즈의 편지들 속에서 이 특별한 사람의 인간적인 면모에 대한 단서를 찾고 있었다. 이때 검은 티셔츠에 야구모자를 쓴 존 프랑크가 도착했다. 그는 워즈의 장례식이 끝난 후 워즈의 실험실을 정리하기 위해 파견되었던 보조 기록보관인으로, 자료의 위치에 대해 누구보다 잘 알고 있었다. 그는 내 관심사에 대해 전해 듣고 뭔가 보여주겠다고 말했다.

나는 높은 아치 지붕이 있는 건물 뒤편으로 그를 따라갔다. 그는 잠긴 문을 열고 전에는 이곳이 사과를 보관하던 "저장고" 중 하나라고 말해 주었다. 오처드^{orchard} 거리라는 이름의 유래가 된 원예연구소 과수원에서 나온 사과들이었다. 한창때는 건물 바로 뒤에 125품종의 사과가 재배되어 바구니나 나무상자로 여기로 옮겨와 보관되거나, 압착해서 주스나 식초로 만들어졌다. 우리는 문을 지나 에어컨이 설치된 저장고로 들어갔다. 왼쪽으로는 사과 대신 높은 철제 선반이, 반대쪽에는 탁자들이 배치되어 있었다. 선반에는 수백 개는 됨직한 납작한 노란색 상자들이 가득했다. 코닥의 의료용 X선 필름 포장용 상자 그대로였다. 이곳은 워즈의 RNA 염기서열 지문 도서관이었다. 각 상자 끄트머리에는 유기체 절편들에 대한 설명과 날짜가 적힌 꼬리표가 붙어 있었다.

반대쪽 탁자에는 여러 필름이 놓여 있었는데, 프랑크가 작업하는 공간이었다. 그는 세 장의 큰 시트를 보여주고는 그것들을 테이프로 조심스럽게 이어 붙여서 하나의 큰 그림을 만들었다. 검은 점들의 패턴, 아메바 같은 점들이 평원을 질주하듯 늘어서 있었다. 내게 그것들은 별로 특별해 보이지 않았다. 그러나 워즈에게는 그들의 정체와 관계, 그리고 진화를 암시했을 터였다. 뭔가 수상했고, 그는 그것을 놓치지 않았다.

프랑크가 말했다. "이건 델타 H예요."

20

과연 세 번째 생명체인가?

워즈가 발견의 순간을 처음 알린 사람은 조지 폭스였다. 폭스는 빌 볼치와 함께 메탄생성균 배양을 함께했던 포스트닥이다. 폭스의 회고에 따르면 워즈는 "뭔가 이상한 것이 있다면서 옆 실험실에 있는 제 방으로 뛰어들어 왔습니다." 거기서부터 실험실 안을 돌아다니며 젊은 제자들, 조교들에게 워즈는 "우리가 새로운 형태의 생명체를 발견했다고 선언하면서 특히 저를 지목했어요." 폭스에 따르면 그는 "폭스, 당신이 16S rRNA를 분리할 때 엉망으로 만든 게 아니라면 말이야"라고 날카롭게 지적하면서도 그것을 즐기는 태도였다. 그들은 델타 H로 신중하게 전체 과정을 다시 반복했다. 결과는 같았다. 폭스는 실수하지 않았다.

"폭스는 매사에 의심이 많았다." 워즈는 이 발견의 순간에 대한 연구실 사람들의 반응을 회상했다. 그리고는, 폭스의 회의적인 성향은 훌륭한 과학적 재능이라고 덧붙였다. 화학공학 박사인 폭스에게 그러한 대발견은 설사 그것이 자신의 보스에 의한 것일지라도 실증적 차원에서 경계할 수밖에 없었을 것이다. 아주 놀라운 결과물을 대할 때의 그러한 회의적 태도는 두 사람이 함께 일할 수 있게 만든 그들의 공통된 천성이기도 했다. 하지만 지문에 나타난 이 변칙에는 폭스도 수긍하지 않을 수 없었다. 그에 따르면 "필름 위에는 마치 그것들만 불쑥 튀어나온" 것처럼 눈에 띄었고, 그 차별성으로 인해 세 번째로 분류될 확연히 다른 형태의 생명이라는 데에 동의할 수밖에 없었다.

하지만 워즈와 폭스는 이 획기적인 발견이 다른 과학자들이 납득하기는 쉽지 않다는 것을 알고 있었다. 더 많은 증거가 필요했다. 워즈와 연구실 사람들은 다시 작업으로 돌아갔고 당분간 침묵을 지켰다. 볼치와 함께 다시 그 방법으로 메탄생성균을 배양하고 지문을 찍어 냈다. 1976년 말까지 그들은 5개의 메탄생성균에서 얻은 5개의 유전자 카탈로그를 추가했다. 그것들은 서로 완전히 다른 것들임에도 불구하고 훨씬 더 중요하고 근본적인 공통점을 갖고 있었다. 그리고 이미 알려진 어떤 것에도 속하지 않는 것이었다.

21

박테리아의 세계

박테리아는 다재다능하고 다양하다. 이 말은 과소평가한 것이다. 박테리아는 널리 퍼져 있다. 사실 이중 어떤 말도 박테리아를 표현하기에는 부족하다. 분류 자체가 어렵고, 구별하기도 어렵고, 그룹 짓기도 어렵다. 스태니어와 반 니엘은 결국 손을 들었다. 전 지구에 스며든 '유비쿼터스^{ubiquitous}' 그 자체다. 자연환경과 인간이 만든 환경 모두에서 공기 중에 떠다니고, 모든 표면을 뒤덮고, 바다에 넘쳐 나고, 심지어 땅속 깊은 암석에도 존재한다. 이미 말했듯이, 우리 피부는 그들로 덮여 있고 장에도 바글거린다. 우리 몸을 구성하는 세포 수보다 3배나 더 많다. 박테리아는 또한 진흙 구덩이, 온천, 웅덩이와 사막, 산 정상, 깊은 광산과 동굴 속, 우리가 늘 가는 레스토랑의 식탁, 우리와 애완견의 입에도 산다.

바실루스 인페르누스^{Bacillus infernus}라는 종은 버지니아 동부 아래 거의 2마일을 뚫고 발굴된, 적어도 1억 4천만 년 된 지층의 트라이아스기 실트암^{Triassic siltstone}의 중심 표본으로부터 배양되었다. 태평양 마리아나 해구 깊숙한 곳 35,755피트(10,898미터) 아래에서는 퇴적물에 서식하는 박테리아가 발견되기도 했다. 남극 대륙에서는 반 마일(800미터) 두께의 얼음으로 덮인 월리안 빙저호 아래, 0도 이하의 냉각수에서도 왕성한 박테리아 군집이 발견되었다. 어둠과 추위 속에서 부서진 돌가루의 유황과 철 화합물로 생명을 이어 나가고 있었다.

뜨거운 것을 좋아하는 호열성 세균^{thermophiles}들도 있다. 이들 중 가장 유명한 것은 써머스 아쿠아티쿠스^{Thermus aquaticus}라는 박테리아로 1966년 미생물학자 토머스 브록^{Thomas Brock}과 허드슨 프리즈^{Hudson Freeze}라는 학생이 옐로스톤 국립공원에서 채집한 샘플로 처음 배양하였다. 브록과 프리즈는 이것을 옐로스톤의 노리스 간헐천^{Norris Geyser Basin}에서 발견했다. 머쉬룸스프링^{Mushroom Spring}이라 불리는 섭씨 69도의 수증기가 피어오르는 알록달록한 색깔의 물웅덩이다. 써머스 아쿠아티쿠스가 높은 온도에서 발견된 이유는 DNA를 복제하는 특수한 효소를 갖고 있기 때문이다. 그 효소는 고온에서 활발하게 움직이는데, 이후 DNA 증폭을 위한 중합효소 연쇄반응(PCR) ^{polymerase chain reaction} 기술의 핵심 요소로 사용되었다. 이 기술은 유전자 연구와 생명공학에 광범위하게 사용되면서 토머스 브록이 아닌, 수석개발자(캐리 멀리스)에게 노벨상이 돌아갔다.

주로 바다 밑바닥의 온천 분출구 주변에서 발견되는 호열성 박테리아는 먹이사슬을 안정적으로 유지하는 역할을 한다. 그들은 뜨거운 물에서 분출된 유황 화합물에 살면서 유기물을 생산해 내며 그 자신은 작은 갑각류나 다른 동물들의 먹이가 된다. 뜨거운 분출구 주변에서 흔들리며 서식하는 화려한 붉은색 생명체인 갈라파고스민고삐수염벌레^{giant tube worm}는 입도, 소화관도 없이 자신의 조직에서 자라는 박테리아로부터 영양분을 얻는다.

추정에 따르면, 박테리아의 총 질량이 지구상의 모든 식물과 동물을 합한 것보다 많다는 것이다. 그들은 적어도 35억 년 동안 이런저런 형태로 이어져 왔으며, 지금껏 살아남은 모든 생명체의 생화학적 환경에 절대적인 영향을 끼쳤다. 우리가 박테리아를 볼 수 없는 것은 우리 눈이 그들의 배율로 맞춰져 있지 않기 때문이다. 흙 1온스(약 28그램)에는 평균 10억 개 이상의 박테리아 세포가 있을 수 있고, 신선한 물 한 티스푼에는 500만 개가 있다고 추정된다. 그러나 우리는 그들이 내는 소리를 듣지 못한다. 프로클로로코쿠스 마리누스$^{Prochlorococcus\ marinus}$라고 알려진 한 해양 박테리아는 세계의 열대 바다를 자유롭게 떠다니며 식물처럼 광합성을 한다. 이것은 지구상에서 가장 풍부한 생명체일 수도 있는데, 한 자료에 의하면 3옥틸리언^{octillion}의 개체가 있다고 한다. 숫자로 표현하면 3,000,000,000,000,000,000,000,000,000 (3×10^{27})이다.

모양과 크기도 가지가지여서 형태는 다채롭고 크기도 극과 극이다. 박테리아 세포는 평균적으로 동물 세포의 약 10분의 1 정도 크기다. 가장 큰 것은, 나미비아 근처의 해저에서 발견된 특이한 티오마르가리타 나미비엔시스 $^{Thiomargarita\ namibiensis}$다. 직경 0.75mm까지나 부풀어 오르는데 안에는 진주 같은 작은 유황 방울로 채워져 있다. 반대로 가장 작은 것은 마이코플라즈마 호민$^{Mycoplasma\ Homin}$이다. 세포벽이 없고 작은 게놈^{genome}을 가진 박테리아지만 인간 세포에 침투하여 생식기를 감염시킨다.

박테리아의 모양은 앞서 언급했듯이 막대형, 구형, 필라멘트형, 나선형들로서, 이동하거나 침투하기 좋은 모양으로 제각기 적응해 왔다는 것을 보여준다. 박테리아를 형태별로 분류하기까지 페르디난트 콘의 노력과 신념이 있었지만, 그것은 계통발생의 근거가 되지 못함이 밝혀졌다. 형태는 적응하기 위해 변형될 수 있는데, 적응은 조상의 형태를 물려받을 뿐만 아니라 다른 계통들과 형태가 동일해지는 수렴에 따른 것일 수도 있다.

둥근 형태는 건조한 환경에서 보호막이 될 수 있다. 막대형이나 필라멘트처럼 긴 것들, 특히 편모가 달린 것들은 수영에 유리할 것이다. 최근에 남아프리카에서는 한 백금 광산 깊숙이 "마인 슬라임$^{mine-slime}$"이라는 물질 속에서 박테리아가 발견되었다. 이것은 필라멘트형 박테리아지만 별 모양의 단면을 갖고 있어서, 넓은 표면적으로 영양소가 부족한 환경에서 더 많은 영양소를 흡수할 수 있다. 나선형의 스피로헤타^{spirochete}는 매독과 라임병을 일으키는 것으로 유명하다. 몸을 비트는 특유의 몸동작으로 다른 박테리아가 쉽게 통과할 수 없는 장벽들, 예를 들어 인간의 소화기 내벽, 세포 점막, 순환계와 중추신경계에 접근하여 치명적인 손상을 일으킨다. 그러나 동작이 둔한 형태들 역시 안심할 수 없다. 바실라이^{bacilli}라고 알려진 짧은 막대형, 코치^{cocci}라고 알려진 구형, 그리고 콤마(쉼표)처럼 휘어진 막대형 박테리아들 역시 탄저병, 폐렴, 콜레라, 이질, 혈색소뇨증, 안검염(다래끼), 폐혈성 인두염, 성홍열, 여드름 등등 모두 나열하기도 어려운 수많은 병을 일으키는 것들이다.

많은 박테리아가 단독 세포로서 각자 필요한 것들을 충족시키고 기회를 포착해 나가며 독립적으로 생존하지만, 쌍을 이루거나 무리, 작은 스크럼, 늘어선 사슬, 대규모 군집의 형태로 서식하는 박테리아들도 있다.

임질을 일으키는 나이세리아 고노르호애$^{Neisseria gonorrhoeae}$라는 구균 세포는 두 개가 합쳐져서 마치 커피콩 같은 모양을 만든다. 포도구균인 스타필로코쿠스^{Staphylococcus}는 그리스어로 "작은알갱이(구형)^{kókkos}"와 세포들이 뭉친다는 의미의 "포도송이^{staphylè}"라는 단어가 합쳐진 것이다. 40종의 포도구균들은 대부분 해롭지 않지만, 스타필로코쿠스 오레우스$^{Staphylococcus aureus}$는 피부염, 부비강염, 혈액 감염, 수막염, 독소성 쇼크 증후군, 그 외에도 심각한 증상을 일으킬 수 있다. 특히, 수평적 유전자 전달로 탄생한 괴물 MRSA와 같이 항생제에 내성을 가진 포도구균에 운 나쁘게 감염이라도 된다면 고통의 나락으로 빠져들 수 있다. 수평적 유전자 전달은 뒤에 가서 자세히 다루게 될 것이다. 연쇄구균^{Streptococcus} 종의 세포들은 목걸이처럼 연결된 형태로 붙어 다니는데, 그중에는 피부가 짓무르는 농가진과 류마티스성 열병의 원인균들도 있다.

해저의 암석이나 수족관의 유리벽, 인공관절의 금속구 같은 표면에 붙어서 단단하고 두터운 막을 형성하는 박테리아도 있다. 거기서 박테리아는 공동으로 협력해 점액질의 세포 외 물질을 발산하는데 이 물질로 인해 집단적으로 번식할 수 있다. 이것은 그들만의 보금자리를 안정적으로 유지하기 위해 그들 간의 소통망 역할을 할 뿐만 아니라 항생제로부터 자신들을 보호한다. 생물막^{biofilm}이라고 불리는 이것은 종이 티슈보다 얇은 것에서부터 눈더미처럼 두꺼운 것, 여러 종이 함께 있는 것들도 있다. 작은 막대형 박테리아인 아시네토박터 바우마니^{Acinetobacter baumanni}는 병원 안에서 보송보송하고 깨끗해 보이는 표면에 상습적으로 생물막을 만드는 것으로 악명 높다.

시아노박테리아나 엄청나게 풍부한 양의 프로클로로코쿠스^{Prochlorococcus} (식물플랑크톤)는 빛을 에너지로 바꾸는 과정에서 생기는 부산물로 대기 산소의 상당한 양을 공급한다. 홍색세균^{Purple bacteria} 역시 광합성을 하지만 연료로서 물 대신에 황이나 수소를 소모하기 때문에 산소를 생산하지 않는다. 바위를 갉아먹는 리소트로픽 박테리아^{Lithotrophic bacteria}는 철분이나 황과 같은 무기질에서 에너지를 얻으며, 우리의 상상을 초월하는 기발한 변종들이 존재한다. 최근에는 플라스틱을 소화시키는 이데오넬라 사카이엔시스 ^{Ideoneella Sakaiensis}라는 새로운 박테리아가 일본 과학자들에 의해 발견되었다.

왕성한 해양박테리아 마리노박터 살라리우스$^{Marinobacter\ salarius}$는 멕시코만의 석유시추시설 딥워터 호라이즌의 오일 유출 사건 때 탄화수소를 분해하는 능력으로 주목받았다. 어떤 박테리아는 산소의 유무와 상관없이 쓰레기나 하수, 다양한 무기화합물, 식물, 곰팡이, 사람의 피부와 같은 동물 조직을 먹으면서 서식할 수 있다. 막대균 또는 구균의 형태로 유제품에 들어 있는 유산균$^{Lactic\ acid\ bacteria}$은 부지런히 탄수화물을 발효시키고 그 과정에서 산을 만들어 내며, 자신들이 만든 산에 내성을 갖고 있다. 또한 그들 중 많은 것이 맥주를 좋아한다.

1977년에 처음 몇 가지 메탄생성균으로부터 지문을 읽을 당시 칼 워즈는 이들 박테리아에 대해서 잘 알지 못했다. 그가 아는 것은 박테리아들이 매우 광범위하고 어디에나 존재하며 각양각색이라는 것 정도였다. 박테리아학에 대해서는 반 니엘과 같은 교수들 밑에서 정통으로 교육받은 랄프 울프가 워즈보다 한 수 위였다. 처음 그 결과가 나왔을 때 워즈의 반응은 굉장히 들뜬 상태였고, 그 후 첫 메탄생성균인 델타 H의 rRNA 분석을 반복한 직후 조지 폭스와 연구원들 그리고 울프에게 그 사실을 알릴 때 그는 거의 충격에 휩싸인 듯했다. 울프의 회고록에는 이렇게 적혀 있었다. "칼은 의문에 가득 찬 목소리로 내게 말했다. '울프, 이것들은 박테리아도 아니야!'"

22

박테리아가 아니다!

그 후로 39년이 흘렀고, 내가 어바나의 랄프 울프를 찾아갔을 때 그는 더 자세히 그때의 이야기를 들려주었다. 그는 아직 미생물학 명예교수로 있었고, 93세로 노쇠하고 가냘프게 보였지만 선량한 미소를 가진 노신사였다. 그는 여전히 사무실에서 일하고 있었는데 마치 은퇴에는 전혀 관심이 없는 것처럼 보였다. 그의 책상에는 논문과 책들, 컴퓨터가 있었고, 그 뒤 벽에는 최초로 전지를 개발한 알레산드로 볼타Alessandro Volta의 권총 모형이 걸려 있었다. 그것은 1770년대 후반에 볼타가 메탄과 같은 늪지대 가스의 가연성을 시험하기 위해 개발한 총과 같은 장치였다.

그 당시 워즈의 연구실은 사우스굿윈가South Goodwin Avenue의 모릴홀Morrill Hall에 있었고 울프는 통로로 연결된 옆 건물에 있었다. 워즈와 그는 가끔씩 이런저런 넋두리를 주고받았다. "워즈는 복도를 내려오다가 나랑 딱 마주쳤어요." 울프는 회상했다. "'울프, 이것들은 박테리아도 아니야!'" 울프는 당시의 장면을 재연하며 사람 좋게 웃었다.

"'무슨 소리야, 이건 박테리아야, 칼.'" 현미경으로 보면 그것들은 그저 박테리아처럼 보였다. 그러나 워즈는 결코 현미경을 사용하지 않았고 사용한 적도 없었다. 그가 보는 것은 리보솜RNA 지문이었다.

"'아니, 이것들은 내가 지금까지 본 것들하고 완전히 달라.'" 그리고 현재에 이르러 울프는 내게 말했다. "모든 것을 바꿔 버린 가장 중요한 말이었어요."

23

새로운 왕국을 위한 준비

"우리는 속전속결로 작업을 진행했다." 워즈는 당시의 사건들에 대해 이렇게 회상했다. 당시 1976년 말까지 그의 팀은 다섯 종의 메탄생성균 지문과 카탈로그를 만들어 분석했으며, 많은 다른 종들이 분석을 위해 준비되어 있었다. 새로운 카탈로그들은 원핵생물이 아니라는 것을 더욱 확신하게 만들었다. 원핵생물이라는 이름의 일반적인 의미와는 맞지 않았다. 원핵생물은 오로지 박테리아만을 의미했다. 그 유기체들은 진핵생물도 아니었다. 그러나 "그것들은 모두 같은 종류였다!"고 워즈는 말했다. 그때까지 알려지지 않은 존재, 다른 이례적인 존재, 즉 세 번째 종류를 말하는 것이었다.

워즈는 새로운 생명의 왕국(계)^{Kingdom}이 필요하다고 생각했다. 여기에 속한 독특한 존재들을 세상에 알리기 위한 새로운 카테고리와 새 이름이 필요했다. 물론 그것은 새로 생겨난 것은 아니다. 오랫동안 존재해왔지만 우리가 알지 못했던 자연의 생명체 집단이 새롭게 발견된 것이다. 관례에 따라 "왕국(계)^{kingdom}", "원계^{urkingdom}" 또는 "도메인(역)^{domain}"이라고 불리게 될 것이다.

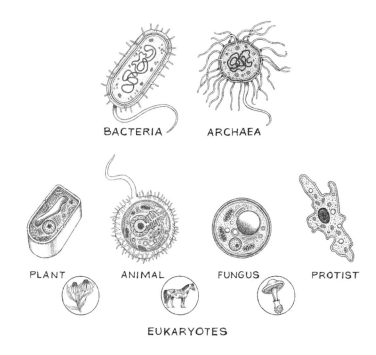

BACTERIA   ARCHAEA

PLANT   ANIMAL   FUNGUS   PROTIST

EUKARYOTES

3개의 역Domain과 진핵생물 역 안에 4개의 계Kingdom와 4개의 세포형태●

아직 세상에 발표되기 전, 워즈는 이 발견이 "진화론을 예측적 검사방식
predictive test으로 검증●●할 수 있는 절호의 기회"를 제공할 것이라고 확신했
다. 여기서 진화론은 다윈의 진화론을 의미했다. 그것은 유전적인 연속성

● 3개의 역은 세균(박테리아, bacteria), 고세균(아르케이아, archaea), 진핵생물(eukarya)로 구분하며, 그중 진핵생
물은 식물계(plant), 동물계(animal), 균계(fungi), 원생생물계(protist)로 구분된다.

●● 일반적으로 과학에서 한 이론이 제기되면, 그 이론을 기반으로 새로운 결과를 예측하고, 그 결과를 실험으로
확인하는 과정을 거쳐 올바른 이론으로 확립되는데, 진화론은 거대한 시간 스케일로 인해 이런 과학적인 검
증절차로 확인할 수 없었다는 것이 약점으로 생각되어 왔다.

과 함께 오랜 시간에 걸쳐 일정 수준의 무작위 변이가 일어난다는 것을 인식하고, 적응과 분화를 초래하는 변이의 형성을 자연선택에 따른 것으로 설명함으로써 다른 이론들에 맞서는 것이었다. 워즈는 만일 아직 발표하지 않은 자신의 결과가 맞다면, 이것을 지침 삼아 앞으로 어떤 새로운 데이터와 발견을 하게 될지 대략적으로나마 예측할 수 있을 것이라고 기록했다. 또한 16S rRNA가 거의 변이를 일으키지 않는 느리게 똑딱이는 분자시계라는 전제하에, 새로 발견한 왕국은 매우 오래전에 분화된 것이라고 추론했다. 약 35억 년 전 세포 생명체가 태어날 때 즈음일 것이다.

워즈는 이제 그 범위와 특성을 구체화하려고 했다. 그와 팀은 더 많은 미생물을 추가했다. 좀 더 많은 메탄생성균들과 RNA 절편 카탈로그로 밝혀낸 다른 생명체들이었다. 이때 워즈가 알고자 했던 것은 두 가지였다. 하나는 미지의 왕국을 나머지 생태계와 극적으로 다르게 만든 것, 또 하나는 그럼에도 불구하고 그들의 엄청난 다양성을 아우르는 것이다. 워즈는 이렇게 썼다. "진화에 관한 두 가지 주요 가설을 검증하는 것이 우리 작업을 이끌어 가는 출발점이다."

그해 8월에 연구팀은 그들의 성과에 대한 힌트만을 신중하게 다룬 논문을 발표했다. 이 논문은 에밀 주커칸들이 편집자로 있는 분자진화 저널 Journal of Molecular Evolution에 실렸다. 워즈의 주제와 주커칸들의 저널은 잘 들어맞았다. 주커칸들이 라이너스 폴링의 조수로 일하던 시절에 "계통의 분기는 원칙적으로 분자정보만으로 정의할 수 있다"라고 주장했는데, 극적이게도 지금 칼 워즈가 그것을 실행하려고 했기 때문이다. 워즈 팀의 이슈가 되는 '분자정보'는 처음 두 메탄생성균의 리보솜RNA에서 밝혀낸 염기서열이다. 두 메탄생성균 가운데 하나는 소 위장의 흑위액으로부터 추출한 M. 루미난티움^{ruminantium}의 한 균주로, 친분이 있는 대학 낙농학과에서 기부한 것이었다. 나머지 하나는 델타 H다. 고온에서 살며 수소를 대사하는 것으로 알려진 균주 델타 H는 '14음절의 괴물'을 편하게 부르던 별칭이다. 나는 이 괴상한 생명체 델타 H의 초기 샘플을 어디서 구했는지 랄프 울프에게 물었다.

"여기 하수구에서 채취했어요." 더 구체적으로는 하수 처리기를 뜻하는 것이었다.

"어바나에서요?"

"그럼요."

신중을 기해서 발표한 그 논문의 제1 저자는 울프의 대학원생 빌 볼치다. 메탄생성균을 배양하고 방사능 표지를 할 수 있는 밀폐 튜브 기술을 개발한 공로가 우선적으로 인정된 것이다. 울프가 말했다. "그 기술 덕분에 칼과 함께 이런 실험을 할 수 있게 된 거죠. 완전히 밀폐되었기 때문에 P-32를 주입해서 배양할 수 있게 된 겁니다." 기억하겠지만 P-32는 방사능 인이다. "기존 방식대로 하자면 마개를 열어야 하고 그럼 밖으로 흘러나오게 될 테고, 그렇게 하는 것은 방사능 악몽이었을 겁니다." 볼치가 고안한 장치는 검은색 고무마개에 주사기로 P-32를 주입하는 것이었다. 볼치는 미생물을 키웠고, 조지 폭스는 거기서 RNA를 추출했으며, 린다 매그럼^{Linda} ^{Magrum}이라는 젊은 여성은 워즈가 분석할 수 있도록 지문 필름을 준비했다. 그녀는 당시 워즈가 신뢰했던 실험기술자로서 이전에 있었던 린다 보넨의 후임자다. 그들 세 명과 랄프 울프가 공동저자로 이름을 올렸고, 수석저자로서 가장 중요한 워즈의 이름이 마지막에 올려졌다.

논문은 실험 방법에 대한 설명에 덧붙여, 두 메탄생성균은 "일반적인" 박테리아처럼 보이지 않는다고 슬쩍 언급했다. 그리고 "그것은 지금껏 알려지지 않은 가장 오래된 계통발생학적 사건"이 될 수도 있다고 썼다. 대단한 주장이었지만 거의 알아챌 수 없게 하는 교묘한 표현이었다.

10월에 워즈 팀은 더 영향력 있는 저널인 미국국립과학원회보(PNAS) Proceedings of the National Academy of Sciences에 두 번째 논문을 발표했다. 이번에는 조지 폭스가 제1 저자였다. 모두 10종의 메탄생성균 자료들을 분석했는데, 각각의 종에 대해서 나머지 9종과 얼마나 유사한지, 또한 그들이 말하는 "일반 박테리아" 3종과는 얼마나 유사한지 그 정도를 측정했다. 폭스는 한 미생물의 카탈로그를 다른 미생물의 카탈로그와 비교하여 유사도를 십진수 계수로 산출하는 간단한 계량법을 만들었다. 이 13종의 미생물 각각을 나머지 미생물들과 비교하면 전체적으로 미생물 간의 유사성을 쉽게 파악할 수가 있었다. 계수 자료는 표로 정리되었다. 이름은 왼쪽 칸에 위에서 아래로, 다시 맨 위 칸을 따라 왼쪽에서 오른쪽으로 나열되어 있고, 각 미생물이 서로 만나는 칸에 그들의 계수를 넣을 수 있다. 마치 도시들로 채워진 표에서 교차하는 칸이 도시 간의 거리를 나타내는 방식과 동일한데, 단지 도시 간의 거리가 유사성 계수로 대체된 것이다. 폭스는 유사성은 곧 연관성을 반영한다는 가정하에 그 수치들로 계통수를 만들었다. 주요 계통 간의 분기점과 각 유기체의 가지를 보여주는 나뭇가지 그림이었다. 마치 NCAA 농구 대진표처럼 수직이 아니라 옆으로 늘어서 있지만 그것은 분명히 나무였다. 칼 워즈 시대의 개막을 알리는 첫 생명의 나무였고, 이제 더 많아질 것이다.

"일반 박테리아"는 처음 갈라져 나온 큰 가지를 차지했다. 10종의 메탄생성균은 두 번째로 큰 가지로부터 분기되었고, "이 유기체들은 일반 박테리아와 다소 먼 관계인 것처럼 보인다"라고 논문은 지적했다. 다섯 명의 저자들 모두 여전히 말을 아끼고 있었다. 그들이 잠깐씩 사용하는 "일반 박테리아"라는 말은 이제 곧 사라질 것을 내포한 치밀한 표현이었다.

한 달 뒤에, 가장 대담하고 극적인 세 번째 논문이 같은 저널 PNAS에 발표됐다. 저자는 워즈와 폭스였다. 논문은 제목에서 생태계의 "주요 왕국kingdom"을 개편하려는 의도를 간접적으로 암시했다. 다시 폭스의 유사성 계수를 사용하여 메탄생성균들을 서로 비교하고, 다시 "일반 박테리아"와 비교했으며, 또한 식물과 균류를 포함한 몇몇 진핵생물과도 비교했다. 결론은 급진적이었다. 논문에 의하면 생명의 나무는 두 개가 아니라 세 개의 큰 가지로 갈라졌다. 생물학계 전체에서 일반적으로 받아들여지던 스태니어와 반 니엘의 원핵생물-진핵생물 이분법은 틀린 것이다. 워즈와 폭스는 "제3의 생물계kingdom가 존재한다"고 쓰고 여기에 메탄생성균을 포함시켰다. 이것은 박테리아가 아니며 진핵생물도 아니라고 그들은 설명했다. 이것은 다른 형태의 생명체다.

두 저자가 새 왕국에 잠정적으로 붙인 이름은 바로 아르케박테리아archaebacteria였다. 아르케(고세균)archae는 태고를 표현하기에 적절한 말이었다. 메탄생성균은 아주 오래전부터 있었고 그들의 신진대사는 약 40억 년 전, 대기 중에 산소가 풍부해지기 이전의 초기 지구환경에 적합한 것이기 때문이다. 워즈는 워싱턴포스트지와의 인터뷰에서도 바로 그 점을 강조했다. "이 유기체들은 수소와 이산화탄소 대기를 좋아합니다. 우리가 추측하는 원시 지구 같은 상태를 말합니다." 그리고 덧붙였다. "산소가 없고 매우 따뜻했을 겁니다."

하지만 이 합성어 archaebacteria에서 뒷부분은 이 발견의 핵심을 흐리게 만드는 데 한몫했다. 워즈가 울프에게 단언한 것처럼 이것들은 박테리아 생명체와 완전히 다르다. 울프 역시도 워즈에게 아르케박테리아는 최악의 선택이라고 말했다. 박테리아가 아닌데 왜 그 단어를 썼을까? 잠정적으로 붙인 이름은 12년 동안이나 사용되다가 아르케이아archaea라는 이름으로 바뀌었다. 더할 나위 없이 좋은 이름이었다.

24

칼 워즈의 공동저자, 조지 폭스

칼 워즈 기념심포지엄의 개회 세션이 끝나고, 나는 어바나 캠퍼스 근처의 평범한 피자집에서 평범한 피자를 먹는 조지 폭스와 마주앉았다. 그는 예전의 팔다리가 가늘고 긴 젊은이가 아니었다. 그는 간소하고 평이한 음식을 선호했고 내가 페페로니와 버섯을 주문하자 움찔했다. 69세의 나이에, 일생을 실험실과 교단에서 보내면서 몸은 불어나고 턱은 늘어졌다. 1970년대 사진에서 보았던 검은 뿔테안경은 철테안경으로 바뀌었고 갈색 머리는 관자놀이부터 회색으로 번지고 있었다. 그러나 워즈와 함께 있었던 무수한 날을 회상하면서 그의 파란 눈은 밝게 빛나고 있었다. 현재 휴스턴 대학의 교수인 폭스는 칼 R. 워즈 유전생물학연구소가 주최한 워즈 학회에 참석하기 위해 날아왔다. 워즈의 이름을 붙인 연구소는 그가 일리노이 대학에서 영웅적 존재가 되었다는 사실을 알게 해준다. 폭스는 초대강연 중 하나를 맡았다.

그는 일생 동안 3개의 대학을 거쳤다. 거의 30년 전에 지금의 휴스턴으로 오기 전, 시러큐스^{Syracuse} 대학교에서 학부 및 박사과정을 마친 후 일리노이에 와서 워즈의 포스트닥으로 합류했다. 폭스가 어바나에 오게 된 것은, 워즈가 자란 시러큐스에서의 우연으로부터 기인한 것인데, 사실 그의 계획에는 없던 것이었다. 시러큐스 대학 시절에 폭스는 전문공학협회인 세타 타우 Theta Tau의 회원이었고, 이때 협회 설립자인 칼 워즈의 아버지 칼 워즈(아버지 이름도 같다)의 이름을 알게 되었다. 폭스는 화학공학에서 이론생물학으로 관심을 옮기던 시기에 그의 아들 칼 워즈의 몇몇 초기 논문을 접하게 되었고 거기에 매료되었다. 특히 1970년에 출판된 "래칫ratchet"(한쪽 방향으로만 도는 톱니바퀴라는 의미)이라는 리보솜에 의한 단백질 생산 메커니즘에 대한 논문이었다. 거칠고 위험한 제안이었으나 흥미로운 아이디어를 담고 있었고 이후에 세부적인 것들에서 오류가 있음이 밝혀졌다. 폭스는 이 '래칫'의 장본인에게 포스트닥을 지원하는 편지를 보냈고, 워즈는 이 시러큐스와의 인연을 숙명으로 생각한 것 같았다. 그렇게 폭스는 최고의 일꾼이었던 대학원생 미치 소긴이 떠난 자리를 대신했다.

"급여에 대한 얘기는 없었어요." 폭스는 피자와 콜라를 앞에 두고 말했다. "그가 수락한다는 답장을 보낸 적은 없어요. 모든 게 다 구두로 진행되었죠." 구두상의 약속만 있었던 상태에서 폭스는 결혼을 했고 그해 가을 아내와 함께 어바나에 나타났다. 예고 없이 도착한 그는 실험실 문에서 한 남자와 마주쳤다. 청바지와 칙칙한 셔츠를 입은 매력 없는 외모의 그는 열쇠가 주렁주렁 달린 열쇠고리를 들고 있었다. "빌어먹을 경비원처럼 보였어요." 폭스는 자신의 이름을 말하고 그를 지나쳐 안으로 들어가려고 했다. "이런! 어서 와요." 그가 워즈였다.

"사무실에서 워즈는 나를 앉혀 놓고...." 폭스는 잠시 머뭇거리다가 말했다. "종이 한 장 있어요?" 폭스는 내 리갈패드(줄이 쳐진 황색 용지 묶음)에서 한 장을 뜯어내어 실험실 배치도를 그리기 시작했다. 그는 긴 직사각형을 그려서 세 개로 나누고 세 개의 큰 방이 있다고 설명했다. 가운데 방은 워즈가 주로 일하던 라이트테이블이 있었고, 왼쪽 방에는 린다 매그럼과 켄 루어슨이, 오른쪽은 워즈의 작은 개인 사무실과 전기영동실이 있었다. 방사선실과 암실은 복도 맞은편에 있었고, 그 옆에 옷장 세 개가 겨우 들어갈 만한 보관실이 있었다. 워즈는 자신의 사무실 책상을 폭스에게 내주었다. "문이 열려 있어서 그가 나를 볼 수 있었어요." 폭스가 말했다. 젊은 루어슨처럼, 물론 폭스는 포스트닥이긴 했지만 역시 보호관찰 대상이었다.

워즈는 폭스가 실험실 업무에 빨리 적응하게 하기 위한 첫 프로젝트로, 리보솜RNA 분자 중 가장 짧고 데이터가 적은 5S rRNA 서열을 조합하도록 지시했다. 워즈는 폭스를 실험전문가로 만들려는 의도였으나, 프로젝트는 다소 기대에 못 미치는 결과를 낳았다. 하지만 그건 폭스의 전문분야가 아니었고 폭스 자신도 알고 있었다. 폭스가 원하는 것은 "이론적인 것"이었다. 분자 데이터를 진화에 대해 심층적으로 분석하는, 오늘날 생물정보학bioinformatics이라고 불리는 것이다. 바로 워즈가 하고 있는 일이었다. 코드를 읽고 30억 년 이상 거슬러 올라가서 결론을 도출하는 일 말이다. 그러나 워즈는 그가 데이터를 생성해 주기를 원했다. "저는 많은 압박을 받고 있었어요," 폭스가 회상했다. 워즈가 기대하는 것, 그리고 폭스 자신의 관심사와 능력 사이에서 느끼는 압박감이었다. "제가 서열비교 프로젝트를 계속 하려면 이틀에 한 번씩 새로운 통찰력을 보여줘야 했어요." 폭스는 그 불가능한 기준에 못 미쳤고 다시 실험실로 쫓겨났다. 방사능 세포를 배양하고 리보솜RNA를 추출하는 일에 착수했다. 그러나 폭스는 순간순간 이론가로서 그의 가치를 끊임없이 보여주었다. 점차 그는 서열비교 작업뿐만 아니라 워즈가 가장 신뢰하는 파트너가 되기에 이르렀으며, 결국 1977년 제3의 왕국을 발표할 때 이 세기적 논문의 유일한 공동저자가 됨으로써 자신의 가치를 증명했다.

25

세 번째 왕국의 좌절

    나는 이 논문이 당시 과학계에 어떻게 받아들여졌는지 궁금했고 랄프 울프에게 물었다. 조지 폭스와 피자를 먹기 몇 달 전이었다.

    "그것은 재앙이었어요." 울프는 차분하게 말했다. 그는 워즈가 주장한 제3의 왕국의 본질이 어떻게 오도되었는지, 발표한 방식이 어떻게 과학계에 거부감을 느끼게 했는지 설명하며 안타까워했다. 문제의 핵심은 보도자료 press release●였다.

    워즈의 실험실은 미국국립과학재단National Science Foundation과 미국항공우주국(NASA)National Aeronautics and Space Administration의 지원을 받아왔다. NASA의 외계생물학 프로그램 지원금 관리자들은 아마도 진화의 기원에 대한 워즈의 연구가 다른 행성의 생명에 대한 의문을 밝히는 데 도움이 될 수도 있다고 판단한 것 같았다. 때는 '메탄생성균은 박테리아가 아니다' 시리즈의 첫 번째 논문을 PNAS에 출판하려 할 때였다. 워즈는 당시 과학계가 하던 대

● 보도자료는 행정기관 및 민간기업 등에서 언론용으로 발표하는 성명이나 문서를 말한다.

로 저널 11월호에 논문을 발표하는 대신, 이들 정부기관의 제안을 수락함으로써 보도자료로 그의 발견을 공개하도록 허용했다. 이 사실을 논문의 직접적인 당사자이기도 했던 랄프 울프조차도 전혀 눈치채지 못했다. 이 상황을 알고 있던 한 지인이 내일 보도자료가 나올 것이라고 울프에게 귀띔해 주었다.

"웬 보도자료요?" 울프가 물었다. 모든 것이 드러났다. 울프로서는 도무지 이해할 수 없는 상황이었다. 울프는 내게 말했다. "몇 분 후에 칼이 제 사무실에 와서 자초지종을 설명했어요."

당시를 회상하는 울프에게서 화내는 기색은 찾을 수 없었다. 코미디 같은 상황이 늘 재밌는 것은 아니다. 그에게 워즈의 과실은 친구 사이에 있을 수 있는 잘못된 의사소통 또는 자신이 높이 평가했던 한 동료의 잘못된 실책에 불과한 것이었다. 이를 이해하기 위해서는 워즈가 수년 전에 겪었던 모욕과 그로 인해 오랫동안 품고 있던 상처를 돌아볼 필요가 있다.

"워즈가 파리에서 논문을 발표할 때였어요." 울프는 말했다. 그것은 래칫 ratchet 모델에 관한 것이었다. 독창적이지만 오류가 발견되었고 후에 조지 폭스의 관심을 끌었던 바로 그 논문이다. 그것은 문득 떠오른 생각에 기반해 단백질을 만드는 과정에서 리보솜의 역할에 대한 개념적인 구조를 담은 것으로, 워즈는 그것을 반복 래칫 메커니즘이라 불렀다. 즉, 리보솜 구조를 통해 RNA가 단백질 사슬에 아미노산을 추가하면 눈금이 앞으로 전진하고, 다시 장전되고, 다시 눈금이 앞으로 전진한다. 단 눈금은 절대 후진할 수 없다.

"워즈는 그에 대한 증거를 제시하지 않았어요," 울프는 말했다. "그는 그저 컨셉을 제시한 거였어요." 파리 학회 참석자 중에는 워즈가 나름 알고 지냈던 자크 모노$^{Jacques\ Monod}$, 프랑수아 자코브$^{François\ Jacob}$, 프랜시스 크릭 같은 유명 인사들이 앉아 있었다. "오전의 마지막 발표였어요." 울프가 말했다. "아무도 질문하지 않았어요. 그리고 일제히 자리에서 일어나 점심을 먹으러 떠났죠. 그 일이 워즈에게 치명상을 주었고, 그는 과학자들의 행동에 치를 떨었어요. 워즈가 말했죠. '더 이상 그들이 나를 무시하지 못하게 하겠어.' 이게 워즈가 보도자료를 생각하게 된 내막입니다."

보도자료는 그렇게 워싱턴(NASA)에서 공개되었다. 아마도 저널 발행일까지는 발표금지^{embargo} 상태였을 것이다. 1977년 11월 2일, 세 번째 왕국은 모든 사람에게 공히 화제가 되었다. 그리고 다음 날 타임스지 1면에 리포터의 기사가 실렸다. 보도자료를 토대로, 그리고 워즈의 사무실에서 있었던 세 시간에 걸친 인터뷰와 내가 서문에서 언급했던 어수선한 책상 위에 다리를 걸친 워즈의 사진과 함께, 태초임을 강조하는 헤드라인이 실려 있었다. "과학자들, 고등생물 이전의 생명체를 발견하다." 타임스지의 베테랑 리처드 라이온스$^{Richard\ D.\ Lyons}$가 쓴 이 기사는 이렇게 시작한다.

원시 유기체의 진화를 연구하는 과학자들이 오늘, 자연에서 찾기 어려운 다른 형태의 생명체 존재에 대하여 발표했습니다. 산소를 싫어하고 이산화탄소로 대사하면서 메탄을 생성하는, 이것을 과학자들은 조상 세포들로 구성된 "제3의 생물계"라고 설명했습니다.

다른 뉴스매체의 보도에 비해 비교적 정확한 것이었다. 타임스지에 미치지는 못하지만 워싱턴포스트지는, 워즈가 "지구상의 첫 생명체 발견"을 주장했다고 보도했다. "약 40억 년 전 스스로 구성된 가장 초창기 생명체가

20세기 어바나 하수구에 자리 잡고 생존해 있다." 틀린 말이었다. 시카고 트리뷴지Chicago Tribune는 더 심했다. 철자도 틀리면서 "Methanobacterium thermoautotrophicum은 화석 기록을 남기지 않았는데 그것은 바위가 생성되기 이전 시대에 진화하고 사라졌기 때문이다"라고 보도했다. 바위라고? 울프가 말했다. "터무니 없었어요." 그 헤드라인은 더 터무니 없었다. "화성 생명체처럼 보이는 벌레가 가장 오래된 생명체일 가능성이 있다." 거기서부터 보도는 외부로 뿌려졌고, UPI(미국 통신사)와 같은 대규모 매체를 통해 펜실베이니아에 있는 레바논 데일리 뉴스Lebanon Daily News와 같은 전국의 지역신문들에까지 보도되었다. 기사들은, 메탄생성균이 "일반적인" 박테리아와 다르다는 사실보다는 "가장 오래된 생명체"와 같은 제목들로 세상의 이목을 끌기에 바빴다. 특히 "가장 오래된 생명체"라고 유포하는 기사들은 워즈와 폭스가 발표한 요점을 놓치고 있었다. "가장 이상한 생명체"라는 헤드라인은 그나마 나은 것이었다.

보도자료를 통해 과학 성과물을 발표한 것도 문제였지만, 워즈도 말로 설명하는 재능이 부족했다고 랄프 울프는 말했다. 그는 강의를 잘하기 위해 기량을 연마한 적이 없었다. 드문 일이기는 하지만 그가 청중들 앞에 섰을 때는, 오랫동안 생각에 잠기거나 말을 더듬거렸으며, 말하는 중에 자주 중단했기 때문에 대개는 사람들에게 영감을 주거나 설득하지 못했다. 그런데 갑자기 1977년 11월 짧은 며칠, 세계의 주목을 받게 된 것이다.

"기자들이 워즈한테 직접 전화를 걸어 이것이 의미하는 바를 알아내려고 했지만 의사소통이 잘 안 됐어요. 워즈가 말하는 용어를 그 사람들은 이해하지 못했고, 결국 워즈는 이렇게 말했어요. '이것은 세 번째 생명체입니다.' 와우! 신호탄이 발사된 거예요. 기자들은 비과학적이고 말도 안 되는 허튼 기사를 쓴 거죠.” 보도자료는 오히려 역효과를 냈고, 제대로 된 PNAS 논문은 그들 대중적인 뉴스에 가려졌다. 울프의 표현에 따르면, 워즈를 알지 못하는 대부분의 과학자들이 “그는 미친놈”이라는 결론을 내렸다.

울프는 과학계 동료로부터 즉시 연락을 받았다. 1977년 11월 3일 오전에 걸려온 전화 중 “그나마 가장 정중했던” 것은 초기 분자생물학의 거장인 살바도르 루리아^{Salvador Luria}로부터 온 것이었다. 그는 1969년에 노벨상을 받았으며, 울프의 일리노이 초창기에 그곳의 교수였다. 그는 당시 MIT에서 전화를 걸어와 “랄프, 그 바보 같은 짓에서 빨리 벗어나게나. 안 그러면 경력을 망치게 될 거야.” 루리아는 신문 보도만 보았고, 울프가 그를 참조했던, 뒷받침하는 자료들이 포함된 PNAS의 논문을 아직 읽지 않았던 것이다. 울프는 애써 루리아에게 자초지종을 설명하진 않았다. 그러나 피해는 훨씬 더 광범위했다. 울프는 자신의 회고록에서 루리아와 사람들이 전화했을 당시를 회상했다. “나는 어디라도 기어들어가 숨고 싶었어요.”

울프는 말을 이어 나갔다. “엄청나게 전화가 왔어요. 전부 다 부정적이고 이 말도 안 되는 기사에 격분하는 사람들한테서요. 과학계에서 완전히 거부당한 겁니다. 결국에는 이 개념 전체가 적게 잡아도 10년에서 15년 정도는 묶여 있었어요.” 울프 자신도 그 사건으로 심한 타격을 입었고 직업적인 명성까지도 위험에 처했다. ‘아르케이아’를 분리된 생명체로 인정하는 것은 보도자료를 통한 과학적 발표에 대한 감정적 반대와 더불어 저항의 벽에 부딪혔다. “당연히 칼은 80년대 그리고 90년대까지도 내내 쓴맛을 봐야 했어요.” 울프는 말했다. “과학계가 그의 계통발생과 분류법, 세 번째 생명체를 거부한 것에 스스로 괴로워했어요.”

스태니어와 반 니엘, 이전의 페르디난트 콘이 그랬을 때처럼, 박테리아 분

류법은 다시 뜨거운 이슈가 되었다. 이번에는 분자라는 증거가 있었다. 그것
은 가장 광범위한 규모에서 펼쳐지는 진화론이라는 심오한 이야기로 이어
졌다.

26

독일의 환대,
오토 칸들러의 호염성세균

그러한 회상들 속에서, 1977년 이후 거의 10년 동안 칼 워즈가 얼마나 심하게 의심받고 묵살당하고 조롱당했는지 우리가 모두 알 수는 없다. 그 기억들이 얼마간 과장되었을 가능성도 있지만, 어느 정도는 맞는 말이었고 특히 미국에서는 그랬다. 워즈의 대담한 주장에 대한 저항은 그가 랄프 울프와 빌 볼치를 공동저자로 추가 논문을 발표한 후 다소 누그러졌다. 메탄생성균은 생명의 또 다른 형태라는 주장에 대한 16S rRNA 데이터 외에도 많은 증거자료를 제공했다. 한편 독일에서는 새로운 왕국에 대한 그의 발견이 환대를 받고 있었다.

독일에서는 특히 세 과학자가 그와 유사한 연구를 진행하고 있었다. 뮌헨의 식물학자이자 미생물학자였던 오토 칸들러[Otto Kandler]가 그 처음이다. 그의 연구분야는 세포벽이었다. 그는 워즈가 논문을 발표하기 직전인 1977년 초에 우연히 어바나를 방문했다가 울프의 소개로 워즈를 만난 적이 있었다. "울프가 그를 앞세우며 내 사무실로 들어왔다. 조지와 나에게서 직접 설명을 듣기 위해서였다." 칸들러에 대한 워즈의 기억이었다. "그가 웃고 있었던 것 같다." 오토 칸들러가 실제로 미소를 지었는지는 알 수 없으나, 그가 메탄생성균의 남다른 특징이 가지는 심오한 의미를 쉽게 받아들인 것은 칸들러 자신도 그것에 대해 의문을 품고 있었기 때문이다. 그는 연구를 통해 한 메탄생성균에서 세포벽이 매우 이례적이라는 것을 발견했는데 그것은 워즈와 울프조차도 알지 못하던 것이었다.

그 메탄생성균은 펩티도글리칸^{peptidoglycan}을 갖고 있지 않았다. 스태니어와 반 니엘이 원핵생물을 정의하는 특징 중 하나로 꼽았던 강화 세포벽, 격자 모양의 분자 '펩티도글리칸'을 기억하는가? 그런데 칸들러가 연구하던 한 메탄생성균의 세포벽에는 그 흔적이 보이지 않았다. 그뿐만 아니라, 높은 염도 환경에서 살았던 '일반적이지 않은 박테리아'에서도 볼 수 없었다. 그들은 소금에 대한 친화성으로 인해 호염성세균 할로파일^{halophile}로 통한다. 소금 애호가들이다.

세포벽에 나타난 그런 변칙을 칸들러가 이야기했을 때 조지 폭스의 기억에 문득 떠오른 것이 있었다. 예전 미생물학 수업에서 모든 박테리아는 펩티도글리칸 벽을 가지고 있지만, 극단적으로 호염성세균만은 예외라고 배웠던 것이다. 바로 확인해야 했던 폭스는 도서관으로 향했고 그 과정에서 제3계를 특징지을 또 다른 단서를 발견했다. 여기서 다시 학술적인 내용을 다루겠지만, 지금까지 그랬던 것처럼 정말 필요한 것만 말할 것이다. 바로 '이상한 지질^{weird lipids}'이다.

지질은 지방과 지방산, 왁스, 일부 비타민, 콜레스테롤 등을 포함하며, 에너지 저장과 생화학 신호, 세포막의 기본구조로서 생명 유지에 필요한 물질들을 포함하는 분자 집단이다. 도서관을 뒤적거리던 폭스는 호염성세균(할로파일)이 다른 박테리아와 달리 지질을 갖고 있다는 것을 알게 됐다. 그렇게 근본적으로 다른 화학결합으로 인해 다른 구조를 갖게 된 것이다. 칼 워즈가 다시 한번 탄성을 내지르는 순간이었다. 맙소사! 이 소금 애호가들뿐만 아니라 우리의 메탄생성균도 이상한 지질로 채워져 있었다. 폭스가 도서관에서 발견한 호염성세균의 그 이상한 지질은 12년 전에 이미 다른 연구자가 발표했었지만 아무도 결론을 내지 못했다. 그저 사소한 돌연변이일 수도 있었다. 그러나 워즈에게 있어 그것은, 그의 발견이 자리를 잡는 과정에서 더욱 커다란 패턴으로 이어지는 고리가 되었다. "나는 한 번도 지질에 관심을 기울인 적이 없었는데 이제부터는 지질이라는 존재를 받들어 모셔야겠군!"

폭스가 지질을 발견한 것은 호염성세균뿐만이 아니었다. 써모플라즈마Thermoplasma와 설폴로부스Sulfolobus라는 속명의, 극한 환경에서 오히려 번성하는 두 생물도 같은 종류의 이상한 지질을 갖고 있다는 것을 알아냈다. 이들은 화산활동지대의 온천과 같이 뜨겁고 강산성인 환경을 좋아했다. 전문용어로는 호열성이자 호산성이며, 우리 식으로 말하면 별난 작은 놈들이다. 둘 다 최근에, 각각 폐석탄 더미와 옐로스톤 온천에서 발견된 것으로, 써무스 아쿠아티쿠스Thermus aquaticus의 공동발견자인 토머스 브록 실험실에서 특성을 밝혀냈다. 폭스의 '이상한 지질'에 정신이 번쩍 든 워즈는 샘플을 입수해 배양하고 카탈로그를 만들기 시작했다.

이것들을 밝혀내기 위해 워즈는 우선 소금 애호가들의 지문에 열중하기 시작했다. "이 극단적인 호염성세균들이 일반적이지 않은 세포벽을 갖고 있다면, 아마도 우리의 새로운 '기존에 알던 것과 동떨어진' 분류에 속하는 것으로 판명될 것"이라고 추측했다. 이 시기에 조지 폭스는 휴스턴 대학교로 떠났다. 다른 연구원들은 제각기 연구에 바빴고 다른 후임이 올 때까지 기다릴 수 없었던 워즈는 직접 준비 작업을 시작했다. 다행히 호염성세균은 비교적 쉽게 배양할 수 있었다. "나는 10년도 넘게 사무실 문 뒤에 걸려 있

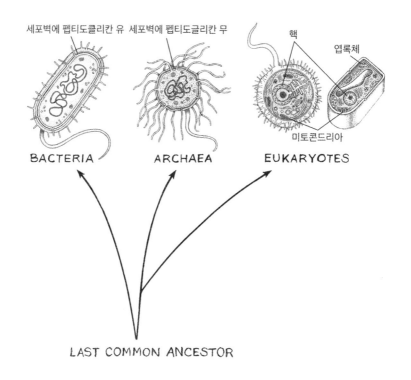

세포벽에 펩티도클리칸 유   세포벽에 펩티도글리칸 무

핵

엽록체

BACTERIA

ARCHAEA

EUKARYOTES

미토콘드리아

LAST COMMON ANCESTOR

생명체의 세 영역: 박테리아, 아르케이아, 진핵생물

던 산에 부식된 실험복을 입고 실험대에 섰다." 그는 동료가 보내준 샘플에서 대량의 호염성세균을 배양하고, P-32를 주입하여 방사능으로 표지한 다음, 켄 루어슨한테 보냈다. 루어슨은 다음 단계인 방사성 RNA를 추출하고 정제하는 위험한 작업을 하고 나서, 그것을 워즈가 "우리의 믿음직한 린다"라고 칭하던 린다 매그럼에게 보냈다. 그녀는 전기영동법으로 절편들을 분리하고, 필름을 만들었다. 몇 달 후에 호염성세균의 첫 카탈로그가 나왔다. "그것은 실망시키지 않았다." 워즈는 적었다. 그것은 낯선 생명체였다. 박테리아는 확실히 아니었다. 바로 아르케이아였다.

호염성세균에 관해서는 알 만큼 알았다. 워즈는 호열성 호산성세균 thermophilic acidophiles으로 옮겨갔다. 팀이 폐석탄 생명체의 지문 작업을 완료하자 그는 네이처지에 원고를 보냈다. 새로운 리보솜RNA 카탈로그와 함께, 이 생물도 아르케이아에 속한다는 내용이었다. 네이처지는 논문을 거부하는 답장을 보냈다. 한마디로 요약하자면 이렇다. "누가 신경 쓴대요?"

27

새로운 왕국, 아르케이아

독일 과학자 세 명이 워즈의 연구에 관심이 있었다. 워즈의 군건한 동료가 된 오토 칸들러, 뮌헨에 있는 막스플랑크 생화학연구소를 총괄하는 저명한 생물학자 볼프람 질리그^{Wolfram Zillig}, 그의 어린 동료이며 칸들러의 학생이었던 칼 스테터^{Karl Stetter}였다. 칸들러는 워즈가 일궈 낸 증거와 획기적인 생각을 직접 듣고 나서는 뮌헨으로 돌아가 당시에 선임연구원이던 칼 스테터에게 이 소식을 알렸다. 스테터는 두 가지 일을 병행하고 있었는데, 뮌헨 대학교의 칸들러 연구소에서 강의를 하고, 질리그 관할의 연구실 하나를 운영하면서 그들 사이에 소식을 전달했다. 그는 미국에서 돌아온 칸들러의 소식을 전하게 되었다. 막스플랑크 연구소의 금요세미나에서 스테터가 자신이 전해 들은 워즈의 연구를 소개했을 때 질리그의 처음 반응은 냉랭했다. 1925년에 태어난 질리그는 젊을 때 군인 시절을 겪으면서 나치와의 전쟁을 기억하는 세대였다. 수십 년 후 얀 샙의 회고록에 적힌 칼 스테터의 말을 인용하면, 1977년에 질리그는 워즈의 세 번째 생명의 왕국에 대한 칸들러의 소식에 시큰둥하게 반응했다고 한다. "세 번째 제국^{Third Reich}?" 그는 날카롭

게 쏘아 댔다. "세 번째 제국은 넌덜머리가 납니다!"•

그러나 몇 달 후 질리그의 거부감은 관심으로 옮겨졌다. 워즈가 메탄생성균의 남다름에 대해서뿐만 아니라 호염성세균에 대해서도 독특한 자료들을 확보했다는 소식을 듣고 난 후였다. 이때, 질리그와 스테터는 그들의 연구를 원점으로 돌리고, RNA 중합효소$^{RNA polymerase}$(DNA 코드를 전령RNA로 바꾸는 효소)와 관련된 방법을 사용하여, 호염성 "박테리아" 분자, 호열성 그리고 호산성 "박테리아" 분자, 메탄생성 "박테리아" 분자들 간에, 일반 박테리아와 구별되는 특이성이 있는지 조사했다. 결과는 워즈가 자신의 방법으로 발견한 급진적인 특이성과 일치했다. 그들은 서로 맞아떨어졌다. 이 미생물들은 박테리아와 완전히 다른 것일지 모른다.

미국에서는 조롱의 대상이었고 잘해봐야 논란거리만 제공했던 워즈는 독일에서 과학계의 중심에 서게 되었다. 적어도 분자생물학에서 미생물을 깊이 있게 연구했던 학자 집단에서는 그랬다. 1978년에 칸들러는 워즈를 뮌헨의 주류 미생물학회에 초대했으나 워즈는 사양했다. 답장은 정중했지만 다소 까탈스런 그의 태도가 드러나 있었다. 그는 미국국립과학재단과 NASA가 자신의 연구로 상당한 홍보 효과를 얻고 있음에도 보조금에 인색하게 굴며, 또한 비용과 상관없이 여행은 연구에 방해가 된다고 적었다. 그는 방해받는 것을 무척 짜증스러워했다. 그는 동료애보다는 결과를 중시하는 목표의식이 강한 사람이었다. 하지만 이듬해 칸들러가 다시 그를 초청했을 때 워즈는 받아들였다. 칸들러 측은 여행 비용을 대고 워즈를 깍듯하게

• Third Reich는 히틀러 치하의 독일을 말한다.

대우했다. 그들이 원한 것은 미생물학회의 기조강연과 질리그 연구소에서의 세미나 정도였다. 뮌헨 대학교의 대강당에서는 축하 만찬이 열렸다. 칸들러는 지역합창단에게 금관악기를 준비하게 했고 워즈를 위한 트럼펫 팡파르가 울려 퍼졌다. 그렇게 최고 수준의 요란한 환대를 받은 분자계통발생학자는 흔치 않았다. 그의 꽁꽁 얼었던 마음을 녹이기에 충분했다.

2년 후, 워즈의 독일 친구들은 뮌헨에서 다시 회의를 개최했다. 그들은 비공식적으로 협력을 다지는 워크숍이라고 불렀지만 이번에는 국제학회였고 전적으로 아르케이아에 관한 것이었다. 사실상 세 번째 왕국을 새롭게 인정하는 최초의 학회였다. 참석자 수는 60명 정도로 많지 않았으나 독일연방공화국(서독)뿐만 아니라 일본과 미국, 캐나다, 영국, 네덜란드, 스위스의 연구자들이 참석했다. 아르케이아는 이제 커다란 화두였고, 프로그램은 그에 관한 다양한 주제들과 연구법들을 망라했다. 랄프 울프와 포드 둘리틀, 조지 폭스, 빌 볼치도 참석했다. 뮌헨을 다시 여행해야 했던 워즈는 환영사로 포문을 열었다. 그것은 그저 의례적인 인사가 아닌 그의 아이디어와 도발로 가득한 알찬 강연으로 남았다.

"우리는 지금 역사적으로 중요한 과학 학회를 시작하려고 합니다," 칼 워즈는 청중에게 말했다(이는 오토 칸들러가 이후에 편집한 행사 진행 보고서에 따른 것이다). 몇몇 과학자 집단이 서로의 연구를 공유하게 되었고 그것은 "4년 전에는 존재하지 않았던" 아르케이아에 대한 개념이었다. 그들은 각자의 실험실에서 "어떤 유기체들로부터 이상한 특징들"을 간파했다. 바로 메탄생성균, 호염성세균, 호열호산성세균이었다. 이들은 특이했지만 서로 관련이 없어 보였다. "우리는 그들 간의 연결고리와 단일성unity을 알아내기까지 많은 시간이 걸렸습니다." 워즈는 말했다. "기존의 박테리아 분류체계는 전체적인 윤곽부터 잘못 잡았고 세부적인 부분들 역시 잘못되었습니다."

"실패한 세대들은 박테리아들 간의 태생적 관계를 밝혀내려는 미생물학자들에게 걸림돌이 되었습니다." 워즈가 언급한 세대는 페르디난트 콘, 반니엘, 로저 스태니어와 같은 과학자들이었다. 그는 "미생물학자들은 몇 가지 중요한 예외들을 두면서 박테리아를 한정적으로 분류하는 데에 만족했습니다"라고 덧붙이며, 버지의 세균분류학편람, 바로 그 권위에 찬 편람, 그리고 60년 동안 그런 분류를 쏟아낸 외골수 전문가들을 지적했다. 워즈는 이러한 접근법에 대한 문제점을 제기했다. 그것은 단순히 박테리아를 편의상으로 만든 분류 내에 고정된, 정적 개체로만 이해하려고 했다는 것이다. "그들의 진화에 관한 이야기는 만찬 후의 이야깃거리로 남겨두겠습니다." 그가 말하는 '진화'는 미생물학과 당시의 분자생물학 양쪽이 모두 놓치고 있던 것이었다.

워즈는 20세기 후반의 생물학에서 가장 뛰어나고 영향력 있는 인물들을 거론함으로써 그들에게 도전장을 던지고 있었다. 그의 친구 프란시스 크릭과 크릭의 동료 제임스 왓슨, 노벨상 수상자들인 프랑수아 자코브와 자크 모노, 막스 델브뤼크Max Delbrück, 울프에게 워즈를 멀리하지 않으면 명성을 망치게 될 것이라고 조언했던 살바도르 루리아, 그들은 생명의 역사에 대해 호기심을 품지 않는 피상적이고 기계적인 이론가였다. 그들은 그저 코드 해독자나 난제 해결사 또는 엔지니어일 뿐이었다. 워즈는 지금 이 아르케이아의 존재를 인식하면서부터 제기되는 의문과 해답이 진화적 사고에 새로운 활기를 불어넣어 훨씬 더 먼 곳에 이르게 할 것이며, "현재의 기술적 모험주의 단계에서 나아가 생물학의 영역을 확장하는 기반이 될 수 있기를 바란다"고 말했다. "기술적 모험주의technological adventurism"라는 생소한 표현은, 진화에 대한 의문을 접어 둔 채 오로지 첨단기술 자체에 집중하는 분자생물학뿐만 아니라 유전자 조작에 도전하는 것까지 지적한 것으로 보인다. 그가 목소리를 높였던 1981년의 날 선 비판과 예지력 있는 그 강연에서, 우리는 그가 유전자 특허와 생명공학 산업의 성장, 유전자 편집기술을 이용한 치료, 인간배아의 염색체 이상검사, 궁극적으로 인간 생식세포 공학까지를 예견했다는 것을 알 수 있다. 그는 이 "기술적 모험주의"를 그의 이상적인 "분자진화생물학"에 맞서는 것으로 규정했으나 분자진화생물학은 여태껏 언급하지 않았던 표현이었으며, 당시 상황에서는 모순어법으로 느껴졌을 것이다.

이것은 1981년 그의 뮌헨 연설에서 주목해야 할 대목이다. '생명'이라는 주제에 천착하는 칼 워즈의 집착을 드러낸 것이기 때문이다. 그는 가장 깊은 곳에 대한 호기심에 사로잡힌 사람이었다. 그가 해온 연구, 그가 처음 열게 된 분야, 그가 걸어온 이 여정은 단지 제3의 왕국인 아르케이아에 국한된 것이 아니라 나머지 두 왕국의 기원과 역사에 관한 것이기도 했다. 그들은 어떻게 발생했는가? 그들은 어떻게 서로 분화되었는가? 세 왕국은 서로 어떤 관계인가? 어느 것이 먼저인가? 세 왕국 중에서 왜 유독 하나의 계통만이 눈에 보이는 동물과 식물, 균류, 우리 인간과 같은 다세포 유기체로 살아남았으며, 반면에 나머지 두 왕국은 어째서 다양한 종으로, 엄청나게 풍부한 양으로 그리고 눈에 안 보이는 미세 단일세포로 살아온 것일까? 그들 이전에는 어떤 환경에서 어떤 과정으로 어떤 종류의 생명체가 살았던 것일까? 생명의 나무는 과연 어디에 뿌리를 내렸던 것일까?

워즈의 관심은 우연히 발견한 이 별개의 생명체가 아니었다. 그는 전체 스토리를 알고 싶었다.

워크숍은 순조롭게 진행됐고 참가자들에게 아르케이아의 존재를 이해시키는 계기가 되었다. 워크숍 직후에 칸들러 부부는 워즈와 울프를 신나는 교외 나들이에 초대했다. 뮌헨에서 남쪽 바이에른 알프스 산맥^Bavarian Alps^으로 차를 몰았고, 작지만 그림 같은 호에히스산^Hohe Hiss^을 올랐다. "워즈와, 특히 울프는 최고의 몸짱은 아니지만 약간의 헐떡거림만으로 정상에 도착할 수 있었어요." 랄프 울프가 자신의 체력을 비하하면서 회상했다. 정상에서 칸들러 부인은 세 남자의 사진을 찍었다. 화창한 햇빛 아래 만족스러운 표정들을 짓고 있었다. 울프와 칸들러는 전형적인 중년의 모습이었다. 머리가 벗겨지기 시작한, 소풍을 즐기는 쾌활한 과학자들이었다. 오른쪽에는 수염이 얼굴을 뒤덮은 사자 머리의 워즈가 있었다. 쭈글쭈글한 스웨터를 목에 두르고 왼손에는 샴페인 컵을 들고 있었다. 워즈는 승리에 찬 편안한 미소를 짓고 있었다. 권력과 명성이 절정에 달했던 52세의, 노벨상을 치켜 든 사람처럼 보였다.

3 부

공생 그리고 획득
Mergers and Acquisitions

28

린 마굴리스, 세포분열의 기원

칼 워즈가 아직 무명으로 일하고 있을 때, 린 마굴리스Lynn Margulis는 갑작스러운 팡파레와 함께 등장했다. 마굴리스는 시카고 출신의 저돌적인 젊은 여성이었다.

마굴리스는 오래전부터 떠돌던 매우 괴상한 아이디어에 신빙성을 부여하고 새롭게 부각시킨 공로를 인정받았다. 즉, 우리 몸의 세포 안에 다른 생명체들이 살면서 기능을 수행한다는 발상이다. 마굴리스는 이를 예전부터 내려오던 그대로 '내공생endosymbiosis'이라고 불렀다. 수평적 유전자 전달로 인정되는 첫 번째 형태였다. 이는 드물게 발생하는 경우이긴 하지만 대단히 중요했다. 개별 유전자나 유전자 덩어리가 옆으로 이동한 것이 아니라, 살아 있는 생물의 유전자가 통째로 다른 유기체에 포획된 것이기 때문이다.

마굴리스는 1967년 3월 이론생물학 저널Journal of Theoretical Biology에 실린 긴 분량의 논문으로 데뷔했다. 분자시계에 관한 주커칸들과 폴링의 유명한 1965년 기사를 실은 바로 그 저널이다. 논문은 평범하지 않았다. 저자는 폴링처럼 이름난 과학자도 아니었고, 그녀의 주장은 좋게 말해서 특이한 것이었다. 그것은 20억 년의 진화 역사를 다시 써야 한다는 발칙하고 놀랍고 야무진 내용을 담고 있었다. 논문에는 만화처럼 연필로 그려진 작고 장난스러운 세포 그림들은 있었지만 정량적인 증거자료는 거의 없었다. 전언에 따르면 JTB의 통 큰 편집자가 논문게재를 승낙하기 전에 "15개 정도의" 저널로부터 거절당했다고 한다. 그러나 일단 출판되자 마굴리스 논문에 대한 반응은 엄청났다. 별쇄본reprint● 요청이 쏟아져 들어왔다. 학술지가 온라인화되기 전, 과학자가 논문을 우편으로 느리게 주고받던 당시에는 논문의 별쇄본 요청이 관심도를 가늠하는 척도였다. "세포분열의 기원On the Origin of Mitosing Cells"이라는 논문이었다.

거창한 주제에 비해서 제목이 시시하게 느껴질 수도 있으나, 다윈의 《종의 기원》을 떠올리게 하는 저자의 야심이 드러난 제목이었다. 당시 그녀는 29세의 보스턴 대학교 조교수였고, 두 아들을 키우는 싱글맘이었다. 10대 나이에 잘나가는 젊은 천문학자와 결혼하여 그때까지도 그의 성을 쓰고 있었다. 당시 논문에 실린 이름은 린 세이건Lynn Sagan이었다. 나중에 그녀가 유명해졌을 때는 두 번째 남편인 토머스 마굴리스Thomas N. Margulis의 성을 쓰고 있었다. 많은 사람이 그녀를 존경했지만, 칼 워즈를 포함한 일부 사람들은 그녀를 깎아내리고 무시했다. 어쨌든 그녀를 아는 많은 사람들에게 그녀는 편하게 린으로 불렸다.

"세포분열"이란 진핵세포의 다른 이름이다. 진핵세포는 핵과 그 외 복합적인 내부구조로 이루어져 있다. 모든 동물과 식물, 균류 그리고 우리가 잘 모르는 미세한 생명체도 이러한 진핵세포로 구성되어 있다. "세포분열

● 별쇄본은 낱개 논문을 별도로 인쇄한 것을 말한다.

mitosing"의 어원은 체세포분열^{mitosis}이다. 즉, 핵 속의 염색체가 사본을 만들어 2개의 뭉치로 분리되면서 2개의 새로운 핵이 생겨나고 각자 동일한 염색체를 갖게 되는 과정을 말한다. 아마도 고등학교 생물 시간에 불쌍한 개구리를 해부하기 직전에 배웠을 것이다. 체세포분열을 배울 때 우리는 감수분열^{meiosis}도 함께 배우는데 이것은 마치 동양철학에서 음과 양을 따로 가르칠 수 없는 것과 같은 이치다. 체세포분열은 일반적인 세포분열의 과정에서 발생하는 반면, 감수분열은 염색체 수를 줄이는 분열로서 생식세포^{gametes}라는 특화된 성세포를 만들어 낸다. 생식세포란 동물의 난자와 정자, 꽃식물의 난자와 꽃가루를 말한다. 동물에서의 감수분열은 한 번이 아니라 두 번의 분열 후에, 두 개의 세포가 아니라 네 개의 세포를 만들어 내는데, 이 과정에서 최종 세포는 원래 염색체 수의 절반으로 줄어든다. 나중에 정자가 난자를 만나게 되면 비로소 제대로 된 개수를 회복하는 것이다.

독자 여러분이 체세포분열^{mitosis}과 감수분열^{meiosis}의 영문 용어를 구별하기는 쉽지 않을 것이다. 내가 기억하는 방법은, 감수분열은 줄어드는 세포분열이므로 t가 빠진다. 물론, e가 더 들어가서 꺼림칙하긴 하다. 하지만 기억하는 데는 도움이 될 것이다.

체세포분열은, 하나의 수정란이 다세포 배아로 자라나 완전한 성체를 이루기까지의 세포분열뿐만 아니라, 수명이 다한 세포를 새로운 세포로 대체하기 위한 세포분열까지 통칭하는 것이다. 상처 난 피부세포들이나 닳아빠진 대장 내벽의 세포들을 새것으로 교체하는 것을 말한다. 체세포분열이 온몸에서 일어나는 데 비해 감수분열은 생식기관에서만 일어난다. 린 세이건의 논문은 현재 우리 몸에서 일어나는 체세포분열에 초점을 맞춘 것이 아니었다. 논문 제목에서 핵심은 '세포분열'이 아니라 '기원'이었다.

그녀의 관심은 진핵세포가 시작된 곳으로 거슬러 올라가는 깊은 역사였다. 그녀는 로저 스태니어Roger Stanier와 그의 교과서 공동저자들이 주장했던, 원핵생물과 진핵생물의 구별은 "우리가 살고 있는 생태계에서 가장 뚜렷하게 드러나는 유일무이한 진화적 차이"라는 주장을 상기시켰다. 그것은 박테리아와 더 복잡한 유기체 간의 차이를 영구적으로 반영하는, 마치 올림픽 종목 중 멀리뛰기와 높이뛰기, 역방향 슬램덩크에 비견될 생명의 역사상 가장 큰 도약이었다. 그녀는 그 도약이 어떻게 발생했는지 설명하려고 하는 것이다.

"나는 이론을 제시한 것이다." 린 세이건이 말하는 이론이란 "진핵세포는 다름 아닌 고대의 공생 생물이 진화한 결과"라는 것이며, '공생Symbiosis'이란 서로 다른 두 유기체가 같이 사는 것을 말한다. 그녀는 자신의 이론에 '내공생endosymbiosis'이라는 좀 더 구체적인 이름을 붙였다. 한 유기체가 다른 유기체의 세포 안에 살게 되고, 여러 세대를 거치면서 자신이 들어앉아 있는 유기체에서 필수적인 역할을 하게 된다는 것이다. 단세포 생물들은 위 속으로 들어간 먹이처럼, 또는 숙주 내에 감염된 것처럼 다른 단세포 생물에 들어갔다. 그리고 그들 중 우연하게도 이해관계가 서로 맞아떨어져 동거를 계속하게 된 몇몇 쌍이 존재했다는 것이다. 그녀의 주장에 따르면, 둥지를 튼 파트너들은 서로 더욱 의존하게 되고 "복합 개체compound individuals"로 공존하면서 서로에게 부족한 부분을 제공했다는 것이다. 독립체들이지만 결합한 이 상태는 유전적 환경으로 대물림되었고, 그렇게 그들은 파트너 이상의 존재가 되었다. 하나가 된 새로운 생명체, 새로운 세포가 되었다는 것이다.

생명의 역사 초기에 이런 운명적인 결합이 얼마나 자주 있었는지 1967년 당시에는 누구도 장담할 수 없었다. 그러나 그 결합체가 오랫동안 살아남은 것은 지극히 드문 일이었을 것이다. 이런 의문은 나중에 어떤 식으로든 밝혀지게 될 것이라며 그녀는 미제로 남겨 두었다. 그녀의 주요 연구수단이었던 현미경 관찰로는 풀어낼 수 없는 것이었다.

그녀의 주장에 따르면, 세포 안에 자리 잡은 이 작은 실체들은 박테리아에서 출발한 것이다. 이들은 마치 인체 내부에서 간이나 비장이 하는 역할처럼, 특화된 기능을 가진 복합체로서 새로운 세포기관으로 굳어졌다. 미토콘드리아mitochondria, 엽록체chloroplasts, 중심소체centrioles라 불리는 것들이다.

미토콘드리아는 미세한 데다 모양과 크기도 제각각이지만 모든 복합세포 안에 들어 있다. 산소와 영양분을 연료로 하여 신진대사에 필요한 에너지 패킷(아데노신 3인산adenosine triphosphate 또는 ATP 분자)을 생산하는 역할을 한다. ATP 분자는 AA 축전지처럼 재충전하여 사용할 수 있는 에너지 전달자이며, ATP가 잘게 쪼개지면서 에너지를 방출하게 된다. 즉, 미토콘드리아는 ATP 생산 공장이다. 그리고 그러한 생산활동을 위해 미토콘드리아는 유산소 박테리아처럼 호흡한다. 엽록체는 녹색, 갈색, 빨간색을 띠는 작은 입자들이다. 식물 세포와 일부 조류algae에 들어 있으며, 태양 에너지를 흡수하여 당으로 전환한다. 시아노박테리아cyanobacteria처럼 광합성을 하는 것이다. 중심소체 역시 중요한 것이나 여기서는 생략하기로 하자.

세이건은 이 기관들 모두가 박테리아를 닮은 것은 결코 우연이 아니라고 설명했다. 이들은 박테리아로부터 진화한 것이기 때문이다.

작은 세포를 품고 있는 큰 세포 역시 박테리아였다(당시에는 그런 구분이 없었지만 아르케이아일 수도 있다). 그들은 내공생의 숙주가 되어 작은 박테리아를 삼키고, 감염되고, 보호하고, 내부를 서식지로 제공한다. 삼켜진 작은 세포들은 소화되거나 배출되지 않고 거주지를 확보하여 스스로 필요한 존재가 되었다. 이렇게 만들어진 복합 개체가 바로 진핵세포였던 것이다.

이러한 "복합 개체"가 말이 안 된다고 생각할 수도 있다. 논문에서 그녀는 세부적인 논거로 자신의 이론을 뒷받침하면서도, 생명현상을 이끈 모든 과정 자체가 사실은 모순적인 것, 즉 역설적이고 반직관적이라고 설명했다.

이 패러독스에 끌리긴 하지만, 실제로 그럴까? 사실로 밝혀졌을까? 조교수 린은 그 깜찍한 가설을 넘어, 복잡다단한 생명의 기원에 대한 설득력 있는 비전을 제시했을까? 처음은 물론이고 그 후로도 몇 년간 과학계는 공감하지 않았다. 린 마굴리스 이전, 초기의 린 세이건에 대한 평판은 똑똑하고 박식하며 자기주장이 강하고 매력적이지만, 이상한 망상에 사로잡힌 여성이었다.

29

린의 분투

    그녀는 시카고에서 알렉산더 부부의 맏딸로 태어났다. 아버지 레온 알렉산더는 변호사이자 페인트 회사 소유주였고, 어머니 모리스는 주부인 동시에 여행사를 운영했다. 진취적이고 능력 있는 사람들이었다. 그녀는 스스로를, 조숙했지만 "불량 학생"이었고 비뚤어진 행동에 대한 벌로 교실 구석에 서 있는 일이 자주 있었다고 회상했다. 그것이 이후에까지 이어진 것인지 몰라도, 그녀는 과학계의 변방 구석에 홀로 서 있을 때가 많았다. 물론 그녀 스스로 당당하게 선택한 것이었다. 그녀는 영리하고 불 같은 성격이었다. 전학을 하거나 질풍노도의 시기를 겪기도 했지만, 10대의 어린 나이에 시카고 대학교에 조기 입학할 정도로 영리했다.

    그녀는 그곳, 학부 시절의 추억을 사랑했다. 시카고 대학교는 교육의 선구자 로버트 메이너드 허친스Robert Maynard Hutchins가 만든 교육정책으로 대학 내에서 폭넓은 인문교양을 교육하는 것으로 유명했다. 그녀는 특히, 교과서 외에도 다윈, 바이스만Weismann, 그레고어 멘델Gregor Mendel, 홀데인J. B. S. Haldane과 같은 위대한 과학자들의 저서를 접할 수 있었던 '자연과학 2'라는 과목을 잘해냈다.

신입생이던 어느 날, 수학동 계단을 뛰어올라 가던 린은 누군가와 운명적으로 맞부딪혔다. 19세의 물리학과 대학원생 칼 세이건^{Carl Sagan}이었다. 키가 크고 잘 생겼으며 말솜씨도 좋았다. 그에게서는 광채가 났고 캠퍼스에서 이미 유명한 존재였다. "저는 과학에 대해서 너무 무식했어요." 그녀는 회상했다. "칼과 그의 능변에 완전히 매혹 당했어요." 3년 후, 그녀는 졸업 1주일 만에 린 세이건이 되었다. 그날의 사진을 보면, 진주로 장식된 흰 면사포 안에 어깨를 드러내고 매력적인 미소를 짓는 예쁘고 가냘픈 젊은 시절의 린이 있다.

그녀는 세이건을 따라 위스콘신주로 이사했다. 칼은 천문관측소에서 대학원 과정을 이어 나갔고, 린은 위스콘신 대학교에서 석사과정을 시작했다. 바로 그녀에게 현미경을 가르친 동물학과 교수 한스 리스^{Hans Ris}를 만난 곳이었다.

"훌륭한 선생님이셨어요. 내 인생에서 최고였어요." 린이 회고했다. 그녀가 한스 리스의 세포생물학 수업을 들은 것은 1959년에 첫 아들(작가 도리언 세이건^{Dorion Sagan})을 임신했을 때였다. 현미경 외에도 리스는 그녀의 연구에 지대한 영향을 준 것으로 보인다. 구체화되지 않은 초창기 자료와 리스 자신의 연구와 생각들로부터 그녀의 내공생 이론에 이르기까지의 전 과정에 걸친 것이었다. 그러한 영향의 증거는 마치 먼지로 뒤덮인 협곡의 바위 사이에서 화석조각을 찾아내듯이, 1967년 논문의 뒤편 참고문헌에서 찾아낼 수 있었다. 그녀는 거기에 몇 년 전 리스와 공동으로 저술한 논문을 인용했으며, 그 인용문헌에는 20세기 초반의 특이한 두 과학자 콘스탄틴 메레츠코브스키^{Constantin Merezhkowsky}(리스도 인용한 바 있다)와 이반 월린^{Ivan E. Wallin}의 논문도 포함되어 있다. 이들의 논문은, 복잡한 유기체가 어떻게 발생했는지에 대한 이해를 근본적으로 변화시킬 린 마굴리스의 아이디어와 이후에 분자증거를 통해 밝혀질 그러한 아이디어들의 견인차 역할을 한 것이었다.

스위스 태생의 세포생물학자이자 생화학자이던 한스 리스는, 1949년에 위스콘신 대학교로 이적하여 전자현미경 학자로 재조명받게 되었다. 1960년대 초기에 그는 동료 식물학자 월터 플럿Walter Plaut과 함께 엽록체를 조사하기 위해 현미경 및 생화학적 방법론을 사용했다. 엽록체는 식물 세포와 일부 조류에서 광합성을 통해 태양에너지를 흡수하는 작은 세포 내 기관이다. 리스와 플럿은 엽록체의 정체와 그 기원을 알아내고자 했다. 그들은 특히 녹조류 속의 엽록체를 면밀하게 관찰한 결과, 생화학적인 염색법으로 DNA의 증거를 발견했다. 그들이 만든 전자현미경의 성과였다.

그것은 또한 유전자가 핵뿐만 아니라 세포질에도 존재할 수 있다는 것을 알리는 중요한 성과였다. 세포질은 핵 이외의 모든 것을 포함하는 진핵세포 내부에 있는 액체와 고체의 혼합물이다. 그때까지 세포질 안의 유전자는, 소수의 앞선 연구자들을 제외한 모든 과학자에게, 불가능하지는 않더라도 거의 있을 수 없는 것으로 여겨졌다. 염색체는 핵 안에서 핵막에 둘러싸여 보호되고 있는 것으로만 생각되었다. 세포질에 유전자가 실재한다면, 완두콩 교배 실험으로 그러한 규칙을 발견한 모라비아 수도사 멘델Mendel의 절대적인 유전법칙에도 반하는 것이었다. 멘델의 유전은 각 부모의 생식세포에 의해 결정되고 수정에 의해 합쳐지며, 양쪽 부모는 자식의 유전자 구성에 동등하게 기여한다. 그러나 모계유전이라고도 불리는 세포질유전은 완전히 다른 방식이다. 이것이 사실이라면 멘델 유전을 순식간에 뒤집는 것이었다. 유전자가 세포질에 떠다니게 되면, 어떤 성이 만들어지든 간에 양쪽 부모가 아닌 모계의 유전적 성향으로 치우치게 된다. 세포질은 난자에 다량으로 분포되어 있지만, 정자나 꽃가루에는 거의 없기 때문이다.

그러나 엽록체는 절반씩 전달되지 않았다. 리스와 플럿이 녹조류 세포질의 엽록체에서 DNA를 발견한 것은 멘델을 뒤집는 것 이상의 큰 결과로 이어졌다. 그것은 복잡한 생명의 기원에 대하여 완전히 새로운 시각이었던 내공생과 직결되는 것이었다.

리스와 플럿이 전자현미경을 통해 조류 엽록체에서 발견한 것은, 박테리아 속에서나 볼 수 있는 DNA 섬유$^{DNA\ fibrils}$, 이중막, 기타 구조적 특징들이었다. 특히 이들 엽록체의 형질은 곧 시아노박테리아로 명명될 미생물 집단과 일치하는 것으로 보였다. 이것은 엽록체 자체가 박테리아이거나 또는 박테리아였을 가능성을 시사하는 것이다. 시아노박테리아는 오래전에 잡아먹혔거나 어떤 식으로든 내부기관이 되었을 것이다. 그중 일부가 소화되거나 배출되지 않은 채 숙주세포 내에서 복제되었고, 이러한 복제는 조류 세포의 혈통을 따라 유전되었을 것이다. 그렇게 소화되지 않은 먹이로 시작해서 전염된 미생물 혹은 서로 영향을 미치지 않는 동거생물로, 결국에는 내부의 세포기관으로 점차 변형되었다는 것이다. 그들은 조류가 햇빛으로부터 에너지를 흡수할 수 있는 기능을 제공했기 때문에 살아남아 번식할 수 있었다. 다윈이 말하는 자연선택이었다. 이것이 바로 세포기관으로서 엽록체의 역할인 광합성이었다.

리스와 플럿은 이것이 콘스탄틴 메레즈코브스키$^{Constantin\ Merezhkowsky}$가 1905년에 이미 제안한 오래된 가설이라고 명시했다. 메레즈코브스키는 생전에 반쯤 미친 사람으로 여겨졌다. 그러나 이제 리스와 플럿은 말했다. "복합세포시스템의 기원에서, 내공생은 가능성 있는 진화 과정으로 진지하게 다시 고려되어야 합니다."

리스와 플럿이 논문을 출판했던 1962년은 젊은 린 세이건이 위스콘신을 떠난 직후였다. 그녀는 논문이 나오기 전부터 리스와의 개인적인 접촉을 통해 내용을 알고 있었을 것이다. 일설에 의하면, 그녀는 사전에 리스로부터 직접 이 급진적인 가설을 들었다는 것이다. 1959년에 그녀와 같이 리스의 세포생물학 수업을 들었던 동급생은, 리스가 이미 내공생의 핵심논리를 정리하고 있었다고 회상했다. 리스는 그가 추종하던 무명의 러시아인과 독일인의 가설로부터 다양한 측면을 뒷받침할 수 있는 자료를 가지고 있다. 그녀의 동급생 조나단 그레셀Jonathan Gressel은 현재 이스라엘 와이즈만 과학연구소Weizmann Institute of Science의 식물유전학 명예교수다. "전적으로 리스의 아이디어였고 수업에서 처음 발표한 거였어요. 린은 그것을 알리는 데 큰 역할을 했습니다." 당시에 린의 절친이었던 그레셀은 약간 주저하며 그녀가 첫 아이를 가져 만삭이었을 때 "현미경으로 실험하느라 안간힘을 썼어요."라고 회상했다. 나중에 린이 그 이론의 구성에 있어 리스의 역할이 전적이라는 것을 인정하지 않았다는 사실에 그는 "망연자실"했다.

위스콘신 대학교에서 석사과정을 마치고 린은 칼 세이건이 포스트닥으로 있는 버클리의 캘리포니아 대학교로 갔다. 1960년에는 둘째 아들 제러미Jeremy가 태어났다. 칼 세이건은 당시 외계생명체의 가능성을 연구했는데, 이는 직후에 우주생물학으로 알려지게 되었고 칼 워즈가 나사로부터 지원받았던 그 주제였다. 이때 그녀는 아이들을 돌보면서 유전학 박사과정을 시작했다. 그녀는 회고했다. "나는 진화에 관심이 있었어요. 유전학은 진화론을 깊이 연구하는 방법이라고 생각했습니다." 린은 비멘델유전을 연구하고 싶어했다. 특히 위스콘신 대학교에서 리스와 다른 과학자들로부터 배웠던 세포질유전을 의미했다. 그녀는 거기에 내포된 의미에 강하게 끌렸다. 유전자가 핵 속의 염색체에만 국한되지 않고 복합세포의 세포질에도 존재한다면, 그 유전자는 핵 유전자와는 매우 다를 것이었다. 그렇다면 그들은 어디에서 온 것일까?

그러나 지도교수는 그 주제를 반대했다. 반대의 근거는, 그녀를 괴롭힐 고질적인 문제에 뿌리를 둔 것이었다. 바로 과학계의 관행이 빚어내는 지적 괴리였다. "버클리에는 진화론을 연구하는 고생물학자들과 진화론을 거의 다루지 않는 유전학자들 사이에 전혀 교류가 없었어요." 그녀는 이렇게 회상하며 "학계의 인종차별"이라고 주장했다. 대학 내에서 그녀와 같이 했던 유전학자들은 대부분 화학자로 시작해 생물학의 박테리아와 바이러스 연구에 이르기는 했지만, 그녀가 하고자 했던 진핵생물의 세포질유전에 대해서는 거의 알지 못했다. 버클리 유전학자들은 오만하고 무지했다. "그들이 뭘 모르는지도 몰랐어요." 그녀는 23세의 여성으로서 두 아들의 엄마이며 이제 겨우 석사였지만, 무한한 자신감으로 그들에게 맞서고 있었다. 그러나 린에게는 박사학위가 필요했다. 그녀는 진화유전학 대신 연못에 사는 미생물 유글레나 그라실리스Euglena gracilis에 관한 안전하고 소박한 학위논문을 제출했다. 여기에 그녀의 학위논문 제목을 풀어놓는다면 독자들의 눈이 아마도 던킨 도넛처럼 동그래질 것이다.

심지 굳은 그녀에게 그것은 일시적인 후퇴에 지나지 않았다. 리스와 플럿의 논문이 출간된 1962년에도 그녀는 버클리에서 여전히 연구에 몰입했고, 녹조류의 엽록체에 DNA가 있다는 증거를 제시했다. 엽록체 내 DNA는 바로 세포질유전을 의미하는 것이고, 이때 유전자는 아버지의 역할이나 염색체와는 무관하게, 복합적인 유기체인 진핵세포의 자손들을 통해 전해졌다. 지도교수의 반대에도 불구하고 세포질유전에 대한 그녀의 열망은 더욱 깊어지고 있었다.

그녀는 세포생물학자 윌슨^{E.B. Wilson}의 고전 《세포의 발생과 유전^{The Cell in} Development and Heredity》을 포함하여 많은 자료를 추적했다. 1925년 인쇄본에서 윌슨은 초창기 메레즈코브스키와 월린에 대해 언급했다. 미토콘드리아나 엽록체와 같은 세포소기관들은 먹이가 된 박테리아가 진화한 결과물이라는 것이었다. 윌슨은 메레츠코브스키의 주장을 "재미있는 판타지"라고 부르며 은근히 월린을 무시하면서 그 주제로부터 거리를 유지하려고 애썼다. 그러면서도 "의심할 여지없이 그러한 가설은 조용한 생물학계의 현실에서 논하기에는 너무 환상적인 것이지만, 언젠가는 더 진지하게 고려해야 할 때가 올 것이다"라고 시인했다. 린 세이건은 바로 '그날'이 올 것을 알고 있었다.

한편 칼 세이건과의 결혼은 서서히 좌초되고 있었다. 나중에 그녀가 회상한 세이건은, "믿을 수 없을 만큼 자기중심적"이고 아빠로서는 태만했으며, 그녀가 할 수 있는 것 이상으로 떠받들어 주기만을 바라는 사람이었다. 결혼생활은 마치 "아이들과 함께 갇힌 고문실" 같았다. 그녀는 아이들을 데리고 떠났고 다른 젊은 엄마와 함께 캘리포니아의 버클리 북쪽으로 이사했다. 그러나 1963년 칼 세이건이 하버드대 부교수직을 받아들였을 때 아이들과 함께 케임브리지 서쪽에 있는 아파트로 돌아와 다시 그와 합류했다. 그는 결혼생활을 지속하고자 했지만 그것은 다른 속내를 품은 그녀에겐 "편의상 조치"일 뿐이었다. 물론 그녀는 아직 박사학위를 끝내지 않았지만 이사 후에도 무난히 끝낼 수 있는 것이었다. 캘리포니아를 떠난 후 그녀는 시카고로 돌아가기보다는 매사추세츠가 맞을 것으로 생각했고 그대로 실행에 옮겼다. 물론 세이건과 함께하지는 않았다.

그들은 1964년에 이혼했다. 그녀에게는 힘든 시기였다. 칼이 보내주는 최저 양육비로 두 아이를 키우면서 브랜다이스 대학교$^{Brandeis\ University}$에서 강의를 했고 교육서비스 회사에서도 일했다. 그러나 그 와중에도 시간을 쪼개서 내공생에 관한 자료와 아이디어, 방대하게 흩어져 있는 사실들을 수집했고, 드디어 긴 논문을 완성하여 학술지에 문을 두드렸다. 열다섯 곳도 넘게 거절당했지만 마침내 이론생물학 저널$^{Journal\ of\ Theoretical\ Biology}$에서 받아들여졌다.

린은 결정학자 토머스 마굴리스$^{Thomas\ Nick\ Margulis}$와 재혼해서 린 마굴리스가 되었고, 보스턴 대학교에 조교수로 임용되었다. 1969년에 세 번째 아들 재커리^{Zachary}를 갖게 되면서 한동안 집에 머물렀던 린은 다시 내공생 연구에 착수했다. "어쩔 수 없이 집에 묶이게 됐는데 오히려 생각에 집중할 수 있었어요"라고 회상했다. 두 아들은 학교에 다니기 시작했다.

1967년 논문에서 그녀는 복합세포가 생명체들 간의 동거에서 비롯된 것이라고 주장했고, 이제 그녀의 가설은 "더 보강되고 확장되어 마침내 책 분량의 원고로 정리되었다." 그녀가 나름 많이 "정리" 했음에도 불구하고, 색인을 제외하고도 329페이지에 달했다. 그것은 그녀가 논문을 써내려갈 때 결코 주저하거나, 늘어지거나, 할 말을 아끼지 않았다는 사실을 의미했다.

그녀는 뉴욕의 아카데믹 출판사$^{Academic\ Press}$와 계약을 맺었다. "마감일에 맞추느라 매일 밤늦게까지 원고를 타이핑했어요." 마침내 그녀는 원고와 함께 많은 설명을 담은 그림을 박스에 담아서 출판사에 보냈다. 작가에게 있어 이 순간은 성취의 기쁨과 동시에 긴장된 기다림의 시작을 의미한다. 그녀는 기다렸다. 하지만 5개월 후에 박스는 저렴한 배송편으로 아무 설명도 없이 되돌아왔다. 관련분야 과학자들의 검토가 문제였겠지만 출판사는 애초에 그런 사실을 알려주는 예의조차도 갖추지 않았다. 나중에 가서야 그녀는 공식적인 거부 서면을 받아볼 수 있었다.

 린은 원고를 다시 손본 후 다른 출판사에 보냈다. 이번에는 예일 대학교 출판부^{Yale University Press}에서 기꺼이 승낙했고, 제대로 된 편집을 거쳐 1970년에 《진핵세포의 기원^{Origin of Eukaryotic Cells}》이라는 제목으로 출판되었다. 1967년 논문의 "On the Origin..."에서 On the를 줄여서 사용한 것은 다윈을 연상시키지 않게 하기 위한 나쁘지 않은 선택이었다. 여전히 그녀의 책은 고루하지 않은 획기적인 것이었다. 세포생물학과 진화의 역사를 연구하는 많은 과학자에게 있어서 《진핵세포의 기원》은 내공생 이론과 린 마굴리스를 알리는 저서가 되었다. 그리고 그들 중에는 그녀가 미쳤다고 생각하는 과학자들도 있었다.

30

메레즈코브스키의 엽록체

이 이단적인 아이디어를 처음 들고나온 사람은 린 마굴리스가 아니다. 한스 리스도 아니었다. 그녀가 최소한 훑어라도 보고 알고 있었던 E. B. 윌슨의 옛날 저서에도 나와 있는 것이었다. 세포 내 기관의 조상은 다름 아닌 먹이로 삼켜진 박테리아일 것이라는 추측과 복합세포는 단세포 생물들의 결합에서 비롯된 것이라는 그들의 이론은, "점잖은 생물학계"에서 자주는 아니지만 거의 한 세기에 걸쳐 끊이지 않던 목소리였다. 그중에서도 처음은 아니지만 독특한 음색을 가진 목소리가 있었다. 윌슨이 언급했고 한스 리스가 인용했던 러시아인 콘스탄틴 세르게이 메레즈코브스키Constantin Sergeevich Merezhkowsky였다.

메레즈코브스키는 1855년 바르샤바Warsaw에서 태어났으며, 당시에 바르샤바는 러시아 로마노프 제국의 일부였다. 법관이었던 그의 아버지는 완고한 보수주의자였고, 콘스탄틴은 9남 중 장남이었다. 아마도 부모의 기대를 한몸에 받는 처지였을 테지만, 그는 학생운동 시대를 살았고 차르tsar(1881년에 암살됨)에 반대하는 러시아 혁명가들을 지지했다. 현실적으로 경력에 도움이 되는 일을 바랐던 아버지의 뜻을 물리치고 그는 법학 대신 자연과학을 선택했다.

메레즈코브스키가 세인트 페테르스부르크 대학교University of St. Petersburg에 다니던 시절이었다. 그는 백해White Sea로 가는 여름캠프에 참여했고, 이때 해양무척추동물에 관심을 갖게 되었다. 폴립polyps(히드라·산호류 같은 원통형 해양 고착생물)과 해면동물sponges 같은 무형의 생물들을 말한다. 22세에 그는 원생동물protozoans(아메바를 포함한 단세포 진핵생물의 광범위한 집단)들에 대한 논문을 발표했다. 나폴리만Bay of Naples까지 갔던 또 다른 현장견학은 그가 거의 관심을 갖지 않았던 생물의 원형질을 연구하게 된 계기가 되었다. 어느 날 그는 새로운 해면동물로 보이는 것을 발견했다. 바르샤바의 완고하기만 한 아버지가 그러한 발견의 기쁨을 이해해 주리라는 생각은 애초부터 할 수 없었다. 어찌 되었든 그의 추측은 틀렸다. 그의 해면동물은 좀 더 크긴 하지만 또 다른 원생동물인 것으로 밝혀졌다.

그는 1880년에 대학을 졸업하고 나서 몇 년 동안 독일과 프랑스를 여행했다. 세인트 페테르부르크로 돌아온 그는 프리랜서 강사인 객원강사privatdozent 자격을 얻게 되었다. 그는 올가Olga라는 여성과 결혼했고, 3년 후에 역시 제국의 통치 아래 있던 크림반도에 정착했다. 크림반도의 남쪽 해안에 자리한 산맥 너머에서 그는 마치 목동처럼 과수원을 감독하는 과수재배자로 일했다. 이 사실들은 저명한 얀 샙Jan Sapp과 두 학자로 구성된 팀의 인물연구에서 나온 것인데, 그들도 메레즈코브스키가 어디서 과수재배 기술을 배웠는지에 대해서는 언급이 없었다. 다만 "1880년에서 1902년 사이에 그의 직업은 정해진 게 없었다"라고만 기록했다. 24살부터 47살까지 그가 어떻게 생계를 꾸려나갔는지 알 수 없으나, 여기저기서 이것저것을 조사하면서 떠돌았을 것으로 보인다. 그는 포도를 연구했고, 무척추동물학자로서는 일견 기괴한 외도에 빠졌는데, 아이들의 신체발달과 그들의 신체측정법을 연구했다. 순수하게 학문적인 것이었을지도 모르지만 나중의 사건들로 미루어 봤을 때 그것은 소름 끼치는 일이었다. 1898년에 그는 갑자기 올가와 아들 보리스를 놔두고 크림반도를 떠났다. 아마 주변에 알려져서 소동이 일기 직전에 신분을 숨기고 피신한 것으로 추정된다. 그는 아동성추행 혐의로 기소되었다.

메레즈코브스키는 "윌리엄 애들러"라는 이름의 위조여권으로 여행하다가 캘리포니아에 정착했다. 그가 런던에서 출판한 해면동물 발견 논문으로 보건대, 영어를 잘 쓰긴 했지만 틀림없이 강한 러시아 억양을 썼을 그에게 윌리엄 애들러라는 이름은 어울리지 않았을 것이다. 그러나 황금광시대인 캘리포니아에서 낯선 이민자가 그만은 아니었을 것이다. 도주하는 동안 그는 한편의 판타지 소설을 썼다. 산만한 부제를 붙인 《지구의 파라다이스The Earthly Paradise, 겨울밤의 꿈A Winter Night's Dream》이었고, 이후 《17세기의 동화: 유토피아Fairytale of the Twenty-seventh Century: A Utopia》라는 제목의 독일어로 출판되어 가볍게 읽을거리를 찾는 독자들의 소일거리가 되었다. 훌륭한 저서라고 생각되지는 않는다. 얀 샙 역시도 애써 비하하거나 미화하지 않았다. 그러나 얀 샙의 공동저자인 미하일 졸로토노소프Mikhail Zolotonosov는 메레즈코브스키가 이후에 연루된 소아성애 사건을 연구했다. 70개에 달하는 러시아 일간지와 경찰의 비밀문서였다.

세기가 바뀌고 메레즈코브스키는 로스앤젤레스 남쪽 해안의 연구실에서, 그다음에는 버클리에서, 공상소설 외에 해양생물에 대한 연구를 계속하고 있었다. 그는 단세포 조류 중에서도 규조류diatoms에 초점을 맞추었다. 규조류는 각 세포가 조개처럼 생긴 실리카(규소) 벽에 둘러싸여 있었다. 그런데 규조류는 좀 이상했다. 미세한 생물들은 그렇게 복잡하거나 기하학적으로 정밀해 보이지 않아야 한다. 많은 규조류가 엽록소를 갖고 있다는 것은 그들이 식물처럼 광합성으로 살아간다는 것을 뜻한다. 그들의 외벽은 다채롭고 화려한 모습으로 분화되었고 분류하기에도 편리했지만, 메레즈코브스키는 그것들을 엽록체와 해부학적 구조로 다시 분류하기 시작했다. 현미경으로 볼 때 그 엽록체는 박테리아와 매우 흡사하게 보였는데 이것은 그를 일생일대의 큰 아이디어로 이끌었다. "내부에 정착하게 된 박테리아가 광합성을 하는 조류뿐만 아니라, 모든 식물이 갖고 있는 엽록체가 되었다." 그는 이 현상을 마침내 "세포내공생설(공생발생)symbiogenesis"이라고 명명하고, 이것이 "둘 이상이 결합하거나 연합하여 공생관계에 들어간 유기체의 기원"이라고 주장했다.

더 간단한 말 '공생symbiosis'은 원래 사람들의 공동체를 뜻하던 단어였다. 이것이 생물학적으로 쓰이기 시작한 것은 1879년 독일 생물학자인 안톤 드 바리Anton de Bary로 거슬러 올라간다. 그것은 둘 이상의 다른 생명체가 합쳐지거나 동거하는 것을 의미했다. 기생(한 생물이 다른 생물의 영양분을 빼앗으면서 살아가는 편리공생)에서부터 일시적인 동업자(이익을 얻는 파트너 한 명 또는 두 파트너 모두 포함−상리공생), 그리고 이후에 메레즈코브스키가 제시한 서로 완전히 동화되고 유전되어 통합에 이른 것들까지 여러 형태의 결합들을 포괄하는 것이었다. 드 바리는 실제로 지의류lichen가 하나의 생물이 아니라 적어도 두 생명체, 즉 곰팡이 사이에 살아가는 조류 혹은 시아노박테리아와 같은 공생이라는 것을 밝혀냈다. 흰동가리 물고기clown fish는 말미잘의 독성 있는 촉수들 사이의 기생충을 먹이로 말미잘과 공생한다. 그러나 한 유기체가 다른 유기체의 '세포 안에' 계속 존재하면서, 세포가 복제될 때 함께 복제되어 새롭게 복합적인 유전적 특징이 된다는 생각은 거기서 한 단계 더 발전한 것이었다. 그것이 바로 "세포내공생설symbiogenesis"이다.

19세기 후반에 와서 엽록체와 관련하여 그러한 가능성을 연구한 과학자 중에는 드 바리의 제자 안드레아스 심퍼Andreas Schimper가 있었다. 심퍼는 걸출한 과학자 집안 출신으로 모험심까지 겸비했던 독일의 식물학자다. 청년 시절 내내 서인도제도, 남미, 아프리카, 인도양을 두루 여행하며 현장을 연구했다. 심퍼가 자랐던 프랑스 국경도시 스트라스부르Strasbourg에는 독일과 프랑스 알자스Alsace를 가르는 라인강이 지나고 있었다. 한 사진을 보면 그는 어리고, 착실해 보이면서 넓은 눈을 가지고 있었는데, 학예회 연극을 위해 커다란 콧수염을 붙이고 있었다. 1880년대 중반에 30세도 채 안 된 그는 기념비적인 논문 두 편을 발표했고, '엽록체chloroplast'라는 용어를 처음 만들어 내면서 자신의 생각을 피력했다. 만일 그것들이 식물 내 세포질로부터 새로 생겨난 것이 아니라 스스로 복제되는 것이라면, "다소 공생을 연상시키는" 복합체일 것이다. 추측 또는 하나의 가설일 뿐이었고, 심퍼는 거기서 더 들어가지 않았다. 말 그대로 너무 이상해서 받아들일 수 없었거나, 그 전에 일찍 사망해 버린 탓일 수도 있다. 그는 말라리아 위험지역인 카메룬Cameroon 탐험 후에 쇠약해진 몸으로 45세의 이른 나이에 사망하고 말았다.

메레즈코브스키는 심퍼의 논문을 읽고 무릎을 탁 쳤을 것이다. 그의 말에 의하면 "순전히 마음속에서 자연스럽게" 세포내공생설symbiogenesis의 아이디어가 떠올랐다고 한다. 1902년에 그는 러시아로 돌아갔지만 크림반도로 가지는 않았다. 그의 부도덕한 행위 또는 그렇게 의심받은 과거의 전력 때문에 아마도 그를 달갑지 않게 여기거나, 아니 어쩌면 수배자 신세일 수도 있었던 것이다. 대신 그는 모스크바 동쪽으로 5백 마일(약 800킬로) 거리의 볼

가강변^{Volga River}에 있는 카잔 대학교^{Kazan University}에서 일자리를 찾았다. 그는 다시 객원강사로 일했다.

3년 후 그는 심퍼와 같은 맥락의, 식물 엽록체의 기원에 대한 독일어로 된 논문을 발표했다. 그의 가장 유명한 1905년 작품으로, 공생이론을 명확하게 설명했다. 그는 시아노박테리아를 '눌러앉은 외부인'으로 규정했다(그는 시아노파이트^{cyanophytes}라고 불렀다). 이후 15년 동안 계속된 그의 논문에서 이론은 더 확장되었고 '세포내공생설^{symbiogenesis}'이라는 이름을 붙였으며, 자신의 독자적인 이론이라고 주장했다. 심퍼에 대한 연민이 느껴지긴 하지만 이미 오래전에 그는 가고 없었다.

실제로 얀 샙이나 여러 사람들은 그를 다음과 같이 평가했다. 메레즈코브스키는 적어도 엽록체가 식물의 복합적인 유기체 내에 포획된 박테리아라는 세포내공생설 아이디어의 중요한 한 형태임을 고취하는 데 다른 누구보다 큰 역할을 했다. 이후 린 마굴리스가 나타날 때까지....

1905년의 그 논문에서 메레즈코브스키는 냉소적인 어조로 설명했다. 식물이 어떻게 식물이 되었는지에 대하여 지금까지 알려진 지식에서, 엽록체는 그저 각 세포가 원래 가지고 있던 "기관"이며, 별 특징 없는 세포질로부터 "점차 차별화되어 왔다"는 것이다. 즉, 내생설^{endogenous theory}이라는 것으로, 엽록체는 식물 세포 내부의 자체 물질들로 형성되었다는 것이다. 하지만 그는 그렇지 않다고 주장했다. 그것은 내부에서 생겨난 기관이 아니라, 먼 옛날에 동물 세포의 세포질에 침입하여 공생을 시작한 "외부의 유기체, 다른 몸"이라는 것이다. 또한 그의 이론에 따르면, 동물 세포에 광합성 박테리아가 더해진 것이 바로 식물 세포, 즉 식물계는 동물계에서 공생의 결과로 파생되었다는 것이다. 그러한 결합들은 수차례, 많게는 15번에 걸쳐 독립적으로 발생했고, 그로 인해 식물계는 많은 다른 기원을 가지게 되었다고 한다. 동물계는 어떻게 발생했는가에 대한 또 다른 의문이 생기지만 그는 거기에 대해서는 거의 무시했다.

논문의 최종 결론은 10페이지에 달했고 메레즈코브스키는 그 뒤에 인상적인 구절로 끝을 맺었다. 그것은 세포의 기원에 관한 문헌을 읽는 사람들에게는 유명했지만 대부분의 사람에게 거의 알려지지 않았고 이해하기도 어려운 것이었다.

연못가에 평화롭게 자라는 야자수와 근처 덤불에서 몸을 도사리는 사자를 상상해 봅시다. 사자는 팽팽하게 긴장된 온몸의 근육과 피에 굶주린 눈빛으로 영양을 덮칠 준비를 하고 있습니다. 공생이론은 그 자체로도 이 장면에서 가장 깊은 미스터리의 진실을 드러냅니다. 그 것은 야자수와 사자처럼 완전히 다른 두 생명체가 가능하도록 이끈 기본 원리를 풀어낼 것입니다.

그럼 세포내공생은 어떻게 야자나무와 사자를 설명할까? 자, 나무는 평화롭게 서 있다. 이 나무 안에서는 평화적인 작은 일꾼들이 나무를 먹여 살린다. 그 온순한 "녹색 노예"인 엽록체가 햇빛을 흡수하기 때문이다. 사자는 고기가 필요하기 때문에 살생을 한다. 그런데 잠깐, 메레즈코브스키가 제안했다. 사자의 각 세포가 엽록체로 가득 찼다고 생각해 보자. 그들은 태양에너지를 받아 사자를 먹여 살릴 것이다. "틀림없이 사자는 포만감을 느끼면서 야자수 아래에서 평화롭게 쉬게 될 것이다. 아마 미네랄이 든 물이 필요할 수도 있다." 채식주의 사자의 식단은 일광욕과 미네랄 음료만으로도 충분할 것이다.

멋진 아이디어지만 틀린 생각이었다. 현대 생화학자들은 날카롭게 지적했다. 사자는 같은 질량의 식물보다 표면적이 훨씬 적기 때문에(야자수나 떡 갈나무처럼 넓게 퍼진 잎을 생각해 보면 된다), 설사 리버라치Liberace(미국의 피아 니스트이자 가수 및 배우)의 반짝이로 장식된 연두색 재킷처럼 엽록체로 온몸 을 뒤덮는다 해도 원기 왕성한 사자의 에너지로는 충분치 않을 것이다. 마치 불량한 건전지처럼 사자는 약하고 무기력한 포효와 함께 서서히 쓰러질 것이다.

공생에 관한 이 논문들이 메레즈코브스키에게 과학적 명성과 안정을 가져다주지는 못했다. 그는 고기도 엽록소도 없는 배고프고 비열한 사자였다. 카잔에 있는 동안 그는 좌익에서 우익으로 변절했고, 차르의 억압적이고 반 유대적인 비밀경찰의 정보원이 되었다. 그는 승진을 눈앞에 둔 유대인 동료 를 밀고했다. 또한 아이들의 "발달 측정" 행위를 계속한 것으로 밝혀졌다. 그는 1914년에 또다시 러시아를 탈출했다. 최소한 가정교사 학생 한 명을 포함해 26명의 어린 소녀들을 강간했다는 끔찍한 혐의를 받고 있었다. 범죄 는 카잔과 성 페테르부르크에서부터 시작되었다. 그 사건들은 재판에 회부 되지 않았고, 따라서 단지 혐의일 뿐이지 기소된 것은 아니었다. 하지만 아 마도 그럴 만한 단서가 있었을 것이다.

그는 프랑스로 가서 저술 활동을 계속했다. 공생에 관한 논문뿐만 아니 라 공상과학 소설을 가장한 멀미나는 철학 서적이었다. 《7차원의 진동 우 주seven-dimension oscillating universe》라는 제목으로 우주의 진화이론은 물론 심령 론, 무신론, 우생론까지 섭렵한 것이었다. 그는 생을 마감하던 해에 "내 제 자들을 위한 강령Instructions for My Disciples"이라는 짧은 원고에서는 자신을 세상의 구세주로 내세웠다. 그는 그 시대의 론 허버드$^{L. Ron Hubbard}$(사이언톨로지 창시자)처럼 광란과 과대망상에 사로잡혔다. 그러나 그에게는 성공적인 마케팅도, 추종하는 유명인사들도 없었다. 그의 가족 올가와 보리스가 그 후 어떻게 됐는지는 얀 샙의 숨은 공동연구자였던 러시아인 미하일 졸로토노소프조차도 알지 못했다. 1920년에 프랑스에서 출판된 《공생복합체로서의 식물 The Plant as a Symbiotic Complex》은 그의 남은 심지를 불태운 마지막 과학저서가 되었다.

그는 다시 제네바로 옮겨갔고 풍경이 아름다운 호텔에 칩거하고 있었다. 그는 공생을 강의하려고 했으나, 그를 불한당이나 괴짜라고 생각했던 제네바 대학교의 한 식물학 교수에 의해 좌절되었다. 세계대전 직후 모두에게 힘든 시절이었지만, 불미스러운 소문들과 비주류적인 이론, 과대망상 증세까지 있었던 낯선 러시아 생물학자에게는 더욱 그러했을 것이다. 그는 파산했고 전쟁을 탓했다. 이 시점에서 그가 가장 명확하게 인지하고 있었던 것은 엽록체에 대한 그의 생각과 다가올 자신의 종말이었다.

얀 샙의 연구팀은 결코 평범하지 않은 내용이 담긴 신문기사를 찾아냈다. 1921년 1월 11일 자 제네바의 라 스위스$^{La Suisse}$라는 신문에 발표된 사망기사였다. 이틀 전, 호텔에 있던 한 짐꾼이 58호실 문 밑으로 밀려나온 편지를 발견하고 경찰에 신고했다. "내 방에 들어오지 마시오. 유독가스로 차 있어서 몇 시간 안에 들어오면 위험합니다." 경찰은 두 시간을 기다렸다. 메레즈코브스키는 말끔히 정돈된 시신으로 발견되었다.

그는 클로로포름 한 잔에 몇 가지 산을 섞었다. 그리고 침대 위의 링거병처럼 벽에 설치한 용기에 부었다. 팔에 바늘을 꽂는 대신 그는 얼굴에 마스크를 쓰고 있었다. 먼저 문을 잠그고, 누워서 자신을 침대에 묶고, 한쪽 팔은 자유롭게 놔두었다. 침대에 어떻게 스스로 묶었을까? 메레즈코브스키는 용의주도했다. 어떻게 그런 독약을 만들 수 있었을까? 메레즈코브키는 과학자였다. 섑과 동료들은 그의 망상적인 형이상학에서 비롯된 일종의 자살의식이라고 생각했다. 그럴지도 모른다. 라 스위스 기사에 따르면, 현장에 있던 치안판사는 끈에 붙어 있는 라틴어로 된 비문을 발견했다. 그것은 좀 더 난해한 헛소리였을 수도 있고, 절망적인 마지막 외침을 가식적으로 표현한 것일 수도 있다. 그러나 이 라틴어 쪽지 역시 제네바 경찰서의 메레즈코브스키 관련 파일이 파쇄되었을 때 함께 사라졌다. 의식적이든 아니든 이미 그는 마음을 먹었다. 마스크를 착용하고는 밸브를 열었다.

정상적이지 않았던 콘스탄틴 메레즈코브스키의 삶은 끔찍한 결말로 끝을 맺었다. 그러나 사실 가장 이상한 점은 비정상적인 그의 삶에서 유일하게 옳은 게 있었다는 것이다. 그것은 세포내공생설의 핵심인 엽록체의 기원에 관한 그의 주장이었다. 44년 후 칼 워즈의 방법으로 분자 데이터를 분석한 결과 그 주장은 사실로 입증되었다.

31

월린의 미토콘드리아, 마굴리스의 운둘리포디아

이 분야에서 큰 획을 그었던 또 다른 선구적 이론가는 이반 월린Ivan E. Wallin이다. 그는 미국 중서부의 농부였던 스웨덴 이민자의 아들로, 아이오와 주에서 태어나 결국 콜로라도 의대University of Colorado School of Medicine를 거쳐 해부학자가 되었다. 1920년대에 출판된 월린의 논문들은 그보다 앞섰던 메레즈코브스키와 같이, 린 마굴리스의 초기 논문들에 언급될 정도로 알려져 있었다. 그러나 과학계에서 본격적으로 논의되지는 않았다.

월린이 주장한 내공생은 메레즈코브스키의 공생과는 다르면서도 보완적인 것이었다. 그는 식물과 조류에 있는 엽록체에서 나아가, 복잡한 유기체들이 가진 또 다른 기관인 미토콘드리아 역시 잡아먹힌 박테리아에서 유래한 것이라고 주장했다. 미토콘드리아는 음식물과 산소를 연소하는 세포 내 작은 입자들이다. 에너지를 ATP(에너지 운반분자) 단위로 포장하여 세포 생명에 연료를 공급한다. 그 외에도 미토콘드리아는 다른 활동들을 하지만, 월린을 포함한 어느 누구도 기능들을 파악하지 못했다. 월린이 집중한 부분은 그들의 기원이었다. 현미경으로 미토콘드리아를 관찰하고 거기서 박테리아와 유사한 특징을 처음으로 발견한 사람은 월린이 아니었다. 하지만 그것은 그의 가장 중요한 연구 프로그램이 되었다. 그는 철저하게 계획된 실험으로 유사성이 우연 이상의 것임을 증명하기 시작했다.

1920년 즈음, 월린은 미토콘드리아가 포획된 박테리아의 후손이라는 생각에 매료되었다. 그보다 먼저 최소한 한 명의 연구자가 언급한 적이 있었지만 아직 설득력 있는 연구가 진행된 적은 없었다. 그는 실험에 기초한 연구과정에 착수했다. 당시 그의 방법들은 단순했다. 현미경과 미생물 배양이라는 기초적인 방법이었다. 보조금도 없이 "이따금" 후원자가 보내주는 약간의 돈이 그가 가진 전부였다. 같이 할 공동연구자도 대학원생도 없었다. 단지 한두 명의 보조기사가 있었는데 그중 한 명은 이름이 같은 이반이었다. 세포 연구의 중심지인 동부 연안에서 멀고도 먼 콜로라도에서 월린은 혼자 동떨어져 연구하고 있었다. 다윈을 포함한 많은 과학자들은 서신으로 동료들과 긴밀한 관계를 유지하곤 했지만, 그는 그러지 못한 채 홀로 고립돼 있었다. 월린은 낮에는 해부학 교수로 일했다. 의과대학 교실 후미진 뒤편에 있는 자신의 연구실에서 작업을 시작했고, 1922년에서 1927년까지 9개의 논문과 한 권의 책을 출판했다. 그의 연구결과는 미토콘드리아가 박테리아의 공생에서 파생되었을 뿐만 아니라, 그러한 공생관계가 생명의 역사를 계속해서 변화시켜 왔다는 것을 보여준다.

그는 이 광범위한 현상에 공생주의symbionticism라는 멋진 이름을 지었고, 미토콘드리아의 기원이 박테리아였다는 것을 본보기로 삼았다. 그는 친밀하고 "절대적인" 공생으로써 공생주의를 다음과 같이 정의했다. 한 생물체가 다른 생물체의 세포 내에 서식하고, 안에 있는 생물은 반드시 박테리아인 경우다. 그것은 본질적으로 메레즈코브스키의 세포내공생symbiogenesis과 같은 것이었으나, 월린은 자신의 이름표를 원했다. 그러나 그의 아이디어가 함축되어 있는 위대한 주장에 새로운 용어를 만들고자 했던 열망은 결국 그의 시대로부터 무시당했고, 그저 각주 정도로 취급받는 신세가 되고 말았다. 논문들을 발표한 직후인 1927년, 그는 실험결과들을 정리하여 이론을 제시한 개요서 《공생주의 그리고 종의 기원Symbionticism and the Origin of Species》을 출판했다. 제목이 낯익지 않은가? 마굴리스가 1967년 논문제목에서 했던 것처럼, 월린은 '다윈의 발자국을 따라 걷는다'라고 말하고 싶었던 것 같다. 그는 그 이상의 것을 주장했다. "내 아이디어는 다윈을 넘어, 종의 다양성과 복잡성, 지구에서의 적응에 대한 기원을 설명한다."

월린은 공생주의가 "종의 기원을 관장하는 근본적인 원리"라고 주장했다. 다윈이 1859년에 주장한 자연도태는 이차적인 것으로써, 일단 살아남은 종에 대한 보존 또는 파괴만을 결정한다는 것이다. 그리고 세 번째 힘이 존재하며 그것은 "알려지지 않은 원칙"으로서 더 나아지고 더 복잡한 형태를 향한 진화를 설명한다는 것이다. 공생주의는 급격한 분화를 촉발시킴으로써 새로운 종의 출현을 가져왔다. 자연도태는 이러한 새로운 종들 중에서 최악인 것들과 적응 불능인 것들을 제거한다. 그렇다면 세 번째, 알려지지 않은 원칙은 무엇이었을까? 월린은 답하지 않았다.

그는 실증적인 실험에 헌신적인 과학자였지만, 그러지 않을 때도 있었다. 어떤 이유이든지 간에, 거창한 주장들을 전달하고자 했던 그의 《공생주의 그리고 종의 기원》은 1927년 1월에 희미한 울림과 함께 추락하고 말았다.

"월린 박사의 글은 많은 관심을 불러일으켰지만 열광할 정도는 아니다." 이것은 그나마 호의적인 편이었고, 네이처지의 논평은 훨씬 더 신랄하게 콜로라도의 천재를 멸시했다. 이반 월린은 미토콘드리아가 박테리아라는 것을 "우리에게 믿으라고 한다." 게다가 "생물들의 기원은 주로 이러한 박테리아의 공생 때문이라고 주장한다.” 리뷰 작가는 비아냥거리듯이 써 내려갔다. “그러한 과정은 ‘공생주의’라는 낯설고 께름칙한 용어로 불린다.” 이러한 저항의 충격으로 월린은 연구에 대한 열정을 상실한 채 은퇴하기까지 24년간 해부학을 가르치며 여생을 보내야 했다.

1960년대 중반까지도 월린과 메레즈코브스키, 초기에 세포내공생을 연구했던 선구자들은 혹평 속에서 잊혀지고 있었다. 당시에 교육받은 젊은 생물학자라 해도, 위스콘신 대학교에서 우연히 한스 리스의 강의를 듣지 않았다면 그들의 존재와 파격적이었던 주장을 결코 접할 수 없었을 것이다. 바로 그해, 더 원대한 목적을 품고 “완전히 물 건너간” 것으로 여겨지던 내공생 이론을 들고 나온 한 과학자가 있었다. 1년 후, 린 세이건의 논문에서 그들은 부활했다.

미토콘드리아가 내공생 박테리아라는 생각은 월린으로부터 시작되었고, 엽록체가 내공생 박테리아라는 생각은 메레즈코브스키로부터 시작되었다는 것을 그녀는 알고 있었다. 그리고 1967년 논문에서 그녀는 다른 세포 내 기관을 추가했다. 내공생에서 비롯된 것으로 추정되는 진핵세포의 또 다른 소기관들이었다. 그것들은 서로 관련 있어 보이는 세 가지 특징들을 갖고 있었다. 그녀의 학위논문 대상이었던 연두벌레^Euglena Gracilis와 같이 헤엄쳐 다니는 미세한 진핵생물의 편모^flagella와 우리 인간을 포함한 사실상 모든 진핵세포에서 나오는 작은 섬모^cilia, 앞에서 언급했었던 세포 내 미세한 구조체인 중심소체^centrioles였다.

편모^flagella는 마치 물고기 지느러미처럼, 단세포 생물이 액체에서 헤엄쳐 나갈 수 있게 앞뒤로 물결 치는 가느다란 가닥이다. 속눈썹이라는 라틴어에서 유래한 섬모^cilia는 포유류를 포함한 덩치 큰 진핵생물에서 온갖 중요한 기능을 수행한다. 예를 들면, 점액과 노폐물 같은 것을 통로로 따라 이동시키는 역할을 한다. 중심소체centrioles는 세포분열 과정에서 염색체를 정리하고 배분할 때 사용되는 원통 형태의 세포 내 기관이다.

편모와 섬모, 중심소체는 서로 닮았을 뿐만 아니라 스피로헤타spirochetes라고 불리는 박테리아들과도 매우 유사하다. 긴 나선형이거나 코르크스크류(코르크 마개를 돌려서 뽑는 도구)처럼 생겼고 몸을 회전하면서 헤엄쳐 다닌다. 이것들이 어디로 향하는지 짐작이 가는가? 많은 스피로헤타는 기생생물로서 다른 생물에 침입하고, 인간에게는 매독syphilis, 요yaws(감염병), 황달leptospirosis, 라임병Lyme 같은 질병을 유발한다.

마굴리스의 아이디어에서 혁신적이었던 것은, 진핵세포의 중요한 세 가지 메커니즘인 편모와 섬모, 중심소체 역시 포획된 박테리아에서 유래되었다는 것이다. 그것은 꼬리로 헤엄쳐 다니는 스피로헤타와 같을 것이라고 그녀는 제안했다.

그녀의 가설은, 예전 아메바 형태였던 초기 진핵생물이 그것을 잡아먹음으로써 물결 치는 꼬리를 갖게 되었다는 것이다. 또는 꼬리가 스스로 진핵세포 외부에 달라붙었을 수도 있다. 내부에 있었다면 소화되거나 기생하면서 해를 끼칠 수 있고, 외부에 붙어 있었다면 떨어져 나갈 수 있는데, 그들 중 운 좋은 하나가 살아남아 한 식구가 되었을 것이다. 즉, 들러붙어 있거나 안에 머물다가 동화되었다는 것이다. 그리고 마굴리스가 주목한, 특별한 구조적 특징을 나타내는 유전자의 일부가 숙주생물의 유전정보 안으로 어떻게든 통합되었다는 것이다. 이 유전자들이 가진 세 가지 목적은 편모, 섬모, 중심소체를 만드는 것이다. 이들은 모두 진핵생물의 혈통에 희망적인 새 지평을 여는 데 선도적인 역할을 한 것들이다.

스피로헤타는 일반 사람들에게 역겨운 병원균으로 알려져 있다. 생명체가 복잡하게 진화하는 과정에서 내부의 파트너로 그들을 선택한 것은 선뜻 이해하기 어려운 대목이었다. 그러나 마굴리스를 꺾지는 못했다. 그녀가 매혹되었던 구조적인 증거와 별개로, 이 아이디어는 엄청난 이점을 가지고 있었다.

그것이 사실이라면, 매우 중요한 것이었다. 일부 박테리아는 액체 환경에서 나아갈 수 있는 단순한 편모를 가지고 있어, 엉성한 움직임으로 먹이를 향해 헤엄치거나 위험으로부터 달아난다. 하지만 진핵세포의 편모는 박테리아의 그것과 완전히 다르다. 다른 동력을 사용해서 전혀 다른 움직임을 만들어 냄으로써 더 빠르고 더 효율적으로 원하는 곳에 갈 수가 있었다. 진핵세포의 외부에 스피로헤타가 붙어서 편모나 섬모를 갖게 되었다면, 만약 그것이 사실이라면, 더 나은 기동성과 복잡성을 향한 첫 도약이었을 것이다. 또한 섬모는 다세포 생물들의 내부 표면을 따라 유체의 흐름을 가능하게 한다. 그리고 스피로헤타로부터 얻은 중심소체, 이것이 두 가지 새로운 능력을 개발할 수 있게 해준 것이라고 마굴리스는 생각했다. 즉, 체세포분열과 감수분열로서, 염색체의 체계적 복제와 분리가 가능해진 것이다. "감수분열 능력"이라는 말에 별 감흥이 없을 수도 있다. 그럼 "섹스를 발명했다"라고 하면 어떤가?

앞에서 언급했던 구조적 특징, 즉 이들 세 가지 향상된 기능들이 서로 관련이 있으며 스피로헤타와 같은 박테리아의 공생과 연관된다는 점이 마굴리스를 매혹시켰다. 여기서 말하는 구조적 특징은 의외로 간단하다. 두꺼운 다용도 전선을 상상해 보면 된다. 산업용 쇠톱으로 케이블을 잘라서(우선 전원은 끄고) 단면을 본다면, 9개의 작은 전선 절단면이 링 안에 가지런히 배열

되어 있다. 바로 마굴리스가 전자현미경을 통해 본 것이다. 편모와 섬모, 중심소체는 모두 9개의 작은 관으로 구성된다. 횡단면으로 보면 마치 시계 숫자들처럼 뚜렷한 방사형으로 정렬되어 있다.

그녀의 추론을 정리하면, 진핵세포들은 조상 스피로헤타를 공생으로 받아들인 후 편모와 섬모, 중심소체라는 그들의 특징을 갖게 되었고, 그것들이 자손으로 유전되어 왔다는 것이다. 딱히 반론의 여지는 없어 보였다. 우연히? 아니다. 세 개의 해부학적 형태 각각은 9개, 정확히 9개의 작은 관으로 하나의 원안에 가지런히 정돈되어 있다. 마치 카인의 표식과 같이 지울 수 없는 증거였다. 게다가 편모와 섬모는 9개의 선명한 관들과 함께 두 개가 더 들어 있었다. 그녀는 그것을 (9+2) 구조라 명명하고, 그런 대칭되는 짝이 없는 중심소체를 (9+0) 구조라 불렀다. 마굴리스는 여기까지 거의 의심의 여지가 없다고 생각했다. 마굴리스는 9개의 배열 전체가 스피로헤타로부터 바로 나왔을 수도 있고, 아니면 공통 조상으로부터 진화했을 수도 있다고 제안했다.

그녀는 박테리아가 지닌 편모와 진핵생물의 편모는 근본적으로 다른 것이라서 이름을 달리할 필요가 있다고 생각했다. 그리고 옛날 용어를 살려냈다. 1980년부터 그녀는 특별히 진핵생물의 편모와 섬모를 '운둘리포디아undulipodia'라고 불렀다. 라틴어 '운둘라undula'와 그리스어 '포도스podos'가 합쳐져서 "물결 치는 작은 다리들"을 의미했다. 여러분은 상상할 수 있는가? 나풀거리는 작은 다리들을 가진 진핵생물이 우리의 조상과 관련되어 있다는 것을 말이다.

마굴리스에 관한 이야기에서 간과하기 쉽지만 짚고 가야 할 두 가지 사실이 있다.

첫 번째는 린 마굴리스가 세포생물학자이자 고전적인 방법론 쪽의 미생물학자라는 것이다. 그녀가 모든 유기체를 주로 시각적인 증거에 기반을 두고 연구했다는 것을 의미한다. 실험실에서 유기체를 배양하고, 현장에서 새로운 생물을 수집하고, 구식 현미경으로 관찰하거나 동료들이 전자현미경으로 찍은 것들을 조사했다. 그녀는 그 당시의 진보된 전자현미경 덕분에 자신의 통찰이 가능했다고 말했다. 그녀는 고생물학과 생화학, 지구화학에 대해서도 깊이 알고 있었다. 1970년 《진핵세포의 기원Origin of Eukaryotic Cells》, 1981년 《세포진화에서의 공생Symbiosis in Cell Evolution》과 같이 과학도들이 읽는 그녀의 책은, 도식으로 표현된 자료그림들과 생물의 생태를 알 수 있는 현미경 구조사진들로 가득하다. 자주색 유황세균sulfur bacteria부터 담배잎사귀의 염색체, 흰개미 뒤창자의 스피로헤타, 인간 세포의 중심소체에 이르는 모든 생물에 관한 것들이다. 우리에게 그것들을 뒤져 가면서 세포구조를 들여다보고 복잡한 생명체의 초기 형태를 찾아내라고 한다면 진작에 멀미가 났을 것이다. 여러분이나 나와 같이 미생물학자가 아닌 사람에게 그것들은 그저 원형질 내 추상화로 보일 것이다. 여러분은 AAUUUUCAUUCG와 같은 긴 문자열에서 최소한 멀미를 일으키지는 않을 것이다. 그러나 분자서열이나 RNA 카탈로그는 그녀의 영역이 아니었다. 그녀의 대표작 중 일부는 분자계통학에서 워즈의 혁명이 일어나기 이전이었다. 그러나 워즈 이후에도 그녀는 그러한 데이터에 거의 관심을 갖지 않았다.

두 번째 사실은, 마굴리스가 주장한 내공생의 3요소 중에서 자신은 단 하나의 요소에 대해서만 독창성을 주장했다는 것이다. 그녀는 1981년에 출판한 두꺼운 책에서 "여기에 제시된 주요 개념들은 하나를 제외하고는 모두 다른 과학자에 의해 발견된 것이다"라고 명시했다. 그녀는 메레즈코브스키와 월린 그리고 여러 초기 연구자를 인정했고, 월슨과 그녀의 옛 스승 한스 리스가 그러한 선구자를 알게 해주었다고 언급했다. 그녀는 자신의 생각이지만 다른 과학자가 먼저 주장했던 여러 가설들도 열거했다. 잡아먹힌 박테리아였던 미토콘드리아로부터 굵직한 진화를 촉발한 내공생의 역할에 대한 것까지. 모든 것을 인정하면서 그녀는 단 하나의 아이디어에 대한 독점적 권리만을 주장했다. 물결 치는 작은 발들, '운둘리포디아'였다. 구불구불한 기생충 '스피로헤타'에서 유래한 것으로, 그들은 결코 온순하지 않은 침입자였지만 진핵생물에 붙어 있게 되면서 진화에 도움이 되었다. 이 가설을 처음 세운 사람은 바로 그녀이다.

"이 모든 아이디어는 이제 새로운 방법으로 검증될 것입니다." 그녀는 덧붙였다. 그리고 그렇게 되었다. 과학은 도약했고 워즈의 시대로 진입했다. 새로운 형태의 증거들은 그녀의 탁월한 아이디어를 폭넓게 뒷받침했다. 다만 그녀의 독자적인 가설 하나만을 제외하고 말이다.

32

포드 둘리틀, RNA 성숙

캐나다 동부 노바스코샤^{Nova Scotia}주의 핼리팩스^{Halifax}에서 포드 둘리틀^{Ford Doolittle}은 마굴리스의 야심 찬 아이디어에 관심을 갖게 되었다. 그리고 검증할 가치가 있다고 판단했다.

1970년대 초반에 둘리틀은 조교수였다. 갓 30세였던 그는 이제 막 달후지^{Dalhousie} 대학교 생화학과에 들어왔고, 그의 자리는 의학연구위원회(MRC)의 장학금으로 운영되었다. 프레드 생어와 프랜시스 크릭을 지원했던 영국 위원회의 캐나다 버전쯤 될 것이다. 둘리틀은 의학연구는 하지 않았다. 실용학문을 싫어한 것은 아니지만 중요하게 생각하지 않았다. 대신 그는 세포 내 리보솜RNA와 DNA로부터 그것의 전사 과정을 연구했는데, 그중에서도 특히 RNA 성숙^{RNA maturation}을 연구했다. 그것은 리보솜을 조합하기 위해 길고 미성숙 상태인 RNA 분자를 16S와 5S처럼 다른 섹션으로 잘라 내는 일이었고, 그가 이전에 덴버에서 포스트닥 과정으로 연구하던 것이었다. 포스트닥 당시에 그는 비슷한 또래인 똑똑한 젊은 과학자 노먼 페이스^{Norman R. Pace}의 연구실에 있었다. 노먼은 이 책 뒷부분에서 다시 등장할 것이다. 둘리틀의 연구분야는 생화학이었지만 당시 그의 호기심은 진화에 대한 큰 의문들로 향하고 있었다. 생명의 역사에서 중요한 사건들은 무엇이고, 복잡성은 어떻게 생겨났으며, 진핵세포는 어떻게 시작되었을까? 그가 진로를 바꾸게 된 세 가지 계기가 있었다. 마굴리스의 책, 당시에는 남조류로 불리던 시아노박테리아, 마지막으로 숙련된 조교였다.

포드 둘리틀은 진중한 사람이긴 하지만 자신이 수행한 과학연구와 자신의 경력 사이에서 유난스럽게 거리를 두기도 했다. 우리와 한 수차례 대화에서 그가 이야기한 것들이다. "달후지에서 저는 리보솜RNA 성숙에 대해 연구를 계속하기로 되어 있었어요." 그의 사무실에서 어느 날 그가 말했다. "그것은 내가 노먼과 함께 했던 연구였어요." 그것은 특정 효소를 분리해 내는 '기술' 생화학 분야였다. "그런데 저는 생화학자가 아니거든요." 성격에 안 맞아서가 아니라 "전 그런 연구는 하고 싶지 않아요"라는 뜻이었다. 달후지의 생화학과에서 그는 시아노박테리아를 연구하는 진정한 생화학자인 다른 동료를 만나게 된다. "이 사랑스러운 색깔들!! 이렇게 생각했었어요." 그들은 여러 가지 밝기의 파란색과 녹색들로 자라났고, 한마디로 "흥미진진했다"고 회상했다. 그것들을 연구하는 것이 그렇게 신나는 일이었을까?

"시아노박테리아는 야생 상태에서 어디에 살죠?" 나는 눈에 보이지 않는 살아 있는 생명체들을 파악해 보려고 애썼다.

"어디에나 있어요. 그러니까 물속에요. 고인 수면에 거품 같은 것들이 시아노박테리아입니다. 옥스퍼드의 낡은 건물벽에 초록색으로 보이는 것들도 그렇고요." 그는 내가 옥스퍼드에 다녔다는 것을 알았고, 그것들은 오래된 건물에서 흔하게 볼 수 있는 것이었다. "굉장히 흔합니다. 신비롭고 다양한 색깔을 갖고 있어요. 그렇게 시아노박테리아 분자생물학을 하게 됐어요. 말하자면...." 그는 정확히 왜? 그랬는지 생각하는 듯했다. 의학에 대한 것도 아니었고, 진화에 대한 의문만도 아니었다. 둘리틀은 그 주제에 끌렸고 그는 과학자였다. 그는 당당하게 말했다. "그냥 하고 싶었어요."

마침 이 분야에는 그와 비슷한 연구를 하고 있는 과학자들 간에 활발한 국제교류가 있었다. 그때까지도 조류로 분류되었던 시아노박테리아에 대한 분자생물학을 연구하는 과학자들이었고, 그 당시 여전히 로저 스태니어가 회장을 맡고 있었다. 스태니어는 1971년 미국의 정치상황으로 어쩔 수 없이 버클리를 떠나게 되면서, 시아노박테리아를 독점적으로 연구할 수 있게 하는 조건으로 파리의 파스퇴르 연구소에서 일하게 되었다. 하지만 시아노박테리아 전문가 중 누구도, 심지어 스태니어조차도 리보솜 생성을 위한 RNA 성숙(기능에 맞게 긴 분자를 잘라 내는 과정)을 연구하지 않았다. 그것은 노먼 페이스 실험실에서 일한 후에 얻게 된 둘리틀의 대단찮은 특기였다. "그때 내가 노먼과 했던 것을 시아노박테리아로 반복할 수 있을 거라고 생각했고, 그리 어려운 일은 아니었어요."

둘리틀은 다양한 종류의 시아노박테리아로 연구를 시작했다. 그는 RNA 성숙에 관한 주제와 생물학적 측면에 대하여 두 편의 논문을 발표했다. 그 중 한 편에 대해서는 스태니어로부터 직접 격려를 받았다. '좋은 논문입니다. 제게 영감을 주었습니다. 우리 쪽에 논문 별쇄본을 더 보내주시겠습니까?' 거장의 칭찬은 조교수인 그를 고무시켰다. 칼 워즈는 얼마 후에 자신은 한 번도 스태니어의 칭찬을 듣지 못해서 질투가 날 지경이라고 그에게 말했다고 한다. 그러나 둘리틀은 여전히 그의 연구들이 대단치 않다고 생각했고 더 깊이 파고들지 않았다. 마굴리스의 책을 읽은 것은 그 무렵이었다.

그는 마굴리스의 매혹적인 내공생 이론과 책의 삽화에 깊은 인상을 받았다. 단세포 유기체들과 공생을 표현한 그림들, 심지어 생명의 나무까지 직접

손으로 그려서 이름을 써넣은, 라슬로 메졸리Laszlo Meszoly라는 일러스트레이터의 그림이었다. 둘리틀은 "파격적인" 스타일이라며 극찬했다. 1960년대는 지나갔지만 문화적 여운은 남아 있었다. 로버트 크럼R. Crumb(미국 언더그라운드 만화의 대표적인 인물)이 롤링스톤지Rolling Stone(미국의 대중문화 격주지)에 환각을 일으킬 만한 만화로 아메바가 박테리아를 먹는 모습을 스케치했다면 아마 메졸리의 그림과 비슷했을 것이었다. 특별히 그림에 대한 욕구가 있었던 둘리틀은 진지한 과학에 접목된 만화적인 느낌을 좋아했다. "그것은 내가 윤곽을 잡을 수 있는 영감을 주었다고 생각해요." 그가 말했다. 결과적으로 그랬다. 차후에 생명의 나무에 대한 혁신적인 새 비전을 전달하는 그의 그림들에 중요한 역할을 하게 된다.

마굴리스의 책은 생화학적인 것에서 나아가 진화에 대한 내용이었고 그것이 그를 사로잡았다. 마굴리스는 진화를 먼 과거, 깊은 나무 밑둥치까지 추적해 나갔다. "저 같은 사람에게는 코끼리가 하마랑 관계있는지 고래와 관계됐는지 상관없어요. 그런 건 우리의 관심사가 아니거든요." 둘리틀은 말했다. 포유류의 세세한 계통발생은 마치 작은 콩알들처럼 느껴졌다. 그와 같은 미생물학자에게는 거대한 생명의 왕국이 어떻게 다른 왕국에서 갈라졌는지가 궁금했다. "진핵생물과 원핵생물 간의 관계는 가장 큰 의문이었어요." 검증되지 않은 이설이지만 실체가 있는 내공생 이론은 그 의문에 다가간 것이었다. 둘리틀은 빠져들고 있었다. "좋아, 검증해 볼 수 있겠어."

그러던 1973년 어느 날, 린다 보넨이 그의 실험실에 들어왔다. 어바나에서 워즈의 기술 조교로 일했던 바로 그 여성이다. 워즈의 리보솜RNA 서열 분석을 위해 전기영동법을 작동시키고 X선 필름을 준비하던 사람 말이다. 당시에 그녀는 달후지 대학교 체육학과에서 일하게 된 운동생리학자 남편과 함께 핼리팩스에 살고 있었다. 보넨은 흥미로운 일자리를 원했다. 그녀는 생화학과 분자생물학에 걸쳐 힘겹고 어려운 작업을 수행하며 충분히 검증받은 바 있고, 그것은 다른 연구자들에게 유용한 기술이 될 수 있었다. 워즈는 그녀가 핼리팩스로 간다고 했을 때 "당신이 함께 연구하고 싶어할 사람을 알고 있어요"라고 말했다. 둘리틀이었다. 워즈와 둘리틀은 불과 몇 년 전, 둘리틀이 어바나에서 첫 포스트닥을 했던 시기부터 좋은 관계를 유지했다. 그들은 편지와 전화로 간간이 연락을 주고받았다. 보넨의 능력은 워즈의 편지를 통해서였거나 또는 누구한테서든 들어서 알게 되었을 수도 있다. 둘리틀은 자세히 기억하지 못했지만 "그녀가 처음 왔는데 누구인지 무엇을 할 수 있는지 알고 있었어요"라고 말했다.

그렇게 작은 그룹인 둘리틀의 실험실에 린다 보넨이 기술조교로 합류하게 되면서 그들은 새로운 과제를 설정했다. "복합세포 내 엽록체의 기원"이었다. 첫 번째 작업으로 그들은 다섯 개의 시료로부터 리보솜RNA 샘플을 서로 비교했다. 진핵생물인 홍조류red alga의 세포질, 홍조류의 엽록체, 익숙한 대장균E. coli을 포함해 몇몇 박테리아였다. 만약 마굴리스의 이론이 맞다면, 복합세포에 들어 있는 엽록체는 박테리아 자체에서 나온 것이므로 박테리아와 비슷해야 한다는 것을 의미했다.

그들은 보넨이 어바나 시절에 워즈한테 배운 거추장스럽고 위험한 실험 재료들을 다시 준비했다. 유기체들을 인이 결핍된 영양분 속에서 배양한 다음, 방사성 동위원소 P-32를 첨가하여 유기체들이 리보솜RNA와 같은 분자들에 방사성 물질을 추가하도록 한다. 이제 세포를 깨고 특정 rRNA를 추출한다. 박테리아는 16S, 조류는 진핵생물과 똑같은 18S다. 효소를 이용해서 이들을 짧은 절편으로 자르고 전기영동법으로 서로 분리시킨다. 분리된 절편들을 X선 필름에 노출해 이미지로 만든다. 이 펼쳐진 절편 이미지들은 우르르 몰려다니는 아메바 무리처럼 보였지만, 그들은 워즈가 그랬듯이 그것들을 지문^{fingerprint}이라고 불렀다. 지문으로부터 절편들의 염기서열을 추론하고 그것들을 카탈로그로 만들었다.

대부분의 궂은 실험은 보넨의 몫이었고 둘리틀은 조력자였다. 그가 보스이긴 했지만 그녀는 기술을 가지고 있었다. 2차원 평면에 구조가 더 잘 드러나게 하기 위해 절편들을 옆으로 잡아당기는 전기영동법은 무려 5,000볼트의 전압과 상당한 양의 전류가 필요했다. 그들은 뜨거워진 종이 트랙을 냉각시키기 위해서 미치 소긴이 사용했던 가연성 용제 바솔이 든 탱크에 종이의 양쪽 끝을 담가 두었다. "우리는 여기다 방을 하나 만들었어요." 둘리틀이 말했다. "이산화탄소를 보관할 방이에요. 거대한 이산화탄소 탱크." 이산화탄소가 필요한 이유가 있었을까? "혹시나 바솔에서 불이 나면 끄려고요." 그는 이렇게 말하고는 웃었다. 물론 이산화탄소는 자체로 인체에 매우 위험하지만, 화재경보가 작동했을 때 자동으로 흘러나와 방을 채우면서 불을 끄게 한다는 것이다. "경보가 울리고 방이 이산화탄소로 가득 차는 데 약 30초가 걸리니까 그 안에 탈출해야 해요." 그는 말도 안 되는 낡은 방식이 재밌다는 듯이 이야기했다.

보넨은 그 터무니없는 방에 특별히 개의치 않은 듯 가볍게 넘겼다. "제가 이런 안전장치가 있는 작은 실험실에 있었던 거에요." 다행히 그녀는 폭발하거나 안전시스템(이산화탄소)에 질식하거나 방사능에 피폭되지 않고 원하는 지문을 만들 수 있었다. 방사능을 띄는 절편들은 빛을 차단해 주는 얇은 플라스틱 '카세트' 안에서 필름에 이미지를 만들어 낸다. 카세트는 지역 병원에서 물려받은 것이었다. 보넨은 둘리틀이 지문을 판독하고, 절편들을

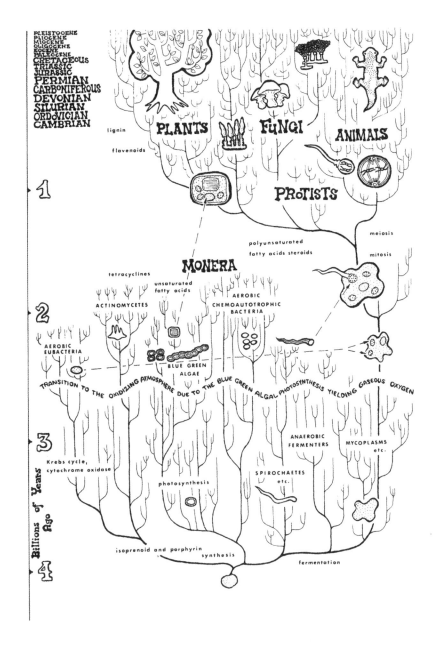

마굴리스의 진핵생물의 나무, 1970년 라슬로 메졸리 그림

서로 비교하기 위해 카탈로그로 만드는 방법을 익히도록 해주었다.

결과는 믿기지 않을 정도로 적나라했다. 홍조류가 갖고 있는 엽록체들의 rRNA는 그 홍조류 자신의 세포질에 있는 리보솜RNA와 완전히 다르게 나타났다. 둘리틀과 보넨은 마치 두 개의 다른 생물계kingdom에서 나온, 뚜렷하게 구별되는 두 생명체를 보는 것 같았다. 나중에 그것은 사실로 밝혀졌다. 만약 우리가 누군가에게서 기증받은 신장을 이식했다고 해도 우리의 새로운 신장에 있는 리보솜은 그렇게까지 크게 다르지는 않을 것이다. 그 신장 역시 인간의 것이기 때문이다. 혹은 이종 간 이식을 했더라도 개코원숭이나 유전자 변형 돼지와 같은 포유류였을 것이다. 그러나 이 엽록체들은 완전히 다른 생물계 간의 이종 기관 이식이다. 그들은 홍조류에 속한 소기관임에도 오히려 비교 대상으로 선택한 들러리 박테리아와 훨씬 더 가까웠다. 의심할 여지없이 식물의 엽록체는 잡아먹힌 박테리아에서 유래되었다는 것을 의미했다. 내공생 이론의 핵심 주장이 확인되는 순간이었다. 보넨과 둘리틀은 논문에서 이 사실을 침착하게 언급했고, 논문 말미에 린 마굴리스와 메레즈코브스키를 인용했다. 칼 워즈에게는 "조언과 격려, 미발표 자료를 제공해 준 것"에 대한 감사를 표시했다. 아마도 둘리틀은 워즈에게, 린다 보넨이라는 인물과 함께 그의 방법론을 핼리팩스로 전해준 것에 대해 개인적으로 더욱 감사를 표했을 것이다.

33

워즈와 둘리틀

포드 둘리틀과 칼 워즈의 오랜 친교는 1960년대 후반 둘리틀이 어바나에서 포스트닥 과정에 있을 때부터 이어져 왔다. 그 중심에는 때로는 협력 관계로, 때로는 경쟁관계로 이끌었던 공동의 관심사가 있었다. 그러나 워즈 말년에는 생명의 나무에 대한 이견으로 심각하게 틀어지고 말았다.

어바나는 이중의 우연이 교차한 장소였다. 워즈보다 열네 살 적은 둘리틀은 바로 일리노이의 작은 도시 어바나에서 성장했다. 물론 칼 워즈가 오기 훨씬 전이었다. 앞에서 잠깐 언급했지만 둘리틀의 아버지는 대학의 미술교수였다. 둘리틀은 하버드 대학에 진학하게 되면서 일리노이를 떠났고, 1964년에 워즈가 올 때는 스탠퍼드 대학원에 다니고 있었다. 4년 뒤에 박사과정을 마친 둘리틀이 일리노이 대학교로 돌아오게 된 것은 솔 스피겔먼 실험실에서의 포스트닥 과정 때문이었다. 스피겔먼은 인비트로$^{in\ vitro}$ RNA 복제라는 흥미롭고도 오싹한 실험으로 명성을 얻은 분자생물학자다. 스피겔먼은 그 실험을 "작은 괴물"이라고 지칭했는데, 비커에서 무한정 번식할 수 있는 합성 RNA의 자가복제 분자를 의미했다. 또한 스피겔먼은 일리노이에 칼 워즈를 영입한 장본인이자 데이브 비숍$^{Dave\ Bishop}$이라는 생어의 제자를 영입한 사람이다. 비숍은 린다 보넨 전에 위즈의 핵심 기술자 미치 소긴에게 생어법을 전수한 사람이다. 서로 얽히고설킨 비좁은 이곳이 바로 과학자들의 세계였다.

1968년 어바나에서 포스트닥 과정을 시작한 둘리틀은 지도교수인 스피겔먼과 너무 친한 것이 탈이었다. 스피겔먼의 아들 윌Will은 고등학교 시절 둘리틀의 단짝이었으며, 둘리틀은 어렸지만 여름방학 동안 스피겔먼 실험실의 학생보조로서 실험기구들을 닦거나 사소한 허드렛일을 도맡았다. 스피겔먼은 그제야 과학이라고 할 수 있는 첫 임무를 주었고 나중에 그에게 대학원 과정에 대해 조언을 해주기도 했다. 그러나 스피겔먼은 다정하거나 친근한 멘토가 아니라 위협적인 느낌을 주는 인물이었다. "사람들이 P−32를 주입할 때마다 그는 두꺼운 고무창 신발을 신고 뒤에서 몰래 다가가는 고약한 버릇이 있었어요," 둘리틀이 말했다. 그 당시 실험실에서는 유리빨대를 입으로 흡입하는 방법으로 액체를 옮겼다. 스피겔먼은 연구원 뒤로 살금살금 다가가서 웅얼거리곤 했다. "그래, 절반만 채워. 잘못하면 P−32를 삼킬 수도 있어." 둘리틀은 당황스러웠던 당시 기억들을 가볍게 웃어넘겼다.

"사람들은 그를 두려워했지만," 둘리틀은 이어서 말했다. "전 그가 두렵지 않았어요." '두려움'이라는 단어는 적당하지 않았다. 무엇보다 그는 그저 단짝이었던 윌 스피겔먼의 똑똑하고 별난 아빠일 뿐이었다. 그러나 둘리틀이 26세의 포스트닥으로 스피겔먼 실험실에 온 것은 두 사람 다 잘못된 선택을 한 것으로 보인다. 오래된 상하관계는 결코 두 과학자 사이의 동등한 협력으로 이어질 수 없었다. 유대감보다는 오히려 장벽에 가까운 방해요소로 오래도록 남았다.

늘 그렇듯이 과학계에서도 인맥은 연구나 아이디어에 의해서만이 아니라 개인적인 친분에 의해서도 형성된다. 둘리틀에게 솔 스피겔먼은 실험실을 떠나 편안하게 협력관계를 가질 수 있는 상대는 아니었다. 물론 둘리틀도 스피겔먼이 알고 있던 깡마른 소년 포드 둘리틀이 아니었다. 그리고 같은 학과에는 위압적이지도 않고 좀 더 친근한 젊은 교수가 있었다. 칼 워즈였다. 그는 거만하지도 퉁명스럽지도 않았다. 어쨌든 그 당시에는 그랬다. "워즈와는 나가서 맥주를 마시기도 했어요." 둘리틀이 말했다. 그 상황에서 워즈는 자연스럽게 스피겔먼의 학생들과 포스트닥들, 둘리틀에게 "사교적이고 정신적인 멘토"가 되었다.

그들의 친교는 1970년대 내내 이어졌다. 워즈와 둘리틀은 때로 유사한 프로젝트를 진행하면서 경쟁 속에서도 서로 아이디어를 공유하고 미발표된 데이터를 주고받기도 했다. 한번은 둘리틀과 보넨이 염색체 연구를 발표했던 미국국립과학원회보(PNAS)^{Proceedings of the National Academy of Sciences}의 바로 같은 호에 워즈 그룹도 비슷한 논문을 발표한 적이 있었다. 양쪽 모두, 염색체의 기원이 박테리아라고 주장한 린 마굴리스 논문을 입증하는 내용이었다. 보넨과 둘리틀이 미발표 데이터를 공유해준 워즈의 호의에 감사한 것처럼 워즈도 그들에게 감사를 표했다. 그들은 같이 가면서 서로 협력하는 동료 사이였다. 과학이 가야 할 모습이었다.

1년 후 둘리틀과 보넨은 네이처지에 두 가지 중요한 주장에 대한 증거를 제공하는 논문을 게재했다. 남조류는 실제로 조류가 아니라 박테리아라는 사실과(이것을 계기로 시아노박테리아라고 불리게 된다), 적어도 일부 복합 유기체들이 가진 염색체는 박테리아 중에서도 특별히 그들 시아노박테리아에서 유래했다는 사실이다. 증거들은 다시 워즈의 방법을 거쳐 모아졌고, 논문은 워즈의 연구에 대한 존경의 표현으로 가득했다.

그 후 1978년, 그다지 유명하지 않은 한 유럽 저널에 두 사람 모두로부터 초미의 관심을 끌어낸 논문이 하나 등장했다. 스트라스부르에 있는 프랑스 팀의 이 논문에는 그들이 여태껏 본 적 없는 것들이 담겨 있었다. 워즈는 단 하나의 박테리아에서 16S rRNA의 잘라 낸 절편들의 분자기록을 밝혀냈지만, 그것은 완전한 '전체' 염기서열을 밝혀낸 것이었다. 박테리아는 잘 알려진 대장균이었다. 그들은 프레드 생어법을 기본으로 사용했지만, 분자를 잘라 내기 위해서 코브라 독에서 추출한 새로운 성분을 추가함으로써 방법을 개선했다. 워즈나 둘리틀 같은 연구자에게 전체 서열 정보의 가치는 대단한 것이었다. 그때까지는 염기들을 짧게 번역한 절편들을 비교할 수밖에 없었고, 이 절편들이 서로 어떻게 맞추어지는지는 알 수 없었던 것이다. 프랑스 팀은 코브라 독으로 그 결합을 밝혀낸 것이다.

논문을 소문으로 듣게 된 워즈는 유럽 저널이 일리노이 대학교에 도착할 때까지 참을 수 없었다. 그는 먼저 저널을 받은 핼리팩스의 둘리틀에게 전화를 걸었다. "서열을 읽어줄 수 있겠나?" 둘리틀은 기꺼이 응했다. 사무실에 앉아서 10월호에 실린 이 저널의 1,542 염기들을 몽땅 전화로 불러주었다. 둘리틀은 염기들을 세 개 단위로 자연스럽게 리듬을 타서 읽으면 누락되거나 중복되는 실수를 피하면서 쉽게 읽을 수 있다는 사실도 발견했다.

말하자면 이런 식이다. "AAA, UUG, AAG, AGU, UUG, AUC," 또 이어서, "AUG, GCU, CAG, AUU, GAA, CGU," 그리고 "UGG, GAU, UAG."라고 읽어 내려갔다. UAG는 전령RNA에서 종결을 알리는 신호인 종결 코돈stop codon으로 통한다. 하지만 이것은 전령RNA가 아닌 구조RNA였기 때문에 둘리틀은 UAG가 나와도 멈출 수가 없었다. "CUA, GUA,

GGU, GGG, GUA," 그리고 "ACG." 그는 그 모든 빌어먹을 것들, 온통 눈동자를 혼란스럽게 만드는 염기 글자들을 모두 읽었고, 워즈는 꼼꼼하게 받아 적었다. 마침내 둘리틀이 말했다. "GGU, UGG, AUC, ACC, UCC, UUA." 그들은 해냈다.

여러분은 이 무슨 석기시대 같은 이야기인가 생각할 수도 있다. 또는 켈트 족장이 캠프파이어 앞에서 주문을 외던 시대를 떠올릴 수도 있겠다. 그러나 이것은 엄연히 1978년에, 진화의 신비를 밝혀줄 분자적인 방법론에 몰두해 있었던 한 생화학 선구자, 그리고 생물물리학 선구자가 방금 세상에 나온 따끈따끈한 새 과학자료를 공유하는 장면이다.

34

내공생의 지지자들,
밀의 미토콘드리아

린다 보넨이 사용한 위즈의 방법은 다음 가설의 검증에서도 계속되었다. 내공생 이론의 두 번째 핵심 가설, 엽록체뿐만 아니라 미토콘드리아도 역시 포획된 박테리아의 후손이라는 주장이었다.

미토콘드리아는 1970년대에 뜨거운 논쟁의 한가운데에 있었다. 이 필수 세포소기관은 진핵세포가 점점 더 복잡해지면서 내부적으로 발생한 것일까? 아니면 세포 밖에서 포획된 박테리아로부터 온 것일까? 이것이 논쟁의 핵심이었다.

전자는 전통적인 관점을 받아들였다. 세포의 내부구조는 핵과 식물의 엽록체, 에너지를 저장하는 미트콘드리아를 비롯한 새로운 구조물들을 조합하면서 점진적인 변이를 통해 복잡해졌다는 것이다. 그 세포소기관들은 마치 우주먼지가 모여 행성을 형성하듯이 주위의 물질들로부터 합쳐졌거나, 아니면 맹장과 같이 떨어져나와 떠다니던 내부의 다른 기관에서 비롯되었다는 추측이었다. 그러나 누구도 장담할 수 없었다.

후자인 외부기원설은 린 마굴리스의 내공생에서 시작된 것이다. 핼리팩스의 보넨과 동료들은 DNA 절편 카탈로그를 비교함으로써 마굴리스와 이반 월린의 가설을 새로 뒷받침했다. 미토콘드리아는 숙주인 단세포 유기체가 박테리아를 삼켰을 때 시작되었다는 것이다. 이 단세포 유기체가 무엇이었던 간에 진핵생물 이전의 세포이며, 삼켜진 박테리아는 소화되지 않았거나, 감염되고 나서 치료되지 않았거나, 일단 들어온 박테리아가 그대로 머물게 되었다는 것이다. 이 계기가 되는 사건은 단 한 번 일어났다. 그렇게 박테리아가 내재화된 후손이 최초의 미토콘드리아가 되었다는 것이다.

당시에 캐나다의 달후지 대학교에는 마이클 그레이[Michael W. Gray]라는 젊은 생화학자가 있었다. 그는 스탠퍼드 대학교에서 포스트닥 과정을 마치고 이제 막 조교수가 되었다. 자신의 회고에 따르면, 그는 캐나다 서부 앨버타주 메디신햇[Medicine Hat] 출신의 이른바 "대초원의 아이"로 자라났고, 이후에 대도시 에드먼턴[Edmonton]에서 학부시절과 박사과정을 마쳤다. 당시에 그가 전공했던 RNA 생화학은 진화와 거의 관련이 없었다. 그는 진화생물학 수업을 들어본 적이 없었고, 그가 하던 연구도 세포시스템의 오랜 기원에 대한 것이 아니라 현재의 기능에 관한 것이었다. 그의 논문 주제는 단백질 합성을 위해 아미노산을 리보솜으로 운반하는 운반RNA(tRNA)[transfer RNA]에 관한 것이었다. 그에게 칼 워즈나 린 마굴리스는 생소한 이름이었다. 어느 날 우연히 어떤 균류의 운반RNA에 관한 저널 논문을 읽게 되었다. 논문은 이 tRNA로 균류의 미토콘드리아가 어디서 기원한 것인지 추적할 수 있을 것이라고 주장했다. 음,... 미토콘드리아에서 tRNA가 무엇을 한다는 것인지? 그는 의아했다. 그들이 가진 기능 중에 어떤 것이 언제부터 단백질 합성에 관여하게 된 것인지? 리보솜은 단백질을 만든다. 미토콘드리아는 ATP를 만든다. 그런데 tRNA와 미토콘드리아 사이에 다른 무언가가 있다는 것이다. 그레이와 같은 RNA 생화학자가 알지 못하던 사실, 그것은 미토콘드리아가 마치 독립적인 세포인 양 자신의 리보솜을 따로 갖고 있다는 것이었다. 그런데 왜일까?

그 간단한 수수께끼는 그레이의 다음 연구를 미토콘드리아로 이끌기에 충분했다. 그는 특히 식물 미토콘드리아에서 발견된 DNA와 RNA에 집중했다. 이것은 미토콘드리아의 기원을 밝히는 데 더없이 중요해 보였다. 그는 특히 밀을 관찰했는데, 과거에 학위논문 연구에서 그가 필요로 했던 tRNA 의 시료로 상업용 밀 배아를 연구한 적이 있었고, 그는 다시금 밀 배아 내부의 유전 물질과 미토콘드리아가 좋은 시료가 될지도 모른다고 생각했다. 그레이는 연구에 착수하면서 문헌들을 훑어보다가 마굴리스의 저서를 보게 되었다. 그 시점에서 그가 본 것은 1967년 논문이 아닌 1970년 저서 《진핵세포의 기원》이었다. 책에는 미토콘드리아의 기원을 포함해 내공생 이론이 자세히 설명되어 있었다. 전통적인 관점을 무색하게 만드는 것이었다.

40년이 지난 오후 어느 날 나는 그레이를 찾아가 물었다. "그 당시에 마굴리스가 급진적이라거나 파격적이라고 인식됐나요?"

"아마도요." 그가 말했다. "책 첫머리부터 그랬을 거에요."

우리는 달후지 외곽의 한 터키 레스토랑에서 점심을 먹고 그레이의 실험실에 딸린 작은 사무실로 돌아왔다. 그는 드러나지는 않았지만 발군의 성과를 이루어내며 미토콘드리아 연구에 광범위하게 기여했다. 이러한 경력을 뒤로 하고 이제 그는 은퇴한 상태였고, 실험실 운영을 마무리하고 있었다. 그는 마굴리스 이론에 대한 부정적인 반응을 떠올렸다. "그 아이디어를 비웃고 자신들의 시나리오"라며 내공생이 아닌 기원을 주장하는 과학자들이었다. 무성한 논쟁들 속에 그녀는 과학계에서 무시당하고 있었다. 그러나 그녀의 이론은 그레이에게 "미토콘드리아가 내부에서 단백질을 합성한다는 것은 박테리아 구조의 흔적"임을 일깨워 주었다. "제 생각엔 꽤 그럴듯했어요." 얼마 지나지 않아 그도 동료인 포드 둘리틀처럼 그녀를 지지할 수밖에 없었다.

그것은 린다 보낸이 둘리틀과 함께 연구할 때 우연히 시작되었다. 그레이의 첫 대학원생 제자였던 스콧 커닝햄Scott Cunningham이 어느 날 보낸과 이야기를 나누게 되었고, 그때 워즈의 방법을 밀의 미토콘드리아에 적용할 수 있겠다는 아이디어가 떠올랐다. 밀은 그레이가 에드먼턴에서 박사과정 때부터 연구해 온 농작물이다. 그들은 이 특별한 진핵생물의 미토콘드리아에서 리보솜RNA를 관찰함으로써, 미토콘드리아의 기원이 박테리아라는 내공생 이론의 기둥을 검증하고자 했다. 이제 그들은 밀의 미토콘드리아에서 rRNA를 추출하고, 분자를 절편으로 조각내고, 절편들의 서열을 분석한 다음, 그 절편들로 카탈로그를 만들 것이다. 그리고 박테리아 같은 유기체의 다른 카탈로그와 비교해 볼 것이다. 그런데 문제가 있었다. 미토콘드리아를 추출하는 작업은 까다롭기로 악명이 높았다. 식물 세포에서 미토콘드리아는 엽록체만큼 풍부하지 않으며, 분리하는 것도 만만치 않기 때문이다. 하지만 그레이는 밀의 장점을 알고 있었다. 밀 알갱이 안에는 새 식물의 싹을 틔우는 작고 연약한 배아가 들어 있고, 거기에는 실험에 충분한 미토콘드리아 rRNA가 들어 있을 터였다.

"생밀은 어디서 구한 거죠?" "서부 캐나다에서요." 그레이가 말했다. 메디신햇 초원의 아이는 밀에 대해 잘 알고 있었다. "여기로 배달되었어요." 그는 이전에 핼리팩스의 현지 밀가루 제분소에서 얻은 밀 배아가 실험용으로 매우 쓸 만하다는 것을 알고 있었지만, 그 밀 배아는 가공된 것이어서 발아할 수 없었다. 거기서 새싹이 자라지 않으면 식물을 배양할 수 없고, 그렇게 되면 방사성 인산염을 주입할 수도 없으며, 분자를 식별하기 위해 방사능 표지를 할 수도 없었다. 그레이와 커닝햄은 밭에서 갓 수확한 밀의 씨앗, 또는 적어도 서부 평원의 철길에 늘어선 곡식창고에서 나온 신선한 밀씨가 필요했다.

결국 그레이는 직접 앨버타에 있는 공급업자에게 가서 포대 채로 가져왔다. 커닝햄은 부엌용 믹서기와 체를 이용해, 발아할 수 있는 밀 배아를 골라내는 방법을 어렵사리 찾아냈고, 드디어 소중한 밀 배아 16그램을 추출하는 데 성공했다. 그들은 여과지 위에 물을 채우고 건강한 캐나다산 밀 배아를 발아시켰다. 싹이 텄다. 그리고 X선 필름에 방사능 표지가 나타나도록 "엄청나게 많은 양의 방사능"을 주입했다. 그다음 밀 배아로부터 미토콘드리아를 분리하고 미토콘드리아 rRNA를 추출했다. 이제 린다 보넨의 지시에 따라 그들은 rRNA를 절편으로 자르고, 필름에 노출시켜 지문을 읽고, 카탈로그로 만들었다.

밀은 탁월한 선택이었다. 식물 미토콘드리아의 rRNA는 동물보다 변이의 속도가 느리기 때문이다. 따라서 박테리아와 같은 뿌리일 수 있는 그들 조상과의 유사성이 좀 더 확실하게 드러날 것이다. 그레이와 커닝햄은 보넨과 둘리틀을 공동저자로 추가하여 저널에 실었고, 그들의 명확한 연구 결과는 마굴리스의 가설을 뒷받침했다. 밀의 미토콘드리아에 있는 리보솜RNA는 밀의 그것과 닮지 않았다. 그들은 밀에게 입양된 작은 외계생명체였다. 다른 어딘가에서 온 그들은 박테리아와 닮아 있었다.

35

칼 워즈의 알파 프로테오박테리아

그들의 밀 미토콘드리아 논문이 발표되고 나서 거의 10년이 흐르는 동안에도, 그 분야의 영향력이 크거나 주장이 강한 소수의 생물학자들은 여전히 내공생 이론을 받아들이지 않았다. 그들이 부정하는 가설 부분은 마굴리스가 주장한 세 소기관의 내공생 이론에서 그것이 통째로 삼켜졌다는 대목이었다. 시아노박테리아에서 유래한 엽록체, 또 다른 종류의 박테리아에서 나온 미토콘드리아, 스피로헤타 혹은 비슷한 종류의 박테리아에서 유래한 편모를 말하는 것이다. 너무 많기는 했다.

개인적인 불편한 속내를 포함하여, 이 이론이 의미하는 바에 대해 잠재의식에 내재한 혐오감이 있었을 것이다. 동물 세포와 인간 세포, 여러분 모두의 세포, 나의 세포, 미심쩍어하는 모든 이의 세포 안에 포획된 박테리아들이 세포소기관으로써 각자 중요한 일을 하는 모습을 상상해야 하는 것이다. 우리의 위나 겨드랑이에 사는 바글바글하게 많은 박테리아를 말하는 것이 아니다. 우리가 알고 있는 장내세균이나 미생물들은 체내에 서식하긴 하지만 '세포 안에' 살지 않는다는 사실을 아는가? 지금 우리가 이야기하는 것은 포획되고 길들여져 인간이라는 존재에 완벽하게 통합된 박테리아를 이르는 것이다. 이 포로들은 20억 년에 걸쳐 세포 내 시스템으로 정착했고 우리에게 유전된 것이다. 우리의 DNA 안에는 그들의 DNA가 들어 있고 그것은 특별히 우리가 어머니들로부터 물려받은 것이다. 하필 어머니? 그렇다. 미토콘드리아 DNA는 정자가 아닌 난자로만 전달되기 때문이다.

쉽게 말해 내공생 이론은 우리 모두가 합성 생명체라는 것이다. 순수혈통으로서 확연히 구별되는 개체가 아니라는 것이다. 선뜻 납득하기 어려운가? 당연하다. 제이슨 본처럼 깊은 잠에서 깨어난 순간 '당신은 당신이 생각했던 사람이 아니다'라는 말을 듣고 바로 수긍할 수 있는 사람은 드물 테니까.•

내공생 이론은 또 다른 국면에 접어들게 되었다. 연구자들이 전자현미경으로 미토콘드리아와 엽록체 안에 든 유전물질의 물리적 구조와 양을 자세히 관찰하기 시작하면서부터였다. 미토콘드리아와 엽록체는 모두 진핵세포 내의 장기라 할 수 있는 보조 단위의 세포소기관이지만, 그들만의 게놈genome을 따로 가지고 있었다. 진핵생물의 핵 속 염색체에 접어 넣어져 있는 게놈과는 별도의 것이었다. 전자현미경으로 관찰한 일부 미토콘드리아와 엽록체 속의 DNA는 핵에서 발견되는 선형 염색체와 달리, 고리 모양의 원형 염색체로 보였다. 그중 한 예로, 시금치도 엽록체 안에 미세한 고리 모양의 DNA를 가지고 있었다. 그것은 내공생 이론을 더욱 뒷받침하는 증거이기도 했다. 박테리아가 원형 염색체에 자신의 게놈을 가지고 있기 때문이다. 미토콘드리아와 엽록체가 박테리아이거나 또는 거기서 유래한 것이라면 그들의 염색체는 박테리아와 같은 형태를 갖는 것이 당연할 것이다.

• 폴 그린그래스 감독의 시리즈 영화 '제이슨 본' 참조.

그러나 이 원형의 염색체들은 일반 박테리아 염색체보다 훨씬 더 작아 보였다. 염색체가 전달할 수 있는 정보의 양, 즉 염기쌍과 유전자 수도 박테리아 게놈에 비해 현저하게 적었다. 독일 뒤셀도르프 대학교의 과학자들이 시금치의 엽록체를 정밀 조사한 결과, 고리 형태의 작은 DNA는 일반 박테리아 염색체의 1/30 크기밖에 되지 않았다. 새로운 미스터리였다. 미토콘드리아와 엽록체가 정말로 박테리아에서 유래한 것이라면 나머지 유전자는 어디에 있는 것일까? 완전히 사라졌거나, 떨어져 나갔거나, 퇴화된 것일까? 아니면 이 유전자가 숙주세포 내의 다른 곳, 핵 자체에 이식되어 세포가 유전될 때 함께 유전되었을 수도 있을까? 이 작은 수수께끼는 이 책의 서사에서 뒤에 다루게 될 '가장 놀라운 발견'에 이르는 단서가 되었다. 그것은 생명의 역사를 관통하며 중요한 역할을 한, 하나의 유기체에서 다른 유기체로의 수평적 유전자 전달에 관한 것이다.

1980년대 초반까지도 여전히 내공생 이론이 반대에 부딪힌 또 다른 이유가 있었다. 미토콘드리아와 특정 박테리아를 연결하는 증거가 없다는 것이다. 만약 모든 미토콘드리아가 하나의 포획된 박테리아로부터 유래하였다면, '좋아요, 근데 어떤 놈이죠?' 유력한 후보자가 없었다. 엽록체는 연결되는 것이 있었다. 아시다시피 시아노박테리아다. 하지만 미토콘드리아의 전신이었던 박테리아는 아직 그 정체를 드러내지 않았다. 마이크 그레이와 포드 둘리틀은 1982년에 "내공생 이론은 입증된 것인가Has the Endosymbiont Hypothesis Been Proven?"라는 제목으로 내공생 전체에 대한 긴 리뷰 논문을 발표했다. 놀랍게도 그들은, 1977년 밀 배아에 관한 자신들의 논문에서도 최소한 미토콘드리아에 관해서는 아직 검증되지 않았음을 인정했다.

그레이와 둘리틀은 철저하게 검증했다. 논문은 우선 두 페이지에 걸친 서문에서, 어떠한 종류의 실증 자료로 이론들을 검증하는지, 그러한 실증 자료는 일반적인 정황들과 어떤 차이가 있는지에 대해서 규정해 놓았다. 다른 것들에 비해서 우세한 "증거"들이 존재하며, 단순한 상관관계들은 부차적인 대안이 될 수 있다. 이 부분은 포드 둘리틀의 철학적인 사고와 저술 스타일을 그대로 드러낸 것이었다. 그리고 이어지는 장은 둘리틀 연구의 핵심인 엽록체와 시아노박테리아에 대한 것이었다. 다음으로 마이크 그레이가 전문적으로 분석한 RNA와 미토콘드리아에 대한 논고가 이어졌다.

논문의 요지를 정리하자면, 엽록체 가설은 증명된 것인가, 그렇다. 그러나 미토콘드리아 가설은 아니다. 아직 완전히 증명된 것이 아니다. 끝에 가서 그레이와 둘리틀은 밀 미토콘드리아에 대한 자신들의 연구를 언급하며 개연성은 있지만 결론지을 수 있는 것은 아니라고 말했다. 밀 미토콘드리아의 rRNA 서열분석 결과는 대장균과 유사했다. 어쨌든 그들의 논문 이후 5년 동안 박테리아 중에서 더 유력한 후보자를 찾아낸 연구자는 나오지 않았다. 게다가 그것은 밀이라는 단 하나의 식물에 한정된 것이었고, 그것이 진핵생물의 두 가지 다른 큰 분류인 동물과 균류까지 고려한다면 미트콘드리아의 적절한 후보자가 전혀 없었다. 내공생에 대한 설득력 있는 증거, 미토콘드리아가 된 박테리아 후보자는 아직 없었다. 그리고 당분간 그 의문은 지속될 것이었다. (미토콘드리아 전체 게놈과 완전히 일치하는 한 박테리아 집단에 대해서 마이크 그레이가 공동저자로 논문을 출판하기 전까지 무려 15년 동안 결정적인 증거는 나오지 않았다.)

이쯤에 다시 칼 워즈가 등장한다. 1985년 워즈 실험실은 "미토콘드리아의 기원Mitochondrial Origins"이라는 논문에서 그 연관성을 찾아냈다고 발표했다. 그들은 그것이 모든 미토콘드리아의 조상일 가능성이 있으며, 여전히 지구에서 번성하는 박테리아 집단들 속에 있다고 주장했다. 그 조상의 친족들은 오늘날 우리 주변에 소리없이 기생하면서 호두나무와 포도덩굴 등 식물에 혹병을 일으키는 존재들이라는 것이다. 현재 프로테오박테리아 proteobacteria로 알려진 그들은 흔치 않은 자주색 박테리아의 알파 계열alpha subdivision에 속해 있다.

워즈와 동료들은 그가 애용하던 분자 16S rRNA를 다시 진화 연관성의 준거로 사용했다. 미토콘드리아는 박테리아의 16S와 상당히 유사한 rRNA 분자를 가지고 있었다. 그렇다면 어떻게 비슷한 것일까, 그리고 그 박테리아 는 무엇일까? 당시에 서열분석 기술은 더욱 발전했다. 프레드 생어는 DNA 서열분석(RNA는 해당하지 않는다)에 있어서, 이전의 어떤 것보다도 빠르고 정확한 방법을 고안해 내면서 여전히 중요한 역할을 하고 있었다. 워즈는 다시 그것을 연구에 도입하여 자신만의 방법으로 조정했다. 확연히 드러나 는 것이 아니므로 미미하게 느껴질 수도 있지만 사실 중요한 진전이었다. 그 가 이제까지 극소량의 리보솜에서 rRNA 분자를 추출하여 그 일부를 서열 분석했다면, 이제는 게놈에서 DNA를 추출하고 DNA 클로닝DNA cloning 방 법으로 대량 복제한 후에 그 원래 분자의 서열을 분석하는 것이다. 그들은 박테리아의 16S rRNA 코드가 미토콘드리아의 그것과 일치한다는 것을 발 견했다. 비유하자면, 어떤 건물을 측정하기 위해 청사진 위에 그려진 도면 을 읽은 것과 같았다. 물론 이전과 동일한 정보를 산출하기 위한 것이지만 더 빠르고 향상된 방법론적 진화였다. 칼 워즈는 아주 티끌 만한 양으로 빠 듯하게 연구할 수 있었던 rRNA 대신 꽤 큰 양의 DNA 서열분석이라는 지 름길을 찾아낸 것이다. 이것은 수십 년에 걸친 그의 지난한 고생의 산물이 자 새로운 정보들의 포문을 여는 시작이었다. 그는 여느 연구자들이 미칠 수 없는 심오한 의문의 소유자지만 동시에 새로운 방법에 도전하는 얼리어 댑터기도 했다.

1985년 논문의 제1 저자는 데청 양^{Decheng Yang}이었다. 그는 중국 북동부에 있는 대학을 거쳐 박사과정을 위해 일리노이에 오게 되었고 결국 워즈 실험실에 합류했다. 그와 워즈, 동료들은 일곱 가지 유기체의 rRNA 유전자를 서로 비교했다. 진핵생물인 미토콘드리아와 여섯 가지 원핵생물들이었다. 그중 5개는 박테리아였고 나머지 하나는 워즈의 새로운 왕국 아르케이아에 속한 대표 주자로서, 이들 중 어떤 것이 진핵생물인 미토콘드리아와 가장 가까운지 알아내려는 것이었다. 아르케이아는 폭넓게 구성하기 위해 투입된 일종의 용병이었다. 실제 용의자는 박테리아였다. 진핵생물로 선택된 밀은 마이크 그레이 팀의 밀 미토콘드리아에서 추출된 16S rRNA 서열을 사용했다. 선택된 5개 박테리아는 고정 멤버인 대장균과 시아노박테리아인 아나시스티스 니둘란스^{Anacystis nidulans}, 그 외 두 가지는 독자들이 기억하지 않아도 되는 것들, 마지막은 농작물에 서식하며 악성종양을 일으키는 근두암종균인 아그로박테리움 투메파시엔스^{Agrobacterium tumefaciens}라는 미생물이다. 이 마지막의 투메파시엔스^{A.tumefaciens}는 알파-프로테오박테리아^{alpha-proteobacterium}의 한 종류다.

많은 알파-프로테오박테리아는 진핵세포 안에 서식할 수 있도록 생활방식을 진화시켰다. 인간 세포에 티푸스와 록키산열^{Rocky Mountain spotted fever}을 일으키는 병원균도 그중 하나다. 워즈가 선택한 A. 투메파시엔스는 인간에게는 해가 없지만 식물에게는 치명적이다. 어쨌든 바로 이것이 밀 미토콘드리아와 가장 일치하는 것으로 나타났다. 워즈는 이 소식을 스탠퍼드에서 안식년을 보내고 있었던 마이크 그레이에게 전화로 알려주었다.

실제로 이것은 엄청난 발견이었다. 단지 밀에만 국한된 것이 아니었다. 지구 생명의 역사를 통틀어 단 한 번 우발적으로 포획된 박테리아에서 미토콘드리아가 유래했다는 사실은 이미 다른 연구자들이 밝혀냈기 때문에*, 워즈 팀은 모든 복합세포 내에 있는 미토콘드리아의 조상에 대한 발견만으로 주장을 한정했다. 그 조상은 알파-프로테오박테리아의 일원이며, 그 후손들이 우리의 모든 세포에 에너지를 공급하고, 복잡한 진화를 가능하게 한 것이다.

워즈 팀은 논문 네 번째 페이지에 간단한 나무 그림을 넣었다. 미토콘드리아와 박테리아의 나무였다. 밀과 쥐, 균류, 이 세 개의 미토콘드리아 잔가지들이 종양균인 A. 투메파시엔스 박테리아 잔가지와 함께 같은 작은 가지에 뭉쳐서 달려 있었다. 만약 그들이 인간 미토콘드리아와 같은 rRNA 유전자를 가졌다면, 인간의 미토콘드리아도 역시 여기서부터 자라났을 것이다. 미토콘드리아 외에 다른 것들은 모두 다른 가지, 다른 큰 나뭇가지에 있을 것이다. 우리의 나머지 유전자, 우리라는 존재, 이제 의심스럽기까지 한 우리의 정체성을 형성했던 모든 것은 하나의 그림 속에 넣기에는 너무 광범위한 것이었다. 나무 그림은 미토콘드리아가 진핵세포에 합류한 이후 복잡해지기 시작했다.

● 1970년대, 포드 둘리틀과 린다 보넨이 린 마굴리스의 내공생을 검증한 논문이다.

36

린 마굴리스, 생명의 나무는
나무가 아니다

이 검증이 끝나갈 무렵인 1985년에 린 마굴리스는 겸임 조교수를 시작했던 보스턴 대학교에서 정교수가 되었고, 미국 최고의 과학자문기관인 국립 과학아카데미National Academy of Sciences 회원으로 선출되었다. 닉 마굴리스와의 결혼생활을 정리한 상태였고, 네 아이 중 막내가 16살이 되었다. 3년 후 그녀는 애머스트Amherst로 옮겼고, 그곳에서 생애 마지막까지 매사추세츠 대학교University of Massachusetts의 저명한 대학교수로 남게 되었다. 그녀는 제자들을 가르치고 충고를 아끼지 않았으며 교육용 필름과 동영상을 만들었다. 그녀는 손님들을 초대하고 음식을 대접했다. 사람을 좋아했고 대화를 사랑했고 아이디어들 속에 파묻히는 것만큼이나 사람 사이에 파묻히는 것을 좋아했다.

그녀는 저술활동을 멈추지 않았다. 한편으로는 도발적이고, 한편으로는 기술적으로 대단히 광범위한 주제에 관한 학술 논문뿐만 아니라, 내공생에 관한 이론을 홍보하거나 내공생보다도 더욱 믿기 어려운 개념과 이론, 관점들을 옹호하는 대중 기사나 책을 출판했다. 그녀는 에이즈 회의론자로서 이 증후군의 원인이 인간면역결핍 바이러스(HIV) 인자라는 사실에 이의를 제기했다. 그녀는 9/11에 의혹을 품었고, 그것은 숨겨진 정치적 목적을 위해 모종의 집단이 주도한 "허위 사기극"이라고 생각했다. 그녀는 오래전부터 자신과 영국 화학자 제임스 러브록James Lovelock이 함께 전개한 가이아설Gaia을 주장했다. 지구는 하나의 살아 있는 유기체와 같아서 독자적인 생화학 원리에 의해 스스로 유지되는 시스템이라는 것이다. 이것은 그녀의 의도와 달리 문자 그대로 '살아 있는 유기체'로 받아들인 사람들과 가이아를 거의 신비주의 견해로 보는 사람들로부터 큰 갈채를 받았다. 그러나 마굴리스 자신은 신비주의를 믿지 않았다. 그녀는 증거와 논쟁, 자연이라는 물질 세계(특히 현미경을 통해 관찰된)를 추구했다. 설사 그것들이 그녀를 낯선 곳으로 데려간다 할지라도.

그녀는 의학계에서 논란이던 라임병이 만성질환이라는 견해를 지지했다. 라임 병원균인 스피로헤타spirochete는 만성감염 인자로 체내에 잠복해 있기 때문에 정상적인 항생제 복용으로는 억제할 수 없다는 것이다. 그녀는 미국 국립과학원회보에 별나고도 설득력이 없어 보이는 논문의 출판을 지지하기도 했다. 도널드 윌리엄슨Donald I. Williamson이라는 은퇴한 영국 동물학자의 논문이었다. 그는, 나비와 그들의 미성숙 단계인 애벌레는 서로 다른 종에서 진화했고, 나중에 그것들이 일부 설명할 수 없는 혼성 과정을 거쳐 한 생명의 일대기로 연결되었다고 주장했다. 서로 다른 생명체였던 애벌레와 나비가 결합했다는 것이다. 말하자면 올챙이가 새와 섞이며 새로운 생명체가 탄생했고, 그것이 생애과정에서 올챙이와 새 두 단계를 거친다는 것이다. 윌리엄슨은 이것이 진핵세포의 공생과 유사한 것이라고 주장했다.

마굴리스는 나비 논문 출판에 대하여 다음과 같이 변호했다. 가설이 틀릴 수도 있지만 "우리는 과학자들에게 윌리엄슨의 아이디어를 받아들이라고 요구하는 것이 아닙니다. 편견에 따라 반사적으로 거부할 것이 아니라 오로지 과학과 학문으로만 평가해야 합니다." 심지어 윌리엄슨의 괴물나비 견해가 발표되기도 전에, 그것은 그러한 유전정보가 이미 존재했기 때문이라고 지적하며 반대하는 과학자들도 있었다. 마굴리스는 그러한 권위에 대한 도전, 과학자들 간의 논쟁, 신중함과 대담함 사이의 갈등 상황에서 거침이 없었다. 남들이 팔다리가 약해 부러질 수도 있다고 경고할 때면 그녀는 오히려 팔다리를 뻗으며 뛰고 싶어했다. "부러지면 어때요, 과학도 그래야 해요!" 이것이 그녀의 사고방식이었고, 평생에 걸친 그녀의 도발은 동료 과학자들을 격분하게 만들었지만, 과학자가 아닌 사람들 사이에서 많은 칭송을 받으며 그녀를 유명하게 만들었다. 그녀는 인터뷰를 했고 모임을 만들었고 강연을 하러 다녔고 격렬한 논쟁을 벌였다. 한 순수 저널에 실린 그녀의 프로필에는 "과학계의 왈가닥 지구의 어머니science's unruly Earth Mother"라고 쓰여 있었다. 전체적으로 그녀를 표현한다면, 유쾌하고 활기 넘쳤으며, 토론에 개방적이었고, 지나치리만큼 강한 확신과 자신의 시간을 아끼지 않는 호의적인 사람이었다. "저는 아내로서 두 번이나 실패했어요." 그녀가 한 말이었다. "좋은 아내이자 좋은 엄마, 최고의 과학자가 되는 것은 인간적으로 불가능했어요." 무언가는 포기해야 했다. 하지만 그녀는 과학자 그리고 엄마의 길을 택했다. 그리고 그녀는 자신의 네 아이보다 훨씬 더 많은 사람의 왈가닥 어머니가 되었다.

그녀가 1986년에 출판한 《성의 기원: 30억 년의 유전자 재조합Origins of Sex: Three Billion Years of Genetic Recombination》은 그녀의 장남인 도리언 세이건과 공동으로 집필한 시리즈 중 첫 번째 책이다. 30억 년을 다루는 것은 그녀가 쓴 책들의 특징이다. 1년 후에 그들은 《마이크로 코스모스: 우리 선조 미생물의 40억 년에 걸친 진화Micro-Cosmos: Four Billion Years of Evolution from Our Microbial Ancestors》를 출판했다. 그들의 2002년 책《유전자 획득: 종의 기원에 대한 이론Acquiring Genomes: A Theory of the Origins of Species》에서 그녀는 신다윈주의에 대한 자신의 주장을 자세히 설명하고 있다. 그것은 20세기에 다윈과 멘델 유전학을 결합한 이론으로서, 진화적 혁신을 초래한 유전적 변이의 주요 원인에 대한 신다윈주의의 내용은 잘못된 것이라는 주장이었다. 마굴리스와 세이건에 따르면 변이의 주된 요소는 신다윈주의자들이 충분하다고 생각하는, 미세하고 무작위적인 돌연변이에서 기인하지 않는다는 것이다. "그보다는", 그들은 썼다. "새로운 진화를 이끄는 중요한 유전적 변이는 게놈의 획득으로부터 오는 것이다." 그것은 종의 진정한 기원이 공생에서 비롯되었다는 것을 의미했다.

여기서 그들이 말하는 공생은, 앞에서 언급했듯이 광범위한 의미의 다양한 사례까지를 포함하고 있었다. 물론 여러분이 지금까지 읽었던, 진핵세포 안에 포획되어 최초의 엽록체와 최초의 미토콘드리아로 변형된 박테리아의 내공생을 포함해서, 덜 극단적이고 덜 획기적인 것들을 이르는 것이다. 마굴리스와 세이건은 두 생명체 안에 있던 두 개의 게놈이 합쳐져서 하나의 살아 있는 파트너십을 이룬 사례에 대해서 설명했다. 엘리시아 비리디스Elysia viridis라는 바다 민달팽이 종은 성장기에 녹조류를 먹고 나서, 완전히 소화시키지 않고 세포 안에 해조류의 엽록체를 간직한다. 민달팽이는 그렇게 획득한 엽록체들이 태양빛으로부터 에너지를 끌어모을 수 있도록 얕은 바다에 서식하며 식물처럼 광합성을 한다. 성체가 된 민달팽이는 사실상 "식물과 동물의 잡종"이라는 이야기다. 마굴리스와 세이건은 이처럼 새로운 종이 탄생하는 주된 방식은 (지금까지 알려진 바로는) 신다윈주의자들이 주장하는 점진적인 돌연변이가 아니라 그러한 극적인 결합이라고 주장했다.

마굴리스는 몇 년 후 인터뷰에서 녹색 바다 민달팽이에 대해 언급했다. "진화 생물학자들이 생각하는 진화의 패턴은 나무입니다"라고 디스커버 매거진의 한 작가에게 말했다. "하지만 그렇지 않습니다. 진화의 패턴은 거미줄web입니다. 조류와 민달팽이가 합쳐진 것처럼 가지들은 합쳐집니다." 그녀가 옳았다. 생명의 나무는 나무가 아니었다.

기이한 견해와 반항아라는 평판에도 불구하고 마굴리스는 많은 상과 명예로 빛을 발했다. 그것은 배척당한 아웃사이더라는 그녀에 대한 대중적 편견(그녀 스스로 자조한 이미지)이 틀렸다는 것을 드러내기에 충분했다. 1983년에 미국국립과학아카데미National Academy of Sciences 회원으로 선출된 것은 시작에 불과했다. 이어서 미국인으로서는 드물게 러시아국립과학아카데미Russian Academy of Natural Sciences와 저명한 기관인 미국예술과학아카데미American Academy of Arts and Sciences의 회원으로 선출되었다. 또한 이 단체가 무엇이고 어디에 있는지는 모르겠으나 세계예술과학아카데미World Academy of Art & Science 회원으로 선출되었으며, 베를린에서 알렉산더 폰 훔볼트 상Alexander von Humboldt Prize을 받았고, 런던에서 다윈-월리스 상Darwin-Wallace Medal을 공동 수상했다. 그녀가 받은 명예 박사학위는 16개에 달했다. 2000년에 빌 클린턴 대통령은 그녀에게 국민과학훈장National Medal of Science을 수여했다. 모두 열거하기 어려울 정도였다. 2010년에 그녀는 몬태나주 보즈먼Bozeman이라는 소도시로 날아가 '미국컴퓨터박물관American Computer Museum'이라는 멋진 기관에서, 생물학자 에드워드 O. 윌슨Edward O. Wilson이라는 과학 선구자의 이름으로 수여되는 상을 받았다. 윌슨은 행사를 위해 날아왔고 기념 만찬이 있었다. 내가 처음 그녀를 만난 곳이었다.

다음 날, 거센 바람이 부는 10월의 이른 아침이었다. 그녀와 나, 에드 윌슨 등 20여 명은 옐로스톤 국립공원의 현장탐방을 위해 버스에 올랐다. 버스가 로지폴소나무 숲, 수증기가 피어오르는 열수분출공, 간헐천, 색깔도 알록달록한 미네랄 온천, 들소와 엘크(사슴 종류)를 방목하는 초원을 굽이치며 흐르는 송어 가득한 강, 옐로스톤의 온갖 명소들을 지나는 동안 린과 나는 거의 8시간 이상을 함께 앉아 있었다. 다른 일행들은 아마도 들소와 곰, 엘크에 대해 이야기했을 테지만, 우리는 내공생과 종의 기원, 9/11 사건, AIDS 병리학, 라임병에 대해 이야기했다. 나는 때마침 전염병에 관한 책을 쓰고 있었기 때문에 라임병에 특별히 관심이 쏠렸지만, 지역 야생동물과 다른 많은 것에 대해서도 이야기했다. 그녀는 모든 것에 관심을 가졌다. 그리고 내게 애머스트에서 열리는 자신의 세미나에 오라고 초대해 주었다.

나는 버스 안에서 그리고 그 후에 우리가 나눈 이야기들을 기록하지 못했다. 이후에 그녀에 대해 쓰게 되리라고는 전혀 예상하지 못했던 것이다. 하지만 기념사진이 하나 남아 있었다. 린과 나, 에드 윌슨, 또 다른 과학자 한 명이 옐로스톤 강의 그랜드 캐니언이 내려다보이는 곳에서 일렬로 팔짱을 낀 채 포즈를 취한 사진이다. 배경에는 거대한 폭포가 있었다. 린은 두툼한 회색 스웨터 차림이었다. 에드는 이 장난스러운 사진을 찍을 때 잠깐 빌려 쓴 스포티한 공원관리인 모자(회색곰 그림이 있는 납작한 챙 모자)를 쓴 채 뽐내며 웃고 있었다. 에드는 이단적인 이론을 옹호한 대가로 곤욕을 치르기도 했지만 개의치 않았고, 기꺼이 린 마굴리스와 함께 하고자 했다.

2주 후에는 매사추세츠 대학교에서 그녀의 세미나가 있었다. 나는 보스턴에서 일을 마치고 애머스트로 차를 몰았다. 세미나를 참관하고 그녀의 저녁식사에 초대되어 그녀가 직접 요리한 담백한 스튜를 함께 했다. 그녀는 애완견을 키우고 있었다. 나는 내심 라임병에 관한 인터뷰를 기대했지만, 조용히 마주할 겨를이 없었고 그것은 중요하지 않게 느껴졌다. 그곳에는 많은 손님도 있었고 폭넓은 대화가 이어졌다. 늘 그렇듯이 린은 논쟁에 불을 지폈다. 나는 다시 보스턴으로 돌아왔다. 그리고 다시는 그녀를 보지 못했다. 그녀는 일 년 후에 심각한 뇌졸중으로 생을 마감했다. 그녀의 나이 73세였다.

"그녀는 과학계에서 관행을 파괴하는 데 일조했습니다." 이것은 린의 사후에 그녀에 대한 애도의 글이 아니라, 그녀가 맹렬하게 활동하던 불과 몇 년 전에 포드 둘리틀이 한 이야기였다. "작정하고 덤비면 큰코다칠 겁니다." 그가 덧붙였다. "린 마굴리스처럼 관행을 거부하는 사람들은 그들이 틀린 것에 대해서도 강하게 파고들거든요. 물론 그녀가 옳았듯이 그들이 옳았던 것도 있어요." 그는 내공생을 말한 것이었다. 그녀가 했던 중요한 주장 세 가지 중, 미토콘드리아는 옳은 것이었다. 엽록체도 그렇다. 하지만 운둘리포디아(진핵세포의 미소관, 작은 꼬리들)는 아니었다. 미토콘드리아와 엽록체가 박테리아로부터 유래했다는 것은 분자 증거로 증명되었다. 즉, 그들이 간직해 온 유전자는 박테리아와 일치했다. 그러나 스피로헤타와 운둘리포디아가 일치한다는 분자 증거는 발견되지 않았다. 현미경 관찰 결과 절단면의 9개짜리 관이 유난히 닮았다는 정도가 유일한 증거였다. 하지만 분자 시대에 현미경 관찰로는 더 이상 충분치 않았다.

둘리틀은 보스턴에서 그녀를 알게 되었다. 그녀가 보스턴 대학교에 있을 때인 1977-78년도에 그는 하버드에서 안식년을 보내고 있었다. 그가 어떻게 린을 만났는지는 자세히 기억하지 못했지만, 그들은 처음부터 마음이 통했던 것 같았다. 1975년에 그가 보낸과 같이 발표한 논문은 내공생 이론 중에서도 엽록체 가설을 뒷받침해 주었다. 당시에 린은 아직 닉 마굴리스와 시내 서쪽 근교에 살고 있을 때였다. 둘리틀은 "그녀의 집에서 훌륭한 파티를 자주 가졌어요"라고 회상했다. 그녀는 자신의 삶을 즐기면서 살았다고 이해하면 될 것이다.

아이디어에 대한 열린 태도와 스스로에 대한 확신, 지적 논쟁을 즐겼던 성향으로 그녀는 두터운 친분을 형성했고, 극단적으로 갈리는 과학적 이견 속에서도 최소한의 우호적 관계를 유지하는 재주가 있었다. 이것은 그녀와 동시대를 살았던 고집쟁이 생물학자들과의 관계를 통해 엿볼 수 있었다. 신다윈주의자 중 한 사람인 에른스트 마이어Ernst Mayr는 그녀와 근본적으로 의견을 달리했지만 그녀의 책에 기꺼이 서문을 썼으며, 그녀는 책이 틀렸다고 말하는 그의 서문을 기꺼이 받아들였다. 스티븐 제이 굴드Stephen Jay Gould 역시 그녀의 책에서 비슷한 역할을 했다. 조슈아 레더버그Joshua Lederberg, 루이 토머스Lewis Thomas, 에벌린 허친슨Evelyn Hutchinson도 그랬다. 이름만 들어도 알 수 있는 유명인사들이다. 그녀는 신다윈주의에 대해 리처드 도킨스Richard Dawkins와 정면으로 대립하고 옥스퍼드에서 그와 논쟁을 벌이기도 했으나, 도킨스는 "내공생 이론에 대한 린 마굴리스의 불굴의 용기와 정열을 진심으로 존경합니다. 그녀는 그것을 비정통적인 것에서 정통적인 것으로 이끌었습니다"라고 말했다. 정확하고 절제된 표현이었다. 앞에서 언급했듯이 그녀는 에드 윌슨으로부터 상을 받았고, 빌 클린턴에게서도 받았다.

그러나 칼 워즈와는 그러지 못했다. 워즈는 그녀의 모험적인 아이디어를 참아 낼 수 없었고, 그녀가 "워즈 사단"이라고 부르는 일부 핵심 측근과 과학자들은 그녀와 전쟁을 치르듯이 그녀를 공격했다. 내가 그들 중 일인에게 마굴리스에 대해 물었을 때 구역질 난다는 몸짓으로 말을 대신했다. 감정의

골은 깊어졌다. 두 사람 모두를 알고 있었던 얀 샙에 따르면, 워즈는 그녀를 싫어했고, 그녀가 워즈 사단이라고 부른 것에 대하여 "또다시 그렇게 말하면 고소해 버리겠어"라며 분개했다. 워즈는 자신이 '생명의 세 영역domain'이라고 불렀던 분류 용어를 선택할 때, 제국empire이나 왕국kingdom같은 군국주의적이고 권위적인 단어는 제외시켰다. 그가 특별히 평화주의자는 아니었다 해도 그에게 이것은 매우 중요했다. 한편, 마굴리스는 1982년에 《다섯 개의 왕국(계)Five Kingdoms》이라는 제목의 책을 공동으로 집필해 출판했는데, 이 책은 지구의 생명체들을 크게 다섯 가지로 분류함으로써 1977년 워즈의 세 번째 분류 생명체라는 위대한 발견에 정면으로 반하는 것이었다. 세 개의 영역이냐? 다섯 개의 왕국이냐? 둘 다 옳을 수는 없었다.

워즈는 1991년 사적인 대화에서 마굴리스에 대한 그의 생각을 신랄하게 드러냈다. 마굴리스에게 명예학위를 수여할 계획이었던 그녀의 모교 시카고 대학교 학과장이 그에게 했던 질문에 대한 답변이었다. 그 결과인지는 모르겠으나 학위 수여는 좌절됐고 그녀는 16개의 명예학위에 만족해야 했다. 그것은 칼 워즈의 전략적 선택이었을 것이다. 그는 시카고 학장에게 그녀를 대신할 일리노이 출신의 세계적으로 유명한 다른 세포생물학자를 추천했다. 워즈는 단도직입적으로 말했다. "마굴리스 교수에게 명예학위를 수여하기 위한 추천서를 원하신 거라면 상대를 잘못 고르신 거 같군요." 그는 써내려갔다. "나는 그녀와 과학적 견해가 완전히 다릅니다." 그는 거기서 끝내지 않았다.

그는 학장에게, 그녀는 좋은 교수이며 그 점에 대한 그녀의 명성은 인정할 만한 것이라고 말했다. 그 말이 내포한 의미는, 과학을 개척한 공로자라기보다 그녀는 "단지 교사"일 뿐이라는 것이다. 그녀는 진핵세포의 기원에서 내공생이라는 "아이디어를 세상에 널리 알리는 데 누구보다 많은" 일을 했다. "그것에 대해서만은 칭찬받을 자격이 있다." 하지만 그 아이디어는 그녀의 것이 아니다. 실제로 이 이론에서 옳다고 검증된 부분은 그녀가 처음 주장한 것이 아니라고 그는 지적했다. 그녀가 독자적으로 주장했던 편모(운둘리포디아)는 틀린 것이었다. 포획된 박테리아가 내부에 자리 잡게 된 그 원시 형태의 숙주세포가 또한 박테리아였다는 그녀의 생각은 잘못된 것이었다. 워즈는 그녀가 강의와 대중적인 글로 세포 진화에 관한 "용어들을 전파시킨" 영향력을 인정하면서 이렇게 덧붙였다. "불행히도 그 내용 자체는 오류를 품고 있었다." 그녀가 혼란을 초래했다는 것이다.

그는 특히 그녀의 책 《다섯 개의 왕국》을 비난했다. 첫 판본부터 잘못된 것을 알았지만 실수였기 때문에 "용서"할 수 있었다고 그는 학장에게 말했다. 1988년의 개정판은 그를 더욱 화나게 했다. 이것을 용납할 수 없는 이유는, 그 6년 사이에 그녀와 출판사가 "미생물 진화의 새로운 발견"을 누락시켰다는 지적을 (아마도 워즈 자신에 의해) 듣고도 전혀 바로잡지 않았다는 점이다. 워즈가 문제 삼은 것은, 마굴리스와 공동저자가 1977년 그의 위대한 발견 '생명의 분리된 형태'를 다루면서 결국 어떤 것도 분리하지 않았다는 것이다. 결국 5개의 왕국이냐 3개의 영역이냐에 대한 문제였고, 그녀의 5개 왕국 중에 아르케이아라는 이름의 왕국은 없었다는 것이 문제였다. 칼 워즈는 그녀의 생명의 나무가 근본적으로 그의 것과 다르다는 것을 용서할 수 없었던 것이다.

3부 공생 그리고 획득 Mergers and Acquisitions

4 부

나무들
Big Tree

37

다윈주의자 에른스트 헤켈의 소포

1864년 2월 말, 찰스 다윈은 범상치 않은 소포 하나를 받았다. 그 작은 마을에서 편지 외에도 날마다 세계 곳곳에서 날아드는 온갖 자연사 견본들, 말하자면 죽은 비둘기나 프랑스 완두콩, 절인 따개비 같은 것들을 그에게 배달하던 우직한 우체부에게도 이번 소포는 색다른 것이었다. 무게만 해도 7파운드(3킬로)가 훌쩍 넘었다. 안에는 2절지 크기의 책 두 권이 들어 있었다. 한 권에는 구리판에 새겨진 근사한 판화들이 가득했고, 다른 한 권은 《디 라디올라리엔Die Radiolarien》이라는 제목의 책이었다. '라디올라리아(방산충)radiolaria'란 마치 정교한 크리스털 샹들리에 전시장을 방불케 할 정도로, 종류마다 다르게 정교한 규소껍질을 만들어 내는 단세포 플랑크톤 해양생물이다. 다윈은 일 년 전쯤 그 책을 본 적이 있었는데, 런던에 있는 친구 토머스 H. 헉슬리Thomas H. Huxley의 집에서였을 것이다. 지나치게 장식적이었지만 학술적으로도 깊이가 있었다. 바로 그 책이 지금 다윈의 수중에 들어온 것이다. 저자인 독일의 젊은 동물학자이자 예술가 에른스트 헤켈Ernst Haeckel이 손수 정성스럽게 보내온 것이었다.

다윈과 헤켈은 서로 만난 적이 없었다. 단지 예의를 갖춘 서신 몇 통을 주고반았을 뿐이다. 다윈은 힘든 나날을 보내고 있었다. 종의 기원으로 인한 논쟁과 온갖 유명세를 감당해야 했고, 젊었을 때부터 계속 그를 괴롭혔던 원인 모를 병까지 재발한 상태였다. 헤켈이 다윈을 처음 알게 된 것은 비글 호 여행기였다. 이렇다 할 진화론적 메시지가 담기기 전인 이미 수십 년 전에 출판된 것임에도 인기 있는 여행기 중 하나였다. 다윈을 좀 더 깊게 알게 된 것은 종의 기원 두 번째 영문 개정판이 나오자마자 번역 출간된 독일어 판본을 통해서였다. 비록 번역은 좋지 않았지만 헤켈이 영감을 얻기에는 충분했다. 종의 기원은 헤켈의 인생과 비전, 과학의 목적에 관한 그의 의식을 변화시켰다. 그는 자신의 우상이 그것을 알아주기를 원했고 소포 선물은 그러한 기대를 담은 것이었다. '부디 읽어주기를….'

다윈은 1주일 후 헤켈에게 감사의 편지를 보냈다. "디 라디올라리엔은 제가 본 가장 훌륭한 작품이며, 저자로부터 직접 받게 되어 영광입니다." 정중한 신사의 사려 깊은 편지였다. 그러나 바쁜 인사였던 그에게, 소유하는 것은 쉬워도 읽는 것은 다른 문제였다. 다윈에게 독일어는 더디고 인내를 요구하는 것이어서 570페이지짜리 책을 읽지 않았을 수도 있고, 헤켈이 다윈과 그의 이론을 격하게 예찬했던 232페이지의 주석을 보지 못했을 수도 있다. 그러나 그는 적어도 삽화들은 훑어보았다. 다윈은 "훌륭한 그림들은 더없이 흥미롭고 유익한 공부가 되었습니다"라고 말했다. "그러한 하등생물들이 그렇게 아름다운 구조를 만들어 낼 수 있으리라고는 미처 생각하지 못했습니다." 다윈은 비글호에서도 라디올라리아를 연구한 적이 없었다.

다윈이 미처 생각하지 못했던 또 하나의 사실은 이 열렬한 독일 예술과 학자가 하게 될 역할이었다. 1864년 당시에 다윈은 전혀 예상하지 못했겠지만, 헤켈은 그의 남은 55년 생애 동안 다윈의 생명의 나무를 묘사하고 그의 이론을 홍보하는 데 지대한 역할을 했다. 다윈이 죽고 나서도 20세기 초반까지 오랜 세월을 헤켈은 현존했던 가장 유명한 다윈의 신봉자로 남아 있었다. 그의 나무들은 생명의 역사에 대한 대중의 인식 깊숙한 자리에 뿌리내리고 있었다.

38

낭만주의 해양생물학자 헤켈

헤켈은 1834년 2월 16일, 다윈보다 정확히 25년 늦게 태어났다. 중년의 다윈이 폭발적인 명성을 얻던 바로 그 시기에 헤켈의 열정과 감수성도 절정에 달했다. 헤켈의 아버지는 포츠담에서 프러시아 법정의 법률가이자 고문이었다. 그 후 작센^{Saxony} 지방의 작은 마을인 메르제부르크^{Merseburg}로 이사했고 헤켈은 그곳에서 자라게 되었다. 그의 부모는 그에게 거장의 저서와 진지한 사상이 담긴 책으로 프리드리히 실러$^{Friedrich Schiller}$의 시집과 요한 볼프강 폰 괴테$^{Johann Wolfgang von Goethe}$의 자연철학을 읽게 했으며, 소년 시절 그는 알렉산더 폰 훔볼트$^{Alexander von Humboldt}$를 읽었고 마티아스 슐라이덴$^{Matthias Schleiden}$의 생생한 식물도감 《식물과 생태$^{The Plant and Its Life}$》, 그리고 다윈의 비글호 여행기를 읽었다. 이 모든 것이 그의 모험적인 과학탐험의 욕구에 불을 지피고 있었다. 독일 낭만주의 사상가이자 그의 전기 작가였던 로버트 J. 리처드$^{Robert J. Richards}$에 따르면, 헤켈은 훔볼트와 슐라이덴으로부터 "자연을 제대로 평가하려면 이론적인 지식뿐만 아니라 심미적 감각도 필요하다"는 것을 배웠다고 한다. 헤켈은 식물학 쪽으로 관심이 기울었으나 18세가 되었을 때 현실적이었던 아버지는 그에게 의학을 종용했다. 그는 뷔르츠부르크 대학교^{University of Würzburg}에 입학했지만 내키지 않던 의학을 공부하는 대신, 훔볼트와 괴테를 읽는 데 더 많은 시간을 보냈다. 리처드에 따르면, 그러던 중 헤켈은 주로 뷔르츠부르크 빈민들의 "끔찍한 기생충, 구루병, 괴혈병, 눈병"들을 치료하는 데에 주력하는 임상 실습을 하게 되었다.

헤켈은 혐오스러웠다. 그는 알베르트 슈바이처^{Albert Schweitzer}가 아니었다. 그나마 그가 선호했던 의학 파트는 해부학에 관심 있었던 그에게 맞았던 다소 음산한 부검 정도였다. 또한 세포와 조직을 현미경을 통해 해부학 관점에서 연구하는 조직학^{histology} 과목을 좋아했다. 특히 그는 현미경의 접안렌즈에 한쪽 눈을 대고 다른 한쪽은 종이를 향한 채, 작은 구조들을 세밀하게 그려 내는 특기를 개발했다. 그 능력은 후에 라디올라리아에서 한껏 발휘되었다.

그는 1858년 3월에 의학 국가고시를 통과했으나 실습에는 참가하지 않았는데, 동물학을 연구하기 위해 의학 포기를 선언한 것이나 다름없었다. 헤켈은 형태학^{histology}에 매료되었다. 그것은 해부학을 포함하면서도 더 넓은 범주들을 다루고 있었다. 해부학이 생체구조를 연구하는 것이라면, 형태학은 생체구조들을 비교하고 그들의 관계를 연구하는 학문이다. 해부학이 설명적 묘사에 그친다면, 형태학은 언제? 왜? 라는 진화적인 질문들로 이어진다. 헤켈은 단숨에 선두를 따라잡았으나 초기에는 그저 자연에 대한 연구일 뿐이었다. 특별히 그는 라디올라리아와 같은 해양 생물들을 사랑하게 되었다. 그들은 오묘한 생체구조의 세계로 그를 이끌었다.

헤켈은 지적이고 미학적이며 감정적인 것에 심취하는 열정적인 젊은이였으며, 쉴러와 괴테의 전통을 따르는 독일 낭만주의자였다. 그가 해양생물학에 대해서 눈을 뜨게 된 계기는 1854년 의대 시절의 한 여름휴가에서 시작되었다. 그는 친구와 함께 함부르크를 출발해서 해안에서 40여 마일 떨어진 북해의 작은 군도 헬리골랜드^{Heligoland}라는 섬으로 향하는 배에 올랐다. 치기 어린 마음으로 시작한 이 여행에서 베를린 출신의 유명한 동물학자 요하네스 뮐러$^{Johannes\ Müller}$를 만나게 된 것은 헤켈의 생에서 중요한 경험이었다. 뮐러는 그곳에서 불가사리, 바다성게, 또 다른 극피동물^{echinoderms}들을 연구하고 있었다. 이 과학자와 함께 바다에서 무척추동물을 건져 올리고 그것들을 관찰한 경험은 그에게 크나큰 통찰을 안겨주었다. 애정 어린 뮐러의 가르침은 헤켈을 식물에서 해양동물학으로 그리고 무척추동물에 특별한 관심을 갖게 만들었다. 베를린에서 뮐러는 아직 의대생이던 헤켈의 첫 동물학 연구보고서를 자신의 저널에 실어 주었다. 그러나 이들의 멘토 관계는 1858년 4월 뮐러가 아편 과다복용으로 사망하면서 더는 지속될 수 없었다. 헤켈은 우울증으로 인한 자살이라고 추측했다.

그해 봄은 헤켈에게 어둡고 혼란스럽기만 했다. 24살의 그는 과학을 위해 의학을 포기했건만 그의 멘토는 갑작스럽게 무덤에 묻히고 만 것이다. 이 일로 그의 인생은 새로운 국면으로 접어들게 된다.

뮐러의 장례식을 치른 지 이틀 만에 헤켈은 안나 세테$^{Anna\ Sethe}$라는 젊은 여성과 약혼했다. 안나는 외삼촌의 딸로서 그와 이종사촌 간이었다. 그녀를 알게 된 것은 거의 6년 전, 헤켈의 형과 안나 언니의 결혼식에서였다. 당시에 17살이었던 안나는 마치 춤추는 요정 같았다. 19세기에 중산층 사회에서 친척 간의 결혼은 드문 일이 아니었다. 찰스 다윈은 그의 사촌인 에마 웨지우드$^{Emma\ Wedgwood}$와 결혼했고 다윈의 여동생 캐롤린은 엠마의 동생 요시야 웨그우드 3세와 결혼했다. 인척 간의 따분한 교제일 수도 있었지만, 헤켈은 (독일 낭만주의자로 절대 오해받을 수 없는 다윈과는 다르게) 그가 선택한 여인에게 커다란 열정을 느꼈다. 그에게 안나는 "푸른 눈과 금발머리, 그리고 타고난 지성이 살아 숨 쉬는 진정한 독일의 요정"이었으며 "모든 생각과 행동"을 함께 나누는 영혼의 동반자라고 생각했다. 그해 여름의 편지에서 그는 "나를 이 어둡고 절망적인 현실로부터 희망과 신념의 빛으로 이끄는 것은 오직 당신의 사랑, 최고의 안나 오직 당신 때문일 것입니다"라고 말했다. 그러나 애석하게도 아직 직업이 없었던 그는 그녀와 결혼할 수 없었다.

헤켈의 또 하나의 커다란 열정은 과학이었다. 의학으로 돌아간다면 그가 결혼하고 생계를 유지하는 데 지장이 없었을 테지만 이번에도 그는 현실보다는 마음이 이끄는 쪽을 택했다. 그는 프리랜서로 해양생물학 연구에 뛰어들어, 1859년 초에 몇몇 장비를 챙겨 들고 이탈리아로 향했다. 그는 플로렌스와 로마를 둘러본 후 따분한 종교적 취향의 미술에 염증을 느끼고, 바다와 인접한 항구도시 나폴리로 향했다. 그러나 그곳 역시 그의 기대와는 거리가 멀었다. 형편없는 셋방을 전전하던 그는 나폴리에 지쳐 갔고, 종교적 믿음마저 희미해지고 있었다. 그는 해안가의 어부들로부터 어획물을 구해서 동물학을 연구할 생각이었으나 뜻대로 되지 않았다. 그렇게 6개월을 보내고 헤켈은 자신이 어디에도 안착하지 못했음을 깨닫게 되었다.

그는 팔레트와 이젤을 가지고 나폴리만을 건너 이스키아Ischia로 갔다. 헬리골랜드Heligoland보다 따뜻하고 풍광이 좋은 지중해의 또 다른 섬이었다. 그는 여행 운이 좋았다. 이번에는 독일 시인이자 화가인 헤르만 알머스Hermann Allmers를 만났다. 앨머스는 심한 매부리코와 단단해 보이는 턱을 가진 키가 작은 노인이었다. 아마도 키가 크고 잘 생겼으며 얼굴이 길고 곱슬거리는 금발 머리에, 지중해의 햇살에 갈색으로 빛나는 수염을 가진 헤켈과는 어울리지 않았을 것이다. 하지만 그들은 서로의 관심사와 재능, 거기에 성향까지 잘 맞았고, 같이 섬을 여행하게 된 일주일 후에는 급속도로 가까워져 있었다.

그들은 이스키아를 떠나 카프리로 향했다. 그곳에서 그들은 그림을 그리고, 수영을 하고, 타란텔라(나폴리의 민속춤)를 추었다. 비록 안나와의 결혼이라는 그의 목표에 한 발짝도 가까이 가지 못했지만, 그것은 25살의 절망에 빠진 젊은이한테 필요한 바로 그것이었고 영혼을 맑게 하는 휴식과 같은 것이었다. 카프리에서 그렇게 한 달 후 그와 앨머스는 시칠리아에 있는 메시나^{Messina}로 갔다. 시칠리아섬은 그에게 평범한 섬이 아니라 그를 과학으로 전향하게 만들었던 바로 그 요하네스 뮐러가 연구하던 현장이었다. 헤켈은 5주 동안 여유롭게 시칠리아를 돌아다니며 그림을 그리고 에트나산^{Etna}에 올랐다. 앨머스는 이미 떠났고, 헤켈은 진지하게 동물학으로 돌아왔다. 시칠리아의 풍경은 지루하고 새로울 게 없었지만 바다는 풍요로우며 다양했다. 헤켈이 메시나를 "동물학의 엘도라도^{the Eldorado of zoology}"라고 칭송한 것도 바로 이 바닷물에서 나온 것들을 두고 한 말이었다.

그는 여전히 예술과 과학이라는 갈림길에 서 있었다. 풍요로운 예술적 체험이라는 낭만적인 비전, 그리고 안나와의 결혼생활과 직결된 안정된 과학자의 길 중의 선택이었다. 그는 바다생물들을 관찰하고 연구하면서 그들의 다양성에 압도되었다. 그의 전기작가 리처드는 이렇게 적고 있다. 1859년 11월 말 헤켈은 "이탈리아를 떠나기 불과 몇 달 전에 마침내 미지의 동물집단 라디올라리아만을 집중적으로 연구하기로 마음먹었다." 이들 라디올라리아는 실제로 동물이 아닌 다른 생명체였다. 그러나 아무렴 어떤가. 당시에는 알려지지 않은 사실이었고 헤켈에게 그것은 중요하지 않았다.

39

헤켈, 종의 기원으로

수개월 만에 헤켈은 메시나에서 퍼 올린 바닷물 샘플에서 엄청나게 다양한 종류의, 유리같이 영롱한 극미 생명체들을 발견했다. 그는 아직 과학계에 알려지지 않은 100종 이상의 과학 표본들을 자국으로 보냈다. 그의 존경했던 스승 뮐러는 자살하기 직전에 라디올라리아에 대한 간단한 논문을 통해 그를 이 주제로 이끌고, 지금의 헤켈을 이탈리아까지 이끌었었다. 이 모든 것이 그의 스승에 의해 시작됐지만, 그는 벌써 스승을 뛰어넘어 새로운 종을 발견했을 뿐만 아니라 현미경으로만 볼 수 있는 그들의 미세한 모습을 그려 내기 시작했다. 그는 규소로 된 껍질뿐만 아니라 연약한 내부구조까지 면밀하게 관찰하여 그림으로 표현했고, 나름의 기준에 따라 분류하기까지 했다. 이탈리아에서의 방황을 끝내고 독일로 돌아온 헤켈은 베를린 동물학 박물관Berlin Zoological Museum에서 그의 표본들을 연구할 수 있도록 허락을 받아 냈고, 보고서를 쓰기 시작했다. 그 무렵 1860년 여름에, 그의 집중력과 추진력에 더욱 힘을 실어주는 계기가 찾아왔다. 바로 독일어판《종의 기원》이었다. 그는 다윈의 이론에 빠져들었다.

그의 라디올라리아는 보고서에서 출발해 논문으로 발전했고, 논문은 곧 그의 세련된 삽화가 그득한 두 권짜리 대형 단행본으로 완성될 터였다. 그러나 그는 여전히 안나와 결혼할 수 있는 형편이 못되었고(또는 스스로 그렇다고 느꼈거나), 결국 일자리를 위해 라디올라리아 작업을 중단해야 했다. 그러던 중 베를린 남서부 예나 대학교^{University of Jena}●의 의학교수였던 그의 친구가 조교 자리를 제안해 왔고, 그것은 그의 인생에 전환의 계기가 될 수 있었다. 예나는 독일 낭만주의의 요람이자 뛰어난 대학이 있는 곳, 위대한 사상가들과 인문학적 사조가 넘쳐난 특별한 곳으로 여겨졌다. 쉴러를 비롯해 철학자와 시인들의 영혼이 깃든 곳이었고, 괴테의 생가로 유명한 바이마르^{Weimar}에서 도로를 따라 바로 아래에 자리 잡고 있었다.

리처드는 이렇게 묘사했다. "그는 주저할 이유가 없었다. 그곳 낭만주의의 힘차고 따뜻한 맥박이 살아 숨 쉬는 예나는 그에게 거절하기 어려운 곳이었고, 더군다나 그것은 그의 사랑 안나의 품으로 갈 수 있다는 것을 의미했다." 헤켈은 조교직을 수락했고 그곳의 객원강사 자격까지 얻게 되었다. 그는 온종일 쉬지도 않고 일에 몰두했다. 강의와 동시에 두 권에 달하는 《디 라디올라리엔》 작업을 끝내고 베를린에서 인쇄를 마쳤다. 무명의 학자로부터 나온 범상치 않은 이 책으로 인해, 그는 좋은 조건의 교수직과 예나 동물학 박물관^{Jena's Zoological Museum}의 이사직을 맡아 달라는 제안을 받았다.

그해 여름 베를린에서 헤켈은 안나와 결혼했다. 그녀는 그의 자연과 예술에 대한 사랑을 함께 나누고 그의 지적 열정을 존중했으며, 그를 "독일의 다윈맨"이라고 불렀다. 그러나 그들의 행복은 고작 18개월이었다.

● 독일 중부 튀링겐 주에 있는 Friedrich Schiller University of Jena로 독일의 4개 국공립대학 중 하나이다.

예나에서 새로 얻게 된 지위는 그에게 더없이 좋은 일이었지만 헤켈이 그것으로 유명해진 것은 아니었다. 무명의 젊은 동물학자 헤켈을 다윈 진화론의 저명한 해설가로 변모시킨 사건은 따로 있었다. 헤켈은 1863년 9월 19일, 프러시아의 슈테틴Stettin에서 열린 독일 자연과학협회German Natural Science and Physicians Association 제38차 학회에서 규모 있는 오프닝 강의에 초대되어 대중의 지지를 받게 되었다.

2천 명의 청중들, 회원들과 초대된 인사들 앞에 선 그는 자연선택에 의한 진화를 주제로 한 시간가량 연설했다. 헤켈에 따르면, 진화에 대한 아이디어를 제시했던 사상가들은 다윈 이전에도 있었지만 유전과 변이의 법칙을 설명하는 실질적 이론을 제시한 사람은 없었다는 것이다. 헤켈은 선택과 적응의 메커니즘을 설명했다. 그는 다윈의 위대한 아이디어를 뒷받침하는 세 가지 증거를 인용했다. 바로 화석 기록과 발생학적 단서들, 그리고 계통적으로 분류했을 때 드러나는 연관성의 패턴들이었다. 연관성이 있다는 것은 공통된 조상에서 분화되었다는 것을 의미했다. "동물과 식물로 이루어진 자연계 전체를 이러한 관점으로 바라본다면," 헤켈이 말했다. "거대한 몸통을 가진 나무의 모습을 하게 되며, 그들의 관계를 나타내는 계보들은 과거에 하나였던 뿌리로부터 가지가 분화된 모습으로 표현될 것입니다."

그가 사용한 단어, 스탐바움Stammbaum은 독일어로 줄기나무 또는 족보나무를 뜻한다. 거기에 달린 모든 줄기와 가지는 서로 다른 몇몇 생명의 형태로부터 자연선택으로 진화해 온 것들이며, 최초의 가장 단순한 형태로 추정되는 것들을 제외한 모든 생명의 형태를 의미한다. (헤켈은 생명이 신에 의해 창조된 것인지 아니면 화학적으로 발생한 것인지에 대해서는 단정하지 않았다. 또는 대중 앞에서 모호한 입장을 취한 것일 수도 있다. 나중에 그는 후자를 선택한다.)

그는 다윈이 《종의 기원》에서 은연중에 암시한 것을 명쾌하게 설명했다. 이 나무, 이 진화 속에서 인간도 예외가 아니라는 사실이다.

나무를 어떻게 그릴 것인가는 또 다른 문제였지만 헤켈이 곧 해결할 것이었다. 그 순간 그는 청중의 큰 갈채를 받았고, 다음날 지방 신문인 슈테티너 차이퉁Stettiner Zeitung에 대대적으로 보도되었다. 헤켈은 자랑스럽게 기사들을 오려서 다윈에게 보냈다. 다윈이 그의 소포에 감사의 답장을 보낸 직후에 일어난 일이다.

40

신을 떠난 다윈주의자

슈테틴에서 플래시를 받으며 시작된 이 영화의 순간은 헤켈의 인생에서 그리 길지 않았다.

안나가 있는 예나로 돌아온 그는 자신이 직접 그린 대형 그림으로 다윈의 이론에 관한 시리즈 강의를 진행했고 꽤나 인기를 끌었다. 수십 년 후, 당시의 한 학생이 헤켈의 모습을 회상했다. "마치 진격하는 젊은 아폴로처럼" 성큼성큼 대강의실 안으로 들어선 헤켈은 호리호리하고 당당하면서도 신중해 보였다. "그의 머리에서 흘러나오는 위대한 금빛 지혜들은 그의 위대한 두뇌를 증명해 주었다." 그의 크고 푸른 눈은 강렬하면서도 다정했다. "그 시절에 그는 내가 본 사람 중에 가장 멋진 남자였을 것이다." 그 학생은 감탄해 마지 않았다. 그의 열변을 토한 강의는 그의 외모만큼이나 훌륭했다. 강의 외의 시간에 헤켈은 다윈의 이론을 계속 연구하면서 라디올라리아와 같은 실제 유기체들에 적용했다. 그러나 1864년 1월 말, 그의 인생에 어둠이 드리워지기 시작했다.

리처드의 전기기록에 의하면, 안나는 폐와 관련된 염증인 흉막염을 앓고 있었다. 그녀는 나아졌다가는 다시 악화됐고, 또 다른 질환을 앓거나 맹장염 같은 복부 통증을 겪기도 했다. 후에 헤켈은 그것을 장티푸스라고 했지만, 또 다른 증언에 따르면 그녀는 치명적인 합병증으로 유산까지 하고도 남편에게 알리지 않았다고 한다. 2월 15일 밤, 그 알 수 없는 병의 고통은 극에 달했고 다음날 아침 그녀는 의식을 잃었다.

헤켈에게 2월 16일은 사건들이 묘하게 겹친 기이한 날이었다. 그날은 그의 서른 번째 생일이었고, 그의 과학 업적에 대하여 권위 있는 상인 코테니우스 상Cothenius Medal이 수여될 것이라는 소식이 전해졌고, 그날 오후 안나는 세상을 떠나고 말았다.

리처드의 전기는 안나의 죽음이 헤켈의 삶에 미친 결정적인 영향을 중요하게 다루고 있다. 그것은 그에게 남아 있던 종교적 신념, 물질적 차원을 넘어서는 다른 정신적 차원이 존재할 것이라는 그의 신념을 다윈의 이론으로 대체하는 계기가 되었다. 그가 신을 자연선택설로 대체하고, 그것을 그가 말하는 "일원론"의 핵심으로 삼은 것은 오히려 다윈의 파격을 뛰어넘는 것이었다(다윈은 가장 아끼던 딸을 잃고 자신의 신념을 상실해 가고 있었다).

그가 설파한 일원론은 약간 역설적이고 황당한 것이었다. 신은 자연이고, 자연은 곧 신이다. 마음과 물질은 어떤 하나의 근본적인 현실에 대한 두 가지 징표이며, 한쪽 없이는 다른 한쪽도 존재할 수 없다. 그러므로 불멸의 영혼이나 영원한 부활은 존재하지 않는다. 헤켈은 이것을 "가장 순수한 유일신교"라고 불렀지만 유대교 신학자들은 동의하지 않았다. 리처드에 의하면, 헤켈 시대의 정통파 신도들에게 그의 일원론 주장은 "일종의 무신론을 포장한 것으로밖에 볼 수 없는 것"이었다. 헤켈의 유일신이 무엇이든, 말이 되든 안 되든, 또는 한낱 몽상에 불과한 것일지라도 그것은 다윈 이론에 대한 그의 해석으로서 향후 50년 이상을 그의 글과 강연을 통해 다윈을 세상에 알리는 역할을 했다.

하지만 우리가 더욱 주목해야 할 것은 다윈의 이론을 세상에 알리는 데 중요한 역할을 한 그의 예술에 관해서다. 그의 그림은 추상적인 형태의 점들이나 글자가 아니었다. 실제 생물들과 그들의 실제 후손들이 분화된 패턴들을 묘사한 진화적인 생명의 나무를 그려냄으로써 계통발생학을 견고하게 하는 데 크게 기여한 것이다.

41

헤켈의 특별한 나무

안나의 죽음으로 헤켈은 비탄에 빠졌다. 그는 반쯤 정신이 나간 상태로 8일을 몸져누웠다. 그 후 부모에게 떠밀려 프랑스의 니스로 요양을 가게 되었다. 해안을 따라 거닐던 헤켈은 썰물로 생긴 웅덩이에서 아름다운 해파리를 발견하고는 몇 시간이나 들여다보았다. 해파리의 긴 촉수는 그에게 안나의 머리띠 아래로 흘러내리는 금빛 머리카락을 연상케 했다. 해파리에서 죽은 아내를 떠올릴 정도로 그는 병적이었으나, 어찌 되었든 그것은 자연과 과학에 대한 그의 열정을 되살려 주는 것이었고, 그것은 다시금 그녀를 영원히 기억할 수 있는 것으로 남게 했다. 그 해파리는 새로운 종으로 밝혀졌고, 그는 그것을 '미트로코마 안나^{Mitrocoma annae}'라고 명명했다. "안나의 머리띠"라는 뜻이었다.

비탄과 함께 안나의 죽음이 그에게 가져온 변화는 '일'이었다. 그는 새로운 글쓰기 프로젝트에 몰두했다. 다윈의 이론과 일원론에 대한 그의 견해, 그리고 자신이 발견해 온 "자연의 법칙"이라는 커다란 체계를 그가 새로 만든 용어로 종합한 야심 찬 책이었다. 그는 다윈의 자연선택을 기본 원칙으로 삼았지만, 헤켈식 추론을 추가하는 것이 당연하다고 생각했다. 그는 더 많은 유전의 "법칙"과 적응의 "법칙"을 제안했다. 그중에는 끊기지 않은 또는 연속적인 유전, 반대로 끊어진 또는 잠복해 있는 유전의 법칙이 있었다. 연관된 적응의 법칙도 있었다. 그 외에도 140개 이상의 다른 법칙들이 있었는데, 리처드는 "웬만한 도시의 지방자치 법규만큼이나 많은 규칙들"이라고 표현했다. 헤켈이 만들어 낸 신조어들은 그가 만들어 낸 법칙들보다는 유용했고 더 오래 지속되었다. 그는 '생태학ecology'이라는 용어를 만들었고, '계통발생phylogeny'과 '개체발생ontogeny'이라는 용어를 만들었다. 그리고 '생물발생 법칙biogenetic law'이라는 것을 제안하면서, 한 생물의 발생학적 단계는 그 혈통의 과거 진화 형태를 재연하는 것이라고 주장했다. 말하자면 인간 배아는 물고기의 배아, 그다음 도롱뇽, 그리고 토끼의 배아를 닮는 단계들을 거친다는 것이다. 헤켈의 이 주장은 세 단어로 표현되어 후에 널리 알려지게 되었다. "개체발생은 계통발생과정을 되풀이한다.ontogeny recapitulates phylogeny"

헤켈은 거의 1년에 걸쳐 맹렬하게 작업했고, 삽화와 함께 천 페이지에 달하는 두 권의 대작을 완성했다. "그때 나는 거의 은둔자였다. 하루에 3-4시간만 자면서 밤낮으로 매달렸다." 후에 그가 한 말이었다. 1866년에 《유기체의 형태학Generelle Morphologie der Organismen》이라는 제목으로 등장한 이 책은 생물들의 형태와 그 기원에 대해 연구한 것이었다. 리처드의 설명에 따르면 그것은 "후기 헤켈 사상을 형성한 기반이 담겨 있는 것"이었고, 또한 시선을 사로잡는 나무들도 담겨 있었다. 그는 어느 누구도 시도한 적 없는 화법으로 그려 냈다. 예술과학자로서 자신의 재능으로 진화를 밝히는 데 기여한 것이다.

나무 그림에 대한 아이디어는, 예술성과는 거리가 멀었지만 중요했던 다윈의 《종의 기원》에 있는 도식으로부터 헤켈의 머릿속에 자리 잡았을 것으로 추정된다. 그 외에 다른 두 가지 출처일 가능성도 있다. 다윈의 책을 독일어로 번역한 고생물학자 하인리히 게이르크 브론^{Heinrich Georg Bronn}, 그리고 헤켈의 친구이자 언어학자인 아우구스트 슐라이허^{August Schleicher}였다. 브론은 1858년에 생물의 발달 법칙에 관한 에세이를 출판했는데 거기에는 막대 형태의 나무 그림이 들어 있었다. 계통의 진화에 대한 아이디어를 선으로 스케치한 것이었지만 구체적인 종들이 없는 채로 기본 뼈대로만 이루어진 추상적인 도식이었다. 다윈의 초판이 나오기 1년 전이었고 당시에 브론은 진화론자도 아니었다. 브론은 자연 변이가 아닌 "창조설"에 의한 진화를 설명하고 있었다. 따라서 그의 나무 역시 전통적인 나무였다. 하지만 헤켈은 거기서 새로운 방법을 생각해 냈을 수도 있다. 헤켈이 영감을 얻었을 만한 또 하나는, 언어 진화에서 "다윈" 이론을 제시한 슐라이허의 책이었다. 그는 고대부터 현대까지 언어가 분화된 형태를 나뭇가지 그림으로 묘사해 놓았다.

누구의 영향을 받았든 간에, 헤켈이 묘사한 나무는 진화를 표현하는 데 있어서 다윈을 능가했고 브론과 다른 모두를 훨씬 뛰어넘는 것이었다. 그는 나무들을 8개로 간추린 후 자신의 형태학으로 가져와서 생물을 8개의 주요 범주로 다루었다.

언급했듯이 그의 그림은 달랐다. 특히 추상적이지 않고 구체적이었다. 나무의 팔다리와 가지에 달린 열매들은 모호한 단어가 아니라 실제 생물의 이름과 생물군이었다. 어떤 동물, 어떤 식물, 어떤 생명체들이, 어떤 생물들과 조상을 공유하는지 각각의 나무들에 구체적으로 표현했다. 그림들 중에는 그가 만들어 성공적으로 사용하고 있는 용어 '계통발생'(조상의 계보)을 설명하는 것들도 있었다. 하지만 무엇보다도 헤켈의 나무들은 시각적으로 고급스럽고 세련되었으며, 그의 예술적 재능과 지나칠 정도로 섬세한 그의 성향을 드러내는 것이었다. 그중 가장 복잡한 것은 척추동물의 계통수로, 가느다란 수많은 가지들이 위를 향해 퍼져 가며 길게 자라난 모습이었다. 마치 딱딱한 나뭇가지라기보다는 물속에서 부드럽게 흔들리는 해초 줄기들처럼 보였다. 생명의 나무를 이렇게 그린 이는 오로지 헤켈 말고는 없었다.

척추동물 나무에는 포유류, 파충류, 양서류, 어류, 조류가 있었고, 왼쪽의 수직축은 각각의 강^{class}들이 발생한 지질학적 시기를 표시했다. 강장동물^{Coelenterates} 나무에는 최근에 그가 좋아하게 된 해파리가 들어 있었고, 연체동물^{Mollusks} 나무와 식물계$^{Plant Kingdoms}$ 나무, 그리고 벌레와 곤충이 있는 절지동물$^{Articulate Animals}$ 나무가 있었다. 특별히 포유류는 척추동물 나무 옆에 포유류만의 나무(Family Tree of Mammals)$^{Stammbaum der Säugethiere}$를 가지고 있었다. 그 나무의 오른쪽 맨 위 구석에는 "호모 사피엔스$^{Homo sapiens}$"라고 적힌 작은 가지가 있었고, 나란히 뻗은 옆 가지에는 고릴라라고 적혀 있었다. 우리 인간이 그들과 같이 유인원임을 암시하는 가지들인 것이다.

헤켈은 그의 거대한 '유기체 나무$^{Stammbaum der Organismen}$'에 모든 요소를 통합시켰다. 그 결과는 수직과 수평 양쪽으로 구분된 복합적인 형태로 묘사되었다. 나무 아랫부분에는 가로지르는 3개의 기준선이 있었는데, 그것은 생명의 기원에 대한 세 가지 가설을 의미했다. 즉, 이들 기준선은 다른 가설이 시작되는 지점이다. 이 나무는 19개의 2차 가지들로 갈라졌고, 모두 가장 위에 있는 기준선을 통과하고 있었다. 그것은 세 개의 큰 팔다리에서 갈라져 나온 19개의 생명 줄기가 이제는 서로 독립적이라는 것을 나타내며, 그 세 개는 식물과 동물, 그리고 또 하나는 그들 외에 헤켈이 사랑하는 라디올라리아와 같은 나머지 모든 생물 집단이었다. (그는 이 세 번째 그룹을 "원생생물Protista"이라고 명명했는데, 이는 정통 이론으로부터의 중요한 이탈을 의미했다. 잠시 후에 다시 이야기할 것이다.)

나무의 가장 굵은 부분인 나무 밑동은, 모든 생명체의 기원이 된 태초의 공통 조상을 나타낸다. 그는 몸통에 "모네라Moneres"라는 이름을 붙였는데, 그것은 박테리아를 닮은 가장 단순한 단세포 생물을 지칭한 것으로 보인다. ("단일single"을 의미하는 이 이름은 기술적인 이유로 이후에 "모네라Monera"로 수정되었다.) 그의 세 가설 중에서도 이것은 그 당시 다윈 이론의 가장 대담한 부분이었다. 인간을 포함한 모든 생명체가 이 박테리아를 닮은 원시 조상으로부터 갈라져 나온 후손들이라는 것이다. 그러나 1866년 당시는 물론 몇 년 후까지도 헤켈 자신은 그 세 가지 가설에 대한 확신을 갖고 있지 않았다.

헤켈의 거대한 나무에 나타난 또 하나의 혁명은 동물계와 식물계 외에 그가 바로 "원생생물"이라고 명명한 그룹이다. 아리스토텔레스 시대로부터 린네를 거쳐 헤켈의 시대에 이르기까지 자연주의자들은 모든 생명을 두 개의 왕국, 즉 식물과 동물로 나누었다. 간단하면서도 상식에 부합했던 것이다. 우리 주변에서 볼 수 있는 모든 생물체, 즉 나무와 풀, 새와 물고기, 꽃과 코끼리들 모두 두 범주 안에 있어야 했고(균류에 대한 현미경 관찰이 가능해지기 이전의 시대에는 응당 그랬을 것이다), 따라서 모든 생명체는 이분법적이었다. 움직이는 생명체이거나 아니거나, 잡아먹거나 먹히거나 둘 중 하나인 것이다. 심지어 미생물들, 즉 박테리아와 아메바, 라디올라리아와 섬모충, 규조류와 같은 모든 생물도 동물이나 식물 중 하나로 여겨져 왔다. 이러한 이유로, 레벤후크가 1818년에 현미경 렌즈를 통해 본 미세동물을 '원생동물protozoa(최초의 동물들)'이라고 부른 것은 당시에 오해를 불러일으킬 만했다. 그러나 헤켈은 말했다. "아닙니다. 생명은 2가지가 아니라 3가지입니다." 그

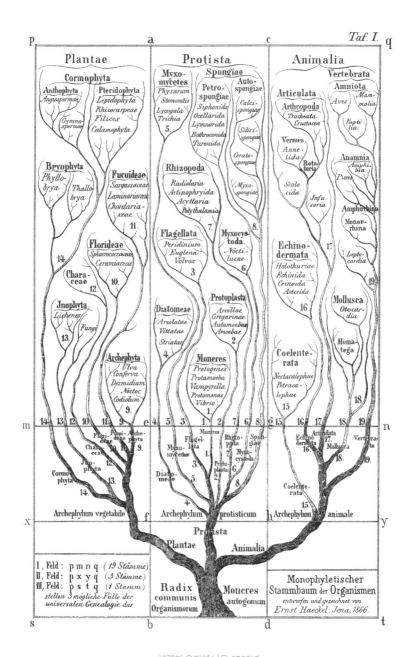

헤켈의 유기체 나무, 1866년

는 그 수수께끼 같은 작은 생명체들을 그들만의 왕국으로 분류했다. 그것은 거의 코페르니쿠스에 맞먹는 대담한 행동이었으나, 당시 거의 무시되었고 아무도 관심을 갖지 않았다.

《유기체의 형태학Generelle Morphologie》은 헤켈이 슬픔 속에서 필사적으로 매달렸던 빽빽한 책이다. 그러나 과학자들을 제외하고는 일반 대중에게 널리 읽히지 못했다. 그는 2년 후에 《자연 창조의 역사Natural History of Creation》라는 제목으로 일반 대중을 위해 쉽게 편집된 개정판을 만들었다. 특히 방대한 이야기 중에서도 인간에 대한 부분을 강조했다. 다수의 독자를 확보하기 위한 바람직한 전략이었다. 이 책으로 그는 다윈과 다윈의 이론은 물론, 라마르크, 라이엘, 다윈의 조부 에라스무스, 월리스, 그리고 (헤켈은 독일인이었으므로) 괴테까지를 포함하는 다윈 이전의 선구자들에 대해서, 오히려 다윈의 책보다도 이해하기 쉬운 용어를 사용하여 그들을 세상에 알리는 데 기여했다. 헤켈은 거북이와 닭, 개, 인간의 배아를 그림으로 비교하면서 개체발생과 계통발생이라는 생물발생의 법칙을 설명했다. 그것은 12쇄나 되는 독일어판뿐만 아니라 수많은 번역판으로 불티나게 팔려나갔다. 영문판은 《창조의 역사The History of Creation》라는 제목으로 역시 재판을 거듭했다. 원제에서 '자연Natural'이라는 단어는 물질적으로 느껴진다는 우려 때문에 결국 생략되었다. 20세기 초에 그의 책에 대해서 한 역사학자는 "다윈주의라는 범세계적인 지식의 주요 원천"이라고 평가했다.

그는 특별히 고등동물들 사이의 관계를 별도의 나무들로 표현했다. 그중에는 인종의 나무가 있었는데, 누가 보더라도 인종차별적이었다. 어떤 인종은 원시적이고 어떤 인종은 더욱 진보했다고 주장했는데, 우연일지는 모르지만 독일인이 가장 높은 위치를 차지하고 있었다.

42

위대한 떡갈나무

헤켈은 자신의 연구활동과 함께 이를 꾸준히 대중에게 알리기 위한 집필 활동에 전념했다. 1874년 그는 인간의 진화를 집중적으로 다룬 《인간 발달의 역사 The Developmental History of Man》라는 책을 출판했다. 이 책에서 그의 나무는 절정에 달했고, 헤켈의 "위대한 떡갈나무(참나무) great oak"로 알려지며 그의 가장 유명한 예술작품으로 길이 남게 되었다. 포스터나 티셔츠에서도 어렵지 않게 볼 수 있다. 그는 수직으로 뻗은 나무줄기에 인간의 조상을 일렬로 배치했다. 제일 밑에 조상 '모네라'로부터 벌레와 양서류, 파충류를 거쳐 우리 인간으로 곧게 이어져 있었다. 나뭇잎도 없고 큰 가지도 거의 볼 수 없었다. 오직 굵은 밑동만이 용트림하며 위쪽을 향하고 있었다. 떡갈나무라기보다는 거대한 무우의 무성한 잔털 끄트머리가 마치 땅에서 삐죽 튀어나온 것처럼 보였다. 나무의 맨 꼭대기에는 "인간"이 있었고, 고릴라, 오랑우탄, 침팬지들은 그 옆이 아니라 바로 아랫단 양옆으로 배치되어 있었다.

일부 학자들의 주장처럼, 이것이 다윈주의를 가장하고 있지만 여전히 인간 중심적이었던 에른스트 헤켈의 사상을 드러낸 것일까? 그렇다면 그의 위대한 떡갈나무는 아리스토텔레스나 찰스 보네가 1745년에 그렸던 것과

PEDIGREE OF MAN.

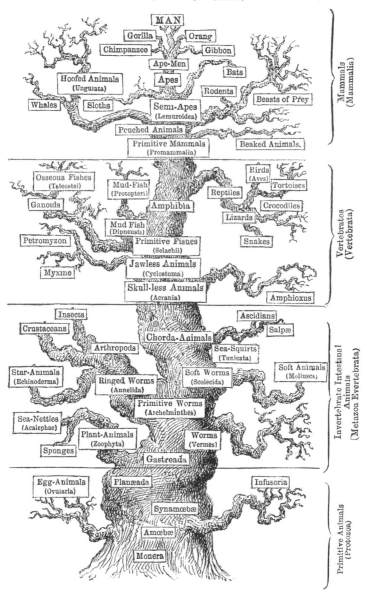

헤켈의 위대한 떡갈나무(영문판), 1879년

다르지 않은 일개 자연의 사다리에 불과한 것일까? 헤켈은 인간에게 창조의 왕관을 씌움으로써 인간을 목적론적 진화 과정의 마지막 종착지로 표현한 것이었을까? 꼭 그렇다고 볼 수는 없다. 언뜻 그렇게 보일 수도 있으나 그의 사상과 그림은 그리 간단치 않았다.

생물학 역사가들 사이에서 헤켈은 논란의 대상이었다. 그들은 헤켈이 실제로 주장했거나 또는 그렇게 추정되는 견해와 그가 가져온 혼란, 그리고 잘못된 것들에 이의를 제기했다. 헤켈은 85세(1919년)까지 오래 살았고, 적지 않은 저서들을 남겼다. 다윈 이론에 대한 다양한 해석과 다윈이라는 이름 아래 그가 가정한 수많은 "법칙"을 담아낸 책들이었다. 일부 관점에서 그는 자신의 생각을 바꾸었고, 어떤 관점에서는 모호하거나 자기 모순적이어서 그러한 논쟁에 적지 않은 빌미를 제공했다. 한 학파는 그가 다윈주의자라기보다는, 습득한 형질은 유전될 수 있다는 개념에 현혹된 라마르키안이라고 비하했다(그러나 그 개념은 다윈도 역시 믿었다). 그가 주장했던 생물발생법칙은 신빙성을 잃었다. 당시에 헤켈은 그 가설을 뒷받침하기 위해 가짜 증거들, 실수였거나 또는 의도적으로 조작된 그림들을 제시했다는 의혹으로 궁지에 몰렸다. 그는 또한 뚜렷한 화석 자료 없이 고생물학적인 것을 주장한다는 비난을 면치 못했다. 그는 "피상적이고, 일관성이 없으며, 한낱 평범한 얼간이"로 불렸다. 이후에 그가 진화의 정점에 완벽한 생명체로서 인간을 올려놓았을 때, 진화론에 대한 그의 진보주의적 관점은 "이름뿐인 다윈주의자"였다는 비난으로 그 대가를 치르게 되었다. 그를 비난했던 역사학자 피터 보울리Peter J. Bowler는 1988년 《비다윈주의자들의 혁명The Non-Darwinian Revolution》이라는 책에서, 다윈의 《종의 기원》이 처음 출간된 후 몇십 년간 진화라는 개념에 영향을 미친 모든 "가짜 다윈주의자들"과 "반다윈주의자들"을 망라했다. 보울러는 자신의 관점을 단적으로 표현해줄 표지 그림으로 헤켈의 위대한 떡갈나무를 선택했다.

책의 본문에서 헤켈의 떡갈나무는, "헤켈 진화론의 핵심이라고 할 수 있는 선형적 특징"을 뒷받침하는 증거로 사용되었다. 그러나 그것은 공정하다고 할 수 없었다. 전기작가 리처드 등 다른 학자들은 헤켈이 사용한 두 나무가 서로 다른 목적으로 그려진 것임을 상기시켰다. 하나는 '생명의 나무'라는 계통발생 나무로서, 무성한 팔다리와 가지로 모든 생명을 광범위하게 보여주기 위한 것이며, 위대한 떡갈나무로 대표되는 또 한 종류의 나무들은 특정 혈통의 계보만을 나타내기 위한 것이다. 무엇보다도 그가 '인간의 계통-수Stammbaum der Menschen'라고 이름 붙인 떡갈나무는 모든 생명체의 나무가 아닌 인류만의 나무였고, 인간의 나무 정점에 인간이 자리한 것은 지극히 당연한 것이었다. 이것은 다윈주의자로서 헤켈의 대담한 주장을 설명하기 위한 나무였다. 우리는 다른 형태의 생명체들에서 진화해 왔으며 거꾸로 추적해 가면 가장 단순한 단세포 생물체인 '모네라'까지 내려간다는 것이다. 이 나무가 굵은 밑동에서부터 가지가 거의 없이 위를 향해 용트림하는 모습으로 그려진 이유였다. 즉, 생명의 다양성과 상호 관련성을 보여주기 위한 것이 아니라 계통, 즉 인간의 계통을 보여주기 위한 것이었다. 헤켈이 낭만주의자이자 진보주의자, 그리고 비록 일관성이 결여된 다원주의자였을 수는 있지만, 생명의 나무가 무우처럼 표현될 수 있는 것이 아니라는 것쯤은 알고 있었다.

43

나무 제작자들,
휘태커의 가시배선인장

헤켈에서 시작된 작업은 그에게서 끝나지 않았다. 20세기 중반까지 고생물학자 그리고 생물학자들은 직접 그리거나 또는 삽화가의 도움을 받아서 계통발생 나무(계통수)로 진화적 관계와 계통의 역사를 묘사했다. 이들의 나무는 주로 생물의 형태에서 발견되는 유사점과 차이점(비교형태학), 화석 기록, 발생학에 바탕을 두고 있었다. 분자계통학이 존재하지 않았던 당시에 그들이 가지고 있던 증거의 전부였던 것이다.

모든 생명을 포괄하는 나무도 있었고, 특정 그룹만을 위한 나무도 있었다. 뉴욕 자연사 박물관의 고생물학자 헨리 페어필드 오즈번Henry Fairfield Osborn은 1936년에 매머드, 마스토돈, 코끼리가 그려진 장비목proboscidean(코가 긴 동물들)의 포유류 나무를 발표했다. 화살표로 단순하게 표시한 큰 나뭇가지에 후피동물pachyderms(코끼리처럼 가죽이 두꺼운 동물)들이 제대로 묘사되어 있었다. 영국 곤충학자인 윌리엄 에드워드 차이나William Edward China는 노린재목hemiptera(식물이나 동물로부터 수분을 빨아들이는 노린재) 분류 전문가로서, 1933년에 노린재목의 계통수를 만들었다. 나무라기보다는 일본식 부채를 연상케 했지만 어쨌든 빈대와 방귀벌레가 몇 촌 간인지 알고 싶은 사람들에게는 유용했을 것이다. 1930년대 후반에 새크라멘토 주니어 칼리지에 박혀 있던 생물 교수 허버트 코프랜드Herbert F. Copeland는 생명의 왕국에 대한 중요한 논문을 발표하면서, 모든 유기체를 묘사한 헤켈의 나무와 함께 자신의 그림을 삽입했다. 나무 모양은 아니었으나 기본 개념은 같았다. 지질학적 시간을 기준으로 계통이 뻗어나갔고, 생태학적 공간을 통해 분기되며 퍼져나갔다. 코프랜드는 나뭇가지 대신에 위를 향해 퍼지는 매끈한 원추형태로 각 군집을 표현했다. 마치 교대로 푸가를 뿜을 준비가 된 파이프오르간 동체들 같았다.

20세기 중반, 하버드의 고생물학자 앨프리드 S. 로머Alfred S. Romer 역시 훌륭한 나무 제작자였다. 특히 그가 쓴 《척추동물의 계통발생Vertebrate Paleontology》은 수많은 과학도에게 교과서로 읽히면서 그를 세상에 널리 알린 책이다. 1933년에 처음 출판된 후 1945년 개정판을 거친 후에도 거듭 개정되며 출판되었고, 1982년에 내가 책을 살 때에도 여전히 필독서였다. 그의 나무는 검은 잉크로 그려진 깃털처럼 위로 가면서 두꺼워지고 때로는 다시 얇아지기도 하면서, 세월에 따른 흥망성쇠로 각 그룹의 분화와 번성의 정도를 폭넓게 보여주었다. 로머는 전체 척추동물에 대한 나무와 척추동물 각각의 강class들에 대한 나무를 그렸고, 하위분류로 어류, 양서류, 파충류, 포유류, 발굽 있는 포유류, 고래류, 설치류에 대한 나무를 그렸다. 그의 그림을 보면 공룡들은 백악기 말기에 멸종했지만 특별히 악어들은 살아남았고, 쥐들은 신생대 플라이오세 Pliocene에서 번성했다는 것을 알 수 있다. 로머는 나무에서 생물 집단들은 일정한 주기로 성쇠를 거듭하며 변화한다는 것을 이야기하고 있었다. 진화 스토리의 가장 기본적인 원칙이었다.

그리고 1969년, 코넬 대학교Cornell University의 식물생태학자 로버트 휘태커[Robert H. Whittaker]가 그린 범상치 않은 나무가 등장했다. 그가 "개괄적 분류 broad classification"라고 지은 그림에서 생명의 왕국을 묘사한 분류는 그의 그림 실력보다 더욱 중요한 것이다. 예술적 가치가 있다고는 할 수 없었으나 그것은 꽤나 과감한 주장이었다. 마치 주석이 달린 동물풍선 같았지만 좀 더 점잖은 식물학적 용어로 말하자면 가시배선인장과 비슷했다. 5개의 타원 형태 엽[lobe●]으로 위쪽에 3개, 아래에 2개가 쌓여 있었다. 휘태커는 엽으로써 모든 생명을 다섯 왕국으로 구분하여 제시한 것이다.

다섯 왕국이라고? 당시로서는 처음 나온 숫자였다. 그 파격적인 주장이 나오기까지 휘태커는 여러 여정을 거쳐 왔다. 그러나 그가 곤충과 식물 군집을 연구하던 초창기 때에는, 파격적인 주장은 고사하고 생명체들의 가장 상위 분류에 대한 관심의 흔적조차도 찾을 수 없었다.

로버트 휘태커는 더스트볼[Dust Bowl](모랫바람이 휘몰아치는 미국 대초원의 서부 시대)과 대공황 시기에 캔자스 동부에서 성장했다. 어린 시절에는 초원과 숲을 거닐며 나비를 채집했고, 성인이 되어서는 엄격한 전통적 가치관을 갖게 되었다. 후에 그의 동료들은 그를 "금욕적"이고 "진지한" 사람으로 기억했다. 그러나 그에게는 그가 본 것에서 모호한 점을 알아차리는 능력이 있었다. 그는 토피카[Topeka](캔자스주의 주도)에 있는 대학을 다니던 중 제2차 대전이 발발했을 때 육군항공기 기상관으로 복무하기도 했다. 그러고는 이 이야기에 단골로 등장하는 어바나의 일리노이 대학교 대학원에 진학했다. 그는 생태학을 공부하고 싶어했으나 식물학과에서 거절당했고, 대신 동물학과에

● 둥근 돌출부를 이르는 말로, 해부학에서는 뇌, 폐, 간, 콩팥 등과 같은 기관에서 현미경의 도움 없이 명백하게 구분할 수 있도록 나뉜 부분을 일컫는다.

들어가서 끝내 식물생태학자가 되고야 말았다. 일리노이에서 그는 동물과 아무런 관련이 없는 동물학 논문을 발표한 것으로 유명했다.

박사과정 때 그레이트 스모키 산맥의 식물에 관해 연구하던 휘태커는 식물학의 기본적인 원리에 도전장을 내밀기 시작했다. 식물 군집은 마치 하나의 살아 있는 유기체와 같이 안정적이고, 고도로 통합된 연합체로서 일관된 종들로 구성되어 있으며, 서로 간의 뚜렷한 경계와 명확한 실체를 가진 단위라는 것이 기존의 개념이었다. 생태학자 프레더릭 클레멘츠Frederic Clements로부터 시작된 이 개념은 중요한 생태학적 사고로 자리 잡고 있었다. 휘태커는 논문에서 이를 낱낱이 해부했다. 그는 식물 군집이 통합적인 단위로 존재하지 않으며, 느슨한 조직과 흐릿한 경계, "모호한 실체"를 가졌다고 보았다. 이 사례와 또 다른 연구들을 거치면서 몇 년 후에 그는 자신의 뛰어난 두 가지 소질을 생명의 나무 연구에 쏟아부었다. 그는 생태학적 관점으로 그들을 관찰하면서 그 경계들이 모호한 경우가 적지 않다는 것을 깨달았다.

바로 이 단계쯤에서 휘태커는 식물 군집뿐만 아니라 생명의 가장 기본적인 분류를 기술하는 데도 관심을 갖게 되었다. 1957년에는 그 첫 결실로 "생명 세계의 왕국들The Kingdoms of the Living World"이라는 짧은 논문을 출판했다. 과연 몇 개의 왕국이 있으며, 어떤 것들이었을까?

당시의 관점에서 생명의 왕국은 식물계와 동물계 오로지 두 개뿐이었다. 헤켈은 세 가지를 주장했다. 식물과 동물, 그리고 주로 미생물 등 나머지를 포함하는 그의 원생생물계Protista였다. 사실 영국의 리처드 오언Richard Owen과 존 호그John Hogg를 위시한 초기의 몇몇 자연주의자들도 세 번째 생명의 왕국을 발견했다. 오언은 '원생동물Protozoa'이라고 불렀고, 호그는 '원생생물

Protoctista(첫 번째 생명)'이라고 이름 붙였다. 하지만 오언과 호그는 진화론자가 아니었기 때문에 그들이 계통발생학에 미친 영향은 헤켈에 훨씬 못 미치는 것이었다.

허버트 코프랜드의 1938년 논문에 실린 파이프오르간 그림은 4개의 왕국으로 구성되었다. 그는 헤켈의 영향을 받았지만, 더 좋은 현미경과 미생물들에 대한 새로운 지식을 기반으로 분류했고, 모네라(박테리아)를 원생생물Protista(세포핵을 가진 단세포 생물)로부터 분리시켰다. 코프랜드의 공식 명칭은 모네라Monera, 원생생물Protista, 식물Plantae, 동물Animalia이었다. 그의 1956년 책은 이를 더욱 자세히 설명하면서 미생물들에 대한 정교한 그림들로 가득 차 있었지만, 이상하게도 생명의 나무는 찾아볼 수 없었다. 대신에, 존경을 표하는 권두 삽화로서 에른스트 헤켈의 날카로운 눈빛과 물결 치는 금발의 수염이 있는 사진을 볼 수 있었다. 헤켈이 20세기 중반까지도 얼마나 막강한 위세를 떨치고 있었는지 알 수 있다. 휘태커는 코프랜드의 책에 대한 반작용으로 자신만의 왕국을 선언했는지도 모르겠다.

이 커다란 질문에 대해서 휘태커의 남다른 점은 형태학이 아닌 생태학으로 접근했다는 것이다. 그는 이렇게 적었다. "생물 세계의 분류에 있어서, 코프랜드의 이론이나 두 개의 왕국 개념이 맞지 않는다는 것을 생태학자들은 잘 알고 있다." 생태학자들은 현미경학자들이 간과하기 쉬운 것들을 구별해 내기 때문이다. 휘태커의 그러한 구별 중 가장 대표적인 것은 유기체를 생산자, 소비자, 분해자 세 가지로 분류한 것이었다. 동물은 소비자로서 다른 생물을 잡아먹으며 생명을 유지한다. 식물은 생산자로서 햇빛과 물로부터 생명을 유지하고, 무생물에서 얻은 물질로 식물체를 구성한다. 박테리아와 균류는 분해자로서 이미 죽었거나 또는 살아 있는 생물을 조금씩 분해하여 자양분을 흡수하고, 다른 생명체가 다시 사용할 수 있도록 만든다. 이 세 가지 분류는 휘태커의 1957년 논문에 실린 왕국들이다. 왕국을 보는 또 다른 시각으로써, "각 왕국은 가장 근본적인 진화의 세 가지 방향에 따른 것"이며, 그것은 생명체들이 영양분을 얻는 세 가지 방법을 나타내는 것이라고 썼다. 바로 음식의 섭취, 광합성, 흡수를 뜻하는 것이었다.

"생명의 왕국은 인간의 분류 체계이다," 그는 덧붙였다. 그것은 우리 인간이 단지 생물학적 지식을 체계화하기 위해 편의상 생명체들을 인지하는 방식일 뿐이다. 이것은 그가 식물 군집에 대해 언급한 것과 같은 맥락이었다. 종들의 개체군, 또는 개별 식물과 구별되는 이 식물 군집은 실재하는 세계에서 "모호한 실체"일 확률이 높다. 그것은 서로 비슷한 생존환경을 필요로 하는 것들끼리 같은 서식지에 모인 것을 하나의 식물 군집으로 분류하듯이, 우리가 다양한 식물들을 생각하는 하나의 방식에 불과한 것이다. 이처럼 생명의 왕국이란 우리가 수많은 생명체를 어떻게 인지할 것인지에 대한 방식이므로, 우리는 코피 터지게 싸울 필요가 없으며 생물학 전체를 혼란스럽게 만들어서도 안 된다는 것이다. 로버트 휘태커는 허버트 코프랜드와 마찬가지로 과학자이자 교수였다. 그는 생물학 지식을 체계화하고 발굴하는 것 못지않게 그것들을 가르치기 위해서 그 많고 다양한 지식을 알맞게 분류해야 한다는 것을 잘 알고 있었다.

휘태커는 2년의 심사숙고 끝에 "유기체의 개괄적 분류에 대하여On the Broad Classification of Organisms"라는 논문에서 그의 이론을 수정했다. 그는 자신이 지나치게 단순화시켰다는 것을 깨달았다. 세 왕국만으로는 다양한 생명체들을 모두 담아낼 수 없었다. 이번에 그는 네 개의 왕국으로 수정했지만 코프랜드의 네 왕국과는 차이가 있었다. 1959년 휘태커의 네 왕국은 원생생물

Protista, 식물Plantae, 동물Animalia 그리고 균류Fungi(곰팡이)였다. 균류도 역시 영양분을 흡수하기는 하지만, 원생생물의 모든 단세포 생물과 같이 묶는 것이 꺼림칙했다. 결국 그는 식물(생산자), 동물(소비자), 균류(흡수자)는 생태학에 의해 정의한 것이지만, 원생생물(단세포)들은 형태학에 의해 정의했다고 설명했다. 그러고는 "이 분류에 따른 제목들은 일관성이 없다"라고 인정했으나, 당시에 그로서는 최선의 방법이었다.

또한 이 논문에서 그는 처음 가시배선인장 그림을 선보였다. 네 개의 선인장 엽으로 된 그림은, 맨 아래 원생생물 엽이 있고, 식물, 균류, 동물 엽들이 거기서 자라나 있었다. 그가 흔한 나뭇가지가 아닌 엽 모양을 선택한 이유는 그 당시에 밝혀지지 않았다. 그러나 이후에 나온 논문에서 밝혀질 것이었다.

1969년에 휘태커는 또 다른 답안지로 다시 돌아왔다. 그해 사이언스지에 그의 논문 "생물계의 새로운 개념New Concepts of Kingdoms of Organisms"이 등장했다. 전작의 모호했던 논문들과 다르게 당시의 생물학 필독서가 될 정도로 파급력이 있었다. 여기서 그는, 1957년과 1959년에 단세포 생물을 제외하고 생태학으로 분류했던 이전 개념에다 중요한 왕국 하나를 추가했다. 한편, 로저 스태니어와 반 니엘은 1962년에 개괄적 분류에 대한 중대한 아이디어를 발표했다. 앞에서 설명했듯이, 모든 생명체를 원핵생물과 진핵생물로 나눈 것이다. 휘태커는 그들의 이분법에 수긍하며 박테리아를 특징짓는 데 그것을 사용했지만, 그 외에는 대부분 무시했다. 그는 원생생물로부터 박테리아를 독립시켰고, 헤켈의 이름인 모네라로 명명했다. 그의 새 그림은 이제 다섯 엽을 가진 가시배선인장이 되었다. 맨 아래 모네라, 그 위로 원생생물 Protista이 솟아올랐고, 거기서 다시 식물, 균류, 동물이 자라났다. 지구상의 모든 생명체는 이제 4개가 아닌 5개 왕국으로 구성되었다.

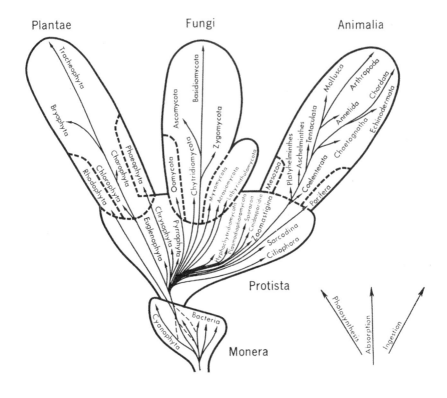

Plantae

Fungi

Animalia

Protista

Monera

휘태커의 가시배선인장, 1969년

그는 왜 마음을 바꾼 것일까? "최근의 연구에서, 박테리아 세포와 다른 생물 세포 조직체 사이의 중요한 차이점들이 더욱 명백해졌다." 최근의 연구란 누구의 것일까? 그는 1962년 스태니어와 반 니엘의 논문을 인용했다. 그들은 생명에 대한 그의 사고에 두 단어를 추가했다. "원핵생물과 진핵생물", 특히 그 당시에 휘태커가 부정할 수 없었던 것은 서로 전혀 다른 왕국에 속해 있는 박테리아와 단세포 원생생물이었다. 원생생물에는 세포핵이 있지만 박테리아에는 없기 때문이다. 또 다른 큰 차이는 진핵생물이 가진 미토콘드리아와 엽록체, 체세포분열 능력, 편모 같은 것들이었다. 그는 그것들을 인정하면서, 그러한 차이는 "생명체들의 세상에서 가장 명확하고 가장 효과적으로 조직체들을 구분 짓는 것"이라고 정의한 스태니어와 그의 두 교과서 공동집필자들을 인용했다. 휘태커는 그러한 차이를 편의상 자신의 첫 번째 왕국인 모네라를 정의하는 데 사용했지만, 기본적으로 다른 것들은 무시했다. 원핵생물의 정의는 그의 "개괄적 분류" 의도에 부합한 것이었으나 진핵생물은 그렇지 않았기 때문이다.

그는 5개 왕국을 명확하게 정의하면서도, 생명의 두 가지 중요한 구분에 대해 암묵적으로 깨닫고 있었다. 원핵생물에서 진핵생물로의 위대한 진화는 어떻게 일어난 것일까? 한 가지 그럴듯한 가설은 "고대의 세포 공생"이라는 개념에 있다고 그는 덧붙였다. 1969년 당시 휘태커의 그러한 생각은 린 마굴리스의 연구와 합쳐지게converged 되었다.

44

휘태커와 마굴리스,
생명의 5 왕국

합병convergence, '합쳐지는 것'을 말한다. 이것은 지금부터 이 책을 이끌어 갈 핵심 주제어다.● 나무의 팔다리는 결코 합쳐지지 않는다. 떡갈나무나 느릅나무, 단풍나무, 히커리나무, 소나무, 낙엽송, 플라타너스, 너도밤나무, 반얀트리, 바오밥나무, 기타 자연계에 야생으로 존재하는 나무의 정상적인 성장에서는 있을 수 없는 일이다. 팔다리는 갈라지되diverge 합쳐지지는converge 않는다. 가지도 마찬가지다. 플래너리 오코너Flannery O'Connor는 음울한 유머와 애완용 공작새로 유명한 남부의 기인 단편작가다. 그녀는 인종차별과 분노에 대한 암울한 이야기가 담긴 《오르다 보면 모두 한 곳에서 만나게 마련이다Everything That Rises Must Converge》라는 제목의 책을 출간했다. 영단어 다섯 개로 된 이 제목은 아이러니하게도 프랑스 예수 회원이며 고생물학자인 피에르 테일라르 드 샤르댕Pierre Teilhard de Chardin의 글에서 그녀가 희망적인 메시

● 휘태커와 마굴리스의 논문이 합쳐지는 것을 시작으로 저자는 converge, convergence라는 단어를 다의적인 의미로 사용한다. 한점으로 합쳐지거나, 수렴하는 것, 하나로 묶이는 것, 서로 통합하는 것 등. 이 단어에 연관된 저자의 언어유희를 독자들이 함께 음미해 보는 것도 나쁘지 않을 것이다.

지로 인용한 것이다. 샤르댕의 몽환적이며 철학적인 글들은 1950년대 후반부터 1960년대까지 (바티칸을 제외한) 진보적인 가톨릭교도들 사이에서 인기가 있었고, 플래너리 오코너 역시 진보적인 가톨릭 신자였다. 이 제목은 그녀가 요절한 후 출판된 단편모음집의 제목이 되었다. 올라가는 모든 것이 한 곳에서 만나는 경우는 생물학에서 늘 적용되는 것은 아니지만 가끔은 있을 수 있다는 흥미로운 공리였다. 로버트 휘태커 역시 생명의 분류로 거슬러 올라가는 연구의 여정에서, 린 마굴리스의 내공생 이론과 만나게 되었고converge 1978년에 함께 논문을 발표했다.

잡동사니들의 왕국 원생생물계Protista를 어떻게 정의할 것인가는 그들 협업의 핵심이었고, 그들은 선의의 논쟁을 벌였다. 그리고 세부사항에 대한 길고도 기술적인 설명이 담긴 절충안을 제시했다. 이 논문은 마굴리스가 설립을 도왔던 진화원생생물학회the Society for Evolutionary Protistology의 1977년 학회 기조연설에서 처음 발표되었다(두 공저자 중 휘태커가 발표했다). 원생생물에 대해서 마굴리스는 휘태커를 능가했다. 현미경에서 그들을 집중적으로 관찰하는 데 많은 시간을 보내온 마굴리스였다. 그러나 그녀는 휘태커가 1969년에 발표한 다섯 왕국에 대한 논문이 마음에 들었다. 낡은 틀 속에서 새로운 생물학적 발견들을 가르치고자 했던 그의 열정과 함께했으며, 이 공동연구를 위해 그와 협력하기로 결정했다. 원생생물을 포함한 생명의 다섯 왕국과 생물 분류 전체에 대한 그들의 동조를 의미하는 것이었다.

"생명의 왕국은 명확하게 정의하기 어렵다." 우선 그들은 이 점에 대해서 동의했다. 왕국 간의 경계선은 불분명할 수밖에 없고 따라서 늘 골칫거리였다. 경계선을 어떻게 그리든 간에 경계선에 걸쳐 있는 생물들은 여전히 존재하기 마련이었다. '균류Fungi'는 식물일까, 아니면 다른 무엇일까? '남조류Blue-green algae', 그들은 말 그대로 조류일까, 아니면 박테리아일까? '해면 Sponges', 움직이지도 않고 신경계나 소화기, 심지어 순환계도 없는데 그들을 동물이라고 할 수 있을까? '원생동물Protozoans', 실제로는 동물zoans이 아니다, 그렇다면 원생proto–무엇이라 해야 하나? '판형동물Placozoans', 도대체 이 작고 납작한 건 무엇일까?

생명체의 분류는 자연의 본래 성질에 의한 것이 아니라 인간이 만든, 즉 발견과 결정의 문제임을 그들은 언급했다. 그리고 이때 중요한 것은 단순화시켜야 한다는 것이다. 생명의 왕국이 61개 또는 93개라면 어떻겠는가? 생물학 지식을 체계화하고 가르칠 요량이라면 아마 쉽지 않을 것이다.

"생명의 분류는 가능한 한 진화적인 사건과 그 연관성을 반영해야 한다." 휘태커와 마굴리스가 동의한 두 번째 요점이다. 즉, 계통발생적이어야 한다는 것이다. 그러나 그러한 계통발생적 분류가 모든 생물에 적용되는 것은 아니며, 이것이 그들의 세 번째 합의점이다.

그들은 계통발생으로 분류하기 어려운 사례들을 인정하면서 다계통분류군polyphyletic taxon이라는 절충안을 모색했다. 다계통분류군은 마치 왕국(계)과 같은 어떤 집단으로서, 둘 이상의 진화적인 계통을 가진 생물들을 묶어 놓은 것이다. 다계통분류군이란 말 자체는 약간 역설적으로 보이지만, 다윈 시대 이전에 그랬듯이 진화적인 계통에 따르기보다는 편의에 따라 분류한 것이다. 가령 "해양 척추동물"이라는 분류군을 보면, 고래와 상어는 확실하게 다른 계통에 속하고, 바다 악어는 또 다른 계통에 속하기 때문에 다계통분류군이라는 것을 알 수 있다. 분명히 이 세 동물은 모두 해양 척추동물에 속하지만, 같은 조상에서 갈라진 것이 아니라 각각이 서로 다른 육지 동물에서 갈라져 나온 것이다. 이러한 경우에 갈라지기만 하는 나뭇가지로는 다계통분류군을 온전히 표현할 수 없었다. 그들의 그림은 생명의 나무와는 다른 것이었다. 그것은 계통들의 수렴convergence을 허용하는 구성원리, 즉 인간의 구조물이었다. 이 그림 속에서 가지들은 서로 합쳐질 수 있었다.

우리가 사는 현실에서도 수렴하는 계통들이 존재한다. 마굴리스가 좋아하는 내공생도 그 중의 하나다. 그러나 그들이 공동 논문을 발표할 당시에 그러한 수렴은 드문 현상으로 여겨졌다. 대부분의 생물학자들은 이것을 이례적인 것으로 생각했다. 그러나 몇 년 후에, 린 마굴리스뿐만 아니라 칼 워즈의 위대한 업적으로, 유전적 계통의 수렴에 대한 관점은 달라지게 될 터였다.

1978년 주요 이슈는 왕국과 왕국 간의, 그 안의 그룹과 그룹 간의 경계선을 어떻게 긋는가 하는 것이었다. 최대한 "자연에 따른" 것이면서도 질서정연하고 간편한 것이어야 했다. 휘태커와 마굴리스는 진화적인 분류 기준으로서 다계통분류가 지닌 "단점"을 인정했다. 그러나 한편으로는, 더 정확하게 분류하기 위해서 너무 많은 왕국과 너무 많은 계층으로 잘게 세분화시키는 것도 그리 달갑지 않은 것이었다.

이 딜레마는 휘태커가 1959년 자신의 네 왕국과 1969년 다섯 왕국을 나무가 아닌 가시배선인장으로 그린 까닭이기도 했다. 그는 다계통분류의 복잡성을 내내 인식했고, 있는 그대로 표현했다. 가시배선인장의 다섯 왕국을 자세히 보면 알 수 있다. 여러 가닥의 선들이 마치 정맥처럼 넓쩍한 엽에서 엽으로 이어졌다. 원생생물계Protista 잎에서 식물계 잎으로 이어진 3개의 선은 식물계에 세 종류의 조상이 있다는 것을 나타낸다. 원생생물계에서 균류로 이어진 5개의 선은 균류의 다섯 가지 조상인 것이다. 원생생물계에서 동물계로 이어진 두 줄, 그중 하나는 해면동물로 이어진다. 해면동물은 '비동물', 즉 동물과는 다른 계통을 따라 진화했다는 것이다. 동물계는 두 차례의 수정을 거쳤다. 두 줄로 갈라진 계통은 휘태커가 1978년에 마굴리스와 함께 그 정체를 밝히고 나서부터 동물계로 합병converge되었다.

플래너리 오코너의 책 제목이나 드 샤르댕과는 다르게, 위를 향하는 모든 것이 한 곳에서 만나지는 않는다. 그러나 생명의 나무에 그런 가지들은 엄연히 존재한다. 이제부터 자주 등장하게 되는 그들을 보게 될 것이다.

45

칼 워즈의 빅 트리

1977년과 1978년은 생명의 나무 그리기에서 중요한 도약의 해로 기록되었다. 휘태커와 마굴리스의 논문, 그리고 1977년 11월 칼 워즈와 조지 폭스가 '생명의 세 번째 왕국'을 발표한 것이다. 양쪽 논문 모두 생물 교과서에 자리 잡을 정도로 그 영향력은 대단한 것이었다. 그러나 돌이켜 보면 그들 간에 공통점이 거의 없다는 것은 놀라운 사실이었다. 그들은 서로 동의하지 않는데, 그렇다고 반대한 것도 아니었다. 휘태커와 마굴리스의 다섯 왕국, 워즈와 폭스의 세 왕국은 개수뿐만 아니라 분류 자체도 일치하지 않았다. 양쪽의 과학자들은 서로 딴 이야기를 하고 있었다. 그들은 완전히 다른 세계에 속해 있었다.

워즈를 도와 아르케이아를 발견한, 1977년 논문의 공동저자였던 젊은 포스트닥 폭스는 그때쯤 어바나의 워즈 연구실을 떠나 휴스턴 대학교에서 처음으로 독립된 교직을 얻게 되었다. 그는 32세의 조교수로서 종신 재직권이 없는 상태였다. 강의를 하고 자신의 연구실을 운영하는 것 외에 그는 더 많은 논문을 발표할 필요가 있었다. 물론 그것은 빠를수록 그의 경력에 유리했다. 다행스럽게도 그는 전화와 편지로 아직도 워즈와 연락하며 연구를 수행하고 있었다. 생명의 형태를 분류하는 연구였고, 특히 박테리아와 아르케이아에 관해서 리보솜RNA라는 증거를 사용하여 그들의 깊은 관계를 추론하는 일이었다.

어바나의 워즈 연구실에서는 또 다른 젊은 연구원이 폭스의 후임으로 일하고 있었다. 충분히 확보된 데이터들로 워즈는 16S rRNA의 카탈로그를 더 많이 만들었다. 그것은 로제타스톤Rosetta stone●에 버금가는 초기 진화 역사에서 매우 특별한 분자였고, 그 카탈로그들은 현미경과 생화학으로 할 수 없었던 것들을 드러냈다. 새로운 패턴이 나타났다. 그것은 단순히 아르케이아가 다른 분류의 생명체라는 것 이상의 것을 담고 있었다. 워즈는 개요논문을 발표하는 것이 급선무라고 생각했다. 그가 폭스나 다른 사람들과의 서신에서 사용한 비공식 프로젝트명은 "빅 트리big tree"였다.

1977년 11월 말, 뉴욕타임스 1면의 위홀의 순간으로부터 불과 몇 주 후에 워즈는 휴스턴에 있는 폭스에게 편지를 보냈다. 그는 여느 때와 같이 새 유기체의 카탈로그를 동봉하고, 그들의 데이터 분석 상황에 관심을 표명하면서 더 큰 주제의 프로젝트에 대해서도 언급했다. "빅 트리 작업을 최우선으로 해 주세요. 결과를 빨리 도출해 내지 않으면 우리는 신빙성을 잃게 됩니다." 그들은 단 4개의 생물을 근거로 아르케이아 왕국을 선언했고, 그것은 왕국이라는 거대한 생명의 범주를 대표하기에는 턱없이 부족한 것이었기 때문에, 워즈는 추가적인 데이터를 애타게 재촉하고 있었다. 우선 그는 개요논문이 필요했다. 워즈는 폭스에게 "내용은 윤곽만 잡고 나무를 만드

● 고대 이집트 문자 체계의 비밀을 이해하는 데 중요한 열쇠가 된, 이집트에서 발견된 돌

세요"라고 말했다. "일단은 그렇게 시작해야 합니다. 지금 상황은 당신이 생각하는 것보다 더 심각해요. 아마 당신이 동료들과 논쟁을 벌이는 상황이 된다면, 휴스턴에 있는 당신의 동료들이 점점 등을 돌리고 있다는 걸 알게 될 겁니다."

그들은 바로 초안에 착수했다. 이 논문은 그들의 10년간의 연구가 집약된 위대한 공저가 되었고, 공동 저자인 폭스와 워즈, 다른 파트너들이 목록에 이름을 올렸다.

과학 출판물에서 "공저"라 함은, 그들이 다양한 방식으로 기여했다는 것을 뜻한다. 몇몇은 고통스럽고 위험한 실험실 잡무를 맡았을 것이고, 자신의 연구실에서 배양한 미생물을 기증하거나, 중요한 토론과 아이디어를 제공한 이들도 있을 것이다. 팀의 리더인 책임연구원^{senior researcher}은 상황들을 조율하고, 일부 팀원에게는 멘토이기도 하며, 연구 자금을 조달했을 것이다. 전임연구원^{primary active researcher}이 된 과학자들은 아마도 대학원생이거나 포스트닥으로서, 연구 주제를 선정하고 세부적인 개념과 실험 계획을 책임연구원과 협의하며, 실무 작업을 분담했을 것이다. 그러고 나서 아마 전임연구원이 가장 활동적으로 참여한 연구원과 함께 논문의 대부분을 작성할 것이다. 순수 생물과학 분야에서는 전임연구원이 제1 저자^{first author}일 가능성이 크다. 멘토이자 자금 조달자인 책임연구원은 전체에 대한 책임과 궁극의 대표자로서 최종 저자^{final author}로 이름을 올린다. 하지만 생물물리학 출신이었던 워즈의 분야에서는 그 반대였기 때문에 워즈와 폭스 사이에는 약간 갈등의 소지가 있었다.

두 사람은 긴밀하게 협력하며 본문을 작성했다. 어바나에서 전임연구원이었던 폭스는 팀원들과 함께 가장 어려운 과제들을 처리했다. 폭스는 방사성

인으로 미생물에 표지를 하고 리보솜RNA를 추출했다. 린다 매그럼은 이 분자들을 절편으로 조각 내고 전기영동으로 절편들을 분리했다. 몰려 있는 절편들을 필름으로 만들면 워즈가 그들의 서열을 추론해 카탈로그를 만들었다. 이 단계에서 다시 그 카탈로그를 분석할 유사성 계수를 고안해 낸 사람은 폭스였고, 그 프로그램을 직접 만든 사람 역시 폭스였다(그는 화학공학 전공자로서 프로그래밍을 배웠고, 당시에 워즈 연구실은 물론 미국의 생물학자들 중에서도 컴퓨터 언어 포트란^{Fortran}을 아는 드문 사람이었다). 그는 당시의 앞선 기술이었던 IBM 펀치 카드 수백 장에 코드와 데이터를 입력하고 중앙컴퓨터를 가동시켰다. 그는 그 결과들이 집약된 생명의 나무를 스케치했다. 이제 그는 워즈와 함께 몇 개의 초안을 만들었고, 초안들은 어바나의 학과 소속 타이피스트에 의해 말끔한 원고로 탄생했다. 그 초안들 일부는, 여기저기에 수정할 것과 추가할 것을 폭스가 손글씨로 휘갈겨 써넣은 상태로 아직까지 남아 있었다.

첫 번째 초안의 첫 문장을 보면, 정직했지만 재미는 없었다. "최소한 한 세기 이상, 미생물학자들은 지구의 곳곳에 서식하는 수많은 미생물 간의 관계를 규명하기 위해 노력했다." 더 잘 표현할 수 있었다. 워즈는 첫 문장부터 좀 더 극적인 느낌을 원했다. "생물학은 진화의 연구와 관련해 중요한 전환점에 와 있다." 나아진 두 번째 버전이었다. 거기에 워즈가 연필로 고쳐 썼다. "진화 연구는 하나의 중요한 전환점을 맞고 있다." 그는 세 단어 '하나의 중요한 전환점'을 강조하여 좀 더 세련되게 고쳤다. 그리고 워즈의 비공식 제목 "빅 트리^{Big Tree}"가 드디어 페이지 꼭대기에 등장했다.

좀 더 다듬어진 폭스의 네 번째 버전은 손글씨로 적은 25페이지에 달하는 새로운 내용과 재작업한 자료를 담고 있었다. 곧 타이핑 부서로 보내졌고 겉장에는 이렇게 적혀 있었다. "폭스 원고. 최대한 빨리. 내 다른 일들보다 먼저 할 것. 1순위!" 지난한 수정을 거쳐 드디어 7번째 버전에서 첫 문장은 새롭게 바뀌었다. 더 나아진 어조의 첫 문장은 이렇게 시작된다. "혁명이 시작됐다."

1978년과 1979년까지 휴스턴과 어바나를 오간 더 많은 버전이 있었을 테고, 크고 작은 수많은 변화, 그리고 적어도 한 번은 신랄한 논쟁이 있었을 터이다. 하지만 빅 트리 논문의 첫 단락은 그 시점, 즉 7번째 버전에서 확정되었고, 워즈는 더는 고칠 필요가 없다고 느꼈다.

박테리아 분류학에서 혁명이 일어나고 있다. 고질적이고 이해할 수 없으며 불확실하기만 했던 학문에서, 어림짐작에 불과한 것들이 마치 공식적인 것처럼 통용되던 분야에서, 이제 실험적인 성과들에 의해 새로운 활력의 장이 열리고 있다. 이 변화의 가장 큰 주역은 계통 관계를 직접적으로 검증할 수 있게 만든 분자서열분석 기술이다.

당당했지만 절제된 표현이었다. 유전학적 관계를 분자기술로 검증하는 것은 1958년에 프랜시스 크릭이 처음 제안한 것이다. 그것은 마치 우리 앞에 세계의 모든 박물관에 있는 화석들을 한눈에 드러내는 것과 같이, 진화의 역사를 바라보는 새로운 시야를 펼쳤다. 이것은 단지 박테리아 분류학을 넘어선 더 넓은 영역의 혁명을 의미한다. 과학자들이 생명의 역사 본모습을 이해하는 방식에서의 혁명이다.

46

'원핵생물의 계통'과 빅 트리

일곱 번째 원고는 또한 "원핵생물의 계통The Phylogeny of Procaryotes"이라는 새로운 제목을 선보였다. 랄프 울프, 린다 보넌, 린다 매그럼 외 14명의 연구자가 명단에 이름을 올렸다. 조지 폭스의 이름을 필두로 해서 책임연구원 칼 워즈를 마지막에 실었다. 이름을 올리는 순서는 내용에 대한 논쟁만큼이나 민감한 문제였을 것이다. 도중에 워즈는 자신이 제1 저자여야 하고, 폭스는 최종 저자의 영예로 만족하라고 제의했었다.

우리가 어바나에 있는 피자집에서 만났을 때 폭스는 이 갈등에 대해 솔직하게 이야기했다. "내가 논문의 제1 저자가 되고 싶다고 했어요. 왜냐하면, 그 망할 IBM 카드를 다 입력했고, 나무들도 내가 다 만들었어요. 안 그래요? 모든 논의에도 참가했고요." 당시 그는 휴스턴으로 옮겼고 젊은 새 교수로서 뭔가 해내야 한다는 기대감에 화답해야 하는 상황이었다. 36년 전 일이지만 그는 그때의 압박감을 생생하게 느끼는 것 같았다. "할 말이 있어요, 워즈. 전 지금 다른 대학에 와 있어서,…. 아시잖아요? 그러니까 제가 하려는 말은…." 그는 잠시 말을 멈추었다. 폭스는 '내 자신을 어떻게든 내세워야 하거든요.'라는 말까지는 꺼내지 못했다. "나는 일개 조교수였어요. 종신 재직권이 필요했고, 알다시피 최종적으로는 부교수, 정교수가 돼야 했으니까요." 그는 말했다. "내가 그 논문에서 상당한 공로를 인정받지 못한다면 그와 공동작업을 했다 하더라도 내게 도움이 안 됐어요."

1979년 8월 27일, 워즈는 폭스에게 "갈등의 소지가 있는 것들"에 대해 썼다. 제일 먼저는, 젊은 과학자에게 절실한 성과였던 제1 저자에 대한 폭스의 강력한 요구에 대해서였다. "당신의 상황은 충분히 이해했어요"라고 워즈는 썼다. "지금도 그렇고요. 하지만 이 상황이 민감한 만큼 내 심정도 이해해 줘야 해요." 그는 설명했다. 그는 라이트보드 앞에서 눈을 흐릿하게 한 채 분자 절편 필름들을 뚫어지게 보면서 그 서열을 맞추고 패턴들을 인식하려고 머리를 짜내며 보낸 수많은 시간, 수많은 나날을 생각하면서 다음과 같이 썼다. "빅 트리는 우리 연구실을 대표할 업적이고, 그 연구는 내 구상이에요. 그리고 당신을 포함한 어느 누구보다 훨씬 더 많은 시간을 난 그 연구에 직접 할애했어요. 이 모든 것을 고려한다면 내가 제1 저자가 되어야 합니다"라고 말했다.

워즈는 폭스가 곧 종신 재직권 심사를 받게 되리라는 것을 알고 있었다. 폭스는 또한 자신의 연구실 보조금을 따내야 하는 상황이었다. "당신이 보조금 조달이 위태롭다고 느끼고 있기에," 워즈는 어쩔 수 없이 "그것을 우선으로 고려해서 저자 순서에 대한 당신의 요구를 따를 겁니다. 하지만 내가 우려하는 바에 대해서는 반드시 이해해야 합니다. 만약 이것이 당신의 연구로 알려지게 되거나, 내가 했던 자료 분석이 당신이 한 것으로 알려지게 된다면 분명히 잘못된 거에요. 일어나서는 안 될 일입니다."

워즈가 자신을 제1 저자로 등재해야 한다고 제안했을 때를 회상하며 폭스가 말했다. "나는 단호하게 내 입장을 고집했어요. 그리고 그때 워즈는 우리 관계를 끝내려고....” 그는 어떻게 말해야 좋을지 잠시 생각하는 듯했다. “사실 우리 협업은 그때 끝이 났다고 봅니다.”

워즈는 8월 27일 편지에서 폭스에게 결별의 신호를 보냈다. 그는 그들의 데이터 분석법, 즉 폭스가 고안해 낸 유사성 계수 산출 방법에 불만을 나타냈다. 워즈는 더 독특한 박테리아에도 적용할 수 있는 개선된 방식을 원했다. “솔직히 나는 당신과 함께하고 싶지만, 당신은 내 말을 듣지 않으니 이제 내가 혼자 진행할 수밖에 없어요.” 사실 워즈는 다른 두 명의 동료와 연구를 진행하고 있었고, 폭스가 자신의 저자 지위에 욕심을 내는 것처럼 그들도 그런 권한을 가지고 있음을 강조했다. 이후에 나온 그의 논문에서는 폭스의 이름을 볼 수 없었다.

그는 다음과 같이 편지를 마무리 지었다. “이런 문제들로 마음이 불편하지만, 우리가 맘을 열고 생각한다면 그것은 그저 과학적 견해 차이에 불과할 뿐입니다.” 옛날 말로 뺨 때리고 어르는 격이었다. 삐쩍 여위었던 포스트닥 시절, 워즈가 가르칠 만큼 똑똑했고 워즈에게 도전할 만큼 똑똑했던 조지 폭스와 그의 관계는 예전 같지 않았다. 두 사람이 1970년대에 서로의 연구를 마무리할 때부터 1980년대 초까지 그들의 이름이 함께 실린 몇 편의 논문이 더 있었지만, 그들은 과학에 대해 더 이상 예전처럼 참신하고, 거리낌 없고, 서로 기운을 북돋우는 식으로 이야기하지 않았다.

한편, 빅 트리 논문은 인쇄에 들어갔다. 논문은 1980년 7월 25일 자 사이언스지에 “원핵생물의 계통The Phylogeny of Prokaryotes”이라는 수정된 제목으로 출판되었다. 단 4종의 아르케이아와 9종의 다른 생물들을 비교한 것이 아니라, 170종이 넘는 유기체들의 분자 서열에서 나온 결과였다.

첫 번째 논고는, 진화적 관계를 밝힘에 있어 16S rRNA라는 특별한 분자

가 상당히 유용했다는 것이다. 두 번째 핵심은, 논문 제목이 원핵생물임에
도 불구하고 "원핵생물^{prokaryote}"은 의미 없는 분류라는 것이다. 원핵생물은
없었다. 박테리아, 아르케이아, 진핵생물이 있을 뿐이다. 이것은 새로운 데이
터에서 더욱 명확하게 드러났다. 세 번째 요지는 다소 의외였다. 그들은 린
마굴리스의 내공생이 옳았다는 것을 간접적으로 언급했다. 진핵세포는 "이
제 유전적 키메라^{chimera●}로 인식되고 있다." 그것은 고대에 여러 계통이 합
쳐지는 사건들에서 유래한 복합 생명체이며, 이들 계통에는 미토콘드리아
와 엽록체가 된 박테리아도 포함된다. 이 세 가지 핵심 외에도 이 논문은 그
중 두 왕국, 박테리아와 아르케이아의 내부 집단 분류에도 초점을 두었다.
그리고 당연히 빅 트리 그림도 실려 있었다.

그림은 마치 30개의 초가 줄기처럼 달린 거대한 촛대와 같았다. 다섯 줄
기의 아르케이아와 세 줄기의 진핵생물(우리의 관념으로는 거대한 왕국이지만
논문의 핵심에서는 비켜난 존재다), 나머지는 박테리아 집단이 차지하고 있었
다. 5개의 아르케이아와 22개 박테리아 줄기 간의 연관성에 대한 내용은 그
당시 미생물학자들의 초미의 관심거리였다. 그러나 우리가 의무적으로 관심
을 둘 필요는 없으므로 미생물학자들의 몫으로 남겨둘 것이다. 그보다 빅
트리에서 우리가 더 주목해야 할 점은 워즈와 폭스가 세 왕국의 기원을 어
디에 두었는가 하는 것인데, 그것이 모호했다. 세 개의 팔다리는 하나의 몸
통에서 갈라지지 않았다. 그들은 거대한 흙더미 같은 둥근 땅에서 제각기
솟아올랐고, 그 땅에는 아리송한 이름이 붙어 있었다. "공통 조상의 영역
Common Ancestral State"

● 사자의 머리에 염소 몸통에 뱀 꼬리를 단 그리스 신화 속 괴물.

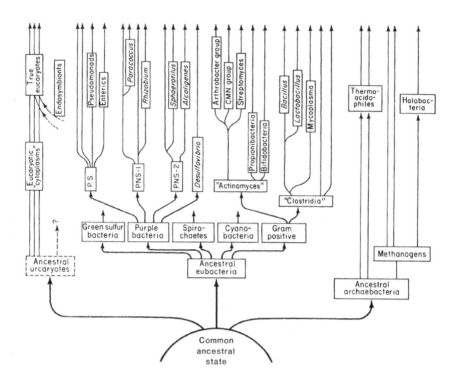

폭스와 워즈, 공동연구자들이 제시한 '빅 트리', 1980년

"중요한 사실 하나가 이 안에 있어요." 폭스는 치즈와 페퍼로니를 앞에
두고 말했다. 나는 내가 달은 주석과 밑줄이 쳐진 1980년 논문 복사본을
얼른 꺼내 들었다. "그 나무를 보여 주시겠어요?" 그가 하라는 대로 나는
그 논문이 접혀져 있는 459쪽을 펼쳤다. "아, 이게 빅 트리군요, 맞죠?" 내
가 말하자 폭스가 받았다. "맞아요. 그 뿌리를 자세히 보세요." 내가 다시
"공통 조상의 영역"이라고 읽으며 물었다. "단 하나의 조상이 아니라 '조상
의 영역ancestral state'이라는 거군요, 그렇죠?"

그가 끄덕였다. 이 영역은 세포 이전 생명의 세계, 40억 년 전 원시적인 태동이 있었던 세계, 스스로 복제할 능력을 얻은 벌거숭이 분자들(RNA로 추정)의 세계, 생물이 종으로 분화되어 각각의 왕국으로 들어가기 이전의 세상이었다. "우리는 이 세 왕국의 근원을 결정하지 않기로 했어요." 그가 말했다. 이 영역에서 세 큰 가지가 따로따로 자라났다는 설명은 바로 다음 질문에 답하는 것을 의미했다. 궁극적으로 세 왕국이 어떻게 연관되어 있는지, 어떤 것이 먼저인지, 또는 어떻게 그들이 갈라졌는지, 어떤 것끼리 가까운지, 그러나 누가 알겠는가? 우리는 아니다! 그들은 불가지론을 솔직하게 인정한 것이었고, 그 당시에 할 수 있는 최선의 방법이었다.

"그리고.... 비밀이지만 이제 알려 드릴게요." 폭스가 말했다. 콜라와 피자 맞은편에 앉아 있는 69세의 분자 진화론자는 잠시 장난기 있는 웃음을 지었다. "그 비밀이라는 게.... 전 나무를 믿지 않았어요. 칼도 마찬가지고요." "그래요?" 나는 다음에 나올 대답이 궁금했다. "그건 진화가 작동하는 방식이 아니기 때문이에요."

47

레이크의 4왕국, 워즈의 고세포

진화가 작동하는 방식에 있어서는 여전히 연구가 진행 중이었고 논쟁이 계속되고 있었다. 찰스 다윈은 자연선택의 원리에 대한 깊은 통찰력을 《종의 기원》에서 설득력 있게 설명했다. 그러나 그는 계통이 변화하고 갈라지는 방식에 대해서는 충분히 설명하지 못했고, 그가 설명한 것들도 모두 옳은 것은 아니었다. 실제로 다윈은 유전 메커니즘에 대해서는 완전히 문외한이었고 미생물에 대해서도 거의 알지 못했다. 미생물을 연구했던 이반 월린과 린 마굴리스는 여기에 생물 간의 공생을 추가했다. 진화에서 새로운 발생에 있어 자연선택을 동력으로 하는 무작위적인 돌연변이와 점진적인 변이보다는, 한 생명체와 다른 생명체 간의 공생 결합에 의한 것이 더 많다는 것이다. 폭스와 워즈 팀이 출판한 빅 트리 논문에는 더 새로운 아이디어가 있었고, 그것은 다시 새로운 의문들로 이어졌다. 그 의문의 일부는 나무 아래 "공통 조상의 영역"이라는 아리송한 이름의 언덕에 쏠려 있었다. 그 말의 의미는 무엇일까? 그 안에서 무슨 일이 벌어진 것일까?

조지 폭스는 1982년에 휴스턴 대학의 부교수로 승진했고 진화 초기에 대한 연구를 계속하고 있었다. 그러나 칼 워즈와 함께는 아니었다. 워즈는 새

연구자를 찾았고, 리보솜RNA 코드에 숨겨진 단서로부터 생명의 나무 깊은 곳의 진화적 사건들을 밝혀내려는 그의 원대한 프로젝트는 계속되고 있었다. 1980년대에 들어서도 그의 관심과 목표는 변하지 않았지만, 실험 방법만은 새로운 분자서열분석으로 인해 덜 고되고 덜 위험하고, 더 정밀하고 더 빠르게 변화되었다. 1980년대 중반에는 이제 짧은 절편 카탈로그가 아니라 리보솜RNA의 전체 서열을 바탕으로 나무를 그리고 있었다.

그때까지도 분자서열분석은 생명의 나무 깊숙한 곳을 파헤칠 수 있는 유일한 방법으로 생각되지는 않았다. 일부의 연구자들은 여전히 계통 간의 RNA나 DNA 서열 비교보다는 생물의 외형으로 연구하는 형태학적 방법론을 선호했다. 그중에 전자현미경으로 리보솜의 구조를 연구한 사람이 있었다. UCLA^University of California, Los Angeles의 제임스 레이크^James Lake는 물리학을 전공했지만 생물학으로 넘어온 과학자다. 1960년대 후반, 그는 하버드 의대에서 포스트닥을 하던 중에 리보솜의 형태에 관심을 갖게 되었다. 그가 전자현미경으로 리보솜의 3차원 구조를 알아낼 수 있다는 것을 발견했을 때였다. 그는 어떤 미생물 집단의 리보솜 형태는 다른 집단과 일관되게 차이를 보인다는 것을 깨달았고, 그들을 비교한다면 계통발생의 기본단위, 나아가 왕국들까지도 명확하게 규명해 낼 것이라는 생각에 이르렀다. 1984년에 그는 몇몇 동료와 함께 대표적인 박테리아, 아르케이아, 진핵생물들이 가진 리보솜 형태들을 분석하여 논문으로 발표했다.

리보솜의 형태는 제각각이었다. 고무오리같이 생긴 것들, 히치하이크할 때 엄지손가락을 치켜든 손처럼 생긴 것, 약간 팝콘처럼 보이는 것들도 있었다. 레이크 팀은 세심하게 분석했고 그 차이들을 수치로 표시했다. 그들에 의하면, 리보솜에는 네 가지 기본 형태가 있으며 그에 따라 기본적으로 네 종류의 생명체로 구분된다고 주장했다. 그의 주장대로라면, 워즈의 아르케이아로부터 호열성이고 호산성이며 황에 의존하는 미생물을 따로 분리해 내겠다는 뜻이었다. 레이크는 이 유황 호흡 집단을 '이오사이타^{Eocyta}'(각 개체들은 '이오사이츠^{eocytes}')라고 명명하고 독자적인 새 왕국으로 분류했다. 자, 이제 다시 생명의 네 왕국이 된 것이다. 또한 레이크의 분석에 따르면, 그의 이오사이츠는 오히려 나머지 아르케이아보다 우리와 같은 진핵생물과 더 가까운 것으로 나타났다. 워즈는 불쾌했다.

워즈는 레이크에게 보낸 편지에서 자신의 관점을 피력했다. "당신의 제안들은 물을 흐리게 할 뿐입니다." 그로부터 1년 전 레이크의 초대로 워즈가 UCLA를 방문하면서 두 사람은 호의적인 관계를 유지했지만 이제 우정은 끝났다. 아르케이아를 지지하는 볼프람 질리그와 같은 독일 동료들과 함께 워즈 진영은 레이크의 방법론과 결론들을 날 서게 비판했고, 레이크 역시 공격적으로 맞섰다. "새로운 왕국이 필요하다는 자명한 사실이 당신의 확고한 업적에 방해가 되는 거겠죠."

얀 샙은 이를 "왕국 수호자들의 전쟁"이라고 불렀다. 전투는 개인적인 편지들뿐만 아니라 과학회의 연설, 네이처지의 기사나 사설에서도 벌어졌다. 질리그는 이 논쟁 전체를 "터무니없는 촌극"이라고 일축하며 워즈에게 말했다. "레이크의 강력한 말발에 오도될 정도로 과학계가 어리석다는 것을 깨달았다." 그 촌극의 격렬함은 샙의 기록에 남았고, 나는 30년 후 UCLA의 제임스 레이크를 찾아갔다. 그리고 온화한 그의 성품에 놀랄 수밖에 없었다.

그는 키가 크고 약간 구부정했는데, 전투 때문은 아닌 것 같고 세월 탓인 듯했다. 그는 창백한 푸른 눈과 짙은 회색 머리에 연보라색 카디건과 면바지 차림이었다. 그는 공손하고 친절한 태도로 나를 사무실로 안내했다. 금요일 오후, 마치 은퇴 후 골프 라운드를 막 끝낸 목사님과 책상에 마주 앉은 듯했다. 책상에는 과학 논문들이 수북이 쌓여 있었고, 그 위로 책장에는 심장 크기만 한 두 가지 색깔의 리보솜 석고 모형이 놓여 있었다. 그는 워즈와의 악화된 관계, 그리고 그의 네 왕국과 이오사이타 이론에 대한 워즈의 반응에 대해 이야기했다. 그는 아직도 당시 워즈의 적의에 찬 공격에 당혹스러워하고 있었다.

"그를 지지하거나 그와 적이 되거나 둘 중 하나였어요." 레이크가 말했다. 레이크 역시 처음에는 워즈의 아르케아를 온전한 하나의 왕국으로 받아들였다. 그러나 레이크의 연구가 다른 증거들을 만들어 내면서 그의 관점도 바뀌게 되었다. "그에게 설명했지만 이 문제는 타협할 수 있는 성질의 것이 아니었습니다." 마치 스위치가 꺼지듯 그들의 우정은 끝났고, 레이크는 지적 경쟁자 수준을 넘어 거짓과 혼란의 가해자로 남았다. 레이크가 당시를 회상했다. "'모든 수단을 동원해서 이 이론을 무너뜨려라' 이렇게 된 거죠." 이에 대해서 다른 전문가들의 의견은 대체로 일치했다. 워즈가 왕국의 전투에서는 승리했을지 모르나 전쟁에서는 아니다.

1987년 워즈는 단독으로 두꺼운 리뷰 논문을 발표했다. 박테리아 진화 분야, 그리고 나아가 계통발생 전체에 대하여 조사한 것이었다. 그는 미생물 분류에 관한 역사를 요약하는 것으로 시작했다. 과거에는 현미경을 통한 형태학적 증거로부터 분류했다는 것과 모네라에 뿌리를 두고 세 개의 가지를 뻗은 헤켈의 생명의 나무를 전체 페이지에 삽입했다. 워즈는 그것이 고전으로 자리 잡았고 질서 정연하게 정리된 것이긴 하지만, 틀린 것이라고 말을 이었다. 린네우스의 두 왕국에서부터 헤켈의 세 왕국, 휘태커와 마굴리스의 다섯 왕국, 그리고 레이크의 네 왕국에 이르기까지, 이전 연구자들의 모든 성과를 대조하면서 그들과 차별되는 자신의 방법(리보솜RNA 서열에 따른 계통·분류)과 자신의 세 왕국을 내세웠다. 그는 "세포는 기본적으로 역사의 기록물이다"라고 썼다. "그리고 유전자 서열분석을 통해 그것을 판독할 능력을 갖게 되었다 함은 생물학 전체에 대한 우리의 시각을 완전히 바꾸어야 함을 의미한다." 리보솜RNA는 태초의 역사를 드러내는 세포 안의 가장 뛰어나고 믿을 수 있는 증거다. 그것들은 모든 살아 있는 유기체에 존재하면서 많은 정보를 담고 있으며, 그 정보들은 광대한 시간 속에서도 거의 변하지 않기 때문이다. 그들은 오래전 원시생명 시대에 지금의 왕국들로 갈라지게 된 바로 그 증거를 가지고 있다. 그는 그 주장들과 함께 또 한 그루의 나무를 심어 넣었다.

이 나무에서 주목할 만한 특징은 몸통이 없다는 것이다. 뿌리도 없었다. 가운데 한 점에서 세 개의 가지가 퍼져 나온 것이 마치 밤하늘 불꽃놀이에서 뿜어내는 불꽃 무늬 같았다. 뿌리가 없는 것은 그와 폭스의 빅 트리에 있던 아리송한 언덕과 같은 맥락이었다. 아직 알려지지 않은 사실이라는 것이다. 16S rRNA조차도 우리에게 알려주지 못했다는 것이다. 그러나 그는 그 미지의 영역에 꼬리표를 붙였다. 생명의 빅뱅은 빅 트리로 이어졌고, 그 빅뱅이 일어나기 직전 그 자리에 존재했던 생명체에 이름을 지어준 것이다. 바로 고세포progenote다. 그의 세 가지가 갈라지던 연결지점 어딘가에, 아직 정확히 한 점을 찍지는 않았지만 고세포가 자리 잡고 있었다.

그의 설명에 따르면, 고세포는 이론적인 구조물이었다. 그것은 세포 진화에 대한 역사를 이해하는 과정에서 진작에 나왔어야 했던 가상의 존재다. 고세포는 세포보다도 단순하며 원시적인 것이다. 그는 "진화의 초기 단계에

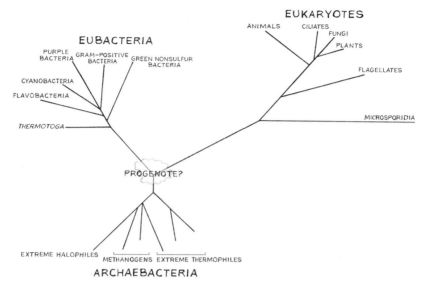

EUKARYOTES

ANIMALS CILIATES
FUNGI
PLANTS

EUBACTERIA

PURPLE
BACTERIA GRAM-POSITIVE
BACTERIA GREEN NONSULFUR
BACTERIA

FLAGELLATES

CYANOBACTERIA

FLAVOBACTERIA

THERMOTOGA

MICROSPORIDIA

PROGENOTE?

EXTREME HALOPHILES
METHANOGENS EXTREME THERMOPHILES
ARCHAEBACTERIA

워즈의 뿌리 없는 나무와 고세포, 1987년. 패트리샤 윈이 재구성함.

고세포가 존재했다는 확신은 그 '번역 장치'라는 본질로부터 유추한 것이
다"라고 썼다. 그 본질이란, 생명을 유지하기 위해 코드를 단백질로 바꾸는
리보솜의 본질적인 역할을 말하는 것이다. 이 고세포는 1987년에 탄생한
새로운 아이디어는 아니었다. 10년 전 그 떠들썩했던 1977년에, 조지 폭스
와의 또 다른 논문에서 워즈는 그 이름을 만들고 개념에 대해 밑그림을 그
렸다. 이제 그는 상세히 설명하고 있었다. 고세포는 자기복제를 할 수 있는
일종의 유기체였지만, 그 게놈^{genome}은 아마도 DNA가 아닌 RNA로 구성되
었을 것이다. 단백질을 생산하기 위해 게놈을 번역하는 메커니즘은 금방이
라도 부서질 것처럼 불안정하고 부정확해서 실패하기 쉬웠고, 그렇게 생성
된 단백질은 작고 제대로 기능하지 못했다. 시행착오를 거치며 리보솜이 발
명되어 진화하고 있는 단계인 것이다. "라디오나 자동차 같은 장치들처럼,

게놈 번역은 훨씬 더 초보적인 메커니즘에서 현재의 정교한 기능으로 여러 단계를 거치면서 진화해 온 것이다." 워즈는 고세포의 존재와 본질에 대해 어떤 근거를 가지고 있었을까? 논리, 가정, 추정에 불과했다. 고세포 시대의 데이터는 없었다. 화석은 물론 16S rRNA도 없었다. 우리가 알고 있는 생명 이전에 무슨 일이 일어났을까? 그는 이것을 그저 곰곰이 생각할 뿐이었다. 누구보다 더 진지하고 대담하게.

그 시기에 지구 역사에서 어떤 일이 있었는지는 알 수 없지만, 가장 중대한 결과는 어찌 되었든 생명체가 된 하나의 계통이 존재했고, 그것이 생명의 세 왕국 모두의 보편적인 조상이 되었다는 것이다. 우리에게는 이를 확신할 수 있는 증거가 있다. 유전자 코드 그 자체의 보편성이다. 이 코드 시스템은 박테리아, 아르케이아, 진핵생물에서 특정 아미노산을 지정하기 위해 같은 코드의 염기들을 사용하는 공통어다. 즉, 유전자 코드는 모든 생명체를 단 하나의 조상으로 결집시키는 궁극의 공통 요소다. 그리고 그 조상의 기원이 바로 고세포들이다.

"현재까지는 이 고세포가 우리가 추적할 수 있는 진화의 종착지다"라고 워즈는 썼다. "이 길은 사실에서 출발해 추론을 거쳐 여기에 이르렀고, 이제 상상의 영역으로 사라졌다." 그는 시간을 거슬러 올라가는 추적이 막바지에 도달했음을 암시했다. "그러나 과학에서 끝은 또 다른 시작으로 향한다." 이제 유전자 데이터가 범람하게 될 것이라는 그의 예측은 정확했다. 생명의 나무 뿌리는 밝혀질 것이다. 약속대로 그는 태초를 이해하기 위해 우리를 태초(시작점)로 데려온 것이다.

48

칼 워즈의 세 영역(domain)

워즈와 폭스가 빅 트리 연구를 마칠 무렵인 1980년 초, 워즈는 뮌헨에 있는 그의 친구 오토 칸들러에게 편지를 썼다. 목적은 칸들러의 전문 분야이기도 한 아르케이아의 독특한 세포벽과 관련해서 도움을 요청하려는 것이었다. 워즈는 사이언티픽 아메리칸^{Scientific American}에 들어갈 기고문에서 사용될 전자현미경 사진과 화학구조 그림이 필요했다. 그는 화제를 돌려 칸들러에게 말했다. "우리 함께 과학기고문을 쓰면 어때요. 우리가 가진 지식과 연구방법이 서로를 보완해줄 겁니다." 말하자면, 아르케이아를 하나의 왕국으로 공식 제안하기 위해 팀을 구성하는 것이 어떨지 묻는 것이었다. 그와 칸들러 등은 아르케이아 왕국을 세우기 위한 방안들에 대해서 이야기했다. 그러나 공식적으로 분류학의 합의를 도출하기 위한 구체적인 행동은 없었다. "그저 무모한 생각일 뿐이었다."

그 무모한 생각은 시간이 지나고 일련의 사건을 겪게 되면서 점점 구체화되고 있었다. 1984년 워즈는 계통발생 분석 연구와 아르케이아의 발견으로 맥아더상^{MacArthur Fellowship}을 받았고, 1988년에 미국 국립과학아카데미^{National Academy of Sciences}에 회원으로 선출되었다. 그는 맥아더상의 영예를 안았음에도, 아카데미가 상대적으로 늦게 그를 선출했다는 사실로 인해 여전히 무시당한다고 생각했다(그는 60세에, 린 마굴리스는 45세의 나이에 선출되었다). 이러한 생각이 그를 계속 야망에 집착하게 하고, 뻔뻔하며 고약하게 만드는 데 일조했다. 그는 더욱더 자신의 전유물인 아르케이아의 위상을 회복하고 싶어했다. 단지 독립된 왕국으로 인식시키기 위한 것만은 아니었다. 그는 자신이 잘못 지은 이름이 지난 12년간 아르케이아 왕국에 계속 부담이 되어왔다는 사실에 안절부절못했던 것이다.

이 이야기를 좀 더 단순하게 정리하는 것이 좋을 것 같다. 이 생명체들은 그때까지도 워즈와 폭스가 1977년에 지었던 '아르케박테리아^{archaebacteria}'라는 이름으로 불리고 있었다. 워즈 자신과 미국, 독일의 동료들 그리고 그 분야의 모든 사람이 그렇게 불렀다. 바이에른 알프스에서 샴페인을 터트린 워즈와 칸들러, 랄프 울프가 참석했던 뮌헨에서의 대규모 국제학회 역시 "아르케박테리아에 대한 첫 워크숍"으로 소개되었다. 하지만 그 이름은 점점 더 워즈의 심경을 괴롭게 만들었다. 그것이 박테리아의 한 종류로 인식되면서 그들만의 특징을 오히려 훼손시키고 있었다.

1989년에 그는 또 다른 독일 동료인 볼프람 질리그에게 그 문제에 관해 이메일을 보냈다. "시간이 갈수록 분명해지는 건 내가 아르케이아 이름을 잘못 지었다는 것입니다." 물론 그들은 박테리아가 아니었다. 그들은 유사박테리아^{quasibacteria}나 고대에 있었던 박테리아의 전신도 아니었다. 그들은 심지어 박테리아와 가장 가까운 친척도 아니었다. 실제로 그때쯤에, 아르케이아가 박테리아보다 오히려 우리 같은 진핵생물과 더 가깝다는 증거들이 나타났다. 워즈는 질리그에게, 이전에 칸들러에게 했던 제안을 반복했다. "이 분야의 우리 주요 연구자들이 뭉쳐서 논문을 씁시다. 정식으로 아르케이아를 독립된 왕국으로 제안하고 새로운 이름을 지어줍시다."

결국 그 무모한 생각은 일 년 후에 실현되었다. 이 논문은 워즈와 오토 칸들러, 또 다른 과학자(질리그는 아니다)가 공동저자로 참여했다. 워즈는 자신이 당시에 회원이었던 미국국립과학원회보(PNAS)에 논문을 출판하기로 결정했다. 그것은 네이처나 사이언스지보다 그의 이론적인 논문에 대하여 더 관용적이고, 덜 엄격한 동료 평가를 받을 수 있었다. 1990년 6월에 출판된 논문은 "생물의 자연체계Towards a Natural System of Organisms"라는 제목과 함께 몇 가지 주장을 담고 있었다. 첫째, 제목에서 명시했듯이 모든 분류 체계는 반드시 "자연적"이어야 한다. 즉, 진화적 관계를 반영한 계통발생이어야 하며, 학습이나 교육이라는 편의에(휘태커와 마굴리스가 했던 대로) 타협해서는 안 된다. 둘째, 생명은 크게 세 분류로 나뉘는데, 휘태커의 왕국이나 헤켈의 왕국, 또한 코프랜드, 레이크의 왕국보다 상위 분류로서 '도메인(역)domain'이라고 불러야 한다. 세 도메인이 기존의 왕국을 대신하는 것이 아니라 그 상위에 있다는 것이다. 그것은 왕국수호자들의 전쟁에서 교전을 뛰어넘는 교묘한 전략이었다. 그런데 이것이 워즈와 칸들러 사이에 작은 갈등을 불러일으켰다. 세 번째 공동저자 마크 L. 휠리스Mark L. Wheelis에 관련된 문제였다.

데이비스 소재 캘리포니아 대학교의 휠리스는 계통발생학에서 아직 이름이 알려지지 않은 젊은 미생물학자였다. 그는 1960년대에 버클리에서 로저 스태니어에게 수학했다. 워즈와는 어바나에서 포스트닥 중에 서로 스친 정도였고, '미치 소긴의 여름 학기' 과정이 우즈 홀Woods Hole에서 열렸을 때 분자진화론 강의를 맡게 되면서 소긴과 친해졌다. 이 정도의 안면이 뒤늦은 1980년대 후반에 어떻게 워즈의 시선을 끌게 된 것인지는 마크 휠리스 자신도 알지 못했다.

"나한테도 여전히 미스터리예요." 내가 전화했을 때 휠리스가 한 말이다. 그는 자신이 "왕국 문제"라고 부르는 것에 관심이 있었다. 그는 식물과 동물을 훨씬 더 중요한 집단인 박테리아 전체와 동등한 각각의 왕국으로 취급하는 것은 확실히 모순이라고 생각했다. 그는 사람들과의 대화에서, 더 높은 분류의 새로운 범주가 필요하다고 늘 주장해 왔지만, 그 주제로 논문을 발표하지는 않았다. 그런데 "어느 날 갑자기" 그는 1990년에 발표될 논문 초안을 받게 되었다. "이 원고가 어느 날 내 우편함에 들어왔는데, 칼이 내게 논평해 달라고 요청했어요." 휠리스는 더 높은 범주를 포함한 몇몇 제안들을 넣어 답장했다. 워즈는 휠리스의 노트 중 많은 것을 수용하며, 다른 질문들을 제기했다. 원고는 네다섯 번을 더 왕래했다. 그리고 그 지점에서 휠리스는 워즈에게 자신을 공동저자로 넣어줄 수 있는지 물었다.

워즈는 순순히 응했고, 독일에 있는 오토 칸들러에게 알렸다. 칸들러는 제삼의 저자를 합류시킨 것에 놀랐지만 별일 아니라는 듯이 동의했다. 칸들러는 "마크를 공동저자로 넣는 것에 반대할 이유가 없다"고 썼다. "그러나 그것이 온전히 정당한 처사라고 생각되지는 않는다." 더 높은 범주에 대한 휠리스의 제안은 단지 워즈가 이미 갖고 있던 아이디어를 "재확인"한 것뿐이라고 칸들러는 지적했다. 그럼에도 불구하고 휠리스는, 얀 셉의 표현대로 공동저자라는 "한배를 타게" 되면서 그 공로를 인정받았다. 이것은 셉의 대표 저서 《진화의 새로운 근거들The New Foundations of Evolution》에서 워즈의 선택을 점잖게 표현한 버전이다. 사석에서 와인 한 잔을 함께 하며 셉은 내게 다른 버전을 들려주었다.

워즈는 칸들러에게 좋은 감정을 갖고 있긴 했지만, 그가 아르케이아를 함께 발견한 것으로 비칠까 봐 우려했다. 그것은 워즈의 위대한 영예로서, 조지 폭스가 일등공신이고 그다음은 울프와 볼치였다. 다른 이는 없었다. 그는 모든 영예를 독차지하고자 했다. 샙은 위즈를 마음이 통하는 영리한 삼촌처럼 따랐었고 자신의 책《진화의 새로운 근거들》을 저술하면서 더욱 긴밀해졌지만, 위즈의 결점에 대해서는 냉정하게 판단했다. "난 위즈를 알아요." 세 도메인을 주장한 논문이 공동저자 두 사람으로 유명세를 떨치게 된다면, "모두들 그와 칸들러를 공동발견자로 생각하지 않겠어요? 그러니까 위즈는 휠리스를 넣어 칸들러를 격하시킨 겁니다." "설마, 그럴 리가요." 나는 반문했다. 하지만 과학계는 때때로 그렇게 돌아간다. 그것이 인간의 본성이다.

"맞아요. 그게 칼이에요." 샙이 말했다.

이 논문의 최종 결론은 향후 이들 세 영역이 박테리아, 유카리아(진핵생물), 그리고 '아르케이아'로 알려져야 한다는 것이었다. "아르케박테리아"라는 단어는 잘못된 것이며, 원핵생물prokaryote 또한 틀린 분류라고 저자들은 주장했다. 원핵생물은 계통발생적으로 존재하지 않는 범주다. 서로 뚜렷하게 구별되는 아르케이아와 박테리아를 함께 묶는 것은 잘못된 분류라는 것이다.

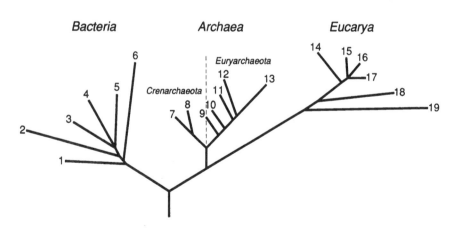

워즈와 칸들러, 휠리스의 나무, "자연체계", 1990년

그리고 예상대로 나무가 있었다. 쭉 뻗은 직선들은 단순했지만 세련되고 강렬했다. 뿌리가 없었던 1987년의 나무와 달리 이번에는 뿌리를 내렸다. 워즈가 당시에 몇 명의 일본 연구자들과 연구한 고난도의 기술로 이뤄낸 결과였다(더 이전까지 추적할 수 있는 유전자 복제에 관한 기술인데 세부적인 내용까지는 생략하기로 하자). 나무의 몸통이 하나의 기원으로부터 수직으로 자라났고, 거기서 두 개의 팔다리로 갈라졌으며, 그중 하나가 다시 두 개의 가지로 갈라졌다. 왼쪽의 큰 팔다리는 박테리아, 오른쪽의 두 가지는 아르케이아와 진핵생물이었다(진핵생물^{Eucarya}은 앞에서 설명했듯이 나중에 개정된 그리스어 음역을 따라서 'Eukarya'로 정정되었다). 이 도식은 워즈의 16S rRNA 데이터로부터 추론된 것으로, 특히 우리 인간 등의 모든 동물과 식물, 균류, 그외 모든 진핵생물이 하나의 조상에서 갈라졌다는 사실은 1977년 이전까지 과학계에 알려지지 않은 것이었다. 이후에 최소한의 개정이 가해지긴 했으나 이것은 과학계에서 그 완성도와 참신함으로 신뢰를 얻게 되면서 고전적인 나무의 최종 강자로 군림했다. 하지만 이것이 다가올 미래까지 담아내지는 못했다.

5 부

감염 유전
Infective Heredity

49

그리피스의 폐렴구균

앞서 말한 다가올 미래란, 수평적 유전자 전달(HGT)^{horizontal gene transfer}의 역할에 대한 인식의 폭발이다. 이 인식의 폭발은 1990년대에 일어났지만 그 자체는 깊은 역사를 갖고 있다. HGT 현상의 길고도 기이한 역사는 사실 약 40억 년 전까지 한참을 거슬러 올라가는 것이나, 1928년에 와서야 과학계에 처음 알려졌다. 영국의 과학자였던 프레드 그리피스^{Fred Griffith}가 그 해에 쓴 논문이 시작이었다. 그러나 그 당시 어느 누구도, 그리피스 자신조차도 그가 발견한 것이 무엇을 의미하는지 알지 못했다.

그리피스는 영국 북서부의 한 작은 마을에서 태어났다. 머지^{Merse}강 동쪽 어귀에 있는 리버풀 대학교^{University of Liverpool}에서 의학 학위를 받고 연구비를 지원받아 병리학을 전공했다. 그는 얼마간 왕립 진료소와 연구소에서 일하다가 옥스퍼드 대학교에서 공중보건 학위를 취득했다. 그는 결핵에 대해 연구했고 제1차 세계대전 때 런던에 있는 영국 보건부에 합류했다. 그는 길고 곧은 코와 인상적인 눈빛의 소유자였다. 빅벤^{Big Ben} 바로 위쪽의 엔델가^{Endell Street}에 있는 보건부 병리연구소 담당의사로 있을 때, 그는 우체국 건물 2층의 한 연구실 공간과 주방을 동료인 윌리엄 M. 스콧^{William M. Scott} 외에도 다른 두 명의 기술자와 함께 쓰고 있었다.

그리피스는 꼼꼼하기로 이름난 과학 연구원이자 짐작에 의존하지 않고 철저하게 파고드는 유능한 공무원이었다. 사람들은 그를 "낯을 많이 가리고 무뚝뚝해서 가까이하기 어려운 사람"으로 알고 있었다. 그는 박테리아성 폐렴을 연구했다. 스콧의 연구는 잘 알려져 있지 않으나, 그는 동료로서 1941년 그리피스가 생을 마감할 때까지 그의 곁에 남아 있었다. 누군가는 "그리피스와 스콧이 등유 초롱과 석유난로가 있는 열악한 실험실에서 이뤄낸 성과들은 남들이 궁전에서도 해내지 못한 업적이다"라고 평가했다.

그리피스가 연구한 박테리아성 폐렴구균$^{Pneumococcus\ pneumoniae}$(지금은 폐렴연쇄구균$^{Streptococcus\ pneumoniae}$으로 불린다)은 중중 폐렴으로서 간혹 생명까지 앗아가는 위험한 균이다. 1918-19년의 세계적인 유행성 전염병 시기에 많은 환자가 독감을 앓고 난 후 2차 감염으로 이 폐렴을 앓았고, 오히려 독감 바이러스 자체로 말미암은 사망보다 수백만 이상이나 많은 사람을 죽음에 이르게 한 것으로 추정되었다. 때는 아직 항생제가 없던 시절이었다. 최선의 치료법은 예방 접종된 말에서 항체가 풍부한 혈청을 추출해서 사용하는 항혈청 치료였다. 혈청은 환자의 면역반응을 강화시키고 박테리아 감염을 제거하는 효과가 있었다. 그러나 폐렴은 종류만 해도 최소한 네 가지였다. I, II, III타입과 쓸데없이 혼란스럽기만 한 잡다한 것들을 포괄하는 IV그룹이라는 타입이 있는데, 문제는 타입에 따라 필요한 혈청이 다르다는 데 있었다. 따라서 치료를 하려면 우선 환자가 어떤 종류의 폐렴에 걸렸는지 알아야 했고 그에 맞는 혈청을 선택해야 했다. 바로 의학 세균학자들이 하는 일이었다.

1920년대에 그리피스의 폐렴 연구는 그 타입을 구별하여 각각의 특징들을 조사하고, 전국에서 발병하는 폐렴들에 대해 타입별로 유병률을 추적하는 것이었다. 그는 1920년부터 1927년까지 거의 300건에 달하는 사례를 연구했다. 그중에서 특히 버밍엄 서쪽의 스메딕^{Smethwick} 지역에서 유행한 폐렴은 II타입이 IV그룹에 자리를 내주고 있다는 것을 발견했다. 그런 지식은 발병을 추적하면서 어떤 혈청을 준비하고 보낼지 판단하는 데 유용했다. 그리피스는 환자의 폐에서 나온 가래를 조사하여 자료를 얻을 수 있었다. 그의 아이스박스에는 가래 덩어리들이 가득했다.

1923년에 그리피스는 중요한 사실을 발견했다. 여러 타입의 폐렴구균들이 있다는 사실 외에도 각 타입 안에는 두 가지 다른 형태^{form}가 들어 있었다. 하나는 치명적이고 하나는 온순했다. 치명적인, 즉 독성이 강한 것들은 현미경에서 매끄럽게 보이는 군집을 형성했기 때문에 그는 그것을 S형 ^{smooth}, 거친 군집을 형성하는 비독성인 것들은 R형^{rough}이라고 불렀다. 그가 주목한 것은 때때로 S형이 R형으로 탈바꿈하기도 한다는 것이었다. 이유는 알 수 없었다. 돌연변이와 자연선택에 의한 것일지, 또는 혈청 반응일지도 몰랐다. 그것도 아니라면? 그리고 나서 그가 발견한 두 번째 사실은 그를 더욱 혼란스럽게 만들었다. 몇몇 실험 조건에서 박테리아 중 II타입의 R형이 I타입의 S형으로 뒤바뀐 것이다. 무슨 일이지? 그것은 마치 폐렴구균이 다른 종으로 변한 것처럼 보였다.

그러나 당시에 그리피스는 박테리아학 분야의 페르디난트 콘 학파에서 확고한 위치에 있었고, 박테리아 종은 고정불변이라는, 즉 안정적이고 예측 가능한 것이어서 당연히 변화무쌍하지 않으며 마술처럼 다른 모양으로 변신할 수 없다는 입장을 취하고 있었다. 그러나 이제 달라진 것이다. 그리피스는 자신의 실험 방법을 의심했고 다시 시도했다. 그러나 결과는 같았다. 오염의 가능성을 배제하려고 극도로 주의했고 자신도 결과에 대하여 회의적이었지만, 나중에 그는 다음과 같이 적었다. "타입이 전환되었다는 가정 외에는 달리 설명할 길이 없는 것 같다." 그는 이 현상을 '형질전환transformation'이라고 규정했다. 한 형태의 박테리아가 다른 형태로 탈바꿈하는 것을 의미했다. 이해할 수 없는 일이었다.

그리피스는 실험용 쥐에서 이러한 형질전환을 확인했다. 그는 생쥐에게 특정 종류(I, II타입과 같은), 특정 형태(S, R형과 같은)의 폐렴균을 때에 따라서 소량의 혈청과 함께 주입하고 쥐의 사망 여부를 관찰했다. 이때 쥐가 죽으면 혈액 샘플을 추출하고 그 안에서 맹활약 중인 박테리아를 배양한 다음, 현미경으로 그 종류와 형태를 확인했다.

수많은 실험 끝에 그는 의미심장한 현상을 발견했다. 그는 이미 죽은 S형(살아 있었다면 치명적인)과 살아 있는 R형(온순한) 두 형태의 박테리아를 함께 각각의 쥐에게 주입했다. 이때 독성 있는 박테리아는 치밀하게 계산된 온도로 가열하여 죽이되 생화학 성분은 완전히 파괴시키지 않았다. 결과는 흥미로웠다. 죽은 S형과 살아 있는 R형이 합쳐져서 쥐를 죽게 만들고 있었다.

이 놀라운 일은 형태form뿐만 아니라 종류type를 혼합했을 때에도 일어났다. 한 실험에서 그는 가열하여 죽인 I타입의 S형과 함께 살아 있는 II타입의 R형을 다섯 마리 쥐에 주입했다. 며칠 만에 다섯 마리는 모두 죽었고, 그들의 혈액에서 살아 있는 치명적인 I타입을 발견했다. 다시 정리하자면, 죽은 치명적인 I타입에 살아 있는 순한 II타입을 합쳤더니 죽어 있던 치명적인 I타입이 살아났다는 것이다. 이상한 일이 벌어졌다. 마치 오싹한 좀비 박테리아를 보는 것 같았다. 그 혼합이 치명적인 I타입에 다시 생명을 불어넣었거나, 죽은 I타입 스스로 살아 있는 II타입으로 환생했거나 둘 중 하나였다. 공상과학영화가 아닌 이상 둘 다 있을 수 없는 일이었다.

그리피스는 폐렴구균에 대한 장편의 논문을 쓰면서 이 연구 결과를 어떻게 설명할지 고심했다. 그것은 마치 살아 있는 박테리아가 자신의 치명적인 독성을 만들어 내기 위해 "사실상 죽은 배양균의 부산물을 이용"하는 것처럼 보였다. 이것이 과연 가능한 일일까? 말하자면 살아 있는 온순한 박테리아가 이미 죽은 독성 박테리아의 잔해를 "자양분pabulum"으로 삼아서 자신의 독성을 만들었다는 것이다. 'pabulum'은 'pablum'의 영국식 표기로 순수하고 쉽게 소화할 수 있는 음식을 뜻한다. 이 기이한 결과들은 그리피스 자신도 납득하기 어려웠기 때문에 어떻게 설명해야 할지 막막했을 것이고, 이것은 그의 모호한 논문에 그대로 드러나 있었다. 그러나 그의 설명이 어찌 됐든 실험 결과만은 거의 정확한 것으로 드러났다.

논문의 개요에서 그리피스는 "자양분pabulum"에 대한 자신의 추측은 거의 빼 버리고 단순히 실험 결과만을 열거했다. 이는 경험 많고 침착한 행정 공무원이 취할 수 있는 태도였다. 내용은 이렇게 시작되었다. "스메디크에서 II 타입 폐렴은 감소한 반면, I타입은 꾸준히 발병하고 있었다." 그리고 끝나갈 무렵, "아 그런데, 죽은 박테리아가 살아 있는 박테리아를 한 타입에서 다른 타입으로 전환시킬 수 있는 것으로 보인다"라고 적었다.

그리피스는 이 주제를 더 이상 파고들지 않았다. 한 전언에 따르면 그는 '형질전환' 현상에 더는 관심을 기울이지 않았다고 했는데, 어쩌면 그것이 종의 안정성에 반하는 것처럼 보였기에 괴로워했을 수도 있다. 그는 자세한 설명을 "화학자의 몫"으로 떠넘긴 채 기꺼이 폐렴을 내려놓고 다른 박테리아 연구로 옮겨갔다. 그의 논문에서 '형질전환'은 지나치리만큼 자세히 기록한 47페이지의 실험들 속에 거의 묻혀 버렸다. 한 역사학자는 이를 "용광로에 묻힌 폭탄"에 비유했다. 그가 떠넘긴 바로 그곳에서 화학자뿐만 아니라 다른 연구자들이 그것을 발견하게 되었고, 그의 논문은 많은 사람에게 읽히며 그 진가를 발휘했다. 그러나 정작 그리피스는 자양분에 대한 미스터리가 밝혀지는 것을 생전에 볼 수 없었다.

그는 유명해지거나 과학계의 주목을 받는 것에 도통 관심이 없었다. 학회에 참석하거나 대화를 나누는 일도 드물었다. 1936년에 런던에서 열린 국제 미생물학회International Congress of Microbiology에서는 그가 발표하기로 약속되어 있었지만, 막상 그를 데려오기 위해 "택시에 밀어 넣어야 했다"는 것이다. 그는 결혼도 하지 않았고 그때까지도 초창기 병리학 연구실에서부터 쭉 친구이자 동료였던 스콧과 런던의 한 아파트에 같이 살고 있었다. 1941년 독일의 영국 대공습the Blitz이 있었던 4월의 어느 날 밤, 그의 아파트는 직격탄을 맞았고 그는 스콧과 함께 사망했다. 영국 의학저널에 실린 그의 두 단짜리 부고문에 '형질전환'이라는 단어는 전혀 언급되지 않았다.

50

유전자는 실체인가?
에이버리의 '형질전환'

그리피스의 긴 논문은 1928년 1월에 발표됐다. 엄격한 사람이라는 그의 뛰어난 평판과 달리, 그의 발견은 너무 미심쩍은 것이어서 박테리아학자들은 거의 1, 2년간이나 어떻게 받아들여야 할지 갈피를 잡을 수 없었다. 그의 연구 결과를 확인하기 위해 몇몇 과학자가 실험을 재연했고 결과는 틀리지 않았다. 형질전환이 일어났고 실수는 없었다. 그렇다면 그리피스의 자양분, 즉 죽은 박테리아로부터 살아 있는 박테리아가 정체를 바꾸게 만든 물질은 대체 무엇일까? 그것은 유전의 본질과도 관계된 것일까?

이러한 의문들이 제기된 20세기 초 유전학의 상황을 보자면, 당시에 유전자gene라는 말은 흔하게 사용되기는 했지만 아무도 그 의미에 대해서 제대로 알지 못했다. 유전자는 단어의 의미만 존재하는 추상물이었다. 유전적인 특성을 결정하는 어떤 실체의 가장 작은 단위를 표현하기 위해 1909년에 처음 만들어진 것이다.

그때까지도 유전학자들은 유전자가 세포 내 염색체에 실제로 존재한다는 사실을 확신할 수 없었다. 염색체는 현미경을 통해 볼 수 있었지만 유전자 그 자체는 볼 수 없었다. 유전자는 과연 실체가 있는 것일까? 말하자면 뚜렷한 형체를 가진 화학적 단위체들이 염색체에 실제로 진주 목걸이처럼 나란히 늘어서 있는 것일까? 아니면 다윈의 추측처럼(잘못된 것이지만) 각 "유전자"는 계측해 낼 수 있는 어떤 양 혹은 요동치는 과정의 전체적인 효과에 불과한 것일까?

토머스 헌트 모건Thomas Hunt Morgan은 초파리 실험으로 돌연변이를 연구한 미국의 저명한 유전학자다. 그는 1934년 말, 자신의 노벨상 수락 강연에서 "유전자가 실제로 존재하는지 순전히 가상의 존재인지를 두고 유전학자들 간에 의견이 분분합니다"라고 말하며 다음과 같이 덧붙였다. "그건 중요한 문제가 아닙니다. 지금과 같은 유전학 실험 수준에서 결과는 어느 쪽이든 같기 때문입니다." 그가 말하고자 했던 실험은 그가 행했던, 염색체에서 유전자의 상대적 위치와 그러한 위치가 유성생식 과정에서 새로운 유전자 조합에 어떠한 영향을 미치는가 하는 연구들을 의미했다.

그러나 유전자가 실체를 가진 물질인지, 아니면 구름처럼 실체가 없는 효과인지의 문제가 본격적으로 논의되기 시작했다. 록펠러 연구소의 의학 연구원 오즈월드 에이버리Oswald Avery와 또 다른 연구자들이 박테리아 같은 무성nonsexual 생물에서 나타난 '형질전환' 현상을 보다 면밀하게 관찰하게 되면서부터다. 만약 그것이 유전적 변화를 초래하는 자양분에 의한 것이라면 그 성분은 무엇일까? 만약 유전 물질이 실체가 있는 화학물질이라면 어떤 분자들로 이루어져 있을까?

본격적인 연구가 시작되면서 '유전자는 단백질로 이루어져 있다'는 가설이 우위를 점하고 있었다. 알다시피 단백질은 여러 개의 아미노산이 사슬처럼 연결된 긴 분자이며, 그 서열에 따라 매우 다양한 단백질이 생성된다. 바로 그 다양성이 생물학적 특성을 선형적인 정보로 암호화할 수 있는 방대한 가능성을 제공한다는 것이다(앞에서 프란시스 크릭과 그의 1958년 논문에 대해 이야기하면서, 단백질이 계통발생학의 자료로 사용될 수 있다고 언급했던 것을 기억하는가). "방대한 가능성"이라는 표현도 사실은 절제된 것이다. 생명에 관계된 아미노산 20개를 가능한 모든 확률로 섞어서 300개의 아미노산으로 연결된 분자를 만든다면 엄청난 경우의 수를 얻을 수 있다. 유전을 위해서는 그것으로 충분하다.

또 다른 가설로는 핵산이 어떤 식으로든 연관되어 있다는 것이다. 우리가 DNA와 RNA로 알고 있는 핵산은 생명체 안에서 탄수화물, 지방, 단백질과 함께 네 개의 주요 분자 중 하나이다. 그러나 핵산이 가진 화학적 복합성이나 다양성이라는 측면에서 보면 다용도로 사용할 수 있는 암호용 알파벳이라고 하기에는 좀 부족해 보였다.

20세기 초까지만 해도 DNA의 구조는 알려지지 않은 상태였다. 다만 알려진 구성요소들은 당의 일종인 리보스, 약간의 인산염, 그리고 A, C, G, T라는 4개의 염기들이었고, 이들은 방대한 구조적 다양성을 제공하는 데 한계가 있어 보였다. 세기가 바뀌었지만 DNA 구조에 대한 지배적인 생각은 지극히 단순했다. 네 개의 염기가 모두 동일한 양으로 존재하고 ACTG-ACTG-ACTG-ACTG와 같이 고정된 순서로 반복될 것으로 추측했다. 1930년대와 1940년대까지도 DNA는 생물학에서 잘나가는 일부 학자들에게조차 "재미없는 분자" 또는 "우둔한 분자"로 과소평가되었고, 마치 어린 시절 아인슈타인처럼 무시당하는 존재였다. 열여섯 살에 고등학교를 중퇴한 알베르트 아인슈타인에게 그의 아버지는 실망하지 말고 전기기사가 되라고 위로했다.

중간적인 견해도 있었다. 유전 물질은 단백질과 핵산 양쪽을 결합해야 한다는 가설이다. 즉, 단백질은 알파벳 다양성을 제공하고, DNA는 보조 기능을 수행한다는 것이다. 그것은 염색체 안에 DNA가 풍부한 이유가 될 수도 있을 것이다. 하지만 누구도 장담할 수 없었다. 이후로도 수십 년간 의견이 분분한 상태는 계속되었고 당시에 증명할 방법은 없었다. 아니, 그 문제를 풀 수 있는 상상력이 당시에 존재하지 않았다는 표현이 옳을 것이다. 그리고 이때쯤, 바로 그 불확실한 세계로 오즈월드 에이버리가 발을 내딛고 있었다.

에이버리는 초기 분자생물학계에서 또 한 명의 기이하면서 영웅적인 인물이다. 그의 이야기는 노바스코샤의 핼리팩스에서 시작된다. 어바나처럼 이야기가 꼬리를 물고 돌고 도는 듯하지 않은가. 열광적인 영국인이었던 그의 아버지는 신성한 의무에 대한 "영적 계시"를 경험하게 되었고, 이때 영국 성공회를 떠나 복음주의 침례교 전도사로 전향하면서 캐나다로 이주했다. 에이버리는 1877년에 그곳 캐나다에서 삼 형제 중 둘째 아들로 태어났다. 몇 년 후, 또 다른 영적 체험을 따라 가족들은 뉴욕의 로어이스트사이드Lower East Side로 옮겨갔고, 그곳에서 에이버리 목사는 바워리Bowery가의 빈민구호단체인 마리너 교회Mariner's Temple의 목사가 되었다. 어린 소년 오즈월드와 그의 형은 가족의 일을 돕기 위해 음악을 맡으며 일요일에 교회 입구에서 신도들을 모으기 위해 코넷cornets(금관악기)을 연주했다. 바워리 가의 거리에서 두 아이가 "따르라, 따르라, 또 다른 고통에 빠지기 전에"라고 외치는 모습은 마치 인형극단의 소년들을 떠올리게 했다. 오즈월드가 15세 되던 해, 그의 형은 병을 앓다가 세상을 떠났고 에이버리 목사마저 그 뒤를 이었다. 가족은 비운을 맞았지만 착실한 둘째 아들 오즈월드는 사립 고등학교와 콜게이트 대학교Colgate University에 진학했고, 나중에는 막내 로이 에이버리^{Roy Avery}를 자신의 분야인 세균학으로 이끌었다.

오즈월드의 사진을 보면 여섯 살 때 그는 큰 눈을 가진 천사 같은 소년이었다. 그다음은 두뇌가 꽉 들어차 있을 것 같은 넓어진 둥근 이마를 가진 남자의 모습, 그리고 점차 두개골의 한계를 넘어 자신의 지능이 뻗어나갈 듯이 대머리가 되어가는 모습이었고, 한결같이 작고 곧은 입 모양을 하고 있었다. 콜게이트 시절에는 밴드에서 코넷을 연주하기도 했다. 그 후에 그는 뉴욕시의 콜롬비아 대학교 내과 및 외과대학에 진학했다. 박테리아와 병리학을 제외하면 그는 꽤 우수한 편이었다. 어린 아이처럼 큰 두상을 가리켜 친구들은 그를 "베이비"라고 불렀다. 의학 학위를 받고 나서는 브루클린의 한 연구소에 근무하게 되었고, 관리 업무와 함께 요구르트의 박테리아, 그리고 독감 및 폐결핵에 관한 주제들을 연구했다. 6년 후에 그는 폐렴을 연구하기 위해 록펠러 연구소에 합류했는데, 그의 어머니가 폐렴으로 세상을 떠났을 때였다.

미국에서 폐렴 연구의 핵심을 주도했던 록펠러 연구소 부속병원에 자신의 연구실을 갖게 된 에이버리는 이후 20년 동안 많은 것을 연구했다. 그리피스의 1928년 논문 이후 후배의 설득에 의해 그의 초점은 순수 의학의 관점으로부터 점차 넓은 영역으로 옮겨가고 있었다. 1934년 여름, 역시 캐나다인이었던 콜린 매클라우드^{Colin MacLeod}라는 젊은이가 도착했다. 매클라우드는 의대 재학 중에 그리피스의 논문을 읽고서 형질전환에 대해 연구하고 싶었다. 갑상선 질환으로 병가를 떠났던 에이버리가 돌아왔을 때 매클라우드는 혼자서 방법을 터득하여 실험을 시작하고 있었다. 에이버리는 아직 회복 중이었으나 바로 실험에 합류했다. 그의 체중은 겨우 100파운드(45kg)밖에 되지 않았지만 매클라우드와 함께 휴일도 없이 오랜 시간을 연구에 몰두했다.

에이버리는 폐렴균의 형질전환이 단지 의학적인 이슈에 머물지 않을, 생물학 전체를 뒤흔들 사건일 수 있음을 감지했고, 단 몇 년의 연구로 확신을 갖게 되었다. 그들은 그 의문의 자양분을 "형질전환의 주성분the transforming principle"이라고 부르기 시작했고, 그것이 유전 정보를 전달하는 역할을 할 것으로 추측했다. 이 추측이 사실이라면 그 형질전환의 주성분은 폐렴균뿐만 아니라 모든 생명체에 존재하는 '유전 물질'이지 않겠는가? 다시 말해서 그들이 밝혀내려고 했던 형질전환의 주성분이란 바로 유전자의 물질적 실체를 밝혀낸다는 것을 의미했다.

그러나 록펠러 연구소에서 그들의 본분은 여전히 의학분야에 응용하는 것이었다. 1930년대 후반 형질전환에 관한 연구에서는 이렇다 할 진전이 없었다. 매클라우드가 도전적인 실험으로 고군분투하던 때였고, 설파제sulfa(세균성 질환의 특효약)가 처음 등장했을 때였다. 설파제는 초기 항생제로서 폐렴의 종류와 상관없이 감염을 치료할 가능성을 보장했다. 종류에 상관없다는 것은 타입type들 간의 형질전환이 의학에서는 더이상 무의미하다는 것을 말한다. 매클라우드는 학문적 경력이 될 만한 실질적인 논문이 필요했고 한동안 설파제로 관심을 돌리게 되었다. 한편, '형질전환'이 과학계 전반에 걸쳐 엄청나고 무르익은 의제라는 에이버리의 강한 확신에는 어느 누구도 동조하지 않았다. 1940년 가을 그와 매클라우드는 얼마간의 공백을 깨고 다시 돌아왔다.

형질전환의 주성분을 밝혀내기 위해서는 그것이 어떤 물질이든 간에 우선은 추출해 내야 했고, 최소한 화학적으로 분석할 수 있는 양이 필요했다. 그들은 열처리를 통해 폐렴구균 세포를 사멸시키고, 배양액으로부터 세포들을 분해하여 추출물을 분리한 다음, 그것들로부터 어떤 성분이 형질전환을 일으키는지, 이를테면 단백질인지 핵산인지 아니면 다른 분자인지 식별하려고 했다. 매클라우드는 실제 실험의 대부분을 맡았다. 한 동료에 따르면, 정확하고 체계적이었던 에이버리와 달리 그는 "매우 충동적이고 급한" 성격이라고 했다. 크림분리기로 실험에 필요한 규모의 원심분리기를 만든 것만 봐도 알 수 있다는 것이다.

그들은 육즙 배지에서 폐렴구균을 배양했다. 그러고 나서 배양액을 원심분리기에 돌려서 배지에서 세포를 분리해 농축된 다량의 박테리아를 얻었다. 이 과정은 제법 오래 걸렸다. 일반 실험용 원심분리기로는 한 번에 1리터만 돌릴 수 있었고 매우 소량의 박테리아만을 얻을 수 있었다. 원심분리기의 크기를 늘린다면 더 많은 용량의 세포 배양액으로부터 더 많은 추출물을 얻어낼 수 있고, 화학적으로나 생물학적으로 좀 더 쉽게 실험할 수 있을 것이다. 결국 매클라우드는 고속 실린더와 별도의 배출구로 수 갤런의 배양액을 지속적으로 처리할 수 있는 산업용 크림분리기를 어찌어찌 해서 손에 넣었다. 문제는 전속력으로 회전할 때 "세균투성이의 보이지 않는 에어로졸"이 실험실 사방에 뿌려진다는 것이었다. 이것은 단지 불쾌함의 문제가 아니었다. 저지방 우유나 요구르트 박테리아의 미세한 분무라면 몰라도 치명적인 독성을 가진 폐렴구균의 미세한 분무는 차원이 다를 테니 말이다. 매클라우드는 이를 해결하기 위해 연구소 내 기계작업실에서 기술자를 찾아냈다. 그들은 분리기를 완전히 덮을 격납 용기를 디자인했고, 거기에 볼트로 잠그고 금속 렌치스패너로 열어야 하는 밀폐용 패킹이 달린 문을 설치했다. 문을 열기 전에 용기의 내부를 증기 살균하고 렌치로 뚜껑을 열어서 박테리아 덩어리를 퍼낸 다음 작동을 계속하는 것이다.

콜린 매클라우드는 1941년에 새 직장을 찾아 떠났다. 에이버리와 함께 형질전환의 주성분을 연구할 다음 주자는 생화학을 전공한 젊은 의사 매클린 매카티Maclyn McCarty였다. 이제 동료들 사이에서 에이버리는 더 이상 "베이비"가 아니라 근엄한 "교수님"이었고, 짧게 "Fess"라고 불렸다.● 형질전환의 주성분에 관해서 에이버리 팀은 그 미스터리한 물질이 단백질이 아니라고 확신하기에 이르렀다. 매카티는 가능성을 좀 더 좁히기 위해 일련의 실험들을 고안해 냈고, 1942년 여름에 그들은 그것이 DNA일 수 있다는 증거를 확보했다.

그것은 DNA가 그저 재미없고 반복적인 "우둔한 분자"여서 유전 정보를 전달할 능력이 없다는 그간의 편견을 뒤집는 결과였다. "우리는 사람들이 우리의 아이디어를 회의적으로 받아들일 거라고는 미처 생각하지 못했어요." 매카티는 회고했다. "벌써 몇 사람한테서 그런 얘기를 들었는지...." 그들이 록펠러 연구소에 있을 때 위층 연구실에서 DNA 관련 연구를 하고 있던 까다로운 과학자가 그중 한 사람이었다. 그는 "핵산은 다 똑같이 생겼기 때문에 형질전환의 주성분이 DNA일 리가 없다"고 일축했다. 악평들 속에서도 그들은 증거에 대한 확신을 가지고 논문을 써내려 갔다. 신중하게 말을 아꼈으나 주장만은 명확했다. "DNA는 폐렴균의 형질전환을 야기시킨다." 그러나 "DNA가 유전 물질이다"라고는 말하지 않았다.

연구가 최고조에 달했을 무렵인 1943년 5월, 오즈월드 에이버리는 공개적으로는 말할 수 없었던 내용이 적힌 장문의 편지를 동생 로이에게 보냈

● fessor. 미 중남부에서 교사, 선생을 의미한다.

다. 로이 에이버리는 당시 내쉬빌에 있는 밴더빌트 대학교^{Vanderbilt University}의 미생물학 교수였다. 그는 가족 문제와 곧 닥칠 자신의 은퇴에 대해 상의한 뒤 바로 화제를 돌려 매클라우드, 매카티와 함께 해온 연구를 자세히 설명하면서 형질전환의 주성분이 DNA라는 그들의 발견에 대하여 적었다. "누가 그것을 짐작이나 했겠어?" 그는 폐렴구균 연구의 다음 계획에 대해서도 이야기했다. 결과를 재확인하기 위해 더 정제된 상태로 실험을 반복하고 논문을 작성하는 것이었다. 그는 로이에게 "물론 아직은 가정이지만 우리가 옳다면, 그것은 핵산이 구조적으로 중요할 뿐만 아니라 세포들 각각의 형질과 생화학적 활성까지 결정하는 기능적으로 활성이 있는 물질이라는 뜻이지"라고 말했다. 이것은 DNA가 예측할 수 있고 유전될 수 있는 변화를 세포에서 세포로 전달한다는 뜻이었다. 또한 DNA는 일단 옮겨간 세포 안에 자리를 잡고 나면 여러 세대에 걸쳐 복제될 수 있고, 그러고 나서는 처음 들어온 양보다 더 많은 양으로 회복될 수 있다는 것을 의미했다. 그는 그것을 "마치 바이러스 같아. 유전자일 수도 있고"라고 표현했다. 그러나 그는 예의 그 신중한 태도를 유지하며 지나친 표현을 경계했다. "한 번에 하나씩, 우선은 가장 중요한 것부터 해야겠지. 형질전환 주성분의 화학적 성질은 무엇일까? 나머지는 다른 사람들이 해결할 수 있을 거야."

에이버리와 매카티는 수개월에 걸쳐 논문을 작성했고 매클라우드도 공동저자에 이름을 올렸다. 논문은 11월에 실험의학 저널^{Journal of Experimental Medicine}로 보내져 1944년 2월에 출판되었다. 그 당시 32살이었던 매클린 매카티가 어머니에게 보낸 논문 사본에는 그의 자부심이 묻어나는 메모가 적혀 있었다. "드디어 해냈어요." 에이버리 동생과 달리 세균학자가 아닌 매카티 어머니가 아들의 논문이 담긴 편지에 어떻게 답했는지는 알 수 없었다.

인디애나 주의 평범한 한 어머니가 소파에 기대어 "폐렴구균 종에서 형질전환을 유발하는 물질의 화학적 성질에 대한 연구Studies on the Chemical Nature of the Substance Inducing Transformation of Pneumococcal Types"라는 논문을 읽었을지, 아니면 탁자에 논문을 올려놓고 "대견해 우리 아들"이라고 했을지.... 아마도 후자일 것이다.

더 많은 증거들이 축적된 어느 시점에서 국제생물학협회는 다음과 같이 선언했다. "에이버리, 매클라우드, 매카티가 유전자의 물질적 실체를 발견했다." 이것은 잘 풀린 실제 이야기다. 그러나 여기서 요점은 그들이 해낸 바로 그것이 더 중요한 의미를 내포하고 있었다는 것이다.●

● DNA가 유전물질이라는 발견도 중요한 것이지만, 이 책의 중요한 주제인 수평 유전에 대한 최초의 발견이었다는 것을 의미한다.

51

레더버그의 발견, 접합과 형질도입

    수평적 유전자 전달은 지난 세기에 생물학자들이 발견한 가장 충격적인 현상으로 꼽힌다. 그리고 그 핵심을 이루는 세 가지 기제 중 하나는 바로 프레드 그리피스와 오즈월드 에이버리가 발견한 '형질전환'이다. 그리피스는 알 수 없는 어떤 자양분이 비독성 박테리아를 독성 박테리아로 형질을 전환시킬 수 있다는 것을 발견했고, 에이버리 연구진은 그러한 그리피스의 자양분이 다름 아닌 유전자의 물질적 운반체, 즉 DNA라는 것을 밝혀냈다. 그뿐만 아니라 에이버리 팀은 박테리아 세포로부터 벗어난 DNA가 노출된 naked● 상태로 주변에 자유롭게 떠다니다가 다른 박테리아에 침투하여 유전적 변화를 초래할 수 있다는 것을 보여주었다. 그러나 당시에 에이버리와 그의 동료들은 이처럼 수평 이동하는 DNA가 폐렴구균들의 타입 간의 경계를 넘어, 박테리아의 한 종에서 다른 종으로, 속에서 다른 속으로, 나아가 생물의 한 도메인과 다른 도메인 사이의 거대한 경계마저도 넘나들 수 있다

● 히스톤 단백질과 결합해 있지 않은 상태를 말한다. 이때 히스톤 단백질이란 염색질을 구성하는 중심 단백질로서, DNA가 감기는 축으로 작용하여 DNA의 응축을 돕고 유전자 발현 조절에 중요한 역할을 한다.

는 사실까지는 눈치채지 못했다. 그러한 수준의 수평 전달로 형질전환이 일어난다면 온순한 폐렴구균이 그저 치명적인 것으로 탈바꿈하는 것에서 그치지 않을 훨씬 더 심각한 문제가 될 터였다.

수평 유전의 나머지 두 핵심 기제가 밝혀진 것은 에이버리 팀의 논문 이후 10년 만이었다. 하나는 "접합conjugation"이라고 불리는, 박테리아 사이의 "성sex"에 관련된 것이다. 세 번째는 "형질도입transduction"으로, 바이러스들은 자신이 감염시킨 세포로 외부 DNA를 퍼 나른다는 것이다. 이 두 가지는 모두 조슈아 레더버그Joshua Lederberg라는 특출했던 한 젊은 과학자가 발견했다.

레더버그는 자신이 명명한 '접합conjugation'이라는 현상을 발견했을 때 겨우 21세였다. 당시에 그는 박사학위도 없었고 콜롬비아 의대를 잠깐 떠나서 예일 대학교 연구소의 신참 연구원으로 있을 때였다. 그는 박테리아 유전학 전문이었던 미생물학자 에드워드 테이텀Edward L. Tatum에게 박테리아 배양에 대해 지도해 달라고 요청했다. 그렇게 두 사람은 공통으로 갖고 있었던 다음과 같은 의문을 풀기 시작했다. 과연 박테리아는 '유전자 교환genetic exchange'을 했을까? 만약 하지 않았다면, 환경의 변화에 맞게 그들이 진화할 수 있었던 다양성과 유연성은 어떻게 획득한 것일까? 만약 유전자 교환을 했다면 어떻게 한 것일까?

유전자 교환은 적어도 다세포 생물에서는 성관계를 의미한다. 단세포 생물인 박테리아는 단순한 분열을 통해 하나의 세포가 둘로 나뉘는 무성생식으로 알려져 있다. 그렇다면 새로운 유전자를 얻어서 그것들을 다시 조합하고 새로운 환경에 적응할 기회는 언제 어디에 있었던 것일까? 레더버그는 살아 있는 박테리아가 죽은 박테리아로부터 노출된naked DNA를 받아들인다는 오즈월드 에이버리의 발견이 마음에 들었다. 혹시 살아 있는 박테리아들 간에도 같은 일이 일어났을까?

테이텀의 멘토링 하에 박테리아 대장균을 연구한 지 1년이 되기도 전에 레더버그는 자신이 고안한 기발한 실험에서 놀라운 사실을 발견했다. 살아 있는 박테리아들이 유전자를 교환하고 있었다. 그는 발생 여부를 실제로 확인할 수는 없었지만 추론을 통해 증명해 냈다. 간단하게 말하자면, 유익한 유전자 A와 유해한 유전자 B를 가진 한 종류의 대장균 균주를 가정하자. 유익한 유전자 A에 대응해서 거꾸로 유해하게 작용하는 유전자를 a, 유해한 유전자 B에 대응해서 거꾸로 유익하게 작용하는 유전자를 b라 하고 이를 가진 다른 균주를 함께 배양액에 넣는다. 박테리아들은 새로운 환경에 적응하는 과정에서 일부는 번식하고 일부는 그러지 못했다. 그리고 레더버그는 여기서 유익한 유전자 A와 b를 함께 획득한 새로운 균주의 박테리아를 발견했다. 유전자 이식을 위한 고난도의 기술을 사용한 것이 아니라 박테리아 스스로 한 것이다. 유전자들은 더욱 적응력 강한 유전자 조합을 만들어 내기 위해 수평으로 이동하고 있었다.

레더버그가 테이텀과 공저로 작성한 짧은 논문에는 다음과 같이 적혀 있었다. "다양한 유전자들이 재조합의 기회를 얻으려면 세포 간의 융합이 필요하다." 여기서 사용한 주요 용어의 의미는 다음과 같다.

재조합Recombine: 재배열 또는 유전자 교환

세포융합Cell fusion: 일시적 접촉. 짧은 순간이지만 유전자를 전달하기에는 충분하다.

실제 유전자 재조합은 "백만 개 중 하나의 세포"에서 일어나는 드문 현상이지만 레더버그는 수차례 실험에서 재현할 수 있었다. "이 실험들은 박테리아 대장균 내에서 성(性) 활동이 일어났다는 것을 의미한다." 논문이 네이처지에 실렸을 때 그는 만 22살도 되지 않았다. 그는 일찌감치 유명한 과학자로 무대에 등장했다. 그러나 노벨상을 타려면 33세까지 기다려야 했다.

레더버그는 랍비의 세 아들 중 장남으로 태어나 뉴욕시에서 성장했다. 그는 어려서부터 과학사나 미생물학 책을 탐독하는 조숙한 아이였다. 성인식 bar mitzvah(유대교에서 13세가 되는 소년이 치르는 관례) 때 그는 생리화학 입문서를 선물 받았고 16세에는 콜롬비아 대학에 진학했다. 그는 3년간의 학부를 마치고 전시에 롱아일랜드에 있는 미 해군병원 St. Albans Naval Hospital에서 임상병리학 일을 했음에도 또다시 의과대학에 가기로 마음먹었다. 콜롬비아에서 다시 시작한 그는 뉴헤이븐 New Haven의 테이텀과 연구하게 되면서 단기간에 놀라운 성과를 이루어 냈다. 예일 대학교는 그의 성과에 대한 대가로 그를 대학원생으로 소급하여 약간의 추가적인 연구 후에 그에게 박사학위 PhD를 수여했다. 그가 의학박사 Medical Doctor 과정을 끝내기 위해 콜롬비아로 돌아가려고 했을 때, 위스콘신 대학교는 그에게 유전학과 조교수 자리를 제의했다. 레더버그는 유년시절부터 파스퇴르 Louis Pasteur나 코흐 Robert Koch처럼 긴급한 임상 현안을 해결하는 의학 연구자를 꿈꿔 왔다. 그런데 이제 박테리아 유전학자가 된 자신을 발견했다. 또한 대학원생을 가르치고 감독하며 기본적인 연구를 수행하면서 월급을 받는 교수가 된 것이다.

그의 첫 대학원생 중에는 또 다른 뉴욕 출신의 비상한 십대 소년 노턴 진더 Norton Zinder가 있었다. 그 역시 콜롬비아를 3년 만에 마치고 중서부로 왔다. 레더버그는 테이텀과 연구를 마친 후 위스콘신 대학교의 새 조교수가 되어 새 연구실을 갖게 되었고, 진더는 자연스럽게 새 박사과정 학생으로 합류하게 되었다. 진더의 임무는 장티푸스 열과 식중독을 일으키는, 대장균과 같은 속genus의 또 다른 병균 살모넬라 티피무리움(티푸스)Salmonella typhimurium에서 '접합conjugation' 현상을 찾아내는 것이었다. 진더는 하나의 돌연변이 균주를 다른 돌연변이 균주와 구별해 내기 위해 페니실린을 사용했다. 세포 배양과정에서 페니실린은 자라고 있는 돌연변이 균주는 죽이지만 휴면 중인 돌연변이 균주는 죽이지 못한다는 것을 이용했다. 레더버그가 앞에서 한 것처럼 돌연변이 균주를 분리하는 것은 그 균주들이 유전자를 어떻게 교환하는지 알아내기 위한 중요한 단계였다. 하지만 배양된 살모넬라균에서 진더는 어떠한 접합의 징후도 찾아낼 수 없었다. 대신에 그는 다른 방식의 유전자 교환을 발견했다.

진더가 설명하는 새로운 방식이란 DNA의 극히 일부만이 이동한다는 것인데, 그것만으로도 단 하나의 유전적 특성을 발현하기에 충분하다는 것이다. 또한 DNA를 주고받은 박테리아들은 단 한 순간도 접촉한 적이 없었다. 마치 맞은편 발코니에서 바라보는 연인들처럼 떨어져 있었다. DNA를 운반하는 것이 무엇인지는 몰라도 그것은 박테리아가 통과하지 못하는 미세한 세라믹 필터(발코니 사이의 장벽)를 통과할 수 있었다. 필터를 통과할 만큼 작은 생물체는 없기 때문에 진더는 매개체가 바이러스일 것으로 생각했다. 그것은 틀림없이 하나의 박테리아에서 특정 유전 물질만을 챙겨서 다른 박테리아로 옮겼을 것이다. 이는 '접합'과는 완전히 다른 방식이었기 때문에 진더와 레더버그는 연구 논문에서 '형질도입transduction'이라고 불렀다.

역시 박테리아 유전학자였던 레더버그의 부인 에스더Esther Lederberg는 거의 같은 시기에 수평적 유전자 전달에 관한 핵심적인 발견을 하게 된다. 활동하지 못하는 늙은 대장균들을 대상으로 한 실험에서 그녀는 다양한 개별 박테리아 사이에 "성적 적합성"과 비적합성에 관한 나름의 체계가 있다는 것을 알았다. 즉, "짝짓기 상대^mate"로 허용하는지 여부에 따라서 접합에 의한 유전 물질 교환이 일어나고 있었다. 처음에 에스더 레더버그는 그 적합성이 오로지 그녀가 F라고 부르는 생식력^fertility을 관장하는 신비로운 입자나 인자에 의해서 결정된다라고 밖에 말할 수 없었다. 그러나 그녀도 추론을 통해 결국 증명해 냈다. 가령 한 박테리아가 F를 가지고 있고(이것을 F+로 부르자) 또 한 박테리아는 갖고 있지 않다면(이것은 F-로), 두 박테리아는 유전자를 전달하기 위한 짝짓기를 할 수 있다. 둘 다 F+인 경우에도 접합할 수 있다. 그러나 둘 다 F가 없다면(한 쌍의 F-, 순수한 숫총각 또는 숫처녀) 그들은 짝짓기 상대가 될 수 없었다. 그것은 보이지 않는 세계 속에서 일어나는 박테리아의 역동성과 유전자 이동을 간파한 새로운 통찰이었다. 그런데 그것이 다가 아니었다.

에스더 레더버그는 원래 F 인자가 없었던 박테리아가 짝짓기 능력을 획득하기 위해 이 신기한 F 인자를 획득할 수 있다는 것을 발견했다. 어떻게? 좀 전에 언급한 새로운 방식인 '형질도입', 즉 바이러스를 통해서다. 여기에는 두 가지 방식의 수평적 유전자 전달이 복합적으로 얽혀 있었다. 미생물 간에 DNA를 전달하기 위한 이중 타격이라고 할 수 있다. 이 과정을 좀 더 간단하게 정리할 필요가 있겠다. 바이러스는 박테리아에서 박테리아로 F 인자를 전달하는데, 이것이 바로 박테리아가 짝짓기 능력을 갖게 만드는 것이다. 즉, F- 박테리아가 F+가 되는 것이다.

여기서 잠깐, 지금 이야기하는 "성"이라는 것은 박테리아의 행태에 대한 은유적 표현이라는 것을 기억하자. 그것은 어떤 면에서는 맞는 말이지만 엄밀하게 따진다면 맞지 않을 수도 있다. 레더버그는 박테리아의 성에 관한 연구에서 이 용어를 상징적으로 사용했지만, 다른 생물학자들은 가장 중요한 차이를 지적하며 이의를 제기했다. 박테리아의 "성"은 난자와 정자가 만나서 각각이 전체 유전자의 절반을 차지하는 융합과는 다른 것이기 때문이다. 그들은 그것으로 번식을 하지 않는다. 박테리아는 짝짓기가 아니라 분열에 의해 자손을 낳는다. 그들 접합의 최종 결과는 유전자 재조합이다. 그것은 진화를 향한 몸부림이기는 하지만 그 자체가 번식을 하기 위한 것은 아니란 이야기다.

이 모든 것이 이상하다고 느껴질 수 있는데 그 자체가 원래 이상한 것이기 때문이다. 그녀의 특별한 발견은 에스더 레더버그 자신과 그녀의 남편, 다른 공동저자의 이름으로 발표되었다. 그들은 논문의 결론에서 대장균들 간의 '접합' 능력은 다른 종류의 "감염 유전 인자infective hereditary factor"로 여겨질 수 있는 것이라고 지나가듯이 슬쩍 언급했다. 그녀의 남편이 한 달 전에 단독으로 발표한 논문에서도 '감염 유전'이라는 문구로 암시한 것이었다. '접합'이 성에 의한 것이라면 '형질도입'은 감염에 의한 것이다. 그리고 그 문구는 장차 지속적으로 사용될 운명이었다.

노턴 진더는 위스콘신에서 박사학위를 받았고 1952년 뉴욕에 돌아와 록펠러 연구소의 조교수가 되었다. 그곳은 오즈월드 에이버리가 있던 곳이다. 1년 후에 진더는 박테리아들 간의 유전자 전달에 관한 이 복잡한 연구들을 망라하는 개요논문을 발표했다. "그러한 수평 유전에는 세 가지 방식이 있다." 그가 정리한 것이다. 첫 번째는 진더의 멘토인 조슈아 레더버그가 테이텀과 함께 발견한 '접합'이다. 두 번째는 그리피스가 발견하고 에이버리 팀이 밝혀낸 '형질전환'이다. 세 번째는 스스로 내세우지는 않았으나 그와 레더버그가 발견한 '형질도입'이다. 접합은 성관계와 유사하다. 그러나 나머지 두 방식은 레더버그 팀이 지나가듯이 언급했던 감염과 같은 과정을 수반한다는 점에서 차이가 있다. 그 두 과정은 그들만의 특징을 나타낼 수 있는 용어가 필요했다. 진더는 레더버그의 문구를 따라서 그것을 '감염 유전infective heredity'이라고 불렀다.

52
슈퍼 박테리아,
그리고 감염 유전

　박테리아, 박테리아의 성, 박테리아의 형질전환, 죽은 박테리아, 살아 있는 박테리아, 치명적인 박테리아, 온순한 박테리아, 박테리아의 DNA. 이쯤 되면 사람들은 수평적 유전자 전달이 오로지 박테리아를 위한, 박테리아에 의한, 박테리아의 문제라고 생각할 수 있다.

　그러나 그런 생각은 1950년대와 1960년대에 도쿄에 있는 게이오 대학교 Keio University의 박테리아학자 츠토무 와타나베Tsutomu Watanabe의 연구를 시작으로 바뀌게 되었다. 1963년에 와타나베는 박테리아에 관한 새로운 발견들이 인간에게 위협이 될 수도 있다는 것을 과학계에 긴급하게 알렸다. 다중 항생제multiple antibiotics에 대한 내성이 박테리아들 사이에서 수평으로 확산되고 있음을 발견한 것이다. 그러한 내성은 접합에 의해서 또는 형질도입에 의해서 발생할 수 있으며 또한 순식간에 도약할 수 있는 일이었다. 결국 이는 걷잡을 수 없는 문제로 확산되었다. 특히 수많은 종류의 항생제를 대량으로 사용하는 병원에서 문제는 더욱 심각했다. 병원에서는 환자들을 이미 감염시킨 내성이 강한 박테리아 균주를 목표로 항생제들을 사용하고 있었다. 세계보건기구World Health Organization는 21세기 인류 보건에 최대 위협의 하나로 현재 항생제 내성을 꼽고 있다. 와타나베는 이미 그것이 와 있다는 것을 알게 되었고, 그러한 내성이 빠르고 광범위하게 확산되는 까닭을 알고 있었다. 그는 진더와 레더버그의 용어를 차용해 이를 "감염 유전의 한 사례"라고 불렀다.

항생제 내성은 2차 세계대전 직후 일본과 전 세계에서 이미 심각한 문제로 확산되고 있었다. 사람들은 세균성 이질과 같은 질병으로 다시 죽어가고 있었다. 그것들은 위대한 항생제 혁명으로 퇴치했다고 여겨지던 것들이었다. 1930년대 말에 처음 설파제^{sulfa}가 사용되었고 곧 내성을 가진 박테리아 균주에 대한 보고가 있었다. 페니실린^{Penicillin}은 1928년에 발견되어 1942년에 처음 인간의 치료제로 개발되었다. 역시나 처음에는 여러 종류의 포도구균에 대항하는 매우 강력한 무기였으나 1955년에 페니실린 내성을 가진 포도구균 균주가 발견되었다. 시드니와 시애틀에 있는 병원들에서다. 1959년에 나온 메티실린^{Methicillin}은 페니실린에 내성을 가진 포도구균, 특히 황색포도구균^{Staphylococcus aureus}에 대한 해결책으로 높이 평가되었다. 그러나 곧 메티실린에 대한 내성이 나타나 급속도로 확산되었다. 메티실린 내성을 가진 황색포도구균(현재는 MRSA로 알려져 있다)은 1972년까지 영국, 미국, 폴란드, 에티오피아, 인도, 베트남에서 큰 이슈가 되었다. 그리고 최근인 21세기 초까지 매년 에이즈보다 MRSA로 더 많은 미국인이 사망했다. 병원에서 발생하는 MRSA 감염을 줄이는 데는 약간의 성과가 있었지만 최근의 통계는 여전히 심각하다. 미국에서만 매년 23,000명, 세계적으로 70만 명이상이 이러한 대책 없는 박테리아로 목숨을 잃었다.

도대체 왜 이렇게 심각하고 엄청난 대가를 치르게 된 것일까? 단순히 항생제만 탓할 일은 아니다. 별생각 없이 불필요하게 항생제를 남용한 의사들에게도 책임이 있었다. 바이러스 감염을 치료해 줄 것이라고 믿는 사람들에게 항생제를 처방함으로써 환자에게 영합하는 의사들 말이다. 그러나 항생제는 박테리아에만 효과가 있으며 바이러스에는 전혀 영향을 미치지 않는다.

농축산에서의 항생제 사용도 그 책임을 면할 수 없다. 가축의 성장 속도를 증가시키기 위해서 소량의 항생제를 일상적으로 투여해 온 것이다. 최근 일 년간 미국에서만 3,200만 파운드(약 1,450만 킬로그램)가 넘는 항생제가 가축용으로 팔렸고, 그 중 대부분은 성장 촉진과 식용 가축의 예방접종에 사용되었다. 가축이 아프건 아프지 않건 간에 무조건 사용하는 것이다. 세계적으로 가축용 항생제의 총 소비량은 약 1억 2천6백만 파운드(약 5,700만 킬로그램)로 중국이 미국을 앞섰고 브라질이 미국에 이어 3위를 차지했다. 항생제의 많은 비율이 소와 닭, 돼지에게 투여되지만 인간이 소비하는 비율도 상당하다.

박테리아가 처한 이러한 환경은 죽지 않으려면 내성을 획득해야 하는, 진화를 향한 엄청난 추진력으로 작용했다. 설사 그렇다 해도 그들의 내성이 그렇게 빠른 속도로 퍼져 나간 것이나 그렇게 많은 종류의 박테리아들이 '다중 내성'을 획득하게 되었다는 것은 상상을 뛰어넘는 것이었다. 그것도 한 종류의 항생제가 아니라 여러 종류가 포함된 무기창고 전체에 대한 내성인 것이다. 다중 내성을 가진 박테리아란 어떤 항생제, 어떤 약물을 투여하든지 간에 인간의 살이나 피, 내장을 계속 갉아먹고 때로는 사망에 이르게할 정도로 치명적인 존재다. 물론 그 사이에 다른 희생자들에게 감염된다면 환자가 죽어도 내성 박테리아는 살아남는다.

1940년대와 1950년대처럼 각각의 약물에 대한 내성이 박테리아 균주들 사이에서 그렇게 빠른 속도로 확산되는 현상은, 개별적으로 진행되는 자연 선택, 돌연변이, 일반 유전과 같은 다윈의 느린 진화 과정으로는 설명할 수 없는 것이었다. 다윈의 선택설은 분명히 작동한다. 그러나 이때의 선택이란 한 개체와 다른 개체 간의 유전적 차이, 즉 변이가 있을 때만 작동하는 것이다. 그렇다면 그 변이를 일으키는 원인은 무엇이란 말인가? 그렇게 수많은 종류의 유기체들에서 그렇게 빠른 속도로 새로운 유전자들이 출현한다는 것은 돌연변이만으로 설명할 수 있는 것이 아니었다. 심지어 종이 다른 박테리아들로 그렇게 빠르게 수평으로 이동했다면 뭔가 다른 것이 있었다. 그 까닭을 알게 된 츠토무 와타나베는 일본인 동료들과의 연구를 우선 영문판으로 발표했다.

일본에서의 연구는 2차 대전 이후에 늘어나는 이질^{dysentery} 환자에 대한 대책으로 시작되었다. 이질은 피가 섞인 설사와 다른 증상들을 수반하는 장내 질환이다. 당시에 전쟁으로 인한 궁핍, 혼란, 위생 및 보건 서비스의 부족은 문제를 더욱 악화시켰을 것이다. 그러나 그 직접적인 원인은 박테리아 시겔라 이질균^{Shigella dysenteriae}이었다. 초기에는 여러 종류의 설파제가 처방되었으나 시겔라 균주들은 곧 내성을 보였고, 의사들은 스트렙토마이신^{streptomycin}과 테트라사이클린^{tetracycline}과 같은 새로운 항생제로 눈을 돌렸다. 1953년, 시겔라 균주들은 그 둘 모두에 내성을 갖게 되었다. 그러나 각각의 박테리아 균주는 오직 하나의 약물에만 내성이 있었으므로 여전히 다른 약물로 치료할 수 있었다. 그런데 1955년 홍콩에 머물다 온 한 일본 여성이 이질을 앓고 있었는데, 대변검사 결과 여러 항생제에 내성이 있는 시겔라균이 원인이었다. 그 시점부터 내성은 걷잡을 수 없이 빠른 속도로 퍼져 나갔고 1950년대 후반에 일본은 시겔라 이질균의 확산으로 몸살을 앓았다. 그것은 설파제와 스트렙토마이신, 테트라사이클린, 클로람페니콜의 4가지 항생제에 내성을 가진 소위 '시겔라 슈퍼 박테리아'였다.

이들 균주가 그렇게 빠르게 다중 내성을 획득할 수 있었던 것이 단지 A, C, G, T가 어쩌다 한번 틀리게 배열돼서 나타나는 점진적인 돌연변이만으로 설명할 수 있는 것일까? 그러려면 28자릿수만큼의 돌연변이가 일어나야 한다. 하지만 그것이 아니라면 대체 무슨 일이 일어난 것일까?

이 현상이 비단 시겔라균에만 국한된 것이 아니라는 것을 연구자들이 발견했을 때 그 놀라움은 극에 달했다. 내성을 가진 시겔라 환자들에게서 채취한 대장균을 배양한 결과, 그들은 동일한 약물에 대해 내성을 갖고 있었다. 대장균들이 사이 좋게 나눠 가진 것이다. 박테리아들은 틀림없이 내성에 관계된 유전자 전체를 환자들의 내장 깊숙한 곳에서 박테리아 종류와 상관없이 서로 주고받았을 것이다.

그 당시에 일본에서는 실험실의 플라스크나 페트리 접시 안에서 박테리아 균주들을 함께 배양하여 그러한 전달을 재현해낸 두 연구팀이 있었고, 그들은 다중 내성이 '접합'에 의해 전파된 능력이라는 결론을 내렸다. 그 말인즉슨, DNA 한 조각이 아니라 유전자 뭉치가 통째로 넘나들었다는 것이다. 교환은 시겔라균과 대장균에만 국한되지 않았다. 연구들이 진행되면서 그 유전자 뭉치는 인간의 뱃속에 서식하는 대가족 박테리아 집단 내에서 종 간의 경계 또는 속 간의 경계를 넘어 어디든 이동할 수 있다는 것이 밝혀졌다.

경계를 무시하고 넘나드는 이 유전자 뭉치는 정확히 무엇일까? 와타나베와 동료인 토시오 후가사와[Toshio Fukasawa]는 연구 초기에 하나의 가설을 제시했다. 그것은 박테리아 세포 내에서 원형 염색체에 붙어 있지 않고 자유롭게 떠다니는 일종의 자율적 유전 인자 '에피솜^{episome}'이 있다는 것이다. 에피솜은 고상하게 혼자 행동하는 DNA다. 세포를 구성하고 유지하는 필수적인 것 이외의 특별한 정보를 가지고 있으며 그것들은 비상시에 유용하게 사용될 특정한 코드들이다. 에피솜은 여러 개의 유전자를 보유할 수 있고, 하나의 세포 내에 여러 복사본을 가지고 있으며, 염색체와는 별도로 복제되고, 접합하는 중에 자신의 복사본을 다른 세포로 보낼 수도 있다. 환경 조건의 변화로 인해 그 유전자가 필요하지 않을 때는 박테리아 균주로부터 완전히 사라졌다가 다시 상황이 바뀌면 다른 균주로부터 받을 수도 있다. 한마디로 엄청난 기동성을 가진 DNA다. 에스더 레더버그의 F 인자가 바로 그 에피솜이었지만 발견 당시에 그녀는 알지 못했다. 1958년까지 존재하지 않던 개념이었으나 와타나베가 1963년 논문에서 과학계에 공표했다. 후가사와와 함께 일본어로 발표한 후였다. 스트렙토마이신과 다른 세 가지 항생제에 대한 다중 내성은 하나의 에피솜 안에 암호화되었다. 그들은 그 에피솜에 이름을 붙였다. '내성 전달 인자^{resistance transfer factor}', 더 간단하게는 에스더 레더버그의 F 인자와 나란히 "R 인자"로 알려지게 되었다.

R 인자는 접합에 의해 전달되지만 적어도 실험실 환경에서는 형질도입으로도 전달될 수 있었다. 대장균같이 별로 해롭지는 않지만 흔하디흔한 박테리아가 종의 경계를 넘어서 시겔라균같은 치명적인 박테리아로 자신의 다중 내성 유전자를 순식간에 전달하는 것, 그것이 바로 R 인자 때문에 가능했던 것이다. 그 의학적 중요성에 대해 와타나베는 "현재 일본에만 국한된 것이다"라고 썼지만, R 인자와 에피솜은 "장차 전 세계적으로 심각한 문제가 될 수 있다"고 말했다. 미래를 예견한 절제된 표현이었다.

53

와타나베와 레비의 연구,
R 인자

와타나베의 출판으로 일본에서의 발견이 세상에 알려지기는 했지만, 박테리아의 내성처럼 빨리 그리고 널리 확산되지는 못했다. 만일 여러분이 박테리아 학술지를 읽는 독자이거나 혹은 박테리아 유전학자들과 식사를 같이하는 사이가 아니라면 아마도 1960년대 초반의 수평적 유전자 전달이 이런 문제를 전 세계에 퍼트리고 있었다는 사실은 들어보지 못했을 것이다.

그 무렵 이 소식을 접한 스튜어트 레비Stuart B. Levy라는 미국 젊은이가 있었다. 그는 의대를 휴학하고 파리에 있는 파스퇴르 연구소에서 연구원으로 일하고 있었다. 그때 파스퇴르의 일본 연구원이 사석에서 동포의 업적을 설명하며 다중 내성에 대해 이야기해 주었다. 레비는 나중에 다시 그를 찾아갔다. 츠토무 와타나베와 그의 연구에 강하게 끌린 것이다. "그와 아는 사이인가요?" 레비가 물었다. 일본인 동료 타카노Takano는 와타나베를 잘 알고 있었다. 도쿄의 미나토 구에 있는 게이오 대학교Keio University는 타카노의 연구 일부를 지원했고 와타나베가 바로 그곳에 있었던 것이다. "원한다면 내가 편지를 써 줄 수 있어요." 타카노가 말했고 레비는 그렇게 초청을 받았다. 레비는 또다시 의대를 중단하고 와타나베의 실험실에서 몇 달간 연구할 수 있게 되었다. 그의 미래에 더없이 중요한 경험이었다.

스튜어트 레비 의학박사는 현재 터프트 의과대학교Tufts University School of Medicine 교수로서 항생제 사용과 남용, 내성에 대한 세계적인 권위자다. 현장 조사나 콘퍼런스 행사에서 찍힌 과거 사진들에서 그는 일을 끝내고 난 편안한 표정과 기분 좋게 미소 짓는 진한 콧수염의 쾌활한 젊은이의 모습을 하고 있었다. 그의 쌍둥이 형인 제이 레비Jay Levy 역시 의학자였다. 제이는 AIDS의 원인 바이러스를 처음으로 분리한 세 과학자 중 한 명이었다. 제이는 바이러스를, 스튜어트는 박테리아를 연구한 것이다. 스튜어트는 1981년에 항생제의 적정 사용을 목표로 하는 국제 연대(APUA)Alliance for the Prudent Use of Antibiotics를 설립했고 지금도 회장을 맡고 있다. 또한 국제적인 조직을 갖춘 거대한 국제기구인 미국미생물학회American Society for Microbiology의 전 회장이기도 하다. 나는 보스턴 차이나타운 근교에 있는 단조로운 건물 8층에 자리한 그의 사무실을 찾아갔고 그는 와타나베에 대한 기억들을 떠올렸다. 70대 중반이 된 레비 박사는 더 이상 수염을 기르지 않았고 가늘어진 머리칼과 갈색 눈동자, 약간 슬퍼 보이는 처진 눈매로 온화한 미소를 지었다. 60년대 초 파리와 도쿄 이후 그는 많은 일을 목격했다.

"그 실험실에는 에어컨이 없었어요." 그는 와타나베와 함께했던 시절을 이야기했다. "정말 덥고 습했어요." 레비의 실험대는 위쪽에 있었기 때문에 와타나베 교수가 셔츠 소매를 걷어 올린 채 실험하는 것을 내려다볼 수 있었다. 사람들이 주기적으로 호스를 들고 물을 뿌려서 교수를 식혀줄 정도로 더운 방이었다. 왜소한 와타나베는 레비보다 5센티 정도 작았고 거의 흠잡을 데 없는 영어를 구사했다. 학생과 포스트닥에게는 명쾌하고 소탈한 스승이었다. "교수님은 후배들하고 미나토 거리에서 자전거를 타기도 하고 가끔은 서너 명을 데리고 바에 가서 저녁에 가라오케를 즐기기도 했어요." 레비가 회상했다. "우리는 영어 노래를 불렀고 교수님은 가사를 읽으면서 지켜보고 있었어요. 그때가...." 레비는 잠시 말을 끊고는, 자신이 유쾌하게 팔짝팔짝 뛰면서 로이 오비슨인지 허니콤즈인지의 노래를 부르고 있을 때 뒤에서 팔을 흔들고 있는 교수의 사진을 보여주었다. "꿈같은 순간이었어요." 몇 년 후 와타나베가 필라델피아에서 있었던 과학 학회 차 미국을 방문했을 때 그는 델라웨어주 윌밍턴Wilmington에서 가까운 레비 부모의 집에 머물게 되었다. "교수님이 와주어서 저는 너무나 기뻤어요." 레비가 말했다. "이상할 정도로 난 그를 숭배했거든요." 살아 있는 멘토, 목표의식이 분명하고 품위가 있었던 일본 과학자. "그리고 어떻게 된 거죠?" 나는 궁금해졌다. "일찍 세상을 떠나셨어요, 위암으로." 레비가 말했다. "아마 40대나 50대 초반이었을 거에요."

레비는 와타나베와 함께 내성 인자에 관한 한두 편의 논문을 공동집필했다. "하나는 일본어였어요." 레비가 회상했다. "어떤 내용인지 묻지 말아 주세요." 나는 묻지 않았다. 아직 번역된 적은 없지만 영어로 된 제목을 보면, 박테리아의 DNA 복제 기능을 억제함으로써 내성 감염에 대응할 방법에 대한 연구라는 것을 알 수 있었다.

그 후 레비는 미국으로 돌아와 의학 연구를 재개했다. 그는 박테리아의 내성과 그에 따른 임상시험 연구에 주력하면서 그의 사명이 깃든 목표를 향해 가고 있었다. 그의 사명, 즉 레비가 출판, 강연, APUA를 통해 추구하고자 했던 것은 불필요한 항생제 남용의 결과에 대한 인식을 높이고 예방 대책을 마련함으로써, 전 세계를 슈퍼 박테리아로부터 지켜내자는 것이었다.

레비는 특히 테트라사이클린tetracycline 내성에 대한 연구에 초점을 맞추었다. 1970년대 중반에 그는 어떻게 그러한 내성이 가금류의 장기 박테리아에서 인간의 장기 박테리아로 옮겨지는가를 연구함으로써 내성 연구에 앞장섰다. 이 연구는 뉴잉글랜드 의학 저널New England Journal of Medicine에 게재되었다. 그는 실험에서 닭들에게 테트라사이클린이 든 사료를 먹이고 나서 단일주일 만에 닭들의 장내 박테리아가 항생제 내성을 갖게 된다는 것을 보여주었다. 더 심각한 것은 뜻밖에도 같은 농장에 있던 노동자들의 장에서도 몇 달 만에 같은 내성을 가진 박테리아가 발견된 것이었다.

이 최초의 농장 연구에 이어서 레비의 연구실은 그들 내성 박테리아가 테트라사이클린을 어떻게 피해가는지 밝혀냈다. 그것은 세포벽 밖으로 항생제를 밀어내는 일종의 방출 기제로서 에피솜 안에 코드화된 단일 유전자로 밝혀졌다. 그런데 이 에피솜은 수평으로 옮겨다니면서 테트라사이클린 내성 유전자뿐만 아니라 다른 항생제 내성 유전자들까지 운반하고 있었다. 이 즈음부터 에피솜은 '플라스미드plasmid'라는 새 이름으로 불렸다. 짧은 DNA 구간인 플라스미드는 어떤 것은 팔찌같이 원형으로 생겼으며 세포 내에서 염색체와 별도로 존재하면서 복제된다. 바로 그러한 독립성이 다른 세포로 수평으로 쉽게 이동할 수 있게 하는 플라스미드의 능력이며, 박테리아들 간에 또한 닭에서 사람들의 장기로 항생제 테트라사이클린 방출 기제가 매우 빠르게 수평 이동한 현상을 설명해 주고 있었다.

레비는 내성에 대한 연구를 계속해 나갔고 관심을 촉구하는 그의 목소리도 높아졌다. 1992년에 그는 《항생제의 역설Antibiotic Paradox》이라는 책을 출간했다. 그가 말하는 역설은 20세기에 항생제들이 인간의 삶을 개선하고 수명을 연장했지만, 동시에 우리의 적 박테리아들을 훨씬 더 막강하게 만들었다는 것이다. 그가 2002년 개정판에 추가한 내용 중 일부는 다음과 같았다. "40년 전, 전이될 수 있는 R 인자가 발견됨에 따라 미생물학자들과 의학자들은 이전에 생각지 못했던 유전자 확산에 대하여 눈을 뜨게 되었다. 내성 유전자는 유전적으로나 진화적으로 본다면 말과 소보다도 멀리 떨어져 있는 박테리아 종들 사이를 옮겨 다니고 있었다."

레비는 덧붙였다. 당시에는 이러한 발견들이 무엇을 의미하는지 제대로 알지 못했다. 그것은 바로 수평적 유전자 전달에 의해 온 지구에 항생제 내성이 확산된다는 것을 알리는 신호탄이었다.

54

박테리아 저장고, NCTC

생명의 역사 이래로 우리를 둘러싼 모든 환경, 우리의 피부와 내장에 존재하지만 우리 맨눈에는 보이지 않는 박테리아, 그들에 대한 이 모든 이야기는 그것들을 직접 보고 싶게 만들었다. 박테리아 유전자 서열은 이미 잘 알려져 있고 박테리아의 역동성을 다룬 저널들에도 잘 나와 있긴 하지만, 나는 오래전부터 그들의 물질적 실체를 잠깐이라도 직접 확인하고 싶었다. 나는 런던을 경유해 포톤다운^{Porton Down}으로 날아갔다. 영국 남서부의 솔즈베리^{Salisbury} 근처에 완만하게 경사진 소택지와 그루터기 평야 가운데 있는 월트셔^{Wiltshire} 전원지역, 그곳에 비밀스럽게 위치한 보안 과학단지가 있었다. 철책선으로 된 높은 담장이 둘러쳐진 영국 국립표준배양균주보관소 (NCTC)^{National Collection of Type Culture}였다. 이곳은 영국 공중보건부 산하로 세포계^{cell lines}와 미생물을 저장하는 네 저장소 중 하나다.• 다른 세 곳은 각각 의학 연구를 위한 세포계, 전염성 바이러스 세포계, 균류에 관련된 세포

• 세포계란 초대 배양 세포에서 증식한 후 대를 이어 얻어진 세포군을 말한다.

계를 저장하며 각기 다른 곳에 위치해 있다. 포톤다운에 있는 제1 저장소 NCTC는 박테리아 세포계만을 전담한다.

나는 기자들을 담당하는 이소벨 앳킨Isobel Atkin의 배려로 보안 문을 통과했다. 보안구역 안에는 육중한 벽돌 건물들이 길게 늘어선 것이 마치 찰스 디킨스 소설에 나오는 신발 공장을 연상케 했다. 기능적인 컨테이너 모듈식 건물들이 여러 채가 있었고 그중에는 공간을 활용하기 위해 2층으로 쌓은 높은 건물도 있었다. 앳킨이 있는 보도 사무실은 금속 계단으로 올라가는 2층에 있었는데 그곳이 유일하게 사람들로 북적거리는 방이었다. 일렬로 늘어선 건물들 맨 끝에 '17'이라는 커다란 컨테이너 건물이 있었는데 보통은 창고로 통했다. 초저온 저장시설(ULTSF)이 있는 창고였다. 박테리아가 잠들어 있는 바로 그곳에서 나는 거의 종일을 보냈다.

17번 건물은 표본들뿐만 아니라 치밀하게 구획된 기록보관소였다. 여기를 통과하면 보안 격리된 초저온 보존 구역과 영국의 의료역사 구역으로 깊숙하게 들어가게 된다. 앳킨과 영국 공중보건부 산하 NCTC의 책임자인 줄리 러셀Julie Russell이 나를 안내했다. 안으로 들어서자마자 보이는 개인 열람실을 지나서 우리는 잠긴 문 앞에 도달했고 벨을 눌러 저장소인 ULTSF로 들어갈 수 있었다. 탱크실로 알려진 첫 번째 큰 구역이었다. 이곳은 수십 개의 냉동 탱크가 들어찬 격납고 같은 공간이었다. 뚜껑으로 단단히 밀폐된 거대한 강철통들에는 섭씨 −190도로 냉각된 액체 질소 속에 각각 25,000개의 앰풀들이 들어 있었다. 냉동 박테리아가 들어 있는 그 밀폐된 유리관들은 깨끗이 포장되고 라벨이 붙어 있었다. 처음부터 포톤다운에 보관해 온 역사적인 균주로부터 의학적으로 중요한 균주, 그리고 다른 시설에서 배양되어 보내진 온갖 균주의 박테리아 샘플들이었다. 그것들은 모두 최소 비용으로 전 세계 연구자들에게 제공되고 있었다(이전에는 유명한 연구소들이 요청하는 경우에 한해서 샘플을 제공했으나 요즘은 최소한의 유지 비용으로 판매하며 유전자 서열 데이터는 무료로 제공한다). NCTC의 일차 목적은 모든 과학적 연구에 사용할 수 있도록 실용적인 샘플을 생산하는 것, 그리고 수십 년 전에 진화가 정지된 상태로 얼어붙은 원형 균주를 보관하는 것이다. 건물 더 깊숙한 곳에는 그러한 원형 균주만을 보관하는 별도의 저장실이 있었고, 비행기 격납고, 아니 그보다는 은행의 지하금고처럼 느껴졌다.

두 명의 직원이 우리를 맞아 안내해 주었다. ULTSF의 관리자인 스티브 그릭스비Steve Grigsby는 조각 같은 얼굴에 검은 터틀넥을 입고 힘차게 악수하는 모습이 마치 나이 든 다니엘 크레이그처럼 보였다. 수석 초저온보관기술자인 조디 로버츠Jodie Roberts는 젊고 영리한 여성으로, 여러 색으로 물들인 머리를 하나로 묶고 있었다. 그녀는 저장에 대해서뿐만 아니라 박테리아 진화의 중요한 세부사항들을 잘 알고 있었다. 그릭스비는 이 방에 대략 백만 개의 박테리아 앰풀이 저장되어 있다고 알려주었다. 로버츠가 탱크 하나를 열자 얼어붙은 증기가 올라왔다. 그릭스비는 탱크에 설치된 알람 장치에 대해 설명했다. 만일 탱크의 작동이 중지되어 온도가 올라가면(섭씨 −153도를 넘으면 위험한 상태이다) 경보가 울리고 낮이든 밤이든 뛰어와야 한다는 것이다. 탱크가 있는 그 방 자체에도 인력의 안전을 위한 별도의 경보장치가 있었다. 만약 주변의 질소 수치가 일정한 한계를 넘게 되면 질식에 주의하라는 경고 멘트와 함께 자동으로 창문이 열리고 환풍기를 통해 외부 공기가 유입된다. 그는 나를 위해 영국 공중보건부 전기를 아낌없이 사용하면서 창문과 환풍기 작동을 시연해 보였다.

탱크실 뒤에는 또 다른 내실로 향하는 문이 있었다. 17/11호라고 적힌 이

방은 특별한 배지가 필요했는데 앳킨의 배지로는 그 잠금장치를 열 수 없는 것 같았다. 조디 로버츠가 벨을 눌러 우리를 안으로 안내했다. 온도는 섭씨 5도(화씨 40도, 냉장고와 비슷하다) 정도였다. 탱크보다는 훨씬 높은 온도지만 박테리아가 진공 앰풀 속에서 동결 건조된 상태로 장기 보존되기에는 충분히 낮은 온도였다. 천장은 낮았고 왼쪽 벽을 따라 늘어선 8개의 저장 캐비닛에는 NCTC 저장소에서 가장 유명한 샘플들을 모아서 브리티시 컬렉션^{British collection}으로 따로 보관하고 있었다.

여기에는 오즈월드 에이버리가 형질전환을 발견했던 바로 그 균주의 직계 후손인 폐렴구균 샘플(여기서는 취득번호로 표기한다. NCTC13276)과, 프레드 그리피스가 연구한 폐렴구균 균주(NCTC8303)도 있었다. 향후의 표본이나 연구 목적으로 동결 건조된 상태로 캐비닛에 안전하게 보관하고 있었다. 또한 대부분의 사람들에게는 해가 되지 않지만 가끔씩 심각한 감염을 일으키는 헤모필루스[●] 독감 표본도 있었다. 이 표본(NCTC4842)은 페니실린의 발견자인 알렉산더 플레밍^{Alexander Fleming}이 1935년에 자신의 코에서 추출했다고 한다. 나는 결국 그것들 모두를 직접 보고야 말았다.

로버츠가 캐비닛을 열자 그 안에는 상자들이 빼곡히 쌓여 있었다. 그녀가 상자 하나를 열자 몽블랑 펜 하나가 들어갈 만한 정교한 발사나무 상자 수십 개가 드러났다. 그것들은 "관^{coffins}"이라고 했다. 꽤나 적절한 표현이었다. 깨어날 준비가 된 위험한 생명체들의 드라큘라 관인 것이다. 뚜껑에는 각각 이 누구의 관인지 말해주는 작은 손글씨 라벨이 붙어 있었다. 작은 유리관

● 저자는 서문에서 '헤모필루스'라는 어려운 이름 대신 '플레밍의 코 간질이'라 부르고 싶다고 언급했었다.

으로 되어 있는 섬세한 앰플을 보호하기 위해 바깥으로 또 다른 유리관이 감싸고 있으며 앰플의 한쪽 끝은 둥글고 다른 쪽 끝은 열처리하여 바늘 끝처럼 봉합되어 있었다. 그 진공상태인 앰플 속에 박테리아 샘플이 있었다. 겉에서 볼 수 있는 것이라고는 앰플의 둥근 쪽에 남아 있는 노란색 얼룩뿐이었다. 노란색 물질은 대부분 영양배지의 침전물로서 동결건조 때 샘플을 보호하기 위해 특별히 제조한 혼합물이다. 바로 그 얼룩 속에 박테리아가 잠들어 있는 것이다.

로버츠는 진공상태를 확인할 때는 앰플에 불꽃을 튀겨 본다고 설명했다. 형광 불빛이 생기면 이상이 없다는 것이다. 그녀는 테스트용 전기스파크 봉을 작은 유리관에 대서 직접 보여주었다. 은은한 푸른색의 형광 불빛이 일어났고 정상 상태라고 했다. 앰플에서 형광 불빛이 생기지 않는 것은 진공상태가 아니라는 뜻이고 샘플이 손상되었다는 것을 의미하므로 즉각 폐기처분된다.

나는 미리 역사적 가치를 지닌 샘플 하나를 부탁했었고 로버츠는 기꺼이 응해주었다. 그녀는 오렌지색 의료장갑을 끼고 'NCTC1'이라고 알려진 샘플 관을 조심스럽게 들어 올렸다. 1이라는 숫자는 NCTC가 설립된 1920년에 최초로 들어온 샘플이라는 표시였다.

그것은 와타나베가 일본에서 발견한 것과 유사한 것으로서 시겔라 플렉스너리Shigella flexneri라는 이질균이었다. 장염과 설사를 동반하는 세균성 이질은 인간의 감염유발량이 적어, 즉 사람의 장에서 세균이 꽃을 피울 때까지 잠깐동안 머문 흔적만으로도 감염을 일으키기 때문에, 오염된 물이나 음식을 통해서 쉽게 전염될 수 있다. 특히 설사는 적절한 의료서비스가 없을 때 치명적일 수 있다. 매년 100만 명 이상의 사람들이 아직도 이질로 목숨을 잃고 있으며 대부분은 개발도상국의 아이들이다. NCTC1이라고 알려진 샘플은 1915년 초에 프랑스에서 감염된 한 영국 병사에게서 채취한 것이다.

28세의 어니스트 케이블$^{Ernest\ Cable}$이라는 이름의 이등병이었고 이스트서레이$^{East\ Surrey}$ 연대에서 복무했다. 그나 가까운 가족에 관해서는 알려진 바가 거의 없고 사진도 남아 있지 않다. 다만 그는 입대하기 전에 영국에서 갓난아기가 있는 가족과 함께 살았고 아기에게 유언장을 남겼다. 케이블은 병에 걸려 프랑스 위뫼르^{Wimereux}의 한 군병원에 도착했다. 그곳은 서부 전선으로부터 30에서 40마일 후방으로 해안선을 따라 칼레^{Calais} 바로 아래에 위치해 있는 이전의 위뫼르 그랜드호텔을 개조한 병원이었고, 부상병들이 아닌 전염병을 전문으로 치료하는 병원이었다. 케이블의 임상기록은 남아 있지 않았으나 아마도 피가 섞인 설사와 복부 통증에 시달렸을 것이다. 진단은 이질이었다. 1915년 3월 13일, 연합군이 남쪽 100마일 지점인 아르투아^{Artois}와 샴페인^{Champagne}에서 공격을 감행했을 때 케이블은 사망했다. 그의 대변 샘플을 채취한 후였다. 위뫼르 병원의 박테리아학자 윌리엄 브로튼-알콕$^{William\ Broughton-Alcock}$ 중위는 대변으로부터 박테리아를 추출했다. 추출물은 후에 시겔라 플렉스너리$^{Shigella\ flexneri}$ 종으로 불리게 되었고 항원형 2A로 분류되었다. 그리고 5년 후에 NCTC1이라는 이름으로 '브리티시 컬렉션' 멤버가 되었다. 이 박테리아가 중요한 이유는 '1'이라는 숫자보다도, 한 세기가 지나고 나서야 밝혀진 생물학적 의미와 유전자 때문이다.

케이블 이병의 시겔라균은 당시에 발명되지도 않은 항생제에 내성을 갖고 있었다. 즉, 그 내성은 그때까지 인간이 발견하지 못한 항생 물질에 대한 것이었다. 정확히 말하면, 1915년에 케이블의 균주가 가진 내성은 페니실린과 에리트로마이신^{erythromycin}에 대한 것이었고, 이들 항생제는 각각 1942년과

1952년에서야 인체 감염에 처음 사용되었다. 케임브리지 남부의 작은 마을 힝스턴^{Hinxton}에 있는 웰컴트러스트 생어연구소^{Wellcome Trust Sanger Institute}의 한 연구팀은 이것이 인과관계가 뒤바뀐 현상으로 보인다고 추정했다. 그들의 논문은 케이트 베이커^{Kate S. Baker}를 제1 저자로 2014년에 발표되었다.

베이커와 그녀의 동료들은 포톤다운의 타임캡슐에 잠들어 있던 오래된 박테리아를 깨웠다. NCTC1 앰풀을 가져다가 개봉하고 박테리아를 되살린 후 배양했다. 그들은 자라고 있는 박테리아 샘플을 별개의 영양한천 접시들에 담았다. 그리고 현재 나와 있는 모든 항생제 종류로 그것들을 시험했다. 베이커 연구팀은 페니실린과 에리트로마이신이라는 두 항생제에 대하여 "내인성(타고난, 원래 가지고 있던) 항균제 내성"을 발견했다. 타고났다고? 그것은 마치 총기가 발명되기 전에 방탄조끼를 입고 태어난 것처럼 황당한 일이었다. 어떻게, 어떤 이유로 그런 일이 일어난 것일까?

그것은 자연의 방어 태세를 보여주는 것이었다. 항생제가 자연환경에 존재하기 때문에 항생제 내성 또한 자연환경에 존재한다는 것이다. 일부 박테리아는 다른 박테리아와의 경쟁에서 상대를 물리치기 위한 천연 무기로 항생 물질을 생산한다. 마찬가지로 내성은 그러한 무기에 대항하는 방패처럼, 진화하는 하나의 형질로서 자연발생적으로 천천히 생긴다는 것이다.

이 현상은 1969년에 남서 태평양의 외딴 군도 솔로몬 제도에서 입증되었다. 현대 의학이 도입되기 전이었고 원주민들은 "항생제 무노출 집단"이었다. 미국의 한 연구팀은 실험용 약물이 제조된 적이 없음에도 불구하고 그곳의 토양 샘플에서 테트라사이클린과 스트렙토마이신 모두에 내성이 있는 박테리아를 발견했다. 항생제가 만들어지기도 전에 어떻게 내성을 갖게 되었을까? 밝혀지지는 않았지만 아마도 박테리아 간의 자연스런 경쟁에서 답을 찾을 수 있을 것이다.

또한 솔로몬 제도에서는 테트라사이클린과 스트렙토마이신에 대한 이중 내성이 인체에 사는 박테리아에서도 동일하게 나타났다. 연구원들은 "가장 깊은 덤불 지역에서 온from the innermost bush country"이라는 이름의 토착 섬주민의 배설물에서 두 가지 약물에 모두 내성이 있는 대장균을 발견했다. 어떻게 토양 박테리아에서 인간의 장기 박테리아로 수평 이동했을까? 1969년 이전이었기 때문에 미국 연구팀은 이 질문에 답할 수 없었을 테지만 두 약물에 내성을 가진 전달성 유전자인 'R 인자'가 작은 플라스미드를 타고 이동했을 것이다. 와타나베와 스튜어트 레비가 추론한 것처럼.

머나먼 지역의 토양에서 유래한 반코마이신vancomycin이라는 항생제가 있었다. 반코마이신은 보르네오의 흙에 살던 박테리아가 만들어 낸 천연 물질로부터 개발되었다. 1952년에 한 선교사가 한 줌의 흙을 미국의 유기화학자였던 친구에게 보냈다. 일라이 릴리Eli Lilly라는 제약회사에서 일하던 그의 친구는 페니실린 내성을 가진 포도구균 균주에 맞설 항생제 연구에 주력하고 있었다. 보르네오 박테리아가 만들어 낸 천연 물질은 처음에 05865로 불리다가 정제와 변형 과정을 거친 후에 '정복vanquish'을 의미하는 '반코마이신'으로 불리게 되었다. 임질균 등 골치 아픈 여러 박테리아와 페니실린에 내성을 가진 포도구균을 정복했다는 뜻이었다. 그러나 곧바로 정복자에 대한 반격이 시작됐고 그곳은 보르네오의 토양이 아닌 일본과 미국의 병원들이었다. 반코마이신 내성은 1980년대 후반까지만 해도 엔토코쿠스Enterococcus(장구균) 속genus 박테리아에서만 나타났다. 내성이 처음 확인된 엔토코쿠스 유전자는 vanA로 불렸다(결국에는 그러한 유전자가 몇 개 더 발견되었다). vanA가 다른 종류의 박테리아로 확산되는 것은 시간문제였다. 엔토코쿠스는 플라스미드와 함께 다른 수평적 유전자 전달 시스템도 갖추고 있었던 것이다. 예상대로 그것은 지체 없이 엔토코쿠스로부터 속의 경계를 넘어 포도구균, 황색포도구균까지 빠르게 퍼져 나갔다.

이것은 인간 의학에 울리는 적신호였다. 반코마이신은 1982년까지만 해도 메티실린 내성을 가진 황색포도구균(공포의 MRSA)에 대항하는 무기 중 하나였다. 그러나 1996년에 일본에서 다시 약물 감수성susceptibility이 떨어진 포도구균 감염자들이 나타났고 곧바로 미국에서도 반코마이신 내성 포도구균이 발견되기 시작했다.

미국에서는 미시간주의 한 환자에서 처음으로 반코마이신 내성을 가진 황색포도구균(VRSA)이 발견되었다. 그는 당뇨와 신장병, 만성 감염으로 인한 발궤양 등 여러 가지 합병증을 앓고 있던 불쌍한 영혼이었다. 샘플은 감염된 그의 발에서 추출된 것이다. 그 환자는 조기 발가락 절단술 후에 감염 방지 차원에서 여러 항생제와 함께 반코마이신으로 치료를 받았는데, 이때 포도구균이 환자의 몸 안에서 수평 이동한 내성 유전자를 획득한 것으로 추정되었다. 놀라운 일이다. 그렇다면 병원 주변에 상시 잠복해 있던 포도구균이 다중 감염된 환자의 몸 안에서 살아남아 새로운 내성 유전자를 획득했다는 것이다. 얼마 지나지 않아 또 다른 VRSA 균주가 펜실베이니아의 한 여성으로부터 발견되었다. 그녀는 반코마이신으로 치료받은 적이 없었는데도 말이다. 다만 그녀는 미시간의 환자처럼 발궤양에 감염된 상태였고, 그 궤양에서 내성 포도구균이 다시 등장한 것이다.

발을 갉아먹는 이 두 VRSA 균주들은 모두 vanA 유전자를 갖고 있었으며, 서로 다른 경로를 통해 엔토코쿠스 박테리아로부터 내성을 획득했을 것으로 추정되었다. 미국 질병관리예방센터US Centers for Disease Control and Prevention는 즉시 경고를 발령했다. 이 유전자가 장에 서식하는 박테리아로부터 피부를 갉아먹는 박테리아로 매우 빠르게 옮겨다니기 때문에 "VRSA 감염자가 계속 발생할 수 있다"는 메시지였다. 어느 누구의 발도 안전하지 않았고, 병실에서 맨발로 다니는 사람의 경우는 특히나 위험했다.

1915년으로 돌아가 어니스트 케이블 이병을 죽음에 이르게 한 이질균을 생각해 보자. 그것이 현재의 엄청난 결과에 대한 경고였다고 쉽게 말할 수도 있겠지만, 사실은 지난 후에나 할 수 있는 이야기다. 인간이 만든 항생제가 아직 존재하지 않았던 당시에는 당연히 항생제의 사용과 남용에 관한 문제, 그리고 자연적으로 발생한 내성 유전자가 이토록 빨리 퍼지게 된 최근의 사태와 그 의미들을 예측조차 할 수 없었을 것이다. 한마디로 케이블의 사례는 아무도 가보지 않은 길에 내딛는 첫 발걸음 같은 것이었다. 게다가 별로 특별할 것이 없는 그저 전쟁으로 죽은 일개 병사, 일상적으로 수집된 박테리아 샘플이었던 것이다. 한 세기 후에, 케이트 베이커와 동료들이 그 박테리아를 깨워 DNA를 추출하여 유전자 서열을 분석하고 나서야 비로소 그 의미를 파악할 수 있었다. 그들이 케이블의 균주에서 발견한 것은 페니실린과 에리트로마이신에 내성을 가진 유전자들이었는데, 당시에는 이 약물들이 위뫼르 병원에 존재하기 전이었던 것이다. 설령 그 약물들이 케이블에게 처방될 수 있었다 하더라도 케이블을 살릴 수 없었다는 것이다. 물론 지금에 와서 우리가 확인할 수 있는 방법은 없다.

케이블의 시신은 위뫼르 공동묘지에 묻혔다. 그의 시겔라균은 브로튼–알콕 중위의 연구실에서 배양되었고, 정해진 수순을 거쳐 포톤다운에 있는 NCTC 건물 내 17/11이라는 매우 추운 방, 그 속의 한 캐비닛, 그 속의 상자에 있는 자신만의 작은 관에 잠들어 있었다. 조디 로버츠는 오렌지색 장갑을 낀 손으로 내가 볼 수 있도록 관을 쥐고 있었다. 나는 가까이 몸을 숙이고 라벨을 소리 내어 읽었다. "시겔라 플렉스너리, 2A형, 케이블 균주."

"여전히 생육 가능하다고 알고 있습니다." 균주보관소 책임자인 줄리 러셀이 말했다. "하나만 있는 것이 아니거든요." 즉, 초기에 채취된 케이블의 균주는 여러 개의 관에 보관되었고, 1951년에 더 안전하게 저장하기 위해 잠시 깨어났다가 당시의 최신 기술로 다시 동결 건조되어 초저온에 보관되었다는 것이다. "그리고 우리는 다른 데서 온 것도 배양했어요." 그녀는 말했다. 그것은 베이커 팀의 연구에 사용된 것이었다. 그 심오한 실체를 조사하기 위해 베이커 팀은 앰풀 하나를 깨뜨려 배양했다. 따라서 그때 배양한 것과 초기부터 여기 NCTC에 저장하고 있었던 원래의 케이블 균주인 NCTC1 앰풀이 하나 더 있다고 러셀은 덧붙였다. 총 2개가 있다는 이야기다.

이것들이 중요한가요? "아주 중요하지요." 내 질문에 그녀는 당연하다는 듯이 말했다. 그것들은 어쩔 수 없이 정말 중요하게 사용될 것임을 암시했다.

55

수평 유전, 진화론의 확장

   1960년대 후반부터 1970년대 초를 거쳐 과학자들은 비로소 깨닫기 시작했다. 수평적 유전자 전달의 의미는 박테리아와 항생제 간의 내성 문제보다 훨씬 더 광범위하다는 것을. 그 속에는 진화론에 관한 모든 문제가 함축되어 있었다. 진화는 과연 다윈의 기작mechanism에 의해 작동하는 것일까? 그게 아니라면? 과연 지난 40억 년 내내 진화는 어떻게 작동했을까? 1968년, 영국의 박테리아학자 에프라임 S. 앤더슨Ephraim S. Anderson이 그 단서를 풀기 시작했다.

   앤더슨은 1911년 영국 타인강Tyne 위쪽 뉴캐슬에 형성된 노동자 거주지에서 태어났다. 에스토니아계 유대인 이민 가족이라는 그의 배경은 세계 대전이라는 힘든 시대에 영국에서 과학자를 꿈꾸던 그에게는 더욱 불리한 조건이었다. 그는 장학금으로 의학 과정을 마칠 만큼 총명했지만 직장을 구하기 위해 고군분투해야 했고 유대인이라는 이유로 여러 번 퇴짜를 맞기도 했다. 그는 영국 육군 의무부대에 입대하여 이집트 카이로에서 5년간 근무하면서 영국 군대에서 발생한 장티푸스를 연구했다. 영국으로 돌아온 그는 국가기관인 장표준연구소Enteric Reference Laboratory에서 인간에게 위험한 장내 박테리아 균주를 찾아내 형질을 밝히는 연구를 맡게 되었다. 그리고 몇 년 뒤에는 연구소장이 되어 있었다.

그는 장티푸스 균을 포함한 살모넬라 집단과 같은 장내 박테리아에 대한 전문가로서 일찍이 항생제 내성의 위험성을 소리 높여 경고했다. 1960년대에 그는 공중보건에 영향력 있는 인물로 부상했다. 무뚝뚝하고 거침이 없으며 사람을 불쾌하게 만드는 데 "천부적 재능"을 가진 사람으로도 알려졌다. 특히 그는 가축의 성장 촉진을 위해서 항생제를 일상적으로 사용하는 것을 강력히 반대했다. 앤더슨은 와타나베와 그의 일본인 동료들이 발견한 것, 즉 플라스미드에 실린 내성 유전자가 균주에서 균주로, 종에서 종으로 빠르게 확산될 수 있다는 사실을 영국에서 처음으로 알게 된 박테리아 학자 중 한 명이었다. 그것만으로도 그는 이미 주목받는 인물이었지만 거기서 멈추지 않았다. 그는 자신의 논문에서 이러한 전달 인자가 가지는 또 다른 중요성에 대하여 의미심장하게 예견했다. "'전달'이 가진 잠재력을 이해하려면 그것이 박테리아 진화 역사에서 어떤 역할을 해 왔는지 가늠해야만 한다."

내성 유전자가 그렇게 쉽게 옆으로 옮겨 다닌다는 사실은 다른 일반적인 형질의 유전자들도 마찬가지라는 뜻이다. 따라서 "그 전달 인자가 박테리아 진화에 연관되어 있을 가능성이 매우 크다"라고 앤더슨은 적었다. 진화가 돌연변이와 자연선택만의 문제가 아니라는 것을 의미했다. 아마도 수평적 유전자 전달은 미생물의 긴 역사 내내 결코 적지 않은 역할을 했을 것이다.

순화된 표현이지만 사실 충격적인 예견이었다. 적어도 박테리아 군에서는, 우리가 진화에 관해서 지금껏 철썩 같이 믿어 왔던 다윈의 이론이 틀렸다고 말하는 것이 아닌가?

앤더슨의 견해는 1970년에 박테리아학을 다른 분야에서 연구하던 영국의 두 과학자에 의해 반향을 불러일으켰다. 도로시 존스^{Dorothy Jones}와 피터 스네스^{Peter Sneath}라는 영국 라이체스터 대학교^{University of Leicester}의 미생물 분류학자들이었다. 그들은 초창기 박테리아 분류학의 대가 페르디난트 콘과 같은 전통적 이론파였지만 또한 새로운 데이터와 현대적 방법론 그리고 새로운 사고를 받아들이려고 노력했다. 그들이 사용하던 '수치분류학^{numerical taxonomy}'은 그 당시 학계에 새롭게 부상하던 '분기학^{cladistics}'과는 완전히 대척점에 있는 것이었다. 수치분류학자는 진화의 역사에 관계없이 모든 생물을 전반적인 유사성에 근거해 종들로부터 상위 범주까지 분류했다. 반면에 분기학자는 공통 조상으로부터 내려온 진화의 역사가 분류의 유일하면서도 유력한 근거라고 주장했다. 이 논쟁 역시 격렬하면서도 난해하므로 중요한 한 가지만 짚고 넘어갈 것이다. 1970년에 존스와 스네스는 "유전자 전달과 박테리아 분류법^{Genetic Transfer and Bacterial Taxonomy}"이라는 리뷰 논문을 공동집 필했는데, 여기서 그들은 분기학^{cladistics}에 일격을 가할 수 있었던 최고의 무기로 수평적 유전자 전달을 내세웠고 논문은 꽤 영향력을 발휘했다.

그들은 논문에서 박테리아에게는 화석 기록이 거의 없기 때문에 계통분류학자들이 하는 분류 연구가 잘 될 리 없다고 꼬집었다. 더욱이 일본을 비롯한 외국에서 박테리아 종 간의 유전자 전달에 관한 증거들이 등장하면서 진화에 기반을 둔 분기학은 불리해질 수밖에 없었다.

존스와 스네스는 박테리아 간의 수평적 유전자 전달에 대한 것들을 인용하면서 장황하게 설명했다. 하나의 "외부" 유전자가 박테리아로 전달되어 그곳에 통합되고 나면 그 유전자가 또 다른 전달을 용이하게 만들 것이라고 추측했다. 결국 종의 경계가 무너지게 될지도 모른다. "이것은 진화의 계통발생을 나타내는 선들이 실제로는 부분적으로 융합되어서 그물 형태로 이어져 왔음을 단적으로 뒷받침하는 것이다." 그물 형태reticulate modes라고? 그렇다. 흡사 거미줄 같다는 것이다. 융합Fusions? 이것은 유전자가 다른 유전자에 수평으로 침투한다는 것이다. 나뭇가지들은 서로 합쳐지지도 않고 그물처럼 생기지도 않았는데, 어떻게 나무로 이런 관계를 그려 낼 수 있겠는가? "그러한 유전자 교환은 수시로 일어났을 것이며," 따라서 박테리아 진화의 패턴은 우리가 상상하는 것보다 훨씬 더 촘촘하게 얽혀져 있을 것이라고 그들은 추측했다. 나무가 아니라 거미줄이라는 것이다. 그들의 주장 밑바탕에는, 이러한 수평적 유전자 전달 때문에 박테리아 분류는 누가 보더라도 복잡하고 까다로운 것인데 하물며 가엾은 꼰대 계통분류학자들에게는 아예 불가능할 것이라는 조롱이 깔려 있었다.

그럼에도 불구하고 존스와 스네스 진영은 패배할 운명이었다. 분기학은 승리를 눈앞에 두고 있었고 그들의 분류법이 대세가 될 것이었다. 적어도 진화생물학자들의 세계에서는 그랬다. 그러나 존스와 스네스의 논문이 목적 달성에 실패했다고 할 수는 없었다. 그것은 수평적 유전자 전달에 대한 인식을 넓혀주는 계기가 되었다. 나무로 유기체들의 분류나 진화의 역사를 묘사하는 연구가 수평적 유전자 전달 때문에 얼마나 복잡하게 헝클어지는지 말이다. 물론 그것이 최초는 아닐 것이다. 그러나 생명의 나뭇가지들이 그물망처럼 서로 얽혀 있다는 '망상 진화reticulate evolution'라는 개념을 만들어 낸 과학사의 중대 사건 중 하나임에 틀림없었다.

56

종의 경계는 존재하는가!

이쯤에서 우리는 위기에 처한 또 하나의 절대 관념과 맞닥뜨리게 된다. 우리가 당연시했었던 사실이지만 이제 부자연스러워진 개념, 바로 "종species"이다. 여태껏 우리 모두가 철썩 같이 믿고 따라왔으나 이제는 아니다. 비단 박테리아와 아르케이아뿐만 아니라 과학자들은 하나의 식물이나 동물을 다른 종과 구별하려고 할 때조차도 애를 먹는다. 경계는 흐릿했다. 경계의 담장은 고어텍스나 성긴 섬유처럼 구멍이 숭숭 뚫려 있다. 이렇게 흐릿한 경계, 수많은 구멍의 원인은 바로 수평적 유전자 전달이다. 모체에서 자손으로 내려간 것이 아니라 옆으로 이동하는 유전자들 말이다. 유전자가 한 종의 박테리아에서 다른 종으로 경계선을 넘는다면 과연 그것을 진정한 경계선이라고 할 수 있을까?

박테리아 종들이 서로 구별할 수 있는 상태로 머물러 있다는 생각은 앞서 언급했듯이 페르디난트 콘으로 거슬러 올라간다. 콘은 브레슬라우Breslau(콘이 태어난 폴란드의 도시)에서 연구하던 1860년대부터 70년대까지 박테리아를 체계적으로 분류하기 시작하면서 박테리아가 환경 조건에 따라 형태를 바꾸는 변형 생물이라는 개념에 대항했다. 그는 고형배지에서 특정 박테리아 종을 순수한 배양균으로 자라게 하는 데 성공했다. 순수 배양균은 원래의 종명에 따른 고유한 형태와 정체성을 일관되게 유지했다. 그 모범생은 다름 아닌 탄저균Bacillus anthracis이었다. 그러한 정체성에 대한 확신은 인간에게 탄저병을 일으키는 탄저균과 감자를 썩게 하는 고초균Bacillus subtilis을 구별해야 할 때는 꽤 편리했다.

콘의 박테리아 배양을 도와준 이는 로베르트 코흐Robert Koch였다. 그는 굳어진 젤라틴 표면에 박테리아를 획선도말streaking법으로 접종한 후 혼합된 샘플에서 극소량의 세포들을 긁어 다시 분리해 배양하는 식으로 순수 배양균을 만들어 냈다. 또한 코흐의 연구실 조교 율리우스 페트리Julius Petri는 젤라틴이나 한천에서 자란 순수 배양균을 공기 중의 오염으로부터 차단하는 유리접시를 발명하여 이에 기여했다. 우리가 알고 있는 페트리 접시Petri dish였다. 페르디난트 콘은 박테리아 분류 전쟁에서 승자가 되었고 약 50년간 왕좌를 굳게 지켰다.

하지만 종들 간의 뚜렷한 정체성에 대한 믿음은 1928년 프레드 그리피스의 발견으로 약화되기 시작했다. 그가 연구하던 폐렴구균은 한 형type에서 다른 형으로 형질이 전환되었다. 그리고 일본의 와타나베가 시겔라균이 대장균으로부터 내성 유전자를 받을 수 있다고 발표했을 때 종에 대한 믿음은 더욱 약해졌다. 오늘날의 박테리아 분류학자들은 시겔라와 대장균 속genus의 게놈이 매우 유사해서 결국에는 하나의 속으로 합쳐질 것이라고 예측한다. 실제로 어떤 시겔라 균주는 같은 속에 있는 다른 시겔라 종보다 오히려 대장균과 더 밀접하게 연관되어 있다. 수평적 유전자 전달에도 아랑곳하지 않고 박테리아를 종으로 분류하는 방식에 대한 믿음은 끈질기게 이어져 왔지만 이제는 소소한 혼란의 수준을 넘어 점차 무너지고 있었다.

박테리아의 경계가 불분명해지는 난제를 논리적으로 극단까지 밀어붙인 사람이 있다. 몬트리올 대학교의 루마니아 출신 미생물학자인 소린 소네아 Sorin Sonea였다. 그는 동료 모리스 파니셋Maurice Panisset과 함께 1983년에 《새로운 박테리아학A New Bacteriology》이라는 책을 처음에는 프랑스어판, 이어서 영문판으로 출판했다. 그들은 지구상의 모든 박테리아는 내부적으로 서로 연결된 단일 개체로서 하나의 종이면서 심지어 단일한 개별 생물체라고 주장했다. 그 단일 개체 안에서 "종"이라는 다양한 이름으로 구분되는 유전자들이 필요에 따라 자유롭게 수평으로 이동한다는 것이다. 이러한 자유로운 이동, 그리고 그것을 주고받을 수 있게 하는 보편적인 호환성은 박테리아 개체에게 "거대한 유전자 창고" 역할을 함으로써 박테리아가 변화무쌍한 환경에 빠르게 적응할 수 있게 해준다고 소네아와 파니셋은 설명했다. 개별 박테리아 게놈은 대부분의 진핵생물 게놈보다 훨씬 작고 유전자 개수도 적으며 생명유지와 복제에 필수적인 것들만 들어 있다. 특별한 상황에 대비해 비상용으로 사용될 만한 여분의 유전자나 중복 유전자는 거의 없다. 이 극도의 절약이 갖는 미덕으로 박테리아는 빠르게 번식할 수 있었다. 대신 특수한 환경에 대한 융통성이 없다는 단점이 있다. 이때 수평적 유전자 전달은 적시적소에 다른 균주나 종의 유전자로 부족한 부분을 빠르게 보완해주는 빈민 구제책인 것이다. 결론적으로 말하면, 박테리아는 최소한의 유전자만으로 살아가면서 그 유전자의 일부를, 특히 박테리아 염색체와 떨어져 있는 플라스미드에 실어서 지속적으로 버리거나 획득한다는 것이다.

소네아와 파니셋은 이것이 동물과 식물에 초점을 맞춘 다윈의 진화론과는 근본적으로 다른 것이라고 주장했다. 동물과 식물을 포함한 진핵생물 종은 대부분 유전적으로 독립되어 진화했다. 그러나 박테리아는 결코 독립적인 존재가 아니다. 섬에 고립된 거북이와 흉내지빠귀를 보면 돌연변이가 생겨 적응하는 과정에서 서로 다른 아종으로 천천히 분화하고, 결국에는 다른 개체군들과 짝짓기를 하지 않거나 할 수 없는 시점에 도달해 새로운 종이 된다. 그러나 박테리아들은 서로 유대의 끈을 놓지 않는다. 그들은 마치 거대하고 투명한 방울 안에서 출렁이는 액체와 같이, 한 박테리아 균주에서 다른 균주로 그렇게 온 지구의 구석구석까지 수평으로 스며드는 유전자를 갖고 있는 것이다.

물론 그들은 방울^{blob}이라고 표현하지 않았다. 그들은 약간 으스스한 느낌의 "초개체^{superorganism}"라는 단어를 사용했다. 그러나 그들의 초개체 개념은 제임스 러브록^{James Lovelock}과 린 마굴리스가 지구라는 행성 그 자체를 의미하는 '가이아^{Gaia}' 개념에 사용했던 초개체와는 다른 것이었다. 러브록과 마굴리스가 말하는 지구의 가이아는 이 행성의 물리적이며 살아 있는 모든 구성 개체들을 아우르는 초개체적인 존재인 반면, 소네아와 파니셋의 초개체는 "오로지" 전세계 박테리아 개체군만을 아우르는 것이다. 대담하고 황당하다는 면에서 공통점이 없는 것은 아니지만 세부적인 내용과 목적은 상당히 달랐다. 소네아와 파니셋은 박테리아 "종"이 유전자를 교환하는 방식에 있어서 유동성을 묘사한 것으로, 다른 모든 형태의 생명체를 거론한 것은 아니었다. "지구의 어머니"가 아니라 세계에서 가장 큰 세균 정도가 될 것이다. 그런데 오히려 이것이 모든 것을 통합하는 가이아보다 더 유용했던 것은, 극과 극으로 대조를 이루게 한 진화의 두 가지 방식이다. 바로 박테리아의 유전자가 수평으로 이동하는 방식과 거북이와 흉내지빠귀의 유전 방식이 대비를 이룬 것이다.

파니셋이 죽은 후에도 소련 소네아는 영어 간행물에서 그들의 장대한 아이디어인 박테리아 초개체에 대한 논쟁을 이어 나갔고, 과학계는 엇갈린 반응을 보였다. 예상대로 린 마굴리스는 호의적으로 받아들였고, 포드 둘리틀은 "무모한 용기"라고 말했다. 정확한 표현이었다. 소네아와 같은 사람들의 이론은 "1970년대와 80년대에 거의 무시되었다. 대책 없이 급진적이었던 것이다"라고 둘리틀은 회고했다. 그 자신이 급진적인 도발을 즐기는 편이었고 따라서 2004년에 썼던 그의 회고에는 향수와 선의가 담겨 있었다. 이때쯤에 수평적 유전자 전달은 분자생물학 전반에 걸쳐 뜨거운 화제로 떠올랐다. 명확한 경계선으로 박테리아를 종으로 분류하고 나무에 매달린 열매마냥 배치하는 낡은 개념들은 무너지고 있었다.

57

담륜충의 수평 유전,
종의 경계를 넘다

1980년대에 들어서는 소네아와 파니셋 외에도 많은 과학자가 이 해괴한 현상이 가지는 엄청난 의미를 감지하기 시작했다. 시작은 더뎠지만 좀 더 많은 실험실에서 인기를 끄는 연구주제가 되었다. "수평적 유전자 전달"이라는 문구가 막 만들어졌고("측면 유전자 전달^{lateral gene transfer}"도 같은 의미로 사용되었다), '망상(그물망) 진화^{reticulate evolution}'라는 말도 등장했다. 저널논문과 리뷰기사들도 나오기 시작했다. 아직은 대부분이 빈약한 데이터에 근거한 것들이었지만 오래전에 에프라임 앤더슨이 가졌던 의문들, 즉 HGT(수평적 유전자 전달)가 의미하는 것이 무엇인지, 과연 그것이 다윈을 대체할 수 있는 새로운 진화론이 될 수 있는지, 이런 의문들을 제기하고 있었다.

박테리아들 사이에서 수평적 유전자 전달은 일상적이고 광범위하게 행해진 것처럼 보였다. 심지어는 다른 진핵생물, 동물과 식물에서 그 증거를 보았거나 또는 봤다고 생각하는 연구자들도 있었다. 박테리아와 공생하는 한 어류에서는 자신의 유전자 하나를 박테리아 게놈으로 전달하는 것이 발견됐다. 있을 수 있는 일일까? 식물에 침투한 어떤 박테리아는 DNA의 일부를 그 식물의 핵에 있는 게놈으로 보냈다. 박테리아에서 식물로? 어떤 성게

한 종은 매우 다른 성계 한 종과 하나의 유전자를 공유하는 것으로 보였는데, 이들의 계통은 이미 6,500만 년 전에 갈라졌었다. 다소 과장된 주장이었다. 우리가 잘 아는 대장균 또한 플라스미드에 실은 DNA를 맥주의 효모, 즉 균류로 전달한다고 밝혀졌다. 맥주 효모는 작고 단순한 미생물이긴 해도 엄연한 진핵생물이다. 숙주가 된 균류(효모)와 박테리아 간의 유전자 융합은 박테리아들 간의 '접합'과 같이 접촉을 통해 이루어졌다. 연구자들은 "왕국(계) 간의 유전자 교환이라는 점에서 진화적으로 중요한 의미를 가질 수 있다"고 보고했다. 왕국을 가로지른다는 것은 유전자에게 꽤나 먼 길이기 때문이다.

1982년에 "유전자는 진핵생물 종 간의 경계를 뛰어넘을 수 있는가$^{Can Genes Jump Between Eukaryotic Species}$?"라는 제목의 개요기사가 사이언스지에 게재되었다. 바로 "그럴 것이다"라는 암시였다. 앞서 나열한 유전자의 원거리 전달 사례 중 일부는 이후에 더 정확한 데이터를 통하여 환상에 불과한 것으로 밝혀졌지만 기본 전제가 틀린 것은 아니었다. 연구 의제는 자리를 잡았다. 이전에 상상하지 못했던 수준으로 유전자들은 경계선을 가로지르며 매우 다른 종류의 생물들 사이를 수평으로 이동하고 있었다. 이 새로운 인식으로 인해 다윈과 그의 나무는 피할 수 없는 도전에 직면하게 되었다.

사이언스지의 그 기사에서 암시했던, 유전자가 복잡한 진핵생물들 간에도 수평으로 전달될 수 있다는 개념은, 박테리아의 수평 유전이 사실로 밝혀지고 난 이후 또 하나의 획기적인 발견이었다. 그것은 "상상에서나 있을 수 있는 지극히 이례적인" 개념, 즉 공리를 벗어난 황당한 변칙이었다. 두 단계의 검증이 필요했다. 첫째, 이 이례적인 사건이 실제로 일어나는가? 둘째, 만약 그렇다면 얼마나 자주 일어나며 얼마나 중요한 것인가?

새로운 연구들이 진행되면서 그 이례적인 일은 실제로 일어났다. 그 사례는 담륜충^{rotifer}이라는 작지만 특이한 동물군이었다. 예전에 레벤후크 등 일부 무척추 동물학자들이 연구한 적은 있었지만 현재는 분자생물학 전체에서 주목을 받고 있다. 그들은 외부 유전자를 "대량으로" 받아들이고 있었다.

담륜충은 일반적으로 상상할 수 있는 모습이 아니기 때문에 사람들은 대부분 신기하게 여긴다. 주로 담수에서 살지만 흙이나 이끼 같이 습한 환경에서도 살 수 있으며 빗물 받이나 하수처리 탱크에서도 산다. 현미경으로 보면, 입은 칠성장어를 닮았고, 얇고 긴 꼬리는 구더기와 닮았다. 꼬리처럼 보이지만 담륜충 학자들에 따르면 그것은 꼬리가 아니라 발이라고 한다. 일부 담륜충은 접었다 폈다 할 수 있는 발을 갖고 있어서 사용하지 않을 때 몸 안으로 숨길 수도 있다. 발끝에는 발가락같이 생긴 것이 종에 따라 둘 또는 네 개로 갈라져 있다. 주변의 물체에 달라붙어 사는 담륜충이 표면을 단단하게 움켜쥘 때, 이 발가락에 있는 접착샘이 진가를 발휘한다. 우리도 발이 하나뿐인 상황이라면 아마도 미끄러지지 않는 스파이크 밑창 신발을 고르지 않겠는가. 일부 담륜충은 플랑크톤처럼 자유롭게 떠다닌다. 칠성장어같이 생긴 입에는 미세한 섬모가 둘려 있다. 이 작은 털들은 고속으로 소용돌이를 일으켜 식도로 음식물을 빨아들인다. 그 소용돌이 때문에 "바퀴를 가진^{wheel bearer}"을 뜻하는 라틴 음절에서 '담륜충^{rotifer}'이라는 이름이 유래했다. 그들은 유기물 찌꺼기, 박테리아, 해조류 등 소화시킬 수 있는 매우 작은 것들을 먹으며 살아간다. 취미로 물고기를 키우는 사람들이 수족관을 청소하기 위해 담륜충을 넣기도 한다. 수족관이 쾌적하기만 하면 담륜충은 번식할 것이고 그 후에는 열대어 테트라나 검상꼬리송사리의 먹이가 되는 부가 이득을 준다. 내슈빌에 있는 한 회사는 이러한 용도의 담륜충 한 병을 17달러에 팔기도 한다.

큰 담륜충은 1밀리미터에 달해서 자세히 보면 육안으로도 볼 수 있지만 대부분은 눈에 보이지 않는 바글바글한 구더기 집단이다. 그러나 그들은 엄연히 단세포가 아닌 다세포 동물이다.

담륜충 중에서도 특별히 더 특이한 집단이 있다. '브델로이드bdelloids'라는 것으로 글자로 쓰기는 쉬워도 발음하기에는 좀 난감하다. 브델로이드 담륜충은 변화가 심하거나 자칫 가뭄이 들기도 하는 척박한 환경에서 사는 경향이 있다. 건조한 환경에서 그들은 최대한 몸을 수축하여 커피가루처럼 탈수시키고 휴면상태를 유지한다. 이 상태로 그들은 9년간 버틸 수 있으며 다시 수분을 취하면 살아난다. 브델로이드의 또 다른 특징은 그들이 무성생식으로 번식한다는 것이다. 암컷들은 암컷들만 낳는다. 수정이 없는, 말 그대로 처녀생식이다. 수컷은 발견된 적이 없다. 유전적 증거에 따르면 그들은 2,500만 년 동안 무성생식으로 살아온 것으로 나타났다. 타의 추종을 불허하는 독신주의자들인 것이다. 유성생식을 통한 유전자 재조합이 없음에도 그들은 개체군 내에서 유전자를 재조합하여 새로운 유전자 조합을 만들어 냈다. 그들은 어떤 식으로든 새로운 자손을 만들어 냈으며, 그 분화된 종은 450개가 넘는다.

그렇게 무성생식으로 종이 분화된 미스터리는 또 다른 브델로이드 변칙을 연구하면서 부분적으로 설명할 수 있었다. 최근에 유전적 증거에서 추론된 바에 따르면 그들은 수평적 유전자 전달의 성향이 매우 강하다는 것이다. 이는 2008년에 세 명의 하버드 연구원들에 의해 알려졌다. 그들은 한 브델로이드 종의 게놈 구간을 서열분석한 결과 거기에 있어서는 안 될 비정상적인 것들을 발견했다. 브델로이드의 것이 아닌 유전자를 적어도 22개나 발견했는데 수평 전달에 의해 들어온 유전자임이 틀림없었다. 박테리아 유전자들이 있었고, 균류 유전자들도 있었다. 식물에서 온 유전자도 하나 있었다. 그들 중 최소한 몇 개는 여전히 동물에게 유용한 효소나 물질을 만들어내는 기능을 수행할 수 있었다. 그러한 담륜충 유전자에 대한 추가 연구 결과, 유전자의 8퍼센트가 박테리아나 종이 다른 생물들로부터 수평 이동으로 전달된 사실이 밝혀졌다. 대부분 영국에 기반을 둔 한 연구팀은 네 종류의 브델로이드를 관찰한 결과 "수백 개의" 외부 유전자를 발견했다. 획득된 유전자 중에는 그 집단이 분화되기 전부터 일찌감치 브델로이드 게놈에 섞여 있던 것들도 있었고, 일부는 각 종의 특징을 아직 그대로 갖고 있는 것으로 보아 최근에 획득된 것임을 알 수 있었다. 이것은 브델로이드 담륜충들 사이에서 수평적 유전자 전달이 예전부터 있었던 현상이고 현재도 계속되고 있음을 나타내는 것이었다. 유전자가 동물들 사이에서 수평으로 전달된다? 그것은 절대로 있을 수 없는 현상이라고 여겨졌지만 이제는 아니었다.

하버드 연구자들은 물론 다른 이들도 그 원인을 알아내고자 했다. 단서는 앞에서 잠시 언급했던 브델로이드의 생활사에 담겨 있었다. 건조한 환경에서 끄떡없이 견뎌내고 무성생식으로 번식하는 그들의 특이성을 말한다. 일반적으로 생물체는 가뭄처럼 건조한 환경에서 살아남는다 해도 세포막과 분자들은 필연적으로 손상을 입는다. 따라서 생물학자들은 이렇게 건조시켰다가 다시 수분을 채우는 부하^{stress} 과정이 브델로이드의 DNA를 손상시키고 세포막을 새게 만들 것으로 추정했다. 주변은 온통 살아 있는 박테리아와 균류, 거기에 더해 죽은 미생물로부터 노출된 DNA 찌꺼기가 사방에 널려 있을 것이며, 너덜너덜해지고 구멍이 숭숭 뚫린 브델로이드 세포막으로 외부 DNA가 세포핵까지 침입했을 것이다. 그리고 브델로이드가 스스로 복구하는 과정에서 그것들이 게놈에 통합되었다는 것이다. 쉽게 말해서 세포들의 치유 과정에서 손상된 DNA가 주변의 재료를 사용하는데, 이때 자신의 것이 아닌 DNA가 포함될 수 있다는 것이다. 그렇게 회복된 DNA가 생식계열의 세포에 있던 것이라면 변이는 그대로 유전될 것이고, 그것을 물려받은 자손 담륜충은 자라서 다시 그 자손에게 물려줄 것이다. 그렇게 박테리아나 균류의 유전자가 동물 계통의 게놈에 제대로 들어앉았다는 것이다.

더욱이 유성생식을 통한 유전자 재조합 과정이 없는 브델로이드에게 특히나 그런 새로운 유전적 가능성이 필요했을 수도 있다. 변이라는 것은 알다시피 환경에 적응하기 위해서 필수불가결한 것이고, 따라서 변이 없이 시시각각 달라지는 환경에서 생존하는 계통은 존재하지 않는다. 돌연변이는 DNA 분자 중 염기 하나만 바뀌는 수준에서 아주 천천히 미세하게 변이가 일어난다. 이와 달리 성적인 재조합은 이미 있던 것들을 완전히 재배치하는 것이다. 작은 수준의 변이만으로는 충분하지 않을 것이다. 무성생식을 통한 번식은 간편한 반면에 적응에 취약하다. 처녀생식 개체군은 단기간에는 번성할 수 있어도 장기적으로는 멸종하는 경향이 있다. 이익에는 대가가 따르기 마련이다. 수백만 년 동안 무성생식만으로 유전자 재조합 없이 돌연변이에 의한 점진적 변이만이 가능했던 브델로이드 담륜충은, 어쩌면 수평적 유전자 전달로부터 신선한 변신의 기회 대부분을 얻었는지도 모른다.

그게 사실이라면 그것은 찰스 다윈이 상상하지 못했던 진화의 전혀 다른 양상이었다. 그리고 그것 역시 브델로이드만의 문제가 아니다.

58

인간을 향한 수평 유전, 하토프

수평 유전은 곤충들 사이에서도 발견되기 시작했다. 역시나 불가능하다고 여겨지던 것이었다. 그러나 외부 유전자는 결코 한 종에서 다른 종으로 옮겨갈 수 없다고 주장하며 더욱 강하게 반발하는 과학자들이 있었다. 동물의 생식계열 세포, 즉 난자와 정자 그리고 그것들을 만들어 내는 생식세포는 그러한 영향에서 격리되었다는 것이다. 그들 주장의 배후에는 19세기에 독일 생물학자 아우구스트 바이스만^{August Weismann}이 정의한 소위 '바이스만 장벽^{Weismann barrier}'이 있었다. ('생식계열^{Germline}'은 최근에 합성된 말이지만 선형적으로 내려오는 세포계열에 딱 들어맞는다.) 난소와 고환이 보호하고 있는 세포들과 DNA는 신체 다른 부위에서 일어나는 유전적 변이로부터 격리되었다는 것이다. 그런 회의적인 관점으로 볼 때 박테리아는 바이스만 장벽을 넘을 수 없으며, 결국 박테리아 DNA 일부가 동물 게놈에 삽입되는 것은 불가능하다고 주장했다. 그런데 이 또한 가능한 것으로 밝혀졌다.

가장 큰 성과는 2007년에 젊은 포스트닥이었던 줄리 더닝 하토프^{Julie Dunning Hotopp} 팀에서 나왔다. 그들은 제이 크레이그 벤터^{J. Craig Venter}가 설립한 민간기관으로 메릴랜드주 록빌^{Rockville}에 위치한 게놈연구소(TIGR)^{Institute for}

Genomic Research에 소속되어 있었다. 크레이그 벤터는 대규모 공적자금이 투입된 국제 연구팀과 인간 게놈 프로젝트로 경쟁했던 저돌적이고 영리한 유전학자다. 인간 게놈 프로젝트는 인간 게놈에서 최초의 완전한(또는 거의 비슷한) 염기서열을 완성하기 위한 것이었다. 더닝 하토프는 치열했던 그들의 한바탕 전쟁이 있은 후 TIGR에 합류했고 그녀의 성과는 그 자체로 주목할 만했다. 그녀는 미시간 주립대학교에서 미생물학 박사학위를 이제 막 취득한 상태였으며 컴퓨터 생명공학computational biology 분야에 재능을 가지고 있었다. 컴퓨터 및 수학적 기술을 이용하여 방대한 양의 생물학 데이터를 분석하는 방법으로, 앞에서 잠깐 언급한 적 있는 생물정보학bioinformatics과 본질적으로 같은 것이다. 더닝 하토프는 뉴욕 로체스터 대학교(그녀가 졸업한 학부)의 포스트닥이던 마이클 클라크Michael Clark, 그리고 그들의 두 멘토와 팀을 이루어 박테리아를 연구했다. 특히 박테리아 유전자가 곤충이나 다른 무척추동물들, 이를테면 사람 머리에 사는 이, 갑각류, 선충과 같은 것의 게놈에 침투하는지를 조사했다. 그리고 조사한 게놈 중 8개로부터 '확실히 그렇다'는 증거를 발견했다.

이 유전자들은 볼바키아Wolbachia 속genus 박테리아로부터 전달된 것이다. 볼바키아 박테리아는 지구 전체 곤충의 20퍼센트 이상을 감염시키는 공격적인 세포 내 기생충이다. 이들 박테리아의 목표는 동물의 생식계열 세포, 특히 난소와 고환에 침투하는 것이며, 일단 자리를 잡고 나서는 감염된 난자 내 자손에게 전달된다. 그러나 감염된 정자를 통해서는 자손으로 전달되지 못한다. 볼바키아는 정자를 통해 자손으로 전파할 수 없는 한계를 극복하기 위해 숙주의 생식 결과를 조작함으로써 자신의 개체들을 빠르게 확산시킨다. 그들은 네 가지 방식을 사용한다. 수컷 자손이 부화하기 전에 죽이는 것, 수컷을 암컷으로 바꾸는 것, 처녀생식을 유발하는 것(더 많은 암컷을 낳기 위해서), 그리고 볼바키아에 감염된 정자와 수정한, 감염되지 않은 난자의 생존력을 파괴하는 것이다. 이들 간섭은 결과적으로 암수 비율의 변화를 초래한다. 곤충의 전체 개체 수를 볼바키아에 감염된 암컷으로 빠르게 대체하여 볼바키아에 감염된 자손을 더 많이 낳게 하는 것이다. 볼바키아는 성공적으로 진화했다. 감염된 곤충의 범위(많은 절지동물과 선충까지 더한다면)로 보나 개체 수로 보나 엄청나게 성공한 기생충군이다. 한 전문가의 말이다. "장담하건대 볼바키아의 확산이 지구상에서 존재하는 가장 거대한 전염병 중 하나라는 것을 보여줍니다."

볼바키아 박테리아가 세포 내 기생충이라는 것은 말 그대로, 숙주 안에서도 특히 세포 내부에 자리를 잡았다는 뜻이며, 숙주의 DNA가 있는 세포핵에 상당히 근접했다는 것을 의미한다. 또한 세포 중에서도 특별히 생식계열 세포에 침범하는 이유는 난자세포가 만들어질 때 복제되어 자손에게 전달되는 DNA, 바로 그 분자에 접근하려는 것이다. 이러한 접근은 볼바키아가 곤충의 DNA에 자신의 DNA를 끼워 넣을 수 있었던 흔치 않은 기회였을 것이다. 하토프와 동료들은 26가지 생물의 게놈 서열을 면밀히 조사한 결과, 네 마리의 곤충과 네 마리의 선충이 유전자 전달에 의해 볼바키아 유전자를 받아들인 것을 발견했다. 그중 한 종의 초파리는 특히 놀라웠다. 그 초파리는 볼바키아 게놈(100만 자가 넘는 코드 문자)을 거의 통째로 자신의 핵 유전자에 받아들였다.

문제의 '초파리 어내너시Drosophila ananassae'는 실험용으로 자주 사용되는 동물이어서 다른 연구자에 의해 이미 게놈 서열분석이 완료된 상태였고, 유전자 서열은 누구나 자유롭게 사용하도록 공개되어 있었다. 발표된 서열 정보에는 볼바키아 게놈이 빠져 있었는데, 그들의 게놈이 없어서가 아니라 서열 분석팀이 실험실에서 자칫 실수로 박테리아에 오염되었을 것으로 판단했을 가능성이 크다. 그때까지만 해도 연구원들은 박테리아 유전자가 동물 게놈으로 옮겨진다는 것을 믿으려 하지 않았기 때문에 서열 정보를 발표하기 전에 늘 하던 방식으로 박테리아 구간^{stretch}들을 삭제했을 것이다. 더닝 하토프와 동료들은 다른 연구법을 사용하기로 했다. 클라크는 로체스터의 실험실에서 초파리를 새로 키운 후 항생제로 볼바키아에 감염된 초파리를 치료했다. 현미경 검사에서 초파리의 난소는 깨끗했다. 그렇다면 유일하게 남아 있는 볼바키아 유전자는 초파리 자체 게놈 속에 들어 있다는 이야기다. 클라크는 초파리 DNA를 록빌의 하토프에게 보냈다. 서열분석과 컴퓨터 분석에 관계된 대부분의 작업은 하토프의 몫이었다.

"동물에 관한 건 다 클라크가 했어요." 내가 그녀의 실험실을 방문했을 때 그녀가 한 말이다. "컴퓨터에 관한 건 다 제 일이었고요. 이도 저도 아닌 것은 둘 다 관여했어요." 분석 결과 초파리 게놈에 볼바키아 게놈 전체가 있다는 것이 밝혀졌고 그들 스스로도 놀라지 않을 수 없었다. 연구 방법은 정확했고, 사이언스지에 발표했다. 뉴욕타임스(NYT)와 워싱턴포스트(WP) 등 대중 매체들의 관심을 끌었고, 게놈을 연구하는 학자들에게도 호응을 얻었다.

그러나 호응이 있었다고 해서 보편적으로 받아들여진 것은 아니었다. 연구결과는 놀라웠고 반박의 여지가 없었지만 일부의 내용은 완전히 무시되었다고 하토프는 말했다. 내가 방문했을 때 그녀는 록빌이 아닌 볼티모어^{Baltimore}의 메릴랜드 대학교 게놈과학연구소^{Institute for Genome Sciences of the University of Maryland}에서 동물의 수평적 유전자 전달에 대한 연구를 계속하고 있었다.

혁혁한 성과들로 그녀는 국립보건원^{National Institutes of Health}의 권위 있는 연구비를 지원받아 새로운 방향에서 HGT 연구에 박차를 가하고 있었다. 최근에 그녀의 연구팀은 박테리아 DNA가 인간의 종양으로 수평 전이된 증거를 발견했다. 그 충격적인 사실이 무엇을 의미하는지 아직 다 밝혀지지는 않았지만 그렇게 끼어든 유전자가 암을 유발하는 데 어느 정도 영향을 미칠 개연성이 있다는 것이다.

암과의 연관성을 연구하기 위해 그들은 생물정보학을 사용했다. 여러 출처로부터 엄청난 양의 인간 게놈 서열을 검색하여 인간 DNA가 아닌 것들, 즉 박테리아와 비슷한 유전자 구간을 찾아내려는 것이다. 검색 대상 중 하나는 '암 게놈 지도^{Cancer Genome Atlas}'라는 공개된 데이터베이스로서 실제 환자들로부터 나온 수천 개에 달하는 종양의 게놈 서열들이었다. 종양 게놈과 암 환자의 게놈 간에는 미세하지만 중요한 방식에 있어서 차이가 있는데, 그것은 종양 세포가 복제될 때 돌연변이를 일으키기 때문이다. 하토프 팀은 충격적인 것을 발견했다. 박테리아 DNA가 인간의 정상적인 게놈 안에 잠복해 있었다. 그러나 더 걱정스러운 것은 그것들이 건강한 세포보다 종양 세포에서 무려 210배나 더 많이 발견됐다는 사실이다.

인간의 세포는 계속해서 박테리아에 노출되어 있다. 박테리아는 우리의 내장과 피부에 일상적으로 살고 있으면서 이따금 감염을 일으키기도 한다. 이 친밀한 동거로 말미암아 야기될 수 있는 일들이 있다. 그 결과 중 하나는 2013년 하토프의 연구에서 제시된 것으로, 분해된 박테리아 세포에서 떨어져 나온 노출된^{naked} DNA 일부가 인간 세포(생식세포는 아닐지라도)에 합쳐질 가능성이 있다는 것이다. 예를 들자면 위벽 세포나 혈액 세포를 통해서다. 여기서 "합쳐진다^{integrated}"는 것은 인간 세포에 흡수되거나 주입되는 데서 그치지 않고 그 DNA 속까지 들어간다는 뜻이다. 모두가 예상하지 못했던 이 수평 전달 사례에서 그나마 다행인 것은 박테리아 DNA가 인간의 생식계열 세포에 침투하는 것은 아니라서 후대에 유전되지는 않는다는 것이다. 나쁜 소식도 있다. 그들이 암을 유발할 수도 있다는 것이다.

어떻게? 세포 게놈을 교란시켜 걷잡을 수 없이 세포를 복제한다는 것이다.

하토프와 동료들은 두 종류의 인간 암에 집중했다. 급성 골수성 백혈병 acute myeloid leukemia과 위암의 일종인 선암adenocarcinoma이었다. 백혈병 세포 게놈에서는 아시네토박터Acinetobacter 박테리아 DNA와 비슷한 구간을 발견했다. 그것은 병원에서 가끔씩 검출되는 전염성 미생물이다. 위암 게놈에서는 슈도모나스Pseudomonas로 보이는 것들을 발견했다. 이것은 슈도모나스 아에루기노사Pseudomonas aeruginosa(녹농균)와 같은 속으로서 특히 병원이나 의료 장비들에 서식하기 때문에 웬만한 항생제에도 끄떡없이 견디는, 즉 다중 내성이 우려되는 고약한 미생물이다. 예전부터 박테리아는 인간에게 암을 유발하는 원인으로 지목되었다. 위궤양을 일으키는 장내세균인 헬리코박터 파일로리Helicobacter pylori 같은 것들이다. 가설은 간단했다. 박테리아가 염증을 유발함으로써 DNA를 손상시키고 때로는 암으로까지 돌연변이를 일으킨다는 것이다. 하토프 팀은 게놈 데이터에 근거한 가설로 그것을 대체했고 현재도 더 추가적인 조사에 매진하고 있다. 인간의 위나 혈액, 어느 부위에든 침투하여 세포를 교란하고, 그것을 암세포로 변하게 하는 것은 다름 아닌 수평으로 전달된 박테리아 DNA라는 것이다. 인간 발암 목록에 수평적 유전자 전달이 이름을 올린다면 이제 그것은 미생물의 범위를 넘어서게 되는 것이다.

동물계의 수평 유전에 대한 더닝 하토프와 동료들의 그 충격적인 결과가 채 나오기도 전에, 노벨상 수상자 등 일부 저명한 생물학자들은 강한 거부감을 드러냈다. 사실은 그녀가 곤충을 연구할 때부터 시작되었다. "아니에요, 모두 인위적인 겁니다. 그게 사실일 리가 없어요." 한결같은 응답이 돌아왔다. 과학계에서 '인위artifacts'란 방법론적인 오류로 인한 착시현상을 말한다. 그녀가 말했다. "내 사무실에 생물학자들이 왔어요. 그리고 이런 식으로 얘기하더군요. '그것은 틀림없이 인위적 결과물일 겁니다. 다른 방식으로 설명해야 할 겁니다.'" 수평적 유전자 전달은 동물들에게서 일어나지 않는다. 더 이상의 논쟁은 없다. 인간에게도 마찬가지다.

"그건 거의 종교적인 발언 아닌가요? 그들에게 그렇게 되물은 적 없나요?" 나는 그것이 거의 신학적 교리가 되어 버린 바이스만 장벽처럼 보인다는 의미에서 물었고, 그녀는 잠깐 생각에 잠겼다. 그리고 일부 과학자는 종교 이상으로 과학에 대해 맹신적이라는 것을 인정했다. 유전체학genomics이란 이름의 종교? "저는 그렇게 생각해요." 그녀가 말했다.

59

인간 수평 유전은 환상인가?

그러나 이러한 배경에는 비평적인 학자들을 더욱 회의적이게 만드는 데 한몫했던 사건이 있었다. 그것은 하토프나 그녀의 연구 결과를 의심했던 사람들 모두에게 잊을 수 없는 사건이 되고 말았다. 그것은 도를 넘어 당혹스럽기까지 한 과학적 주장에 관한 것이었다. 즉, 초파리와 다른 곤충 그리고 종양뿐만 아니라 인간의 생식계열에까지 대대적인 수평적 유전자 전달을 끼워 넣으려는 도를 넘은 연구들을 말한다. 그 사건은 몇 가지 점에서 하토프와도 관련이 있었다. 그중 하나는 그 '도를 넘은 연구'에 제동을 건 연구자 4명이 그녀와 같은 크레이그 벤터 연구소(TIGR) 소속의 동료라는 것이다.

벤터의 민간 연구팀과 공적기금 연구팀 간의 과열된 인간 게놈 서열분석 경쟁은 체면을 살리는 선에서 타협으로 마무리됐다. 국제 인간게놈서열분석 컨소시엄International Human Genome Sequencing Consortium으로 알려진 이 공적기금 연구팀은 정부지원, 대학지원 협력단체들이 연합한 거대한 그룹이었다. 엄청난 자금이 투입됐지만 중복된 연구들로 자금이 낭비됐다고는 아무도 인정하려 하지 않았다. 연구 결과들이 공적인 것인지 사적인 것인지도 논란이 되었다. 결국 2000년 6월 26일 백악관에서 열린 그럴듯한 언론 행사에서 빌 클린턴 대통령이 중재안을 발표하기에 이르렀다. 토니 블레어 영국 총리까지 영상으로 출연했는데 이는 영국의 과학자들과 많은 인력이 대거 포함돼 있었기 때문이다. 이에 대해서 벤터와 그의 경쟁자인 공적기금 팀의 프랜시스 콜린스Francis Collins는 정중한 논평으로 답했다. 그 누구도 그들의 연구 결과를 문제 삼지는 않았지만, 두 그룹은 그때쯤 초안 수준의 게놈이라도 발표하지 않을 수 없었고 그마저도 서로 거의 중복된 것이었다.

8개월 후 2001년 2월 15일, 컨소시엄은 인간 게놈 서열에 대한 잠정 분석 결과를 네이처지에 실었고, 벤터 팀은 거의 동시에 사이언스지에 자신들의 분석결과를 실었다. 전체 서열만 해도 32억 개의 염기에 달했기 때문에 어떤 저널이든 모두 게재할 수는 없었다. 몇 권의 책은 거뜬히 채울 만한 분량이었다. 컨소시엄의 논문은 공동저자만 해도 200명이 넘었고 제1 저자는 매사추세츠 케임브리지에서 생체의학을 연구하는 화이트헤드 연구소Whitehead Institute for Biomedical Research의 에릭 랜더Eric S. Lander였다. 그가 이끄는 화이트헤드 게놈 연구센터가 최종적으로 수집된 게놈 서열에서 가장 많은 코드를 제공한 기여도가 반영된 것이었다. 제1 저자는 이후에 그 논문의 주요 결론에 문제가 제기될 때 기꺼이 책임져야 한다는 것을 의미했다. 이를테면 틀린 결론들뿐만 아니라 결론 중 일부라도 눈속임 또는 과장된 결과로 밝혀지는 경우들에서다.

컨소시엄의 저자들은 "인간 유전자 중 수백 개는 박테리아에서 수평 전달된 것으로 보인다"라고 썼다. 이것은 최근에 일어난 것이 아니라 아마도 척추동물이 진화하는 과정에서 일어났을 것이라고 그들은 덧붙였다. 수백 개의 인간 유전자? 정확하게는 223개라고 했다. 랜더와 공동저자들은 이 박테리아 유전자들이 우리의 척추동물 조상들로부터 내려온 것이 아니라 감염 유전이라는 지름길로 온 것이라고 말했다. 그 증거는 무엇인가? 223개의 수상한 유전자들은 박테리아 유전자와 매우 근접하게 일치했지만 척추동물계 밖의 진핵생물, 즉 효모나 기생충, 파리, 겨자 식물들에서는 발견되지 않았다. 따라서 223개의 유전자들은 약 5억 년에 걸친 진화에서 수직으로 내려온 것이 아니다. 최근에 수평 전달로 들어왔을 것이다. 그렇지 않겠는가?

"아니다. 반드시 그렇다고는 할 수 없다." 스티븐 잘츠버그^{Steven L. Salzberg}와 세 공동저자는 컨소시엄의 발표 직후에 자신들의 논문에서 이렇게 반박했다. 그들은 벤터의 TIGR 소속이었기 때문에 그 논평에 경쟁자의 뉘앙스가 묻어 있다는 것을 감안하더라도 논문 자체는 충분히 논리적이었고, 사이언스지에 게재되었다. 살츠버그는 TIGR의 생물정보학 국장으로서 생물정보에 관한 빅데이터를 처리하는 방법에 대해 한두 가지는 알고 있었다(공동저자 중 한 명인 조나단 아이젠^{Jonathan Eisen}은 나중에 캘리포니아 대학교 데이비스 캠퍼스의 교수가 되어 "생명의 나무"라는 제목의 인기 블로그를 쓰게 된다). 살츠버그 팀은 컨소시엄 저자 팀이 두 가지 기본적인 실수를 했다고 주장했다. 우선 그들은 척추동물 계통 외의 진핵생물 게놈에 대해서는 소위 도약하는 유전자가 존재할 가능성을 충분히 다양하게 관찰하지 않았다는 것이다. 또한 그들이 관찰한 효모와 벌레, 파리, 겨자 식물 네 종류의 게놈에 대해서도 단순히 그 고대의 유전자들을 발견하지 못했을 가능성에 대해서 심각하게 검토하지 않았다는 것이다. 살츠버그와 동료들은 데이터를 추가로 조사하는 과정에서 재미있는 사실을 발견했다. 비척추 진핵생물들의 면밀한 게놈 조사가 더 늘어날수록 박테리아와 인간한테만 공통으로 존재한다는 유전자 개수가 점점 줄어들고 있었다. 연구가 막바지에 이르렀을 때 원래의 223개는 41개로 줄어들었고, 그렇게 일정하게 감소하는 경향은 추가로 유전자 조사를 계속했을 때 0으로 떨어질 수 있다는 것을 의미했다. 인간으로의 HGT는 환상으로 여겨지기 시작했다.

다른 과학자들, 특히 수평 유전을 깊이 있게 연구하는 이들에게도 살츠버그의 비평은 설득력이 있었다. 포드 둘리틀과 그의 두 동료는 사이언스 지에 다음과 같은 논평을 실었다. 223개 수평 전달된 유전자는 지금까지의 인간 게놈 프로젝트에서 '가장 주목할 만한 뉴스'였지만 결국 "다소 과장되었다"는 것이 드러났다. 뒤셀도르프에 있는 하인리히 하이네 대학교[Heinrich Heine University]의 덩치 큰 미국 생물학자 윌리엄 마틴[William F. Martin]은 날카로운 지성과 뛰어난 아이디어, 그리고 직설적이기로도 유명하다. 그는 컨소시엄의 주장을 "좋게 말하면 과장이지만 그 정도가 너무 심해서 어쩌면 전체가 다 잘못된 것일 수도 있다"고 말했다. 뉴욕타임스는 "라이벌 과학 캠프들의 과열된 논쟁[Hotly Debated by Rival Scientific Camps]"이라는 헤드라인 아래 인간의 HGT에 관한 내용을 다루면서 "게놈 전쟁 속 접전의 현장"이라고 적었다. 스티븐 살츠버그는 타임스 기자에게 "223개의 외부 유전자에 대한 컨소시엄의 논문은 놀라웠지만, 내용을 읽고 나서 그것이 단순히 잘못된 방법으로 도출된 결과라는 것을 알고 충격받았다"라고 말했다. 타임스는 에릭 랜더도 취재했다. 그는 자신이 틀렸다고 인정하지 않았지만 옳다고 주장하지도 않았다.

이것은 과학이 앞으로 나아가는 과정일 뿐이다. 때로 멈췄다 갑자기 나아가며, 주장과 비평이 공존하고, 개선된 데이터로 새로운 해답을 찾아 나간다. 223개 유전자를 둘러싼 소동은 에릭 랜더나 컨소시엄에게 불행을 의미하지 않으며 부끄러운 일도 아니었다. 그들은 거의 당혹해하지도 않았을 것이다. 그저 해답을 찾아가는 바로잡기 과정인 것이다. 다시 말해서 진정한 과학적 진보를 향해서 더 철저하고 더 넓은 사고를 이끌어 내기 위해 필수 불가결한 것이며, 모순되는 것들이 조화를 이루는 과정이다.

이 일은 사람들에게, 박테리아(또는 다른 미생물) 유전자가 인간 게놈으로 수평 전달되는 것은 인간의 정체성을 뒤흔드는 엄청난 일이라는 사실과, 그것은 사실일 가능성이 거의 없는 일인 만큼 그에 상응하는 치밀한 연구와 검증이 필요하다는 것을 일깨워 주었다. 그러나 223개 유전자 에피소드의 진짜 중요한 의미는 그것이 논쟁의 끝이 아니라는 것이다. 그것은 시작일 뿐이었다.

5부 감염 유전 Infective Heredity

6부

장식나무
Topiary

60

자라는 의자

위스콘신주, 워사우와 그린베이 중간 지점에 임베러스^{Embarrass}라는 작은 도시가 있다. 1907년에 존 크럽삭^{John Krubsack}이라는 사람이 그 근처의 토지에 네군도단풍나무 묘목을 조심스럽게 옮겨 심었다. 그러고는 의자 형태로 키우기 시작했다.

크럽삭은 농장을 운영하는 은행가이면서(또는 은행을 경영하는 농부이거나), 나무로 가구 만드는 취미를 갖고 있었다. 그는 '자라는 의자^{living chair}'를 키우겠다고 스스로 다짐했다. 그 아들의 회상에 따르면 그는 친구에게 이렇게 말했다는 것이다. "두고 보라고, 나는 인간이 만든 어떤 가구보다도 튼튼하고 좋은 가구를 키우고 말 테니."

1908년 그는 어린 단풍나무 묘목의 줄기와 가지들을 구부리고 다듬고 묶고 접붙이기하면서, 자신이 원하는 모양으로 만들어 나갔고 접붙이기는 성공했다. 줄기는 이식된 곳에서 십자 모양으로 자라났고 그가 생각하는 청사진에서 어긋나게 자라는 것은 모두 잘라 냈다. 4년 후에는 의자의 네 다리가 될 4개의 줄기만 남기고 다른 곳에 뿌리내린 줄기들은 모두 제거했다. 뿌리들을 잘라 내도 접붙인 가지들은 무리 없이 자라고 있었다. 다리들과 십자로 접목된 가지, 등받이, 팔걸이 모두 제법 굵어졌고 튼튼한 구조가 되어 갔다. 드디어 1914년 그는 의자를 땅에서 잘라 냈다. 아마도 그 순간에 그는 그곳에 앉아서 의자의 감촉을 만끽했을 것이다. 마침내 해낸 것이다.

1년 후인 1915년, 그의 의자는 샌프란시스코에서 열린 파나마-태평양 국제박람회에 전시되었다. "믿거나 말거나^{Believe It or Not!}"라는 제목의 신문 칼럼의 작가 로버트 리플리^{Robert Ripley}는 이 '원예 의자'를 특집 기사로 소개했다. 누군가 5천 달러를 제안했지만 크럽삭은 거절했다. 의자는 그의 집안에 고이 보관되었고 이후에는 위스콘신주 임베러스에 있는 한 가구 회사의 전시관에 신성한 상징물로 자리 잡았다.

크럽삭이 남다른 개념과 실행력을 가진 사람이기는 했지만 이 의자를 만드는 데 특별히 남다른 기술이나 비법이 사용된 것은 아니었다. 오늘날과 마찬가지로 접붙이기는 당시에도 원예 분야에서는 일상적인 작업이었다. 과일나무는 흔히 한 종류의 뿌리줄기에서 키워 다른 종류의 줄기 위쪽이나 어린 가지에 접붙이기한다. 위쪽 가지는 두 밧줄을 꼬아서 매듭지듯이 아래쪽 가지에 고정시키고, 잘라 낸 줄기는 절단면의 형성층(부름켜, 관다발이 들어 있는 곳)을 다른 줄기에 넣어 서로 맞닿게 한 후 테이프로 감싸 놓는다. 뿌리줄기는 가뭄이나 질병에 견딜 수 있도록 단단한 것을 골라야 하며, 너무 길게 자라지 않도록 왜소한 것을 골라야 한다. 어린 가지는 과일의 종류나 품질을 보고 선택한다. 보통 자몽은 오렌지 뿌리줄기에, 상업용 배는 모과나무 뿌리줄기에 이식한다. 형성층끼리 만나고 관다발이 연결되면 이식은 성공한 것이다. 이제 뿌리줄기에서 올라오는 물과 영양분이 나뭇가지로 흘러들어 가고, 잎에서 광합성에 의해 만들어진 탄수화물은 뿌리줄기로 흘러들어 간다. 두 그루의 나무가 하나로 합쳐진 것이다.

드문 일이기는 하지만 야생에서도 이러한 접목이 발생하는 경우가 있는데 이를 '접합inosculation'이라고 한다. "키스하다"라는 뜻의 라틴어 동사에서 왔다. 두 나무의 몸통이나 나뭇가지가 서로 마찰하면서 껍질이 벗겨져 상처가 생기는데, 이때 형성층끼리 닿게 되면서 서로 합쳐지게 된다. 빽빽한 숲속에서 벌어지는 나무들 간의 경쟁, 바람에 의한 마찰 때문에 흔하지는 않아도 실제로 발생한다. 그러나 같은 나무에 있는 가지들끼리 접합되는 경우는 거의 일어나지 않는다. 실제 나무에서 가지들은 갈라지는데, 빛을 향해 바깥쪽으로 그리고 서로 멀어지며 뻗어나간다. 한 번 더 강조하지만 올라가는 모든 것은 합쳐질 수 없다. 떡갈나무 가지들은 합쳐지지 않는다. 미루나무 가지들도 합쳐지지 않는다. 플라타너스의 잔가지들 역시 절대로 합쳐지지 않는다.

그것이 실제 나무와 계통발생의 묘사가 다른 점이다. 따라서 생명의 나무에 대한 불만은 커져만 갔고 1990년대에 수평적 유전자 전달에 대한 새로운 증거들이 쌓임에 따라 더 많은 도전에 직면하게 되었다. "나무"는 이와 같은 양상에 적합하지 않기 때문이다. 가지들이 갈라지지 않고 합쳐지면서 자라는 나무… 생각만 해도 뭔가 으스스하고 부자연스럽다. '믿거나 말거나'에 등장할 만하다.

61

유전자, 생명의 나무를 흔들다

생명의 나무에 이러한 변형을 가한 이는 아마도 콘스탄틴 메레츠코프스키가 그 시초였을 것이다. 맞다. 그 미친 러시아 소아성애자. 그는 공생에 따른 진화 스케치를 1910년 자신의 논문에 삽화로 삽입했다. 이 나무는 박테리아가 진핵계통에 침투하고 엽록체가 복합세포에 들어가는 것을 가지들 간에 비스듬하게 점선을 그어 표현했다. 린 마굴리스도 1970년의 저서 《진핵세포의 기원》에서 표제가 된 만화풍의 스케치에 비슷한 점선을 사용했다. 거기에는 엽록체 이식을 나타낸 점선 외에도 미토콘드리아(맞는 것으로 밝혀졌다)와 운둘리포디아(작은 꼬리들, 거의 틀린 것으로 밝혀졌다)가 박테리아의 기원과 연결되어 있었다. 이러한 내공생 사례들은 엄밀하게 따진다면 오늘날 통용되는 수평적 유전자 전달은 아니었다. 그러나 더 넓은 의미로 본다면, 박테리아 게놈 전체가 진핵계통으로 이동함으로써 새로운 기능을 취하게 되고, 새로운 가능성이 탄생한다는 측면에서 틀린 말은 아니다. 사실 단 두어 번 있었던 그 운명적인 내공생은 아득한 과거에 발생한 희귀한 사건이었다. 반복되는 일들이 아닌 드물게 일어나는 결합인 것이다. 그것 때문이든 아니든 간에 과학자들은 나무라는 은유를 재고할 필요성을 느끼지 못했다.

실제로 칼 워즈는 1990년 칸들러와 휠리스의 공저로 만든 "보편적인 계통발생 나무universal phylogenetic tree"에서 이러한 결합을 깡그리 무시했다. 그 나무는 가장 좋아하는 분자인 16S rRNA와 진핵생물의 18S만을 기반으로 하기 때문에 그는 언제 어디서 수평으로 이동했을지 모를 다른 유전자는 고려할 필요가 없다고 생각했다. 워즈의 나무에서는 분화된 가지들이 서로 만날 기미가 전혀 없었다. 그러나 때는 1990년대 후반이었고 이미 진화의 역사에서 수평적 유전자 전달에 대한 견해들이 급물살을 타고 있었다. 그 견해들을 담은 삽화들 역시 마찬가지였다.

급물살을 일으킨 원동력으로는 유전자 데이터의 폭발적인 증가를 꼽을 수 있고, 그것은 DNA 서열분석이 획기적으로 개선되면서 가능해진 일이었다. 1970년대만 해도 워즈 팀은 독극물 속에서 위험하고 고된 작업으로 지극히 소량의 RNA 절편만을 서열분석할 수 있었다. 이는 1990년대 중반의 간소화된 자동화 과정에 비한다면 마치 불을 다루던 석기시대의 먼 이야기처럼 느껴졌다. 앞에서 이야기했던 1990년에 시작된 정부-대학 간 거대한 컨소시엄의 인간 게놈 프로젝트는 막대한 비용과 의학계의 지원, 우리 인간 자신에 대한 탐구라는 매력적인 키워드로 기술적 진보를 앞당겼다. 크레이그 벤터가 이끄는 민간 연구소와의 경쟁도 한몫했다. 그와 같은 경쟁으로 인해 게놈을 서열분석하는 속도나 비용 효과(특히나 벤터 그룹에게는) 면에서 상당한 개선이 이루어졌다. 기발한 장비들과 창의적인 방법들이 속속 등장했고 연구는 한결 간편해 졌다. (1986년에 칼 워즈는 그중 어플라이드 바이오시스템즈Applied Biosystems사의 ABI 370A라는 최신 장비를 도입했다. 그러나 워즈 팀은 끝내 가동시키지 못했다.)

이러한 새 기술과 방법론은 실제 훈련으로, 또는 순수과학의 목적으로 인간이 아닌 다른 생물의 서열분석에 적용되었고 또 다른 성과를 만들어 냈다. 해를 거듭할수록 게놈 서열분석은 더 빠르고 정확할 뿐만 아니라 저렴해졌다. 기술적인 문제와 비용 외에도 게놈 서열분석이라는 대규모 연구에 있어서 또 다른 한계는 컴퓨터의 성능이었다. 큰 게놈을 짜 맞추고 분석하기 위해서는 처리능력이 뛰어난 고속컴퓨터가 필요했다. 컴퓨터는 빠르게 발전했고 유전자 조립에 적용하는 방법도 개선되면서 이제 이러한 제약도 사라지게 되었다.

미생물의 게놈은 인간의 게놈보다 훨씬 작다. 서열분석이 처음 자동화되었을 때 작은 게놈들은 비교적 수월하면서도 자동화 시스템의 원리를 입증하는 데 유용했다. '전체 게놈 샷건 서열분석whole-genome shotgun sequencing'이라고 알려진 벤터의 방법은 무작위로 선택된 일부 절편들을 서열분석하는 것이었다. 전체 게놈을 구성할 만큼 절편들이 충분히 모이면 서로 겹치는 서열을 단서로 절편들을 배치하게 된다. 마치 직소퍼즐Zigsaw-puzzzle 같은 방식이었다. 이 파란 하늘 조각은 저 파란 조각과 맞을 것 같은데…, 해 보자. 빙고! 이것은 컨소시엄의 방법보다 빨랐다. 1995년에 TIGR의 벤터와 동료들은 존스홉킨스 대학교와 또 다른 파트너들과 함께 최초로 독립적으로 살아가는 어떤 유기체(즉, 바이러스보다는 크고 복잡한 생명체라는 뜻이다)의 전체 게놈을 발표했다. 그것은 헤모필루스 인플루엔자Haemophilus influenzae 박테리아였다. 내가 포톤다운에서 본, 알렉산더 플레밍의 코에서 배양된 균주와 같은 것이었다. 벤터 팀은 그 게놈이 1,830,137 염기라는 것을 확인했고 가능한 모든 기술을 총동원해서 모든 염기를 해독해 냈다. 그 보고서는 사이언스지 표지를 장식했다.

이듬해 4월에 이변이 발생했다. 그들이 아닌 다른 팀이 맥주 효모의 게놈 해독에 성공했다고 발표한 것이다. 뭔가 그럴듯한 거대 동물도 아닌 맥주 효모에 우리야 별 감흥이 없지만, 그것은 이제껏 전체 서열이 밝혀진 적이 없는 진핵생물의 게놈이었다. 따라서 지금까지 서열이 밝혀진 완전한 게놈들 중에서 인간의 게놈에 가장 가깝다는 말이다. 또한 그것은 박테리아의 평균 게놈보다 길이가 약간 길었다.

경쟁 그룹들 간의 그러한 차별성, 인간 게놈을 향한 치열한 앞다툼, 그리고 벤터 일행과 컨소시엄이 1, 2위를 다투며 맞서고 있던 팽팽한 당시의 상황에서, 먼발치의 세 번째 팀이었던 국제 연구팀이 과학저널에 공식 보고서가 나오기도 전에 보도 자료를 통해 그들의 성과를 발표한 것이다. "자, 주목, 우리가 진핵생물에 대해 해냈어요! 곧 세부 사항을 발표할 겁니다." 게놈을 향한 연구는 더욱 가속화되고 경쟁의 열기는 뜨거워지고 있었다.

그러고 나서 불과 4개월 후인 1996년 8월, 벤터와 공동연구자들로 구성된 거대한 팀이 다시 이목을 집중시켰다. 칼 워즈의 세 도메인(역) 중 세 번째인 아르케이아 도메인, 거기에 속한 한 유기체의 전체 게놈을 발표한 것이다. 메타노코쿠스 야나시Methanococcus jannaschii라는 태평양 해저의 침전물에서 처음으로 채취된 호열성 메탄생성균이었다. 샘플은 태평양 동부 능선 근처의 8천 피트(약 2,400미터) 깊이의 열 분출구 인근 해저에서 로봇 잠수정에 의해 퍼올린 것이다. 당시에 알려진 다른 아르케이아들처럼 극단적인 환경에서 사는 해괴한 미생물이었다. 이 논문 역시 사이언스지에 발표됐고, 워즈는 명예 선임 공동저자로서 40명의 공동저자 중 마지막 벤터 바로 앞에 이름을 올렸다. 이 작업을 벤터에게 권유한 이는 다름 아닌 워즈였다. 공동저자 대부분은 TIGR 출신의 벤티 사람들이었고 어바나에 있는 워즈의 젊고 천재적인 협력자, 게리 올슨Gary Olsen이 포함되었다. 그러나 첫 아르케아아 게놈이 벤터 연구소에서 나왔을 때 워즈는 약간 씁쓸하기도 했을 것이다. 워즈의 작은 실험실에서 ABI 370A는 제 기능을 못하고 있었으니 말이다.

메타노코쿠스 야나시 게놈은 유전자로 보이는 1,738 구획section으로 나누어진 1,739,933개의 염기였다. 그중 절반 이상은 기존의 어떤 생명체에서도 사례를 찾을 수 없는 과학계에서 완전히 새로운 것이었다. 그러한 차별성은 워즈가 1977년부터 주장했던, 그러나 고집불통 과학자들은 절대로 인정하지 않았던, 즉 아르케아아들이 별개의 생명체라는 사실을 확실하게 각인시킬 만한 것이었다. 사이언스지에는 그 보고서에 관해서 한 저명한 미생물학자의 논평이 실렸다. 이제 '생명의 두 왕국'이 지배하던 시대는 막을 내렸다. "교과서를 다시 써야 할 때가 왔다."

포드 둘리틀도 이에 동의했다. 그는 사이언스지에 "이제 기본 세트가 완성되었다"라고 말했고 이는 박테리아, 진핵생물, 아르케아아 각 영역에서 전체 게놈 서열로 구성된 세 가지로 한 세트가 완성되었다는 의미였다. 그리고 덧붙였다. "대단한 파장이 있을 것이다."

파장은 생명의 나무에 먼저 도달했다. 마치 도끼의 양날처럼 그것은 칼 워즈가 그린 나무를 파고들었다. 리보솜RNA를 생명의 역사에서 모든 분화의 확정적인 신호로 사용했던 바로 그 나무를 향하고 있었다. 전체 게놈이 완성된 첫 박테리아, 그다음 첫 아르케아아, 이어진 다른 유기체들에서 점점 더 많은 수평적 유전자 전달이 밝혀짐에 따라 가지들은 무리하게 접합되고 나무는 뒤엉켰다. 1998년까지 2년 동안 서열이 밝혀진 미생물 게놈만 해도 12개가 넘었고 진핵생물로는 선충nematode worm의 게놈이 추가로 밝혀졌다.

과학자들은 이들 게놈을 조사해서 하나의 게놈 안에 박테리아 유전자와 아르케이아 유전자가 한데 섞여 있는 것을 발견했다. 마치 골고루 섞인 포커 패 안의 타로 카드 같았다. 박테리아 또는 아르케이아 유전자 일부가 진핵생물에서 발견될 때도 있었다.

사이언스지의 엘리자베스 페니시Elizabeth Pennisi 기자는 점점 더 복잡해지는 이 상황을 기사로 보도했다. 그러나 당시에는 워즈조차도 수평적 유전자 전달에 대한 결론을 내리지 못한 상태였다. 그의 생각에 그것은 아직 뚜렷한 계통이나 종으로 분화되기 전, 세포 생명이 형태를 잡아가던 진화 초창기에 국한된 현상이었다. 모든 것이 베일에 가려져 있었고 HGT 역시 그 흐릿함 속에 있었다. 워즈를 인터뷰한 페니시는 기사에서 "유전자 교환이 여기저기서 발생하기 때문에 이제 계통발생을 이해할 수 없다"라고 인용했다. 워즈의 주장은 틀림없이 생명의 초창기에 "모든 유전자 교환이 일어났다"는 의미였을 테지만, 그러한 뉘앙스 차이는 페니시의 기사에서 찾아볼 수 없었다.

또 다른 출처는 분자유전학자인 로버트 펠드먼Robert Feldman이었다. 그는 박테리아 서열을 연구하면서 그들의 계통발생학적 관계가 절대적이지 않다는 것을 알게 되었다. 그는 워즈의 rRNA 나무에 대한 불신을 드러내며, "어떤 유전자를 사용하느냐에 따라 계통발생학적 배치가 다르게 나타날 것"이며 사용되는 유전자에 따라 다른 생명의 나무가 그려질 것이라고 말했다. "각 유전자는 그 자신의 역사를 가지고 있다"고 그는 이유를 설명했다. 각각의 유전자가 자신만의 역사를 가지고 있다면 워즈의 분자가 아무리 근원적인 것이라 해도 그것만으로 그렇게 거대한 결론을 도출하는 것은 잘못된 것이며, 깔끔한 그림 한 장으로 진화 과정을 스케치하는 것은 불가능하다는 것이다. 페니시는 놓치지 않았다. 1998년 5월에 그녀의 기사가 실렸다. "게놈 데이터, 생명의 나무를 흔든다."

62

유전자, 자신의 역사를 만들다

포드 둘리틀은 이 새로운 사고의 흐름을 하나씩 받아들이고 있었다. 처음에 그는 수평적 유전자 전달이 생명의 역사에서 우리가 알지 못했던 엄청난 역할을 했거나 지금도 하고 있을지 모른다는 생각에는 회의적이었다. 그저 박테리아들 간의 항생제 내성이 확산되는 기전mechanism 정도로 알고 있었다. 그런데 그게 다가 아니라고? 그것이 단세포 생물에서 중요한 기본적인 기능을 담당하는 다른 일부 유전자들이 어떻게 생명의 나뭇가지들을 뒤틀리게 만드는지에 대한 해답이 된다고? 그 변칙적인 사례들은 개별 유전자들에 대한 서열분석이 증가하고, 서열이 확인된 전체 게놈 수가 늘어날수록 더 큰 폭으로 증가하고 있었다. 그러나 다른 가설들도 있었다. 박테리아 유전자 같은 것이 왜 아르케이아에서 나타나는지, 또는 그 반대의 현상이 생기는지에 대해서 이러한 가설들은 그 예사롭지 않은 도약을 인정하지 않았다. 그렇게 극적이거나 반직관적일 리가 없다는 것이다. 이때까지도 수평적 유전자 전달은 가능성이 희박한 매우 드문 사건으로 여겨졌다. 둘리틀은 그것을 "빈곤한 상상력의 결정판"이라고 회상했다.

다른 과학자와 달리 포드 둘리틀은 한 발짝 물러나서 순수한 호기심을 유지했기 때문에 자신이 틀렸다 해도 편하게 받아들일 수 있었다. 이것이 바람직한 과학적 태도이자 단언컨대 이상적인 과학의 모습이다. 가설을 세우고, 데이터를 검증하고, 필요하다면 자존심에 구애받지 않고 자신의 관점을 바로잡고, 다시 가설을 세운다. 실수했거나 뒤로 물러날 필요가 있을 때는 기꺼이 받아들인다. 둘리틀은 그렇게 하려고 했다. 그는 HGT에 대해 자신이 알고 있는 것들을 다시 검토하기 시작했다. 그에게는 두 동료가 있었고 그들이 제공해 준 새로운 자료들이 있었다. 그중 한 명은 자신의 실험실 포스트닥이었던 제임스 브라운James R. Brown이다.

브라운은 브리티시 콜롬비아주 사이먼프레이저 대학교Simon Fraser University에서 박사과정을 마치고 동부 핼리팩스의 둘리틀 연구실로 건너왔다. 그는 철갑상어에 대한 분자진화와 집단유전학을 연구했다. 온타리오에서 성장한 브라운은 항상 물고기를 사랑하는 아이였고, 늘 시클리드cichlids(열대 담수어 종류)와 에인절피시angelfish(아마존강에 주로 사는 담수어)로 가득 찬 수족관을 가까이하며 해양생물학에 대한 관심을 키웠다. 여름 방학이면 온타리오의 차가운 물속에서 스노클링을 했고, TV에서 자크 쿠스토Jacques Cousteau●를 보고 바다에 관련된 책들을 읽었다. 그는 해양생물학과를 졸업하고 나서 캐나다 정부 후원으로 오대호Great Lakes와 북극에서 해양 현장기술자와 스쿠버 다이버로 활동하다가 다시 학교로 돌아왔다. 그가 박사 논문에서 연구한 철갑상어 집단에는 몇몇 신기한 물고기들이 있었다. 원시적인 특성을 간직한 장수 물고기들 그리고 2억 년 이상 거슬러 올라가야 볼 수 있는 선조 물

● 프랑스의 해양탐험가로 해중, 해서에 대한 장편기록 영화도 만들었다.

고기들도 있었다. 브라운은 개체군의 유전적 다양성을 측정하기 위한 척도로 미토콘드리아 DNA를 집중적으로 연구했다. 이 과정에서 그는 분자 데이터를 사용해서 어떻게 계통발생 나무를 그려야 하는지 알게 되었다. 그는 둘리틀 연구실에 그 기술을 도입했고 1990년대에 지도교수 둘리틀이 진행하는 일련의 프로젝트와 논문에 합류했다. 물론 철갑상어 개체군이 아닌 박테리아, 아르케이아, 진핵생물의 분자 계통발생에 대한 것이었다.

브라운이 맡은 프로젝트는 보편타당한 나무를 어떻게 뿌리내릴지에 관한 것이었다. 뿌리가 있어야 할 곳은 박테리아 가지와 아르케이아 가지의 중간쯤이어야 할까? (진핵생물은 아르케이아 가지에서 갈라져 나왔다.) 만일 근원적인 유전자가 존재한다면 과연 그것을 유일한 근원으로 삼아도 되는 것일까? 그들은 실제로 아르케이아로부터 특정 박테리아로 수평 전달된 것으로 추정되는 유전자를 조사했다. 그러면서 각각의 유전자들이 뿌리 문제에 대해서 각기 다른 해답을 주고 있음을 알게 되었다. 그들은 하나의 단서에 대해서 그와 관련 있을 법한 여러 유전자를 조사했다. 그들은 가지에서 가지로 도약하는 수평적 유전자 전달 때문에 뿌리 문제에는 답하기 어려울 수 있다는 것을 깨달았다. 브라운과 둘리틀 그리고 두 동료는, "광범위하게 행해진 유전자 전달은 세포가 진화를 시작한 초창기에 결정적인 역할을 했을 것이며, 이것은 세포의 계통이라는 개념 자체를 뒤흔들 만한 것이다"라고 썼다. 그 말인즉, 생명의 역사를 아우르는 하나의 나무는 아예 없을지도 모른다는 것이다. 만약 생명의 역사를 그린 그림이 있다 해도 나무같이 생기진 않았을 것이다. 포드 둘리틀은 제대로 나아가고 있었다.

둘리틀에게 영향을 준 또 한 명의 동료는 피터 고가르텐^{Peter Gogarten}이라는 독일 태생 과학자였다. 그는 식물생리학을 이수하고 1987년에 미국으로

와서 초기 진화를 주제로 한 분자 연구로 옮겨 갔다. 고가르텐은 미국에 오고 나서 칼 워즈의 세 도메인(역)과 관련해서 쓸쓸한 경험을 하게 되었다. 캘리포니아에서 포스트닥으로 있을 때 그는 팀장을 비롯한 연구실 사람들과 생명의 나무 뿌리가 어디인지 판단할 방법을 제안했다. 그들의 나무는 몸통 기저에서 두 개의 큰 가지가 갈라져 올라가고, 그중 하나는 박테리아를, 다른 하나는 나머지 모든 것을 나타낸다. 가지가 두 개뿐인 것이 문제였는지(3개가 아닌) 또 다른 이유가 있었는지 몰라도 워즈는 고가르텐의 논문을 외면했고, 그가 1990년에 칸들러, 휠리스와 공동집필한 중요한 논문에서 명백하게 관련이 있음에도 불구하고 인용하지 않았다. 의도적인 누락이었다. 젊은 피터 고가르텐은 코네티컷 대학교University of Connecticut의 신참 조교수였고 종신 재직권을 받으려면 더 많은 논문과 성과가 절실했을 것이다. 그에게는 안된 일이었다.

고가르텐과 포드 둘리틀은 수평적 유전자 전달이라는 주제에 공감하면서 가까워지기 시작했다. 1994년에 둘리틀이 개인적으로 고가르텐을 핼리팩스로 초대해서 그의 의견을 경청하고 세미나를 열어 주면서 심도 있는 대화가 시작됐다. 고가르텐은 특히 아르케이아에서 박테리아로 유전자 전달이 일어나는 것에 대해 이야기했고, 진화의 역사는 생명의 나무보다 "생명의 그물망net of life"이 더 맞는 표현이라고 주장했다. 2년 후에 그들은 영국의 워릭 대학교University of Warwick에서 열린 대규모 미생물학회에 같이 참석했다. 둘리틀은 학회에서의 자세한 내용까지는 기억하지 못했지만 고가르텐은 자신이 발표한 내용을 생생하게 기억하고 있었다. 그는 다시 한번 수평적 유전자 전달, 특히 박테리아와 아르케이아 간의 높은 장벽을 넘어 옆으로 움직이는 유전자들에 대해 이야기했다. 최근에 발견된 전달 사례들이 너무 많아서 종들의 계통발생은 더 이상 나무처럼 보이지 않는다고 말했다. 그는 핼리팩스에서 지적했던 핵심을 좀 더 많은 사람 앞에서 다시 한번 강조했다. 특히 지구 생명의 초기 단계에 그것은 더욱 그물처럼 보였을 것이다. 진화는 가지인 동시에 "그물"이라는 것이다. 둘리틀은 신중하게 경청했고 그에 동감했다.

핼리팩스에 와서는 제임스 브라운이 같은 맥락으로 둘리틀을 이끌었고, 새로운 유전자 서열 결과들로 나무는 더 복잡하게 얽혀가고 있었다. 1997년 둘리틀과 브라운은 나무 그리는 연구를 대대적으로 진행했다. 우선 모든 생명체에 필수적인 66가지 단백질을 조사한 후, 여러 종의 박테리아, 아르케이아, 진핵생물로부터 나온 1,200개가 넘는 유전자 서열을 대상으로 이들 단백질의 변이를 조사했다. 대부분 공개적으로 사용할 수 있었던 유전자 서열들은 데이터베이스로부터 내려받아 비교분석에 들어갔다. 그들은 66개의 단백질 각각에 대한 나무를 그렸고, 이것은 단백질들이 각기 다른 생물 계통에서 어떻게 다양한 변종으로 진화했는지를 설명했다. 각 단백질들은 우리가 발음하기조차 어려운 것들이니 기억할 생각일랑 하지 않는 것이 좋을 것이다. 그중 '트립토파닐 tRNA 합성효소Tryptophanyl-tRNA synthetase'라는 인간에게서 발견된 단백질은 소에서도, 헤모필루스 인플루엔자Haemophilus influenzae 박테리아에서도 그 변종이 발견되었는데, 이들은 뚜렷이 구별되지만 근본적으로 같은 단백질이었다. 이 단백질이 여기저기서 발견되는 이유는 무엇일까? 그것은 번역 과정에서 세 자리 코드와 아미노산을 연결시키는 중요한 기능, 말하자면 모든 생명체에 필요한 가장 기본적인 도구였기 때문이다. 그들이 선정한 그 66개의 단백질은 DNA를 복구하고, 호흡에 관여하고, 신진대사를 촉진하고, 리보솜의 구조를 이루는 것 등이다. 브라운과 둘리틀은 각 단백질 내에서의 변종들을 비교할 수 있도록 66개 단백질 각각의 계통 나무를 독립적으로 묘사하고 모두 논문에 게재했다. 이 논문을 보면 글자들이 마치 숲이나 푸른 녹지에 들어앉아 있는 것처럼 보였다. 이 나무들이 말하고자 하는 주장이 하나 있었다. 나무들은 서로 일치하지 않는나는 것이다.

 일치하지 않는 것은 그뿐만이 아니었다. 각기 다른 위치에서 다른 가지들을 뻗어내는 나무들 간의 불일치는 물론, 표준으로 여겨졌던 칼 워즈의 16S rRNA 나무와도 일치하지 않았다. 논리적인 결론은 유전자 각각은 개별적인 계통을 가지며, 따라서 현재 우리가 알아낸 유기체 계통과 반드시 일치하지는 않는다는 것이다. 로버트 펠드만이 페니시 기자에게 말한 내용과 다르지 않았다. "각 유전자는 그들 자신의 역사를 가지고 있다." 그런데 어떻게 그럴 수 있을까? 바로 수평적 유전자 전달이다. 인간은 인간을 낳고, 효모는 효모를 낳고, 헤모필루스 인플루엔자는 더 많은 헤모필루스 인플루엔자를 만들어 낸다. 생물체들은 그렇게 수직으로 자신을 복제하지만 유전자는 수평으로 이동할 때도 있다. 유전자들은 자신만의 이기적인 목표를 갖고 있으며, 그럴 기회도 갖고 있는 것이다.

63

그물형 나무, 포드 둘리틀

1998년 포드 둘리틀은 과학기자들 사이에서 이 분야의 전문가가 되어 있었다. 기자들은 새로운 발견이 있을 때마다 논평을 구하려고 그를 찾아 갔다. 그는 남다른 연구성과들과 모든 이슈, 주요 인물들을 거의 섭렵하고 있었다. 그는 전화로 인터뷰하기도 했는데 한 통의 전화로 기사 내용을 바꿀 수도 있었다. 사이언스지의 기자들이 특히 그를 선호했다. 그들 중에는 크레이그 벤터의 첫 박테리아 게놈 서열분석을 취재한 기자와 그 일 년 후 아르케이아 서열분석에 대해 보도한 기자가 있었다. 엘리자베스 페니시도 "게놈 데이터, 생명의 나무를 흔들다"라는 기사에서 몇 차례 둘리틀을 인용한 바 있었다. 그리고 1999년 그는 사이언스지 편집자들로부터 모종의 요청을 받게 되었다.

사이언스지는 진화론에 관한 주제로 특별호를 준비하고 있었다. 진화의 관점에서 바라본 생물학의 몇몇 분야들을 넓은 시각으로 검토하는 기사들로 구성될 것이고, 작가들은 스티븐 제이 굴드^{Stephen Jay Gould}와 데이비드 자블론스키^{David Jablonski}와 같은 저명한 인물을 위시한 여러 과학자가 포함될 것이었다. 핵산 구조에서 공룡에 이르기까지 다양한 주제와 스케일의 기사들을 다룰 참이었다. 편집자들은 둘리틀에게 진화론과 미생물학에 대해 쓸 과학자를 추천해 달라고 정중하게 부탁했다. 그는 즉시 대답했다. "나는 어때요?"

그들은 얼떨결에 동의했지만, 그것이 어떤 결과로 이어질지는 예측하지 못했다. 둘리틀의 표현에 따르면 사이언스지 편집자들은 순간 당황했지만 무례하게 거절할 수 없어서 순순히 응했다는 것이다. 어찌 됐든 그들은 둘리틀이 말하는 "셀프 추천"을 받아들였다.

"이 주제에 대해 써야겠다고 생각했어요." 몇 년 후에 그가 내게 말했다. "이 주제"란 수평적 유전자 전달과 생명의 나무를 의미했다. 그는 일종의 선언문을 만들기로 작정했다. "편집자들은 이런 내 생각에는 크게 신경 쓰지 않았어요. 아니면 돌이킬 수 없어서 그냥 놔뒀을 수도 있겠죠." 둘리틀 자신은 그렇게 말했지만, 기사들에 대해 논평을 하고 저자를 추천할 만큼 충분한 권위가 있었던 그가, 직접 리뷰를 쓰고 현재 가장 관심 있고 중요한 미생물학 주제를 선택하는 것은 당연한 일 아니었을까?

어찌 됐든 1999년 6월 25일, 사이언스지는 "계통발생학적 분류와 보편타당한 나무Pylogenetic Classification and the Universal Tree"라는 둘리틀의 리뷰 기사를 실었다. 이것은 둘리틀이 발표한 글 중 가장 도발적인 것이었다. 이 기사는 수평적 유전자 전달을 새로운 논의의 중심에 서게 했다. 기사의 내용뿐만 아니라 둘리틀의 그림은 관심을 사로잡았다. 이후에 그는 '셀프 추천 기사'를 출판한 사이언스지의 편집자들에게 감사를 표하며, 그가 손으로 스케치한 나무까지 실어준 것에 더욱 놀라웠고 반가웠다고 말했다. "일반적으로 저널은 그렇게 하지 않거든요. 그날 사무실이 한가했나 봅니다."

그는 거창하게 시작했다. "'자연계의 질서natural order'에 따라 생물을 분류하려는 시도는 오래전에 시작된 것이다." 아리스토텔레스로부터 린네우스를 거쳐온 생물학의 역사가 그것을 말해주고 있다. 그러나 둘리틀이 여기에 "자연계의 질서"를 언급한 것은 그 질서라는 것이 얼마나 모호한 것인지를 드러내기 위한 포문이었다. 그의 목적은 그러한 모호성을 좇아서 논리적인 한계를 드러내고자 한 것이었다.

그는 진화계통학의 출현에 대해 설명했고, 다윈의 《종의 기원》에 있는 분화된 가지 그림을 인용하면서 이것으로 인해 (그리고 다윈이 "위대한 나무"에 비유한 것을 포함해서) 진화라고 하면 나무를 떠올리게 된 것이라고 지적했다. 그러고는 현대 계통발생학의 큰 변화에 주목했다. 형태학으로부터 분자적 증거로의 변화는 완전히 새로운 차원의 발견을 가능하게 했다고 설명했다. 그는 내공생 이론을 언급했고, 내공생의 두 가지 핵심 논리, 즉 박테리아로 포획되어 진핵생물 안에서 공생하게 된 미토콘드리아와 엽록체는 바로 분자 데이터로 검증되었음을 주지시켰다. 그는 세 도메인(역)으로 이루어진 생명의 나무를 만들 때 리보솜RNA를 유일한 근거로 사용했던 워즈의 역할에도 주목했다. 둘리틀은 직접 그림을 그렸다. 그가 만화풍으로 재현한 워즈의 나무는 굵직한 가지 세 개가 무리를 지어 위로 뻗어 있고, 각각은 "박테리아Bacteria," "진핵생물Eukarya," "아르케이아Archaea"라는 이름이 붙여졌다. 세 가지 끝에는 미래를 향해 위쪽을 가리키는 화살표가 달려있었다. 수직 화살표 외에도 옆으로 날렵하게 이동한 두 줄의 대각선이 있었다. 초기 박테리아에서 초기 진핵생물로 이어진, 즉 내공생의 대표 주자인 엽록체와 미토콘드리아의 기원을 나타낸 것이었다. 그는 이것을 "워즈의 것"이라기보다는 "현재 합의" 모델이라고 표현했다. 그리고는 물었다. "과연 그럴까?"

그리고 대답했다. "아마 그렇지 않을 것이다." 문제는 수평적 유전자 전달이었다. 오래전, 조슈아 레더버그부터 오즈월드 에이버리와 같은 미생물학자들은 수평적 유전자 전달을 인식하고 있었다. 그러나 수직적 계통에 따라 그림을 그려왔던 계통학자들에게 이는 표현하기 어려운 일이었다. 둘리틀은 주로 계통발생을 연구하는 과학자들의 실상에 주목했다. 만약 새로운 증거가 옳은 것이라면, 즉 HGT가 희귀한 현상이 아니라 최소한 박테리아, 아르케아, 초기 진핵생물 사이에서 만연한 현상이었다면, 워즈의 나무(현재 합의 모델)는 잘못되었고 불완전한 것이라고 썼다.

그는 새로운 증거 중 일부를 언급하면서 피터 고가르텐[Peter Gogarten], 제임스 레이크[James Lake], 소린 소네아[Sorin Sonea]와 같은 과학자들을 인용했다. 가령 최근에 보고된 것 중에서 두 과학자의 심상치 않은 연구성과를 소개했다. 그들은 생물학에서 가장 흔하게 다뤄지는 대장균의 "분자고고학[molecular archeology]"을 연구했는데 그들의 게놈에는 적어도 755개의 수평으로 전달된 유전자가 포함되어 있었다. 그들 염색체 DNA의 무려 18%에 달하는 것이었다. 대장균이 지니고 있었던 적응력을 유추한 결과 그러한 전이는 초기 진화 시기가 아닌 더 최근에 있었던 일이라는 것이다. 뒤셀도르프 소재 하인리히 하이네 대학교의 똑똑하고 직설적인 미국인 윌리엄 마틴[William F. Martin]은 대장균의 연구결과에 대해서 "매우 불길한 징조"라고 우려를 나타내며 다음과 같이 반문했다. 만일 그렇게 많은 유전자가 "상대적으로 최근에" 하나의 박테리아로 이동한 것이라면, 장구한 지질학적 시간 내내 전체 박테리아 도메인에는 얼마나 많은 수평 전달이 일어났다는 것인가? 아마 "셀 수 없이" 일어났을 것이라고 했다. 마틴의 주장은 둘리틀의 리뷰가 나오기 얼마 전에 출판된 그의 "모자이크형 박테리아 염색체: 게놈 나무를 향한 도전[Mosaic Bacterial Chromosomes: A Challenge En Route to a Tree of Genomes]"이라는 논문에서 나온 것이다. 마틴은 이들 수평 전달이 생명의 나무를 정면으로 위협하는 것이라고 말했다. 역시 비슷한 맥락의 논리를 따르던 둘리틀은 그에 동조했다. "그렇다면 나무는 어떤 모습일까?" 스스로에게 질문하면서 다시 스케치했다. 사이언스지 편집자들이 그대로 실어서 둘리틀을 놀라게 했던 바로 그 그림이었다.

그는 이것을 "그물형 나무reticulated tree"라고 불렀다. 나뭇가지들이 자라면서 서로 엇갈리고 갈라졌다가 다시 합쳐지고, 그렇게 엉켜진 모습이었다. 마틴이 '모자이크'라는 논문에서 제시한 것과 약간 비슷했고 둘리틀도 그것이 선례가 되었다고 언급한 바 있었다. 마틴의 나무는 해저층에서 정교하게 구조물을 만드는 부채꼴 모양의 산호에 가까웠다. 하나의 뿌리에서 분화된, 가늘고 긴 팔다리와 가지들이 구불구불하게 솟아올랐다. 다채로운 파스텔 색조로 그려진 가는 가지들 일부는 위에서 서로 합쳐졌다. 터키옥색(청록)과 라벤더색(연보라)이 합쳐지면서 보라색을 만들었다. 반대로 둘리틀의 스케치는 흑백의 뭉툭한 펜으로 손수 그린 굵직한 나무였다. 아래에서 우람한 가지가 얽혀지며 자라나는 모습이 마치 맹그로브 덤불을 연상시켰다. 단, 맹그로브 가지는 접합되지 않는다. 스케치는 복잡하지만 유동적이었고, 우스꽝스러우면서도 기발했다. 그것은 위스콘신주 임베러스 근처 들판에서 존 크럽삭이 네군도단풍나무 묘목을 키워 경매에 붙였던 나무의자처럼 보였다.

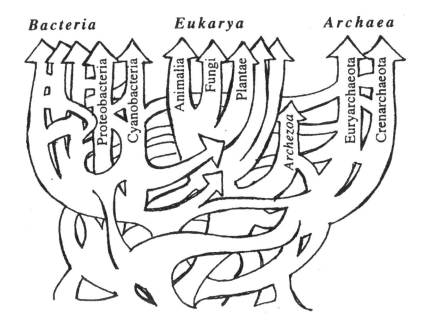

둘리틀의 그물형 나무. 둘리틀, 1999년

    둘리틀의 두 번째 그림 역시 만화풍의 단순한 나무였다. 하나가 아닌 여러 개의 뿌리가 솟아올라 몸통으로 이어졌고 거기서 그리 많지 않은 나뭇가지들로 갈라졌다. 그 뿌리들에는 이름이 없었다. 모호함으로 모순을 표현하는, 이를테면 무언의 암시 같은 것이었다. 꽤나 궤변적이었다. 둘리틀은 아마도 그의 글에서, 또 자신의 그림으로, 생명의 역사를 보통의 나무로 표현하는 것은 불가능한 일이라고 말하고자 했을 것이다.

64

HGT, 생명의 나무 뿌리 뽑기

둘리틀의 1999년 리뷰 기사는 몇 가지 측면에서 기념비적이었다. 수평적 유전자 전달을 심각하게 인식시키는 계기를 제공한 것이 가장 큰 성과였다. "그 파장은 엄청났어요." 윌리엄 마틴은 그렇게 회고했다. "댐을 무너뜨린 거죠." HGT는 어느새 주류의 견해에 올라 있었다. 적어도 미생물의 진화에서 이제 그것은 환상이나 인위artifact적이거나, 또는 기이한 우연이 아니라 우선하여 고려하고 논의해야 하는, 우리가 직면한 현재 진행형 과정으로 여겨지게 된 것이다.

1999년의 리뷰 기사는 둘리틀 개인에게도 작지 않은 변화를 가져왔다. 칼 워즈와의 우정에 종지부를 찍는 계기가 되고 만 것이다. 몇 년 전부터 그들 사이에는 긴장이 감돌았다. 문제의 시작은 '원핵생물prokaryote'이었다. 둘리틀은 박테리아와 아르케이아를 함께 묶어 원핵생물로 분류했고, 그것은 워즈에게 납득할 수 없는 일이었다. 그의 가장 위대한 발견을 생각할 때 이 둘은 결코 함께 분류하면 안 되는 것이었다. 둘리틀은 로저 스태니어의 '원핵생물 대 진핵생물'에서 나온 용어를 그대로 사용했을 뿐이지만, 워즈에게 그것은 모욕적이었고 조롱처럼 느껴졌다. 그 후에 등장한 1999년의 이 기사에서 둘리틀의 추론은 워즈의 핵심적인 전제들에 훨씬 더 직접적으로 도전하는 것이었다. 16S rRNA(진핵생물에서는 18S)가 세포 내에서 기본적인 기능을 수행하는 특별히 안정된 분자이기 때문에 수평 전달의 대상이 될 수 없다는 것은 사실일까? 그러므로 그 rRNA 분자가 생명의 나무를 유례없이 확정적이게 만드는 증거가 된다는 것이 과연 사실일까? 워즈는 "그렇다"고 답했다. 둘리틀이 말했다. "흠, 그렇지 않을걸. 그리고 사실, 확정적인 생명의 나무는 존재하지 않을지도 몰라."

당시에 몇 년간 워즈와 가깝게 지냈던 생물역사학자 얀 샙이 내게 말했다. 워즈는 배신감을 느꼈으며, 왜 둘리틀이 등을 돌렸는지에 대해서 온갖 안 좋은 상상을 품었다는 것이다. 무엇보다 워즈는 어바나에서 둘리틀이 포스트닥으로 있을 때부터 그를 알았고 함께 맥주를 즐기던 사이였다. 워즈는 핵심 기술자였던 린다 보넌을 핼리팩스의 둘리틀에게 보내 그가 괄목할 초기 업적을 내는 데 일조했다. 두 사람은 서로의 호기심과 아이디어들을 주고받았다. 그렇게 쌓인 우정은 지금 "브루투스, 너마저?"*라는 워즈의 배신감으로 이어졌다. 앞에서도 말했듯이 과학계라고 해서 인간의 편협함이나 감정으로부터 자유로운 것은 아니다. 특히 스스로를 지방 주립대에 버려진 소외된 천재로 인식한다면 말이다. 이때 둘리틀은 린 마굴리스가 말하던(워즈는 반박했지만) 소위 '워즈 사단'으로부터 자진해서 이탈했다. 워즈의 배신감과 질투로 인한 좋지 못한 이야기들이 있지만 사실 그가 떠난 이유는 간단했다. 새로운 데이터였다. 수평적 유전자 전달에 대한 새로운 게놈 증거

●   술리어스 시서가 믿었던 브루투스한테 암살당하면시 한 말

가 발견되면서 워즈의 세 도메인(역) 나무는 점점 흐릿해지고 있었다.

두 사람의 관계도 더욱 악화되고 있었다. 리뷰 기사가 나오고 1년이 채 되기 전에 둘리틀은 그의 최근 생각을 일반인이 이해하기 쉽게 대중적인 버전으로 사이언티픽 아메리칸Scientific American에 발표했다. 그 저널은 사이언스지만큼 권위 있는 것은 아니었고 지향하는 바가 달랐는데, 연구결과의 발표가 아니라 대부분 일반 독자층을 위한 설명 위주였다. 둘리틀의 원고는 편집자들이 심하게 편집해서 다시 썼기 때문에 그의 생각(그리고 윌리엄 마틴과 같은 동료의 생각)이 담겨 있기는 하지만 그의 목소리라고 할 수는 없었다. 그림도 그가 손으로 그린 원본은 아니었다. 둘리틀이 굵은 펜으로 그린 뒤엉킨 가지와 뿌리 대신 에어브러시로 처리한 매끄럽고 빈틈없는 그림이 들어 있었다. 제목만 본다면 그것은 둘리틀의 기준으로 봐도 가히 통념을 파괴하는 것이었다. "생명의 나무 뿌리째 뽑기Uprooting the Tree of Life"

수평적 유전자 전달은 "만연한" 현상이었다. 그는 독자들에게 말했다. 그리고 그것이 진화에 미친 영향은 "결정적이었다." 과학자들은 박테리아 유전자가 때로 수평으로 움직이면서 "항생제 내성 능력"이나 환경에 적응해 나가기 위한 특별한 형질들을 퍼트린다는 사실을 알고 있었다. 마틴이나 그의 멘토였던 박테리아 유전학자들은 이미 그러한 현상을 잘 알고 있었다. 그러나 워즈나 그의 추종자 등 진화의 역사와 계통발생에 관련된 대다수 연구자에게 HGT는 받아들이기 어려운 것일 수 있다. 핵심적인 역할을 하는 모든 유전자, 즉 세포 생존에 필수적이며 신진대사와 복제 기능을 하는 유전자들은 그들의 원래 계통 속에 단단히 뿌리 박혀 있고, 따라서 수직적으로만 유전되며 수평 이동할 수 없다고 여겨졌기 때문이다. 그러나 "단언하건대"라고 둘리틀은 썼다. "우리는 잘못 알고 있었다."

그는 진화 초기의 세포는 "유전자를 자유롭게 교환함으로써 동료와 각자의 재능을 나눠 가졌다"고 썼다. 그렇게 언제든 변할 수 있는 세포들, 언제든 교환할 수 있는 유전자들이 서로 합쳐지거나 세분화되어 결국 오늘날 우리가 알고 있는 세 가지 주요 도메인(역)으로 진화한 것이었다(박테리아와 진핵생물, 그리고 워즈의 세 번째 왕국, 아르케이아를 말한다). 그렇게 분화된 후에도 수평 전달은 각 도메인 내에서, 때로는 다른 도메인까지 넘나들기를 수십억 년간 지속하며 현재에 이르게 되었다. "여전히 이것은 그저 혼란을 가중시키는 미심쩍은 개념일 뿐이라고 생각하는 생물학자들도 있다"고 둘리틀은 지적했다. "다윈이 우리에게 남긴 임무, 즉 독보적인 생명의 나무를 완성하는 일은 실패한 것 같다. 그러나 사실 우리 과학은 제대로 가고 있다." 왜냐고? 생명의 역사를 표현하는 데 있어서 나무 자체는 하나의 "매력적인 가설", 다윈의 가설에 불과한 것이기 때문이다. 오늘날 과학자들은 새로운 게놈 데이터로 가설을 검증하고 있으며, 필요하다면 기존의 가설을 거부하고 새로운 가설을 찾아야 하는 것이라고, 둘리틀은 명쾌하게 끝을 맺었다.

사이언티픽 아메리칸 기사는 2000년 2월에 발표되었다. 몇 년도 안 돼서 수평적 유전자 전달의 증거는 크게 증가했고, 둘리틀은 그 의미를 파악하기 위해 더 깊이 파고들었다. 그는 새로운 데이터가 실린 논문들을 읽고, 분석하고, 학회에서 다른 과학자들과 토론하거나 논쟁을 이어 나갔다. 그중 특히 그와 공통된 견해를 가진 세 사람이 있었다. 피터 고가르텐과 윌리엄 마틴, 피츠버그 대학교University of Pittsburgh의 게놈 생물학자인 제프리 로렌스Jeffrey Lawrence였다. 둘리틀은 1999년 기사의 말미에 고가르텐과 마틴에게 HGT의 중요성을 일깨워 준 데 대해 감사를 표했다. 2002년에 둘리틀은 주말에 함께할 브레인스토밍을 위해 고가르텐과 로렌스를 핼리팩스로 초대했고, 그들이 머무는 동안 연구실에 "붙잡아" 두었다. 그들 셋은 나무 테이블에 옹기종기 모여 논문을 쓰기 시작했다.

수평적 유전자 전달은 새로운 '방안의 코끼리elephant in the room'다.● 세 사람은 우선 그 점에 공감했다. 내가 피츠버그에 있는 제프리 로렌스를 방문했을 때 그가 이런 말을 했다. "HGT에 관심이 없다는 것은 지금 눈앞에 보이는 현실을 외면하는 것입니다." 그러나 아무도 그 의미를 심각하게 생각하려 하지 않았다. "이제 자료 수집보다는 움직여야 할 때입니다." 아직도 우리는 데이터를 모으기만 할 뿐 분석에 들어가지 않았다는 뜻이었다. "역시, 여기에도 사례가 있어요, 여기도 있고요. 이런, 수평적 유전자 전달이 적지 않군요." 그는, 우리가 풀어야 할 더 큰 질문이 있다고 말했다. "진화의 역사에서 그것은 무엇을 의미할까요?"

몇 달 전에 나는 고가르텐에게 물었었다. "논문 하나를 세 사람이 어떻게 한 주 만에 쓰죠? 한 명은 컴퓨터에 앉고 다른 두 명은…."

"아뇨, 우리는 전부 다 컴퓨터 앞에 있었어요." 그가 말했다. 그들은 각자의 노트북 컴퓨터로 작업했다. "우선은 대략적인 초안을 논의하고 나서 각자 맡은 부분을 컴퓨터로 작성했어요. 필요한 계산도 했고요." 고가르텐은 유전자 계통을 나타내는 몇 개의 나무들을 도출했다. 또한 모든 생명체에 대한 나무도 구체화했는데 이것은 로렌스로부터 퇴짜를 맞았다. "그건 해선 안 돼요." 고가르텐의 회상이다. "유전자 전달이 나무로 표현될 수 있다

● 방안에 거대한 코끼리가 있는데 모두가 전혀 보이지 않는 것처럼 행동한다, 즉 모두 알지만 말하기 꺼리는 문제라는 의미.

408　　6부 장식나무 Topiary

면 우리는 이 논문을 쓸 필요가 없어요." 유전자가 수평으로 퍼지는 상황에서 모든 생명체의 역사를 그려 낼 수 있는 나무는 없다는 것이 로렌스의 요점이었다. 그냥 틀린 정도가 아니라 그것은 자기모순이며 앞뒤가 맞지 않는다는 것이었다. 그들은 결국 이 논문에 어떤 나무도 넣지 않았다. 마틴의 화려한 산호초도, 사이언티픽 아메리칸지의 매끄럽게 처리된 나무도, 둘리틀이 손으로 그린 역동적인 덩굴나무도 물론 볼 수 없었다.

그들은 "원핵생물prokaryote"의 진화에 초점을 맞췄다. 박테리아와 아르케이아를 함께 묶어서 워즈를 화나게 만든 바로 그 원핵생물이다. 이들 단순한 미생물 세계에서 수평적 유전자 전달은 양적인 면에서나 그 결과로 볼 때, 이전에 생각했던 것 이상으로 특히 더 중요한 것이라고 그들은 썼다. 그 영향은 네 가지 측면으로 설명할 수 있다. 첫째, 다른 계통이나 종으로부터 새로운 유전자를 수평으로 전달받은 미생물과 그 후손 개체군들이, 완전히 새로운 환경에 적응하여 서식할 수 있도록 한다. 둘째, 그것은 유기체들이 한 환경이나 다른 환경에 완전하게 적응하기 전인 위험한 상태를 거치지 않고, 순식간에 그러한 환경에 적응하는 능력을 부여한다. 셋째, 이러한 형질전환transformation은 점진적인 돌연변이에 비해 빠르게 진행된다. 넷째, HGT는 완전히 새로운 유전적 가능성을 제공하는 "혁신의 원천font of innovation"이며, 자연선택 원리가 작용하는 새로운 변이의 공급원이다. 이들 네 가지 영향은 서로 연관되며, 같은 현상에 대한 다른 관점들을 설명한 것이다.

이 네 가지 관점을 종합해 보면 그들이 주장하는 하나의 강력한 결론에 이르게 된다. 수평적 유전자 전달은 원핵생물의 진화에서 "핵심 동력"이었을 수 있다는 것이다. 물론 다윈의 자연선택도 작용했지만, 수평적 유전자 전달은 우리가 상상했던 것과는 완전히 다른 원천으로서 완전히 다른 변이들을 초래했다. 세 저자들은 이 논문에서 말하고자 하는 바를 다음과 같이 표현했다. 수평 전달의 역할에 대한 인식은 기존의 낡은 패러다임을 "전면적이며 근본적인 개정"으로 이끌었다. 오래된 패러다임이란 미생물에 억지로 끼워 맞춘 다윈의 이론을 의미했다. 그러나 이것은 전복이 아니라 말 그대로 "개정revision"이 되어야 한다고 그들은 강조했다. 그들은 기존의 관점과 새로운 관점의 "통합synthesis"을 제안했다. 유전자 전달은 수직적인 동시에 수평적이며, 생명의 역사는 "나무인 동시에 그물망" 같은 형태라는 것, 그리고 생명체가 환경에 적응하는 과정은 1859년에 찰스 다윈이 인식했던 것뿐만 아니라 "다양한 방식"으로 진화했다는 것을 받아들이자는 것이다. 그들의 논문은 2002년 12월에 발표되었다.

둘리틀이 꼽은 21세기 초에 수평 전달의 중요성을 가장 목청껏 주장한 네 과학자는 빌(윌리엄) 마틴과 고가르텐, 로렌스, 그리고 그 자신이다. 그는 우스갯소리로 자신들을 수평적 유전자 전달의 "네 기사"●라고 별명을 붙였고, 제프리 로렌스가 응수했다. "그중에 난 뭐지, 질병?"

한편 그들 네 과학자 중에서도 윌리엄 마틴은 전통적인 나무에 대한 도전을 계속하고 있었다. 마틴은 주말에 둘리틀의 연구소에 "붙잡혀" 있지 않았다. 초대받지 않았거나 그가 관심이 없었거나 상황이 안 됐거나 또는 기사들 중 누군가와 사이가 안 좋았거나 이유는 알 수 없었다. 앞에서 말했듯이 마틴은 똑똑하고 자신감이 넘치며 자기주장이 강한 사람이었다. 그는 공개석상에서 논쟁할 때 소름 끼치도록 냉정한 것으로 유명했다. 또는, 그가 거

● 요한계시록에서 죽음, 질병, 재앙, 기근을 상징.

주하는 뒤셀도르프(독일의 서부 도시)가 모임장소인 핼리팩스에서 바다 건너
지리적으로 너무 멀었기 때문일 수도 있다. 나는 뒤셀도르프에 그를 만나러
갔다. 그의 생각이 궁금했고 그의 연구를 자세히 알고 싶었다. 한편으로는
그가 특유의 냉담함으로 나를 내치지 않을까 걱정스럽기도 했다.

65

마틴의 내공생적 유전자 전달

라인강의 큰 굽이에서 멀지 않은 뒤셀도르프, 그 중심부에 있는 하인리히 하이네 대학교 분자진화학과에 빌 마틴의 연구실이 있었다. 나는 이르게 도착했고 그의 비서가 나를 안쪽 사무실로 안내해 주었다. 마틴은 박사과정 시험을 감독하고 있었고 끝날 때까지 내게는 약간의 여유가 있었다. 책장에 꽂힌 그의 책들을 훑어보다가, 커다란 스탠드형 플립차트에 갈겨쓴 알 수 없는 글자들을 찬찬히 읽어보았고, 연구실 문 뒤에 붙어 있는 시와 삽화, 유명한 콘스탄틴 메레츠코프스키의 사진과 포드 둘리틀 같은 동료의 사진, 특이한 몇몇 장식품들을 둘러보았다. 웃고 있는 어린 두 딸의 액자 사진도 있었다. 10시 30분에 마틴이 나타났다. 그는 텍사스 A&M 대학교 시절에 미식축구 선수로도 활동할 수 있었을 만큼 건장했다. 물론 실제로는 그러지 않았다. 그는 거친 텍사스식 악수로 맞이해 주었고 우리는 테이블에 앉아 이야기를 시작했다. 두 시간 동안 나는 거의 질문할 필요성을 느끼지 않았다.

그의 첫 시작은 내공생이었다. 메레츠코프스키의 사진이 있었던 이유였다. 식물학과의 어린 학생 시절에 그는 나중에 묘목장을 운영하고 싶어했다.

그는 당시에는 몰랐지만 "묘목장을 운영하려면 식물학을 전공하는 것이 아니라 경영을 전공해야 한다"는 것, 그리고 그의 관심은 식물을 연구하는 것이지 식물을 파는 것이 아니라는 것을 곧 깨달았다고 말했다. "나는 그 자체를 알고 싶었어요."

마틴은 1978년 그가 미생물학을 수강할 무렵에 교수가 언급한 두 가지를 잊지 않았다. 첫 번째는 "과거 우리는 돼지 췌장에서 인슐린을 채취하곤 했는데, 이제는 그 유전자를 대장균에 주입해서 큰 통에 가득 찰 만큼 얻을 수 있어요"라는 것이었다. 그것은 유전공학의 장밋빛 전망이었다. 하지만 진정으로 이 학생을 매료시킨 것은 순수과학이었다. 교수가 언급한 또 한가지는 "엽록체가 독립생활을 하는 시아노박테리아였다고 믿는 과학자들이 있습니다"였다. 그것은 바로, 포획된 박테리아가 내부 소기관으로 정착하는 과정에서 복잡한 세포들이 생겨났다는 내공생 이론을 마틴이 접하게 된 계기였다.

그 이론이 제대로 평가받지 못하던 시기였다. 린 마굴리스는 메레츠코프스카나 이반 윌린과 같은 사람이 쓴 글로부터 그것을 살려 냈다.● 포드 둘리틀과 동료들은 그것을 처음으로 분자 증거로 확인했다. 당시에는 더디고 수고스러웠던 유전자 서열분석 덕분에 내공생은 점점 더 힘을 얻고 있었다. 그러나 일반적으로 받아들여진 것은 아니었다. 마틴에 따르면 1925년만 해도 내공생은 "당시의 점잖은 생물학계와 많은 생물학자에게 언급할 가치가 없는 공상"이라고 여겨졌고, 마틴의 세대에서도 젊은 박사들의 임용 면접

● 마굴리스가 처음 내공생을 주장한 논문은 1967년에 출판됐다.

자리에서는 언급조차 하지 말라는 주의가 내려지기도 했다. "완전히 금기시 돼 있었어요." 그가 말했다. 그러다 갑자기 상황이 바뀌었다. 둘리틀을 비롯한 연구자들이 새로운 분자 데이터를 증거로, 세포소기관들인 미토콘드리아와 엽록체의 게놈이 박테리아에서 유래했다는 것을 밝혀내면서부터였다. 그리고 불과 몇 년 만에 점잖은 생물학계에서도 이를 받아들이게 되었다. 1980년대 중반쯤, 마틴이 자신의 연구를 시작할 무렵이었다.

그는 텍사스 A&M의 학업을 중단하고 목수 일을 하기도 했으며 유럽을 여행하면서 독일어에 능통하게 되었다. 그는 다시 과학으로 돌아와 하노버에 있는 대학에 입학했고, 1988년에 쾰른^{Cologne}에서 분자유전학과 식물 진화로 박사학위를 받았다. 이 시기에 마틴은 박테리아 유전을 연구하면서 HGT를 일반 상식으로 인식하는 박테리아 유전학자들과 친해질 수 있었다.

그의 첫 프로젝트였던 엽록체 효소에 대한 연구는 곧바로 내공생 이론과 그중에서도 HGT 역할에 대한 연구로 이어졌다. 그 이론이 옳다는 것을 이미 알고 있던 상태에서 그는 중요한 사실 하나를 발견했다. 엽록체와 미토콘드리아에서 발견된 게놈은 이상하게 작았다. 즉, 그 세포소기관들이 작동하는 데 필요한 모든 효소와 단백질들을 코드화할 만한 크기가 못된다는 것이다. 그것은 원래 박테리아가 가진 게놈에 비하면 지극히 작은 샘플 정도였다. 수백 가지의 단백질을 생산하는 나머지 유전자는 세포 내 어딘가에 있어야 했다. 그러나 세포소기관 안에는 없었다. 그렇다면 그들이 있을 만한 곳은 어디일까? 유전자들이 안전하게 살 수 있는 한 곳, 바로 세포핵이었다. 세포소기관에서 사라진 유전자들은 필시 포획된 박테리아로부터 각각의 세포핵으로 옮겨졌음이 틀림없었다. 아마도 진핵생물이 진화해 온 억겁의 시간 동안 한 번에 유전자 하나씩 들어가서 세포 본래의 핵 게놈에 달라붙었을 것이다. "말하자면 유전자 전달은 처음부터 계획되어 있었던 진화의 일부였다는 겁니다." 마틴은 말했다. 종 간의 이동뿐만 아니라 도메인(역)이라는 큰 경계를 넘나든다는 것이다. "여기까지가 내가 해온 연구예요."

더 진행된 연구에서 그는 이러한 방식으로 유전자가 이동한 증거들을 추가로 발견했다. 이 증거들은, 포획된 박테리아에서 복합세포의 핵으로 옮겨지는 이러한 유전자 전달이 오랜 시간에 걸쳐 생물체의 전 범위에서 일상적으로 폭넓게 이루어졌다는 것을 뒷받침했다. 그것은 제각기 다른 빈도와 다른 양상으로, 다른 계통의 동물과 식물, 균류에서 일어났다. 마틴이 관찰한 식물 중 작은 꽃양배추는 핵 게놈의 18퍼센트가 박테리아 게놈이었다. 균류 중에서는 효모균에서 박테리아와 아르케아에서 전달된 850개의 유전자가 발견됐다. 인간의 핵 게놈에서는 263,000개 이상의 염기쌍이 발견됐는데 이는 원래 박테리아였던 미토콘드리아로부터 전달된 것이었다. 이 사례 등에서 유전 물질은 모두 세포소기관을 벗어나 세포핵으로 옮겨진 후 염색체에 통합되었다. 사실 이 과정이 의미하는 바는 꽤 충격적이다. 원래 박테리아의 것이던 세포소기관의 DNA가 염색체로 전달되었다는 사실은, 외부 유전자가 수백만 년에 걸쳐서 식물과 균류, 동물의 세포 가장 깊은 곳에까지 들어와서 근원적인 정체성의 일부로 자리 잡았다는 것이다. 그러나 어떻게 그런 일이 발생할 수 있는지 그 누구도 알지 못했다. 마틴은 이 현상에 이름을 붙였다. "내공생적 유전자 전달endosymbiotic gene transfer"

그것은 약간 다른 방식의 수평이었다. 한 도메인에서 다른 도메인으로 유전자가 이동하는 것은 맞지만, 단일 세포의 경계 안에서 벌어진다. 따라서 수평적 유전자 전달의 다른 형태보다 훨씬 더 미묘하다. 그것은 우리의 아득한 단세포 조상들이 그 운명적인 박테리아를 들여놓았을 때부터 시작되었다.

이는 마치 짐승을 길들이고 사육의 의무를 지는 것에 비유할 수 있다. 늑대들은 스스로 먹이를 찾지만, 길들여진 개는 인간에게 먹이를 의존한다. 1만 5천 년에 걸쳐 늑대 후손들의 먹이를 구하는 책임이 인간에게 떠넘겨졌고, 이는 그들과 인간이 담합한 결과였다. 처음에는 사람들이 모닥불 주변에 남긴 뼈와 고기 조각들로 시작됐겠으나 온갖 극단적인 양상으로 발전했다. 음식에 대한 대가로 개들은 사랑을 주고, 낯선 사람을 향해 짖고, 양 떼를 몰고, 꿩이 떨어진 곳을 찾아내고, 원반을 향해 뛰어오른다. 마치 박테리아가 우리 세포 안에서 길들여져 미토콘드리아가 된 것처럼 말이다. 박테리아는 유전자의 상당 부분을 우리의 핵 게놈으로 옮겨 놓고, 자신들이 생존하며 기능하게 하는 단백질을 만들기 위해 다시 그 게놈을 사용한다. 미토콘드리아는 원반을 쫓는 대신 ATP를 생산한다. 알다시피 ATP는 배터리 역할을 하는 분자로, 신진대사의 연료가 되는 휴대용 에너지를 제공한다.

당연히 이 모든 내공생적 유전자 전달은 칼 워즈의 나무를 더욱 곤혹스럽게 만드는 것이라고 마틴은 설명했다. 수많은 가지가 사방으로 삐져나오고 있었다. 큰 가지에서 갈라져 나와 다른 큰 가지로 붙어버린 가지들도 적지 않았다. 분석한 게놈 서열이 늘어나고 서로 비교하면서 더욱 복잡한 문제들이 생겼다. 진핵세포 초창기에 포획되어 미토콘드리아와 엽록체가 된 박테리아들이, 그렇게 포획되기 전에 또 다른 박테리아로부터 수평으로 유전자를 전달받았었다는 사실이 밝혀졌다. 말하자면 그들의 게놈이 우리 게놈의 일부가 되기 전에 또 다른 게놈 안에 있었다는 것을 의미한다. 모두 얽히고설킨 스파게티 같았다. 굉장한 사실이었다.

"어쨌든 나무일 수는 없습니다." 마틴은 말했다. 우리는 오전 내내 이야기했다. 그는 이야기 중에 펄쩍 뛰어서 위쪽에 있는 책을 꺼내기도 하고, 내게 줄 논문 파일을 컴퓨터에서 뒤져 인쇄하고, 머리를 젖힌 채 생각에 잠겼다가 다시 새로운 주제를 시작하기도 했다. 그는 잠시 멈춰서 "우리가 지금 무슨 얘기하고 있었죠?"라고 묻기도 했다. 한번은 그가 광합성의 기원과 여러 가지 질소고정법, 유성생식이 갖는 적응에서의 가치에 대한 해박한 의견들을 쏟아 낸 후에 말했다. "미안해요, 너무 장황하게 말했네요."

"아니, 좋은데요." 그렇게 말하긴 했지만 사실 난 HGT와 나무 이야기로 돌아가고 싶었다. "우리가 언제까지 이야기할 수 있나요?" "하루 종일요. 오늘은 모두 비워 놓았어요." 그가 말했다. "복 받으실 겁니다"라고 내가 말했고 잠시 후에 그가 점심을 제의했다. 넘쳐나는 아이디어와 정보에 지쳐가던 나는 잠시 녹음기를 내려놓을 수 있었다.

그는 내게 일본 음식을 좋아하는지 물었다. "초밥 어때요?" "좋죠." 사실이었다. 우린 죽이 맞았다. "살 빼기로 돼 있는데 오늘은 당신이 살려주네요." 마틴이 말했다. 그는 단골 일본 식당으로 차를 몰았고 고급 요리를 잔뜩 주문했다. 탐욕스럽게 식사를 마치고 나서 그는 내가 계산하도록 놔두지 않았다. 우동과 여러 음식을 사이에 두고 우리는 진핵세포의 기원, 세포핵의 기원, 궁극적으로 생명의 기원에 대해 이야기를 계속했다. 나는 그날 호텔에서 새벽 2시부터 4시까지 노트북으로 슈퍼볼 생중계를 보고 겨우 몇 시간 눈을 붙였다가 그를 만나러 온 사실을 겸연쩍게 털어놓았다. 경기 종료 직전 시애틀을 역전시킨 말콤 버틀러^{Malcolm Butler}(패트리어트 팀의 미식축구 선수)의 가로채기는 밤을 지새우기에 충분한 가치가 있었다. "맞아, 나도 봤어요." 그가 맞장구쳤다. 그와 있으면서 나는 의아했다. 그 악명높은 냉정하고, 무례하고, 호전적인 빌 마틴은 어떻게 된 것이지?

점심과 차를 마치고 우리는 사무실로 돌아와 오후가 저물도록 이야기했다. 그는 내가 초행길인 것을 배려해 거의 숙소까지 걸어서 바래다주었다. 그리 멀지 않은 곳이었고 택시보다 운동 삼아 걷는 것도 나쁘지 않았다. 하지만 쌀쌀한 겨울날이었기 때문에 그는 캐주얼한 검정 외투와 방한용 비니를 쓰고는 마치 노동자로 위장한 배우 존 클리즈John Cleese처럼 거리를 성큼성큼 걸었다. 큰 건널목에서 그는 호텔로 가는 길을 안내해 주었고 자신은 다시 연구실로 돌아가 좀 더 일할 것이라고 말했다. 우리는 작별의 악수를 했다. "다시 만나서 이야기합시다. 아주 재미있었어요." 그가 말했다.

66

칼 워즈의 반격, 다윈의 경계

마틴이 맡은 부분을 끝낼 때쯤 밀레니엄으로 해가 바뀌고 있었다. 수평적 유전자 전달을 진화론적 사고에 통합시켰을 때 생명의 나무에는 어떤 문제가 생길 것인가, 이것이 그의 역할이었다. 둘리틀과 로렌스, 고가르텐이 함께하는 핼리팩스의 주말 작업에 참여하지는 않았지만, 그는 단독으로 혹은 그들과 공동작업으로 비슷한 맥락의 논문을 시리즈로 발표했다.

그 첫 번째 논문인 "생명의 나무는 무엇이 문제인가$^{\text{Is Something Wrong with the Tree of Life}}$?"는 포드 둘리틀의 선언문보다 3년 앞서 발표됐다. 두 번째는 앞에서 언급한 박테리아 게놈의 "모자이크적" 특성에 대한 것이었다. 비교적 최근의 증거들, 그리고 대장균과 같이 흔한 미생물에서 발견된 풍부한 수평 전달 증거들을 분석한 결과에서 게놈의 5분의 1은 다른 박테리아로부터 획득한 것이었다. 마틴은 그러한 HGT가 오랜 시간에 걸쳐 미쳐 왔을 영향을 생각하면 그것은 "매우 불길한 징조^{ominous}"라고 언급했다. 그가 말하는 "징조"는 과거회귀적인 불안감이었다. 즉, 미래가 아닌 과거 속에, 여전히 우리가 정체를 알지 못하는 사나운 괴물이 도사리고 있을 것 같은 조짐을 의미한다. 모자이크 게놈 논문에는 마틴의 개성 있는 나무 삽화, 여러 색깔이 입혀진 산호초가 들어 있었다. 그는 나무의 가는 선들이 합쳐질 때 색조가 섞이는 것으로 수평적 유전자 전달을 표현했다. "나무가 좋았어요. 정말 그럴 듯했어요." 그는 약간 우쭐해진 듯 보였다. "다 제가 직접 그렸어요." 그의 나무는 둘리틀의 자유분방한 스타일과는 완전히 달랐지만 세 가지 점에서는 비슷했다. 둘 다 나무의 형태를 중요시했고, 반직관적인 행동을 좋아했고, 여러 우려되는 상황에도 불구하고 그냥 내지르는 성향이었다.

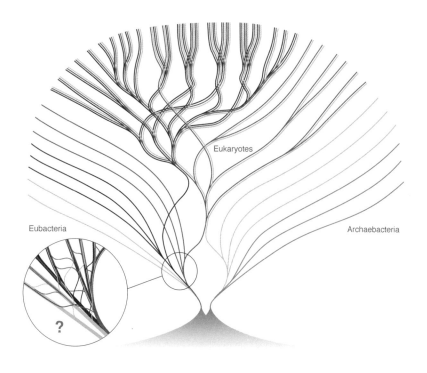

마틴의 그물형 나무, 마틴, 1999년

그 후에 마틴은 "1퍼센트짜리 나무^{The Tree of One Percent}"라는 제목의 공동집 필 논문에서 자신의 전공인 '내공생적 유전자 전달'에 대해 설명했다. 미토 콘드리아와 엽록체의 박테리아 유전자들은 어떻게 복합생물체의 핵 게놈으로 계속해서 이동했는가? 또한 마틴에 따르면, HGT는 유기체의 생존에 복합적이고도 깊게 관여하기 때문에 HGT로 교환할 수 없는 유전자는 박테리아나 아르케아아 게놈에서 평균 1%에 불과하며, 진핵생물 게놈에서는 그보다도 훨씬 적을 것이라고 말했다. 1%라는 수치는 한 원핵생물 게놈에 암호화된 약 3,000개의 단백질 중에서 선별한 31개의 단백질을 연구한 과학자 그룹의 연구결과에서 나온 것이다. 그들은 그 "보편적인" 단백질을 계통발생학적 분석의 근거로 사용했다. 마틴과 공동저자들은 바로 그 과학자들의 논리로 그들을 공격했다. "물론 생명의 나무를 그리기 위해서 여러분은 자신이 선호하는 안정적인 유전자를 사용하고자 할 것이다." (직접 거론하지는 않았으나 워즈가 16S rRNA로 만든 나무를 말한 것이다). 하지만 그렇게 그려진 나무는 말 그대로 전체 게놈의 "1퍼센트짜리 나무"에 불과하다는 것이다. 안정적이긴 하지만 지극히 적은 일부이기 때문에 전체를 대표할 수 없다는 것이다. 그리고 그 나무가 각 게놈의 1퍼센트만을 대표한다면 그걸로 무엇을 설명할 수 있겠는가? 그런 비생산적인 나무를 그리기보다는 그래프나 이론으로 생명의 역사를 설명하는 편이 낫지 않을까?

어바나의 칼 워즈는 이 상황들을 가슴에 새기고 있었다. 그는 아직 발표되지 않은 수평적 유전자 전달 사례들과 그의 나무에 제기되는 온갖 도전들을 주시하고 있었다. HGT의 네 기사들이 전장에서 활약하고 깃발을 꽂는 동안, 워즈는 상황을 주시하며 전열을 가다듬고 있었다. 그는 한발 물러난 태도로 HGT의 위력을 인정하며, 그의 대표적인 견해들과 이제는 낡은 업적들을 수평 유전에 대한 새로운 데이터와 조화시키려, 혹은 조화를 이룬 것처럼 보이게 하려 애썼다. 1990년대 후반부터 2000년대 초까지 그는 자신의 개념들을 논문 시리즈로 출판했다. 초창기의 진화, 세포 생명의 기원, 그리고 그가 "보편타당한 계통수the universal phylogenetic tree"라고 부르기 시작한, 그가 리보솜RNA 서열분석으로 만든 자신의 생명의 나무에 대한 글들이었다.

이 중 네 편의 논문을 가리켜 "밀레니얼 시리즈"라고 부른다. 워즈 사후에 한 전문가는 그것들이 몇 가지 면에서 좀 특이하다고 논평했다. 새로운 연구 논문이 아니라는 것이다. 그렇다고 일반적인 논평 기사도 아니었다. 자신의 연구는 물론 다른 과학자들의 자료도 거의 사용하지 않았다. 에세이나 사설로 보기에는 너무 심각하고 독단적이었다. 그 전문가는 뛰어난 러시아계 미국인 생물학자 유진 쿠닌Eugene Koonin이다. 워즈를 매우 존경하던 그였지만 그것들을 "논문"이라 해야 할지 "종교서"로 분류해야 할지 그는 분간할 수 없었다. 그러나 누가 뭐라 해도 진화 역사의 초창기, 광범위하고 모호한 주제에 대해 누구보다 잘 이해하고 원대한 확신을 가졌던 사람의 선언문이었다. 워즈는 밀레니얼 시리즈를 통해, 만연한 수평적 유전자 전달과 그의 사랑하는 보편타당한 나무 사이의 긴장을 풀어내기 위해 노력했다. 그의 묘책은 수평적 유전자 전달을 아주 먼 과거로 밀어 넣는 것이었다.

그렇다. 워즈는 인정했다. 그것은 30억 년보다 더 오래전에 일어난 결정적인 현상이었다. 그 당시에 유전자 또는 유전자 같은 정보는 한 생명체에서 다른 생명체로 수평으로 건너뛸 수 있었다. 그러나 HGT가 만연했던 시대는 생명의 나무가 자라며 분화되기 전의 일이라고 워즈는 설명했다. 그것은 종들이 존재하기 이전의, 팔다리가 몸통에서 자라나기 전의, 팔다리에서 가지들이 갈라지기 전의 일이라는 것이다. 또한 오늘날 우리가 알고 있듯이 세포 생명체가 출현하기 전에 일어났다는 것이다. 그리고 워즈의 중요한 주장이 하나 있었다. 증명할 수는 없지만 거의 맞는 것으로 보인다. 어떤 형태이든 간에, 생명의 시작은 세포라 불릴 수 있는 것이 처음 탄생하기 10억 년 전에 나타났다는 것이다.

생명이 시작되던 불안정한 시기는 어땠을까? 그는 다른 과학자의 말을 빌려 그것을 'RNA 세계RNA-world'라고 불렀다. DNA가 없었던 세계에서 RNA는 복합물의 저장소였고(처음에는 무작위 복합물에 가까웠다), 세포질이 없었던 세계에서 RNA는 어쨌든 생명으로 받아들여지는 기본 구조체였다. 그러한 화학성분들은 적절한 에너지와 물리적 환경, 그리고 우연에 의해 "집합체aggregates"로 뭉치게 되었고, 그 안에서 분자들이 서로 상호작용하며 스스로 복제하는 능력을 가지게 되었다. 집합체에서 가장 핵심 요소인 한 가닥짜리 RNA는 안정적이지 않았고, 안정된 두 가닥짜리 DNA는 아직 존재하지 않았다. 집합체들은 서로 차별화되기 시작하면서 점차 정교하게 분화되었다. 그들은 스스로 복제를 계속하면서 주변 물질들을 흡수해 자기 것으로 만들었고, 서로 경쟁하기 시작했다. 그들 중 일부는 일렬로 연결된 자신들의 뉴클레오티드 염기(A, C, G, U의 조합) 서열을 아미노산들과 함께 연결시킴으로써 다른 매개물질로 바꾸는 기질이 생겼다. 이렇게 연결된 아미노산은 우리가 펩타이드peptides(아미노산의 짧은 사슬)라 부르는 초기 형태를 구성했고, 짧은 사슬은 더 길고 더 복잡한 단백질로 발전했다. 2002년에 워즈가 묘사한 이 "집합체"는 1987년에 그가 제시한 고세포progenote와 닮았으나 한 가지 차이는 있었다. 1987년에 그는 수평적 유전자 전달의 중요성을 고려하지 않았다. 물론 특별히 진화의 초창기에 국한된 일이겠지만 말이다.

　이제 그는 그 현상을 강조하고 있었다. 분자 집합체들은 각자의 생존을 모색하고, 복제하고, 살아남기 위해 경쟁했으며, 이 과정에서 한 집합체로부터 떨어져 나온 RNA 절편들이 다른 집합체에 붙는다는 것이다. 이것이 HGT의 가장 초기 형태였고 흔하게 벌어지는 일이었다. RNA 세계는 공동의 재료들이 잡다하게 쌓여 있는 어마어마한 북새통이었다. 시간이 흐르고 다양한 가능성이 시도되는 과정에서 일부 단백질은 집합체의 복제 과정에 쓸모가 있음이 드러났다. 이때부터 RNA는 무작위로 뭉쳐진 분자를 넘어 잠재적으로 중요한 정보를 보유하게 되었다. 그러나 이때까지도 세포는 아직 존재하지 않았다. 내부 물질을 둘러싸고, 내부와 외부를 구분하며, 자신과 다른 것을 분리하기 위한 벽이나 막 같은 구조물이 없었다는 것이다. 또한 아직은 종이라고 할 만한 집단으로 구분되기 전이었다.

　경쟁으로 인한 활발한 복제는 결국 복잡성을 증가시키는 원동력이 되었다. 집합체들 가운데 구조물을 보강할 목적으로 단백질을 사용하는 집합체들이 생겨났고, 그것은 자기보호막의 시작이었다. 특별한 이로움을 안겨줄 포장기술이자 경계막. 그렇다. 최초의 세포cells가 생긴 것이다.

　우리가 알고 있는 오늘날의 세포에 비한다면 매우 원시적인 수준의 세포들이었다. 아마도 새고 엉성하고 약해 빠졌을 것이다. 그럼에도 그들은 엄연히 세포였다. 각자의 벽 또는 막에 둘러싸여 있고, 그 안에 있는 RNA(또는 DNA일 수도 있다)의 지시에 따라 그들 자신을 복제하는 방법을 알고 있었다. 세포벽은 HGT의 무질서한 혼돈, 즉 외부에서 들어오는 부산한 정보들을 어느 정도 막아 낼 수 있었다. 원시적이긴 했지만 초기 세포들은 이전에 RNA 가닥이 노출된 상태에서 했던 것보다 더 확실하게 스스로를 복제했다. 그들은 계통을 만들었다. 흔하게 일어나던 HGT 현상은 줄어들었다. 결국 계통은 서로 닮은 세포 집단들을 형성했다. 이쯤에서 이 세포들을 유기체라 부르는 것이 적당하지 않을까? 하나의 계통을 이룬 각 세포 집단들은 모두 똑같지는 않았고 약간의 변이를 포함하고 있었다. 그러나 다른 계통들보다 그들끼리 더 많은 유사성을 가지고 있었다. 바로 종species이었다. 생명의 역사를 가르는 중요한 경계가 그어지는 순간이었다. 워즈는 이것을 '다윈의 경계Darwinian Threshold'라고 불렀다.

그는 "세포 구성이 더 복잡해지고 내부 구조가 긴밀해짐에 따라 더 통합적인 세포 조직이 등장하는 결정적인 지점에 도달했다"고 적었다. "그리고 이때부터는 수직적인 새로움을 창출하는 것이 더 중요하게 작용했을 것이다." 즉, 수평적 유전자 전달보다는 수직으로 내려가는 모체와 자손 간의 상속에서, 닮았지만 달라지는 변이가 훨씬 더 중요해졌다는 뜻이다. 바로 이 결정적인 순간이 '다윈의 경계', 즉 다윈의 진화론이 시작되는 지점이라고 그는 주장했다. 그런데 워즈는 마치 30억 년 전에 그곳에 앉아 벌어지는 모든 상황을 지켜보는 것처럼 이 과정들을 현재 시제로 표현하고 있었다. 그 초월적인 순간들에 그는 실제로 그곳에 있다고 느꼈던 걸일까?

그의 모든 추론은 그가 아끼는 생명의 나무를 해치지 않았다. 그가 "보편타당한universal" 나무라고 이름 붙인 2000년 논문과 세포의 진화에 관해 썼던 2002년 논문에 등장한 나무는, 역시나 1990년 칸들러, 휠리스와 같이 제안했던 나무와 다르지 않았다. 그는 10년에 걸쳐 일궈낸 수평 전달 분야의 발견들을 무시했다. 그는 포드 둘리틀의 그림에 나타난 뒤틀린 가지들을 외면했다. 그의 나무에는 여전히 세 개의 큰 가지가 뻗쳐 있었고 갈라진 가지들은 합쳐지지 않았다. 워즈는 그것을 나무 뿌리 아래로, 즉 "현재의" 세포 생명으로 가지를 뻗어 분화되기 이전의 아득한 시간으로 밀어냄으로써 HGT의 도전을 물리쳤다고 생각한 것 같았다. 사람들은 동의하지 않았다.

67

진화의 혁명, 다윈은 틀렸다

6년이 흘렀다. 새로운 데이터들과 더 많은 HGT 사례들이 발표됐다. 유진 쿠닌은 두 동료와 함께 흔한 박테리아 계통들에서 수평 전달을 조사했고 많은 사례를 발견했다. 그들은 수평 전달이 차지하는 유전자 비율을 추적한 결과, 미미한 비율을 나타낸 박테리아부터 전체 게놈의 3분의 1에 달하는 트레포네마 매독균^Treponema pallidum이라는 인간에게 치명적인 나선형 박테리아까지 다양하다는 것을 발견했다. 빌 마틴과 두 공동연구자도 추가로 서열분석된 게놈들에서 더 많은 HGT를 발견했다. 마틴의 연구팀은 박테리아와 아르케이아 게놈 181개로부터 50만 개의 유전자들을 서로 비교한 결과, 각 게놈에서 약 80퍼센트는 진화 역사의 어느 시점에서 수평 전달된 것이라는 결론을 얻었다. 피터 고가르텐과 그의 동료는 식물에서 HGT를 발견했다. 또 다른 과학자들은 균류들 사이에서 이것이 중요한 영향을 미쳤다는 것을 보여주었고, 줄리 더닝 하토프는 앞에서 언급했듯이 곤충들 사이에서 이것이 광범위하게 퍼져 있다는 것을 밝혀냈다. 과학계에 'HGT 찾아내기' 열풍이 불고 있었다. 그러나 그 열풍은 그들 연구의 난관이나 그 깊은 의미까지 실어 나르지는 못했다. 여전히 분자진화생물학은 난해한 분야였고, 수평적 유전자 전달이라든가 전문가들 사이에서 벌어지는 이런 소란스러운 논쟁에 대해 들어본 사람은 거의 없었다.

그런데 2009년 1월, 영국 저널 뉴사이언티스트^{New Scientist}의 표지에는 한 그루의 나무와 "다윈은 틀렸다^{Darwin Was Wrong}"라는 대문짝만 한 헤드라인이 실렸다. 도발적인 제목 아래에는 "생명의 나무 베어내기^{Cutting Down the Tree of Life}"라는 부제가 적혀 있었다.

이 표지 기사를 쓴 그레이엄 로턴^{Graham Lawton}은 특집담당 편집장이었다. "찰스 다윈과 1837년 그의 작은 스케치", 기사는 이렇게 시작됐다. 나무로 진화 관계를 묘사한 것은 효과적인 발상이라고 로튼은 언급했다. 그리고 1859년《종의 기원》에서 앙상한 막대기 모양이던 나무는 무성하고 커다란 "위대한 나무^{great tree}"로 성장하여 다윈의 표상이 되었다. 이 지점에서 기사는 포드 둘리틀로 넘어갔다. 나무 그림은 다윈의 진화론에 "절대적인 핵심"이라는 둘리틀의 말을 인용했다. 그것은 생명의 역사를 이해하는 유일무이한 원리가 되었고,《종의 기원》이 출판된 이후 150년 동안 진화생물학은 오로지 나무의 세부사항에만 전념하고 있었다. 로튼은 "그러나 오늘날 그 과업은 누더기가 되었다"고 썼다. "반대되는 증거들의 맹공격으로 나무는 거의 너덜너덜해졌다." 그는 수평적 유전자 전달을 언급하고 있었다.

도발적인 제목으로 논란을 일으키긴 했지만 로튼의 기사 자체는 이 주제를 공정하게 소개했다. 그는 "다윈의 나무 자르기^{Axing Darwin's Tree}"라는 그의 다른 기사에서 이 내용을 한 번 더 반복했다. 그가 편집장이기는 해도 일반적으로 저널 기자가 직접 제목을 붙이는 특권은 자주 있는 일이 아니기 때문에 이 과감한 제목이 누구의 작품인지는 알 수 없었다. '베어내기', '자르기'라는 단어가 벌목을 직접적으로 연상시킬뿐더러 '다윈은 틀렸다'라는 문구는 극도로 신랄했다. 그것이 독자들로 하여금 궁금증을 유발시켜 판매 부수에 영향을 미쳤을지는 모르겠다. 그러나 그것은 새로운 발견이 불러일으킨, 다윈의 정통성에 대한 진지한 도전을 풍자한 것이었다. 제목과 달리 본문에서는 좀 더 함축적으로 표현되긴 했지만 여전히 파격적이었다. 로튼은 기사에서, 1999년에 사이언스지에 게재하여 주목을 받았던 둘리틀의 이러한 논쟁을 인용했고, 이메일이나 전화로 수집한 둘리틀의 최근 논평들을 추가했다. "생명의 나무는 자연에서 자라난 것이 아니라, 인간이 자연을 분류하기 위해 심어 놓은 한 그루의 나무일 뿐이다."

로튼은 1퍼센트의 나무에 대해 비평한 빌 마틴의 논문을 인용했고 내공생에 대해서도 언급했다. 그러나 한동안 진화생물학자들은 HGT를 드물게 일어나는 희귀한 현상으로만 치부했었다고 지적하며, 이제는 그럴 수 없다고 말했다. 캘리포니아 대학교 얼바인Irvine의 연구원인 마이클 로즈Michael Rose는 로튼에게 "유전 정보의 교환은 상대를 가리지 않고 다양한 그룹들 간에 불규칙하게 일어난다"고 단언했다. 로튼은 또 다른 형태인 세포소기관의 '내공생적 유전자 전달'을 언급하면서, HGT가 박테리아와 아르케이아뿐만 아니라 진핵생물에서도 발생한다는 점을 분명히 했다. 그는 영국의 생물철학자 존 뒤프레John Dupré의 말을 덧붙였다. "만일 생명의 나무가 존재한다면 그것은 생명의 거미줄에서 자라난 예외적인 일개 구조물일 것이다." 완성된 기사는 포드 둘리틀에게 보내졌고, 그는 그가 부추긴 맹렬한 공격에 부담을 느끼는 듯했다. "고삐를 약간 늦추는 게 좋겠어요." 둘리틀이 로튼에게 말했다. "우리는 이제 진화에 대해서 더 많은 것을 알게 됐습니다. 그것은 단지 다윈이 생각했던 것보다 더 복잡하다는 것뿐입니다. 나무만이 유일한 패턴이 아니라는 겁니다."

다른 과학자들은 고삐를 늦추고 싶어하지 않았다. 그들은 로튼의 은유적인 표현인 "나무 뿌리 뽑기"를 더 파급력 있고 더 급진적인 것의 시작이기를 원했다. 그런데 잠깐, 나무 뿌리는 과연 뽑혔을까, 베어졌을까? 그건 중요하지 않았다. "이것은 생물학에서 일어나고 있는 혁명의 과정일 뿐입니다"라고 뒤프레가 말했다. 미래의 진화는 독립적인 계통 안에서의 변화보다는 합병과 획득, 협력 차원으로 이해되어야 한다는 것이다. 가지들은 분화될 뿐만 아니라 접합이 될 것이다. 한때 둘리틀의 포스트닥이자 공동저자였던 에릭 밥티스트^{Eric Bapteste}는 "생명의 나무는 필요한 것이었습니다"라고 말했다. 진화론이 놀라운 새 개념으로 세상에 등장했을 때, 나무 이미지는 사람들이 다윈의 진화를 쉽게 이해하는 데 도움이 됐다는 뜻이다. "하지만 이제 우리는 진화에 대해 더 많은 것을 알게 되었습니다, 바뀌어야 할 때가 된 겁니다."

뉴사이언티스트지의 이 표지기사 날짜는 2009년 1월 24일이었다. 이 시점은 중요했다. 2주 후면 찰스 다윈의 탄생 200주기였고 이 날은 전 세계의 생물학자들과 역사학자들이 그의 삶과 그의 이론, 그의 업적을 기리는 날인 것이다. 사실 2009년 내내 케임브리지를 시작으로 뭄바이, 앨버커키^{Albuquerque}까지 다윈의 이벤트와 회고전이 끊이지 않았다. 뉴사이언티스트지 편집자들은 독자적인 특집을 기획했고, 바로 이 나무 베기는 다윈에게 헌사하는 수상한 생일카드였던 것이다. 다윈에 관한 모든 것에 폭넓은 대중의 관심이 모아지는 200주년 기념식을 놓치지 않고 대중에게 새로운 발견을 알리기 위해 그레이엄 로턴의 기사를 실은 것이다. 바로 생명의 역사에 대한 우리의 이해를 끊임없이 바로잡아 줄 발견들이었다. 수평으로 이동하는 유전자에 대해서 혹시 알고 있는가? 그것은 적중했다. 하지만 그들의 표제는 드러내놓고 도발적이었다. 200살의 다윈, 당신은 틀렸습니다! 진화생물학의 몇몇 거장들이 즉각적으로 그리고 날카롭게 반격했다.

유명한 철학자 대니얼 데닛Daniel Dennett, 그는 《다윈의 위험한 발상Darwin's Dangerous Idea》 등의 저자다. 시카고 대학교의 진화생물학자 제리 코인Jerry Coyne은 종 분화 과정에 대한 연구와 창조론에 맞서는 진화론의 강성 옹호자로 유명하다. 《이기적 유전자The Selfish Gene》, 《만들어진 신The God Delusion》을 포함한 여러 책의 저자로 유명한 리처드 도킨스Richard Dawkins, 그는 아마도 세계에서 가장 잘 알려져 있고 가장 목소리 큰 무신론자이자 다윈주의자일 것이다. 그는 도발적인 재치를 가진 대단히 영리한 사람이다. 이 세 사람과 또한 명의 생물학자로서 영향력 있는 블로거인 폴 마이어스Paul Myers는 격노가 담긴 편지를 공동으로 작성하여 뉴사이언티스트지에 보냈고 한 달 후에 출판됐다. "도대체 무슨 생각으로…" 이렇게 시작된다.

그들의 격분은 미묘한 기사 내용보다는 원색적인 표지의 나무에 대한 부정적 이미지 때문이었다. 데닛과 그들은 이것이 적들에게 유리하게 작용할 것이라고 주장했다. "다윈이 틀렸다"고 떠들어댄다면, "창조론자들로 하여금 교단과 학생들, 일반 대중에게 진화생물학의 위상을 오도하게 만들 절호의 기회를 주는 것이다"라는 주장이었다.

그 점에서 그들의 우려는 옳았을 수도 있다. 절호의 기회든 아니든 창조론자들은 놓치지 않았다. 곧바로 아폴로제틱 프레스Apologetics Press라는 창조론자 웹사이트에는 '경이로운 인정: 다윈은 틀렸다'라는 제목의 기사가 등장했다. 에릭 라이언스Eric Lyons라는 사람이 쓴 기사로, 로튼 기사의 요점을 언급하면서 둘리틀과 여러 과학자를 인용했다. 그는 나무 그림을 "고난의 시대에 추락한 진화의 표상"이라고 불렀다. 라이언스는 주장했다. 수십 년이

지나서야 증거들이 드러났고 어제의 진화 증거들은 틀린 것으로 드러났다. "다윈의 생명의 나무뿐만 아니라 진화론 전체를 버려야 한다는 것을 진화론자들이 납득하기까지는 얼마나 많은 시간이 필요한 것일까." 데닛과 공동 발신자들이 우려했던 바로 그대로 라이언스는 뉴사이언티스트지의 헤드라인을 이용한 것이다.

이때, 잡지의 표지와 나무의 본질을 둘러싼 그러한 소동들 속으로 파묻혀 버린 진지한 논평이 하나 있었다. 그것은 이름을 밝히지 않은 뉴사이언티스트지 편집자의 사설이었다. 이 논평은 로튼의 기사를 객관적인 시각으로 소개하고, 라이언스 같은 창조론자의 들뜬 오해를 사전에 차단하기 위한 것이었다. 물리학과 마찬가지로 생물학도 진보를 계속하고 있다고 편집자는 말했다. 우리의 진화적 사고에는 큰 혁명들이 있었다. 그 시작은 19세기의 다윈과 월리스였다. 1930년대와 1940년대에 있었던 두 번째 혁명은 멘델의 유전이 다윈의 자연선택과 수학을 만나게 된 시점이었다. 이는 현대 진화론 또는 신다윈주의neo-Darwinism로 알려져 있다. 그리고 지금, 분자생물학과 게놈 서열분석 시대에 중요한 생물학적 주제는 "우리가 상상했던 것보다 훨씬 더 복잡해지고 있다." 논평은 차분한 어조로 이어졌다. "다윈 탄생 200주년을 기념하면서 우리는 세 번째 혁명이 생물학을 더 강하게 변화시킬 것이라 기대하고 있다."

그 세 번째 혁명은 일어나고 있는가? 그렇다면 그것은 칼 워즈가, 프랜시스 크릭의 막연하지만 통찰력이 있었던 제안을 실행함으로써 시작된 것이라고 할 수 있겠다. 크릭은 "단백질 분류학protein taxonomy"을 생물들 간의 연관성relatedness을 측정하는 척도로 사용할 수 있다고 최초로 제안했었다. 워즈의 고독한 연구는 오늘날의 활발해진 분자계통학을 이끌었다. 그리고 그것은 다시, 찰스 다윈이 추정했던 생명의 역사를 상상하기 어려울 정도로 더 복잡하게 만든 수평적 유전자 전달의 발견으로 이어져, 워즈의 강력한 16S rRNA에 도전장을 던지고 있다. 또한 그것은 워즈가 말하는 '다윈의 경계' 이전에 어떤 심상치 않은 일이 일어났는지 호기심을 자아내고 있다. 그러나 이것들은 모두 진보의 과정이다. 아인슈타인과 양자역학이 아이작 뉴턴을 뛰어넘은 것처럼, 다윈의 사고를 부정하는 것이 아니라 더 나아간 것이다. "이들 중 어느 하나도 창조론자에게 도움이 될 만한 것은 없다"고 뉴사이언티스트지 편집자는 못박았다. 그러나 결국 그 일은 일어났다.

68

나무는 가설이다

뉴사이언티스트지 기사에서 그러한 소동들이 한창일 때 포드 둘리틀은 농담 반 진담 반으로 말했던 "철학 속으로의 피정"을 시작했다. 그가 학회나 출판물을 통해, 특히 1999년 사이언스지 기사에서 했던 발언들은 그를 그 방면의 대변인으로 만들었다. 수평적 유전자 전달의 의미는 실로 엄청난 것이며, "나무는 생명의 역사를 표현하기에 적절하지 않다"는 견해였다. 나무냐 아니냐, 그것이 문제로다. 이것이 도킨스와 데닛, 코인뿐만 아니라 많은 생물학자에게 첨예한 문제일 수밖에 없었던 이유는, 이 투쟁에서 그들이 지켜 내야 하는 두 가지 임무가 서로 상충했기 때문이다. 생명의 역사를 이해하기 위한 투쟁, 그리고 창조론자의 수사적이고 정치적인 공격으로부터 진화론 교육을 지켜 내기 위한 투쟁이다. 이제 나무 그림은 그 자체로 논란이 되어 "나무 옹호론자"와 "나무 반대론자"로 나뉘었다.

"그 대립된 논쟁을 시작한 게 후회되지는 않아요." 둘리틀이 나에게 말했다. "그것은 필요한 일이었다고 생각해요." 그 논쟁은 새로운 사고와 연구의 자극제가 되었고 더 많은 증거를 찾으려는 노력과 새로운 가설들로 이어졌다. "그중에는 분명히 신빙성 있고 관심을 가질 만한 것들이 있었어요. 또 일부는…." 그가 킥킥거리며 웃었다. "그냥 관심만 끈 것들도 있었고요. 하지만 누구든 잘 틀리지 않는 사람이라면 그건 그만큼 과감하지 못하다는 거 아닐까요? 저는 그렇게 생각해요."

그러나 그는 반환점이 더 멀어지고 있다고 느꼈다. "모든 저널을 펼칠 때마다 '흠, 이 논문은 내 편일까, 반대편일까?'라고 말하는 데 지쳤어요." 그는 이것이 사실은 과학적 쟁점이 아니라는 것을 깨닫게 되었고 그 생각은 갈수록 명확해졌다. 그것은 철학적이고 상징적이며 의미론적인 것이었다. 둘리틀은 내게 말했다. "생명의 나무가 있고 없고의 문제는 전적으로 우리가 그 나무에 어떤 의미를 부여하는지에 달려있습니다."

그는 철학자들 사이에서 회자되는 유명한 역설 '테세우스의 배Ship of Theseus'를 떠올렸다. 바로 2천 년 전 플루타르크Plutarch가 테세우스 일대기에 기록한 것이다. 전설적인 영웅 테세우스는 크레타에서 신화적인 모험을 끝내고 아테네로 돌아왔고 아테네인들은 배를 역사적 유물로 보존한다. 하지만 배는 계속 사용하는 유물이었기에 그들은 그것을 묶어 두거나 전시해 놓지 않았으며 중요한 의전 항해가 있을 때 사용했다. 시간이 흐르면서 부식된 판자들을 교체하기 시작했고 점점 더 많은 판자를 교체하게 되었다. 그렇다면 그것은 여전히 "테세우스의 배"라고 할 수 있는가? 답하기 어려울 것이다. 둘리틀에 따르면, 수십억 년 동안 수평적 유전자 전달을 겪어 온 한 유기체나 그 계통의 정체성 역시 그 문제와 다르지 않다는 것이다. 만일 그 유전자 중 절반은 박테리아, 절반은 아르케이아라면 그 유기체는 어디에 속하겠는가? 질문에 답하는 것은 불가능한 것인가, 아니면 무의미한 것인가?

'생명의 나무'는 모든 생명체의 역사와 그들 간의 관계성을 표현하기 위한 하나의 가설이다. 둘리틀은 이것이 나무를 이해하는 가장 적절한 방법이라고 생각했다. 사실 2000년 사이언티픽 아메리칸 기사에서도 잠깐 언급했으나 그는 생각을 더 발전시키지는 않았었다. 그런데 이제, 이어가고 있었다.

물론 생명의 나무는 어디서 갑자기 튀어나왔다거나 그저 대중에게 "인기를 끌기 위한 가설"은 아니다. 그것은 1837년의 다윈이 그의 B 노트에 작은 스케치를 그리고, 그 위에 "내 생각에는$^{I think}$"이라고 적으면서 시작된 위대한 찰스 다윈의 가설이다. 다윈은 살아 있는 생물들과 화석들을 관찰한 결과 진화가 일어났다는 확신을 가지게 되었고, 나무는 그러한 패턴을 설명하기 위해 그가 세운 가설인 것이다. 다윈은 그 가설을 어떻게 만들었을까? 다윈은 추론했다. 생명은 하나의 혹은 몇몇 형태의 공통 조상으로부터 시작되었을 것이다. 그들은 조금씩 달라져서 서로 갈라지게 되었고 결국 수많은 종으로 분화되었다. 이 변화들은 주로 그가 자연선택이라고 부르는 과정에 의해 형성되었다. 그렇다면 과연 생명의 역사는 무엇에 비유할 수 있을까? 다윈은 가설을 세웠다. 그것은 나무와 닮았을 것이다.

그러나 나무 가설은 수평 전달을 주로 하는 박테리아와 아르케이아에게는 거의 맞지 않았다. 다른 것들에 대해서도 정확하게 들어맞지 않았다. 그러나 다윈을 비난할 수는 없다. 그는 자신의 사상을 위협하는 분자계통학을 알 수 없었다. 당연히 수평적 유전자 전달도 그렇다. 그의 가설은 그 시대에 그가 알 수 있는 모든 증거로, 사실은 그 이상으로 최선을 다해 이루어 낸 것이다.

69

근원적인 질문들

악셀 얼랜슨^{Axel Erlandson}이라는 미국인 농부가 있었다. 그는 스웨덴에서 태어났지만 어릴 때 미국으로 건너와 미네소타주에서 성장했고, 1902년에는 가족을 따라 햇빛이 가득한 관개지, 약속의 땅 캘리포니아 센트럴밸리^{Central Valley}에 정착했다. 그는 결혼하여 딸을 낳았고, 캘리포니아주 모데스토와 머세드 중간에 있는 힐마르^{Hilmar} 근처 자신의 땅에서 콩과 농작물을 재배하기 시작했다. 어느 날 그는 울타리 나무에서 접합^{inosculation}이 일어난 것을 발견했다. 서로 다른 관목에서 뻗어 나온 두 가지가 붙어서 합쳐진 것이다. 얼랜슨은 위스콘신주의 존 크럽삭이 그랬던 것처럼 영감이 떠올랐다. 그는 나무를 재미있고 이상한 모양으로 만드는 별난 작업에 착수했다. 여러 번의 시행착오 끝에 그는 놀라운 성과를 얻었다. 그가 사용한 방법은 가지를 쳐내고 접붙이고 구부리고, 그것들이 자라서 제 위치에 고정될 때까지 말뚝과 지지대로 뒤엉킨 묘목을 지탱하는 것이었다. 그의 희한한 나무들에 대한 비결을 물었을 때 그는 농담하듯이 말했다. "나는 그들과 소통할 수 있어요."

얼랜슨은 플라타너스와 버드나무, 미루나무, 자작나무, 크럽삭이 했던 네군도단풍나무 등 비교적 유연한 나무들을 선호했다. 그의 작품들은 서술적인 이름으로 알려졌다. 실과 바늘^{Needle and Thread}이란 나무는 대각선으로 교차된 가지 사이로 구멍이 뚫려 있었고, 성당 창문^{Cathedral Window} 나무는 일렬로 심어진 열 그루의 나무들이 합쳐져서 마치 거대한 스테인드글라스처럼 보였다. 또한 사다리^{Ladder} 나무와 전화부스^{Telephone Booth} 나무, 천막^{Tepee} 나무, 이중스펙터클^{Double Spectacle} 나무, 아치웨이^{Archway} 나무, 회전문^{Revolving Door} 나무, 발가락이 아홉인 거인^{Nine-Toed Giant} 나무와 여섯 그루의 플라타너스가 합쳐진 바구니^{Basket} 나무를 키웠다. 모두 여태껏 본 적이 없는 것들이었다. 야생에서는 물론이려니와 수목의 원리를 따르는 자연계의 나무에서는 존재할 수 없는 것들이었다. 얼랜슨은 상상 속에나 존재할 것 같은 나무들을 키워 낸 것이다. 제정신이라면 할 수 없는 일이었다.

그 후 20년쯤 지난 2차 대전 직후에 캘리포니아에는 관광산업 붐이 일어났고, 그는 나무 조각품들을 목 좋은 길가로 옮길 계획을 세웠다. 그의 취미가 약간의 돈을 벌게 해줄지도 모를 일이었다.

그는 산타크루즈와 산호세 사이의 도로에 땅을 사서 별난 묘목장을 그곳으로 옮겼다. 그곳은 점차 팽창하고 있는 교외에서 바다로 이어지는 길목이었다. 그는 비교적 어린 나무들은 옮겨 심고 완성된 나무들은 잘라서 가구처럼 가져왔다. 그는 계속해서 새로운 나무들을 키우기 시작했고 1947년에 드디어 문을 열 수 있었다. 많지는 않았지만 방문객들은 차를 멈추어 벨을 울리고, 얼랜슨의 수집품에 소액의 입장료를 지불했다. 관광객들이 꾸준하게 이어졌지만, 17번 고속도로가 새로 생기면서 대부분의 차들은 그가 있는 도로로부터 멀어지게 되었다. 비교적 괜찮은 해였던 1955년의 수입은 320달러 정도였다. 그는 그곳에 '나무 서커스^{Tree Circus}'라는 이름을 지었다.

우리의 관심사는 악셀 얼랜슨이 그 후에 어떻게 되었는지가 아니다. 단지 신기한 장식나무들은 결코 자연적으로 발생하지 않는다는 것을 말하고자 한 것이다. 그러나 다른 켠에서도 그렇게 희한한 모양을 한 생명의 나무 서커스들이 자라나고 있었다. 여러분도 이제 알다시피 그것은 20여 년 전인 1990년대 후반부터 게놈 자료들과 계통발생 분석으로 자라나기 시작했다. 이 장식나무 사업은 계속되고 있다. 포드 둘리틀은 이 현상들에 대한 전체적인 의미를 조명하기 위해 철학적 관점으로 한걸음 "물러섰다." 그러나 그를 거쳐 간 대학원생이나 포스트닥은 현재 이 분야의 저명한 연구원들로서 심오한 생명의 역사를 밝혀내는 데 기여하고 있다. 빌 마틴과 그의 동료, 마찬가지로 피터 고가르텐, 제프리 로렌스, 유진 쿠닌 등 일일이 이름을 거론할 수 없을 만큼 많은 사람이 중요한 연구를 계속하고 있다. 또한 새로운 시각을 가진 젊은 연구자들이 최근 10년 동안 두각을 나타내고 있다. 스웨덴에서 새로운 아르케이아 계통과 그들이 진화 초기에 미친 영향을 조명하는 네덜란드 과학자 티스 에테마Thijs Ettema도 그중 한 사람이다. 서열분석된 게놈은 폭발적으로 증가했을 뿐만 아니라 공공 데이터베이스를 통해 모든 연구자에게 열려 있다. 이들을 분석하는 컴퓨터 성능과 소프트웨어의 증가는 그러한 발견과 통찰력을 극대화하는 데 일조했다. 아무도 그 발자취를 명쾌하게 추적할 수 없으며, 그 누구도 기승전결을 갖춘 이야기로 축약할 수 없다. 그러나 새로운 데이터와 현상, 견해들이 범람하는 속에서 과학자들은 몇몇 커다란 질문을 향해 가고 있었다.

특히 세 가지 질문이 눈에 띈다.

첫 번째 질문, 찰스 다윈이 틀렸다는 것이 사실인가? 무엇이 틀린 것인가? 그의 진화론은 완전히 잘못된 것인가, 아니면 수정될 수 있는 것인가?

두 번째 질문, 진핵세포의 기원은 무엇인가? 내공생, 그리고 메레츠코프스키와 마굴리스 같은 선구자들의 견해는 단지 이 문제를 풀기 위한 시작일 뿐이다. 미토콘드리아와 엽록체는 포획된 박테리아라는 것이 밝혀졌다. 그것뿐인가? 원핵생물에서 진핵생물로 약 20억 년 전에 획기적으로 전환하게 된 다른 요인들은 무엇인가? 세포핵은 어떻게 생겨났을까? 이 대단한 도약들의 본거지가 된 숙주세포의 정체는 과연 무엇인가? 정확히 어떤 물질들이 어떤 환경에서 그렇게 복잡한 세포 개체로 합쳐져서 동물과 식물, 균류 등 모든 진핵생물의 조상이 되었단 말인가? 그 복잡성은 어떻게 시작된 것인가?

그리고 가장 근원적인 세 번째 질문, 이러한 발견들은 인간의 정체성이란 개념에 어떤 의미를 가지는가? 우리 각자의 의미는 무엇인가? 나는 누구인가? 그리고 우리가 상상하지 못했던 실체가 드러나고 있었다.

7 부

모자이크 인간
E Pluribus Human

70

마이크로바이옴

　건강한 보통 사람의 몸에 박테리아나 온갖 미생물들이 산다고 알려진 것은 꽤 오래전 일이다. 적어도 안토니 반 레벤후크^Antoni van Leeuwenhoek가 자신의 입에서 긁어낸 치석을 렌즈로 관찰한 때로 거슬러 가야 할 것이다. 그후 약 300년이 지난 오늘날, 과학자들은 우리 안에 살고 있는 생물 집단의 실태를 파악하고, 그들의 개체 수를 알아낼 정도로까지 도약했다. 그 사이에 현대 미생물학이 생겨났다. 그리고 지금, 우리가 우리 자신의 게놈에서 외계 유전자를 발견했을 때의 충격은 아마도 레벤후크가 자신의 입 안에서 이상한 생명체를 발견했을 때 경험한 충격에 맞먹을 것이다. 나아가 우리 인간의 몸은, 온갖 기관들과 피부에서 서식하지만 아직 채 발견되지도 않은 수많은 미생물의 전시관을 방불케 한다는 것이다.

　'마이크로바이옴^microbiome(미생물군유전체 또는 미생물군집)'에 대해서 들어본 적이 있을 것이다. 오늘날 뉴스나 잡지에, 많은 과학자의 연구지원 제안서에 단골로 등장하는 소위 과학계의 유행이다. 또한, 큰 생물체 안에 중요한 구성요소로 작은 생물체들이 존재하는 현상을 이르는 꽤 적절한 이름이다. 최근 몇 년간 여기에 쏠린 관심은 가히 폭발적이다. 이 단어 자체는 오래전부터 있었지만, 조슈아 레더버그에 의해 대중에게 다음과 같은 의미로 널리 인식될 수 있었다. "마이크로바이옴은 편리공생과 공생, 병원성 미생물들로서, 말 그대로 우리의 몸 안에 공존하면서도 건강과 질병의 요인으로는 거의 무시되어 온 생태 군집"이라는 것이다. 마이크로바이옴이라는 말은 일반적으로 우리 안에 살고 있는 미생물 군집인 "인간 마이크로바이옴^{human} ^{microbiome}"을 지칭하는 것이다. 모든 복합 다세포생물들은 자신만의 미생물들을 가지고 있다. 말의 미생물군이 다르고 호랑이의 미생물군이 다르며, 각자 자신의 세계에서 저마다 군집을 이루며 살고 있다. 우리의 미생물군은 우리만의 것이다. 이 특별한 존재는 인간과 더불어 진화해 왔다. 그리고 우리 역시 그들에 깊게 의존하며 오늘날로 진화해 온 것이다.

물론, 인간 마이크로바이옴이 모든 사람에게, 언제나 공통으로 그 종들이 고정되어 있는 것은 아니다. 그것은 우리 안에 있을 수 있는 것들을 모아놓은 것이다. 따라서 만화경만큼이나 다채롭다. "인간 게놈"이라는 용어가 한 개인 단위를 나타내지만 실제로는 사람과 사람 간의 모든 다양성을 내포하듯이 "인간 마이크로바이옴"도 마찬가지다. 우리 몸의 속과 겉에서 우리와 더불어 사는 "이 특별한 존재"는 사람마다 다르고, 환경과 시간에 따라서도 시시각각 달라지는 거주자들의 전체 명단인 것이다.

마이크로바이옴이 가지는 이러한 가변성이 바로, 우리가 우리 자신의 건강에 대해서 지금까지와는 다르게 접근하게 만드는 중요한 요인이다. 우리 각자의 몸에 상주하는 미생물 명단은 우리가 누구이고, 무엇을 하고, 어떻게 태어나서 자라고, 어디로 가며, 무엇을 먹는지에 따라 달라진다. 그리고 그러한 우연성이 미치는 영향은 실로 강력하다.

마이크로바이옴이 인간에게 비만, 소아 당뇨, 천식, 만성 소화장애, 궤양성 대장염, 특이한 암, 크론병 등 건강을 위협하는 심각한 문제들을 일으킬 수 있다고 알려지게 되면서, 의학계의 관심이 쏠렸고 핵심적인 연구 주제로 부상하게 되었다.

건강한 사람은 건강하고 다양한 미생물을 지니고 있다는 것이 과학자들이 발견한 사실이다. 즉, 미생물이 이런저런 요인으로 고갈되거나 교란되거나 미숙한 상태로 남아 있을 때 사람에게 문제가 생긴다는 뜻이다. 어떤 미생물은 우리 몸에 들어와 문제(소위 전염성 질병)를 일으키지만, 어떤 미생물은 우리 몸에 없어서 오히려 문제가 되기도 한다. 박테로이데스 테타이오타오미크론Bacteroides thetaiotaomicron 박테리아를 위장에서 제거하면 야채 소화에 문제가 생길 수 있다. 미생물들 사이의 불균형, 즉 한 종류가 너무 많거나 너무 적어도 문제를 일으킬 수 있다. 건강한 사람의 결장에 항생제를 투여하면 박테리아 군집을 교란시킨다. 항생제로 많은 박테리아가 살상되면 경쟁에서 자유로워진 소수의 클로스트리듐 디피실리균Clostridium difficile(설사를 유발하는 균)이 맹렬하게 활동하여 심한 감염을 일으킬 수 있다. 그들은 장벽을 약화시켜 열과 설사를 일으키며 심한 경우 사망에 이르게 할 수도 있다.

최근의 통계에 따르면, 사람에게는 약 37조 개의 인간 세포와 100조 개의 박테리아 세포가 있다고 한다. 박테리아가 우리 세포보다 세배나 많다는 이야기다(약 1:1이라는 연구도 있는데 그렇다 해도 최소한 37조 개다). 물론 여기서 비세균성 미생물들은 제외된 것이다. 즉, 바이러스 입자와 곰팡이 세포, 아르케아, 그 외에도 수많은 밀항자, 그 작은 승객들도 일상적으로 우리의 내장과 입, 콧구멍, 모낭, 피부, 몸의 여기저기에 살고 있는 거주자들이다. 이러한 무임승차자들만 해도 약 10,000종이 넘는다(이들 원핵생물은 "종"

으로 분류하기도 애매하다). 이들의 10분의 1 정도인 1,000여 종이 인간의 내장 안에 살고 있는 박테리아다. 그러나 이들 수조 개의 세포들은 인간 세포보다 훨씬 작기 때문에 전체 마이크로바이옴은 우리 몸무게의 겨우 1 ~ 3퍼센트에 불과하다. 체중이 200파운드(약 90킬로그램)인 성인이라면 대략 2 ~ 6파운드(약 1 ~ 3킬로그램)정도가 될 것이다. 부피로 따지면 3 ~ 9파인트(약 2 ~ 5리터) 정도가 된다. 겨우 몇 파인트(몇 리터)밖에 안 되는 이들이 끊임없이 활동하면서 중요한 역할을 한다는 것이다.

여기서 마이크로바이옴을 이야기하려는 것은 아니다. 인간 마이크로바이옴의 종류와 작용에 대해서는 최근에 나온 전문서적이나 대중서적들을 참고하면 알 수 있다. 그중 에드 용[Ed Yong]의 《내 속엔 미생물이 너무도 많아[I Contain Multities]》는 인간은 물론, 다른 종의 미생물 생태역학까지 생생하게 조사한 백과사전으로서 독자에게 추천할 만하다. 여기서 마이크로바이옴에 대해서 더 깊이 들어가지는 않을 것이다. 단지 '마이크로바이옴'이 우리의 일상 언어 속에 자리 잡았다는 사실은 우리에게 좀 더 근원적이고 까다로운 문제, 즉 인간의 정체성은 단일하지 않다는 사실을 인식하게 되는 좋은 출발점이다.

1683년 9월 17일, 레벤후크는 구강 미생물의 대발견을 왕립협회에 서한으로 보고했다. 네 사람의 표본을 추가로 관찰한 결과였다. 그의 육안으로 보았을 때 치석은 마치 굳은 밀가루 반죽처럼 작고 희멀건 물질일 뿐이었다. 그런데 현미경으로 확대했을 때 그것은 다른 세상이었다. "나는 놀라움을 금할 수 없었다. 말로 설명하자면 극히 미세한 동물들이 쉴 새 없이 움직이고 있었다." 그중에서 가장 큰 것은 "매우 재빠르고 강해서 강꼬치고기[pike]가 물살을 뚫고 가는 것처럼 보였다." 강꼬치고기는 농어나 잉어보다 빠르고 날렵하다. 작은 것들은 "팽이처럼 원을 그리며 돈다." 특히 레벤후크가 관찰한 표본 중에 가장 풍부하고 활발한 생태계는 이를 닦지 않고 평생을 보낸 노인한테서 나온 것이었다. "내가 지금껏 보아온 어떤 것보다도 빠르게 헤엄치는, 믿을 수 없을 정도로 대단한 규모의 미세 동물들이었다." 그들 중에는 "앞으로 나아가기 위해 몸을 둥글게 굽히는" 몸집이 큰 놈들도 있었다. 그는 다양한 종류의 미생물을 관찰했다. 그가 남긴 스케치만으로는 어떤 종류였는지 확인할 수 없으나, 회전하거나 몸을 굽히는 것들은 스피로헤타(나선형 박테리아)일 가능성이 컸다.

300년 이상이 지난 1994년에 와서야 그것은 한 의학 미생물학 팀의 보고서에 의해 확인되었고, 더 넓은 맥락으로 이어지는 단초가 되었다. 그들은 독일 프라이부르크 대학교University of Freiburg의 울프 괴벨Ulf B. Göbel 팀이었다. 그들은 치주염(이가 썩어 이와 턱뼈가 벌어지는 잇몸질환)이 심한 29세 여성의 구강에서 '생물 다양성biodiversity●'을 조사한 결과, 수십 종의 스피로헤타를 발견했고 하나의 속genus으로 지정될 만한 것들이었다. 이 트레포네마Treponema 속은 매독을 일으키는 작은 악마인 매독균(트레포네마 팔리둠Treponema pallidum)으로 악명이 높다. 다른 트레포네마들 역시 문제를 일으키기는 해도 이들만큼 지독하지는 않다. 그뿐만 아니라 이들은 그 여성의 사례에서와같이 치주염을 일으킨다. 그러나 이 연구에서 더욱 주목해야 할 것은, 한 사람의 구강에 만연해 있던 뼈를 갉아먹는 나선형 박테리아의 다양성이 아니다. 바로 괴벨의 연구팀이 칼 워즈의 방법론을 사용했다는 것이다.

다양한 구강 스피로헤타를 더 구체적으로 확인하기 위해서 괴벨 팀은

● 유전자, 생물종, 생태계의 세 단계 다양성을 종합한 개념.

16S rRNA 샘플을 서열분석하고 비교했다. 그러나 배양액에서 박테리아나 미생물을 배양하고 리보솜RNA를 추출했던 워즈의 방식에서 한 단계 나아간 것이었다. 미생물 중에는 배양이 불가능한 것들이 있다. 연구실에서 배양하기에 너무 위험하거나 예민한 것들이다. 이때는 알려지지 않은 미생물을 새로 규명할 다른 방법론이 필요하다. 괴벨 팀은 그 방법이 노먼 R. 페이스[Norman R. Pace]가 개발한 것임을 명시했다. 그는 워즈의 절친한 친구이자 최고의 추종자였다.

71

노먼 페이스의 새 방법론

노먼 페이스는 1950년대 미국 인디애나주의 작은 마을에서 성장했다. 일찍이 과학에 취미를 가졌던 똑똑한 아이였다. 집에서 화학 실험을 하다가 왼쪽 고막이 파열된 적도 있었다. 포드 둘리틀처럼 그 역시 최초의 인공위성 '스푸트니크^{Sputnik}'의 광풍 속에서 자신의 진로를 결정했다. 고등학교 시절에는 여름 과학캠프에 참가했고 대도시 블루밍턴^{Bloomington}에 있는 대학(인디애나 대학교)에 진학했다. 그의 무대는 이제 대평원을 향하고 있었다. 그는 1964년, 당시 핵산 연구로 유명했던 솔 스피겔먼 밑에서 박사과정을 밟기 위해 일리노이 대학원으로 옮기게 되었다. 거의 같은 시기에 칼 워즈도 36세에 부교수로 임용되어 어바나에 도착했다. 아직은 워즈가 유명해지기 전이었고, 유전자 코드에 관한 그의 초기 저서로 이어지는 연구를 막 시작하고 있었다. 워즈의 실험실은 모릴홀 3층에 스피겔먼과 같은 복도를 따라 있었다. 포드 둘리틀이 그랬던 것처럼, 물론 그보다 몇 년 앞서긴 했지만, 페이스 역시 고무창 신발을 신는 섬뜩한 스피겔먼 박사보다는 젊은 워즈가 여러 면에서 더 고무적이고 다정하다고 느꼈을 것이다.

"우리는 스스럼없이 얘기했어요. 모릴홀에 바로 있었거든요." 그로부터

50년 후, 볼더^{Boulder}에 위치한 콜로라도 대학교 자신의 연구실에서 페이스는 내게 말했다. "그리고 워즈는 내가 관심 있어 하던 것을 하고 있었어요." 페이스는 '하고 있다'는 말이 그의 깊은 성찰을 표현하기에는 잘못된 것 같다며, 대신 "내가 꽤 관심 있어 하던 것에 대해 사고하고 있다"로 정정했다. 워즈의 관심은 프란시스 크릭이 잘하던 퍼즐인 유전자 코드 메커니즘을 넘어 코드의 진화적 기원으로 거슬러 갔고, 나아가 생명이 형태를 갖추기 이전의 가장 오래된 태동기 속으로 파고들어갔다. 워즈는 거창한 질문들을 사유하며 과학이 접근할 수 없을 것 같았던 장벽을 밀어내고 있었다. 그는 알고자 하는 강한 욕망을 지니고 있었지만 서두르지 않았다. "복도에 있었던 똑똑하고 마음이 맞았던 그 사람은," 페이스가 말했다. "생명의 기원에 대해 고심했고, 그것은 정통 과학자들이 생각하지 못하는 것들이었어요." 그는 웃으며 말을 이었다. "우리는 그 몇 년간 굉장히 친해졌어요." 대학원생 페이스는 젊은 교수 워즈에게 논문위원이 돼 줄 것을 요청했다. 워즈는 기꺼이 응했고 그들은 더욱 가까워졌다.

1960년대 후반, 그 시절 노먼 페이스는 건장하고 모험심 강한 젊은이였다. 동굴탐험과 모터사이클을 즐겼고, 분자생물학 박사학위를 가진 활기찬 아내 베르나데트 페이스^{Bernadette Pace}도 있었다. 그는 자신이 아끼는 BMW R69S 오토바이에 아내를 태우고 독일에서 터키까지 하루 만에 달린 적도 있다고 했다. 그 경험으로 그녀는 자신의 오토바이를 갖고 싶어했다. "그녀가 공중곡예를 시작하려던 게 바로 그때였어요." 페이스가 말했다. 베르나데트는 고난도의 기술을 갖춘 공중곡예사가 되었고 카슨 앤 반스 서커스단^{Carson & Barnes Circus}과 함께 공연할 수 있을 정도였다. 둘은 부상을 당하기도 했는데 공중곡예에서 흔히 있는 일이라고 했다. 노먼과 베르나데트는 마당에 높은 곡예비행 장치를 만들었다. 그들은 가끔씩 친구들을 초대하여 파티를 열어 곡예시범을 보여주었다. 그녀는 곡예를 하고 그는 원통모자에 타이츠와 나비 넥타이를 맨 무대감독이 되었다. 그러나 그들은 과학에 있어서는 어느 누구보다 진지했다. 노먼과 베르나데트는 10편 이상의 난해한 논문을 공동집필했다. 급진적 사색가였지만 보수적이었던 워즈는 노먼의 원기 왕성한 활동에 대해서 "허세 부린다"며 비아냥대곤 했다. 그러나 그의 눈에도 그것이 노먼의 역량에 해가 될 수는 없었다.

페이스는 박사학위를 받고 2년간의 포스트닥 후에 첫 교편을 위해 어바나를 떠나게 되었다. 워즈와는 계속 친한 관계를 유지했다. 그는 덴버에 위치한 국립 유대인병원 부설연구소National Jewish Hospital and Research Center에 자신의 연구실을 차렸고, 그의 논문 주제였던 RNA의 복제에 대한 연구를 계속해 나갔다. 포드 둘리틀도 어바나에서 덴버로 나와 그의 포스트닥이 되었다. 또 한 사람, 워즈의 초기 서열분석 작업을 담당했던 영리한 재주꾼 미치 소긴도 함께 리보솜RNA를 연구하고 있었다. 1970년대 내내 페이스는 그 두 사람, 그리고 워즈와 공동으로 논문을 집필했다.

1980년대에 페이스는 그의 기발한 통찰력을 응용한 하나의 방법론에 집중했다. 그것은 미생물을 식별해서 그들의 관련성에 따라 계통수에 배치하는 워즈의 방식을 변형한 것으로, 실험실에서 결코 배양할 수 없는 유기체들에도 적용할 수 있었다. 새로 발견된 미지의 생명체가 무엇이든 그들에게도 16S rRNA는 있을 터였다. 그것을 찾아 추출하고 서열분석한 후 다른 샘플과 비교할 수 있다면, 굳이 배양할 필요도 정제할 필요도 없을 것이다. 그뿐만 아니라 샘플에서 RNA 대신 DNA를 추출해 실험할 수 있는 양만큼 증폭시킨다면, 16S rRNA의 다른 버전, 즉 16S rRNA를 암호화한 DNA 유전자 코드를 볼 수 있을 것이다. 이것이 가능해진다면 극한 환경, 즉 종들의 보고라는 바로 그곳에서 야생하는 미생물들의 신비를 밝혀낼 수 있을 것이다. 물론 극한 환경이 아니더라도 아직 규명되지 않은 수많은 생명체도 포함해서다. 그렇게만 된다면 지구의 생물 다양성에 대한 새로운 전망이 열리는 것이다. 지구 생명 형태의 대부분은 미생물이며, 그들 대부분은 포획된 채로 살 수 없고 배양이 불가능하기 때문이다. 눈에 보이지 않지만 거대하고 육중한 이 존재들은 생물계의 암흑물질dark matter이라고 할 수 있다.

그것은 적중했다. 페이스와 젊은 팀원들은 서로 다른 세 가지 극한 환경에서 채취한 샘플로 그 원리를 입증했다. 첫 번째는 태평양 해저 수천 피트 깊이의 열수분출구였다. 두 번째는 뉴멕시코 헐리 인근의 구리 광산에 있는 침출 연못이었다. 세 번째는 옐로스톤 국립공원의 온천이었다. 페이스 팀은 첫 번째 열수분출구로부터 거대한 관벌레tube worm의 조직을 채취할 수 있었다. 이것은 우즈홀 해양학 연구소Woods Hole Oceanographic Institution 동료들이 제공한 것으로, 그들은 심해 연구 잠수함인 알빈Alvin을 이용하여 관벌레 샘플을 채취한 것으로 보인다. 두 번째 광산의 침출 연못에서는 2파운드(약 1kg)의 유독성 진흙을 퍼올렸다. 세 번째 옐로스톤에는 약간의 스토리가 있다. 덴버의 소년들에게는 신나는 원정이었을 것이다.

"나는 사무실에 앉아서 이 책을 읽고 있었어요." 노먼 페이스는 책장에서 두꺼운 책을 끄집어냈다. 토머스 브록Thomas Brock의 호열성 미생물에 대한 논문이었다. 브록은 앞에서 언급한 적이 있는데, 옐로스톤 온천에서 써머스 아쿠아티쿠스Thermus aquaticus(열수생물)를 발견하여, 그것의 효소를 사용한 '중합효소 연쇄반응 기술(PCR)polymerase chain reaction'을 가능케 한 사람이다.

PCR은 분자생물학의 모든 연구에서 사용되고 있는 DNA 증폭 기술이다. 페이스는 "여기에 옐로스톤 옥토퍼스 온천에 관한 내용이 있어요"라고 말했다. 그 안에는 소위 '핑크 필라멘트'들이 가득했고, 필라멘트는 브록 자신이 그렇게 이름 지은 것이다. 그는 그 분홍색 가닥이 박테리아 집합체라는 것은 알아냈지만 실험실에서 배양하는 데는 성공하지는 못했다. 그것들은 써머스 아쿠아티쿠스보다 더 다루기 어려웠는데, 아마 더 높은 온도가 필요했을 수도 있다. 브록이 1960년대 중반에 옐로스톤을 탐사하기 전까지, 미생물학자들은 어떤 형태의 생명이든 섭씨 73도(화씨 163) 이상에서는 살지 못한다고 생각했었다. 이전에 브록이 써머스 아쿠아티쿠스를 발견한 곳도 온천의 분출구가 아니라 섭씨 69도의 비교적 덜 뜨거운 하류였다. 그러나 이 분홍색 필라멘트는 옥토퍼스 온천의 가장 뜨거운 부분에서 발견된 것이다. 섭씨 92도 이상이었다. "앗 뜨거!" 페이스는 내게 시늉까지 해 보이며 상기시켜 주었다. 물이 끓는 온도인 100도에 육박한다는 것이다.

페이스는 토머스 브록의 이 부분을 읽으면서 호열성 미생물들의 정체와 그들이 어떻게 생명을 유지할까에 대한 강한 의문이 생겼다. 그 일은 1981년도에 있었던 일이지만 그가 지금도 생생하게 기억할 만큼 그의 연구 경력에서 중대 사건이었다.

사무실에 있던 그가 연구실로 황급히 들어섰을 때 거기에는 세 명의 대학원생이 있었다. "다들 와서 이것 좀 봐." 페이스는 그때의 환성을 기억했다. "옐로스톤에 있는 옥토퍼스 온천, 그 높은 온도에서 추정되는 생물 총량이 1킬로그램!" 생물량의 단위가 킬로그램에 달한다! 그것은 미생물학자가 외치는 "유레카!"였다. 거의 불가능한 온도에서 태평하게 살아가는 미지의 존재들이 그득하다는 것이다.

"당장 가져옵시다." 그는 상상했다. 핑크 필라멘트에서 리보솜RNA를 추출하고, 염기서열을 분석하고, 완전히 새로운 생명체임을 확인한다! 즉, 이 생명체들은 알려지지 않았을 뿐만 아니라 전통적인 방법으로는 알아낼 수도 없었을 것들이다. "세상에!" 그는 당시의 생각을 떠올렸다. "현실 밖에 '어떤 놈who'이 있는지 밝혀낼 수 있겠어." 놈은 미생물학자들이 버릇처럼 쓰는 단어였다. 그 '놈who'은 박테리아인가, 아르케아인가.●

페이스는 원정대를 꾸렸고, 워즈를 초청했다. 그렇게 옐로스톤으로 떠난 어바나의 천재 워즈는 그 "허세 부리는 미생물학자 팀"에 어리벙벙한 대원으로 참가하게 되어 함께 간헐천에서 캠핑을 하고, 옥토퍼스 온천에서 샘플을 수집하는 데 동참했다. 거기서 그들은 거의 100도에 가까운 온천에서 번성하고 있는 세 가지 미생물 군집을 발견했다. 그리고 그것들은 온전히 리보솜RNA의 서열분석으로 규명되었다. 두 종류는 박테리아, 또 하나는 아르케아였다. 세 종류 모두 과학계에 새로운 존재였다. 워즈는 무사히 어바나로 돌아왔지만, 나중에 페이스에게 맨땅에서의 야영 후 자신의 등짝이 회복되는 데 몇 달이 걸렸다고 엄살을 부렸다.

거의 그때쯤 연구실의 누군가가 찍은 흐릿한 워즈의 사진이 칼 워즈 기념 문헌에 보관되어 있다. 수염을 기른 워즈와 날씬하고 젊은 노먼 페이스가 있었다. 둘 다 티셔츠 차림이었고, 긴 머리에 보잉 스타일 안경을 쓴 페이스는 엉덩이에 왼손을 얹은 채, 두 사람이 실험실 플라스크에 뭔가를 가득 채우고서는 서로 축복하는 모습이었다. 언제 찍은 것인지는 밝혀지지 않았

● 새로운 미생물이 발견되었을 때, 제일 먼저 미생물학자들이 하는 질문이라는 뜻

다. 옐로스톤에서 미지의 미생물 놈들을 획득한 이후였을까? 그럴 것이다. 이 사진의 복제본에 붙여진 주석에는 "왕국의 우정"이라고만 적혀 있었다. 그 '왕국'은 세 개의 계^{kingdom}, 더 정확하게는 박테리아, 진핵생물, 아르케이아 세 개의 도메인(역)을 지칭했다. 이 사진은 워즈의 외로움 속에서도 가슴 뛰는 순간이었고, 페이스가 그에게 특별한 존재였다는 것을 말해주고 있었다. 워즈에게는 그의 학과 사람들, 독일 추종자들, 대학원생들, 포스닥들, 연구실 조수들, 다른 공동집필자들과 협력자들 그 외에도 기다란 목록이 있었지만, 몇 년 후에 워즈가 생명의 가장 심오한 역사에 대해 자신의 견해를 밝혔을 때, 그들 중 어느 누구도 노먼 페이스만큼 워즈를 확신하면서 적극적으로 방어한 이는 없었다.

페이스는 칼 워즈 연구실 멤버가 아니었다. 워즈는 그의 박사논문 위원일 뿐이었고 공식 지도교수는 스피겔먼이었다. 그와 워즈의 관계는 복도에서 우연히 시작됐지만 공통의 관심과 믿음으로 갈수록 깊어졌다. 볼더에서 나눈 대화에서 그는 단적으로 자신을 표현했다. "과학계에서 나는 그의 아들이었어요."

72

우리 몸의 미생물과 HGT

인간 미생물이 노먼 페이스 연구의 핵심은 결코 아니다. 그의 관심은 지구 전체를 뒤덮고 있는 미생물 다양성이다. 그러나 인간 마이크로바이옴을 규명하려는 많은 연구가 그와 칼 워즈의 발자취를 따르고 있었다. 워즈는 처음 16S rRNA로 미생물들을 밝혀내고 비교하는 방법을 개척했다. 랄프 울프의 메탄생성균처럼 그는 연구실에서 미생물을 분리해 배양했다. 포획 상태로 배양하고(늘 잘된 것은 아니었으나 랄프 울프와 빌 볼치는 메탄생성균으로 문제를 해결했다), 그렇게 순수 배양 생명체로부터 워즈는 rRNA를 추출했다. 그와는 다르게 페이스는 자신만의 비전과 기술로 오로지 야생에 사는 미생물들에 대한 증거를 수집했다. 그는 워즈의 기술을 확장시켜 옥토퍼스 온천과 같은 극한 환경 등 다양한 환경에서 추출한 원시 샘플에 적용했다. 그는 샘플들로부터 다량으로 추출한 16S rRNA 또는 16S rRNA를 암호화하는 DNA 유전자를 사용하여, 연구실에서 배양할 수 없거나 배양된 적이 없는 새로운 생명체를 발견하고 규명해 냈다.

두 과학자가 이뤄낸 업적의 가치는 이후의 미생물학 논문들에서 검증되었다. 괴벨의 잇몸질환 논문도 그 중의 하나다. 또한 이는 완전히 새로운 생물학 분야에서 역사적인 시조가 되었다. 바로 군유전체학^{metagenomics}으로서, 유전 물질만으로 생명체와 군집에 대해 연구하는 분야를 말한다.

한편, 인간 마이크로바이옴에 대한 연구는 수평적 유전자 전달에 대한 새로운 통찰을 불러왔다. HGT 현상이 사람의 장기와 코, 입 안에서 발견된 것이다. 박테리아는 끊임없이 진화하고 있었다. 더 강한 독성과 더 강한 항생제 내성을 갖고, 인간 숙주들 사이에서 옮겨다니는 기동성을 향상시켜서 다윈이 말하는 성공적인 진화에 다가가고 있었다. 빠른 진화는 일반적으로 느린 진화를 앞지른다. 그리고 HGT는 진화를 앞당길 수 있는 유전적인 변화를 모색하는 가장 빠른 방법이다. 다양한 종류의 박테리아들이 함께 서식하는 인간의 결장이나 코에서 그들은 수평 전달에 의해 완전히 새로운 유전자들을 획득한다. 우리는 박테리아들에게 미래의 생존과 번식을 더욱 향상시킬 수 있는 지름길을 제공하는 셈이다.

이러한 사실은 MIT의 에릭 암$^{Eric J. Alm}$이 주도한 연구에서 증명되었다. 암의 연구팀은 박테리아 게놈 2,235개를 조사했다. 이 자료들은 모두 연방기관이 관리하는 통합 데이터베이스에 공개된 것들이다. 마치 넷플릭스에서 "Stranger Things(기묘한 이야기, 미드 시리즈)"를 내려받듯이, 다른 연구자들이 이뤄낸 방대한 양의 염기서열 데이터를 자유롭게 사용할 수 있는 것이다. 이 2,235 게놈의 절반 이상이 '인간과 밀접한 박테리아', 즉 인간 마이크로바이옴의 토박이 멤버들이었다. 암의 연구팀은 위즈의 16S rRNA 유전자를 기준으로 박테리아들 간의 계통 관계를 조사했다. 그들은 대표적인 박테리아들의 지리적 근원을, 최소한 어느 대륙에서 온 것인지 조사했다. 그리고 그들이 살던 생태환경을 조사했다. 인간과 밀접한 박테리아의 생태환경이란 인간의 몸속 어느 부위에 서식하는지를 의미한다. 위와 입, 질, 겨드랑이, 피부 등. 이들 세 가지 변수, 즉 관련성, 지리, 생태환경은 그들이 하려는 질문의 요점이다. 이들 변수 중에서 박테리아 간의 수평적 유전자 전달에 가장 중요한 요소는 무엇인가?

연구팀은 게놈들 중에서 의심되는 특이성이 있는지 선별해 나갔다. 서로 다른 두 종류의 박테리아가 매우 닮은 특정한 유전자를 갖고 있는 사례들을 말한다. 이것은 엄청난 데이터를 다루는 생물정보학이지만 이제 속도는 더욱 빨라지고 비용은 더욱 저렴해졌다. 그들의 가정은 매우 설득력 있었다. 계통적으로 떨어져 있는 두 박테리아의 유전자가 근접하게 일치한다면 그것은 비교적 최근에 해당 유전자가 수평 전달된 것을 의미한다. 결과를 기다리며 에릭 암은 몇 개의 사례 정도는 찾을 수 있을 것으로 기대했다. "나는 5개에서 10개 정도 예상했어요." 그는 실험실에서 전화로 내게 말했다. "HGT가 그만큼 나와도 가치가 있다고 생각했어요." 그런데 결과는 10,770개였다. 암은 말했다. 그렇게 많은 HGT는 "충격 그 자체였어요."

세 변수 중에서 가장 두드러진 것은 생태환경이었다. 그들은 서로 떨어진 환경에 사는 박테리아들 간의 HGT보다, 사람의 몸속에 함께 사는 박테리아들끼리 주고받는 HGT가 무려 25배 이상 많다는 사실을 발견했다. 거기서 나아가 암의 연구팀은 데이터를 다른 각도에서 분석한 결과, 인체의 같은 부위에서 함께 사는 박테리아 간의 HGT가 그렇지 않은 박테리아 간의 HGT보다 더 빈번하다는 것을 발견했다. 쉽게 말해서 인체 한 부위에서 살고 있는, 종이 제 각각인 박테리아들이 이웃끼리 유전자를 교환하려는 경향이 강하다는 것이다. 잇몸에 사는 박테리아, 질에 사는 박테리아, 피부에 사는 박테리아가 모두 그렇다는 것이다. 즉, 계통발생적으로 멀리 떨어진 박테리아들이라도 가까운 곳에 살고 있다면 그들은 기꺼이 유전자를 주고받는다. 특히 인체라는 생태환경에서 질은, 좁은 공간 내에서 매우 독특한 환경에 대한 적응성을 서로 공유할 수 있게 하므로, 두 종류의 박테리아가 HGT로 유전자를 공유할 수 있는 절호의 환경이었을 것이다.

결국 우리 몸에서 유전자 전달에 가장 크게 영향을 미치는 것은 계통발생보다는 생태환경이라는 것이다. 그들의 데이터에는 한 가지 메시지가 더 있었다. 생태환경은 또한 지리적 요소보다도 중요한 것으로 나타났다. 인간과 밀접한 미생물 게놈들은 다양한 대륙의 사람들로부터 채취한 것이다. 당연히 박테리아 간의 유전자 전달은 같은 대륙에서 더 자주 일어난다. 그러나 대륙 간 편차는 신체 부위에 따른 편차만큼 크지 않았다.

정리하자면 수평 이동에서 가장 중요한 첫 번째는, 인간의 장과 질, 콧구멍, 피부와 같은 생태환경을 공유하는 것이다. 같은 박테리아 계통끼리 유전자를 주고받은 빈도가 그 뒤를 이었고, 같은 대륙 출신 간의 유전자 전달은 그다음이었다.

암의 팀은 다음과 같이 썼다. "이 분석들을 종합해 보면, HGT는 갈수록 점점 더 빈번하게 대륙을 넘고 생명의 나뭇가지를 뛰어넘으면서, 인간 마이크로바이옴을 전 지구적인 차원에서 하나의 구조화된 생태계 네트워크 속으로 연결시키고 있다는 것을 보여준다." 쉽게 말해 가지에서 가지로 건너뛰는 유전자는 우리 몸에서도 예외 없이 수평으로 이동하고 있다는 말이다.

73

위즈와 골든펠드의 동적시스템

칼 위즈는 더 이상 선구적인 연구를 통한 발견으로 자신을 내세우지는 못했지만, 저널들을 통해 새로운 발견들을 추적하고 있었다. 그는 이제 명실 공히 사상가였다.

2000년대 초, 포드 둘리틀과 몇몇 유능한 과학자들이 수평적 유전자 전달에 대하여 쓴 경고의 글들은 일대 파장을 일으켰고, 에릭 암과 젊은 연구원들은 그러한 경고에 높은 관심으로 화답했으며, 위즈는 "밀레니얼 시리즈" 논문에서 세포의 진화와 "보편타당한 계통수"에 관하여 발표했다. 이 논문들에서 위즈는 주장에 대한 근거 자료가 없다는 이유로 우군으로부터 신빙성이 떨어진다는 비판을 받았지만, HGT가 지구 생명의 초창기에는 지극히 중요한 과정이었음을 인정했다. 이로써 그는 오로지 16S rRNA라는 단서로 탄생한 나무, 즉 박테리아, 진핵생물, 아르케이아 세 개의 큰 가지로 자라난 자신의 "보편타당한" 나무를 지켜낼 수 있게 되었다. 1977년 그의 위대한 세 번째 생명의 왕국인 아르케이아, 그토록 혁명적이었던 그의 주장은 이제 그가 방어하고자 하는 정통파의 교리가 되고 말았다. 이것이 과학계에서 일어나는 일이다. 패러다임은 변하게 마련이다. 그렇지만 한 과학자의 인생에서, 또는 그의 정신세계에서 두 번 있을 수 있는 일은 아니다.

워즈는 혼자가 아니었다. 노먼 페이스와 몇몇은 한결같이 그와 함께 했다. 그러나 '참된 한 그루의 나무'를 완강하게 고집할수록 그는 점점 더 소외된다는 것을 스스로도 알고 있었다. 오랜 세월에 걸친 HGT로 인해 이제는 많은 분자생물학자들도, 유일하고 명백해 보였던 나무 모양으로 표현된 계통발생에서 "뚜렷한 조상의 자취가 사라지고 있다"고 느낀다는 것을 워즈도 알고 있었다. 그러나 그는 수긍하지 않았다. "그러한 성급한 결론은 잘못된 것이야."

한편, 워즈에게는 두 가지 변화가 찾아왔다. 그중 하나는 새로운 동료였다. 2002년 9월 어느 날, 워즈는 나이절 골든펠드$^{Nigel\ Goldenfeld}$라는 이론물리학자에게 이메일을 보냈다. 같은 일리노이 캠퍼스에 있던 그는 워즈보다 30살 아래의 젊은 영국인으로, 어바나에서 처음 조교수로 시작했지만 당시에는 정교수가 된 상태였다. 그는 복합 상호작용계$^{complex\ interactive\ system}$의 동력학을 연구하는 데 중반의 경력을 보냈다. 주로 결정체의 성장과 유체의 난기류, 재료의 구조적 전이, 눈송이 형성과 같은 주제들이었다. 이 연구들에서 공통된 요소는 시간이 지남에 따라 발달하는 패턴이었다. 골든펠드는 워즈를 만난 적이 없었지만 명성만은 익히 들어 알고 있었다. 나중에 그는 워즈와의 첫 접촉을 "내 인생에서 가장 중요한 이메일"이었다고 회상했다.

워즈는 물리학 학과장에게 연락해서 이렇게 말했다. "물리학자의 도움이 필요한데 누구한테 전화해야 하죠?" 그는 골든펠드를 추천했다. 워즈는 이메일로 복합 동적시스템$^{complex\ dynamic\ systems}$에 대해 누군가와 상의하고 싶다며 다음과 같이 설명했다. 분자생물학에서는 더 이상 비전을 찾을 수 없으며, 새로운 통찰에 과감하게 초점을 맞출 필요가 있다고 생각한다. 세포는 그 자체가 복합 동적시스템이고, 따라서 그것이 세포의 진화 과정을 이해하는 유일한 방식이라는 것을 인식했기 때문이다. 복잡계complex system에서 무작위로 상호작용이 일어날 때, 간혹 발현되는 새로운 형질들은 상호작용하지 않는 구성요소들 사이에서 나온 형질을 앞지른다. "내 전화는 3-9369번입니다"라고 워즈는 적었다. "혹시 이 문제에 관심이 있을지 모르겠네요."

골든펠드는 바로 응답했다. 그는 한껏 고무되었고, 당연히 관심이 있지만 생물학에 대해서는 많이 알지 못한다고 솔직하게 적었다.

워즈는 회신을 보냈다. "현재 진행되는 생물학이 수월하지는 않겠지만, 내가 판단컨대 이 분야는 분명히 당신 쪽으로 움직일 것입니다." 워즈는 대화에서 나아가 협업을 염두에 두고 있었다. 복합 상호작용계를 이해하고 수학으로 동력학을 정량화할 수 있는 파트너를 원했다. 그의 파트너가 아르케이아와 박테리아의 차이라든가 다윈의 주장과 도킨스의 다른 점에 대해서 알고 있는지는 그에게 중요하지 않았다.

후에 골든펠드는 이렇게 기록했다. "그렇게 시작된 과학적인 협력과 우리의 우정은 그가 사망할 때까지 10년 이상 지속되었다. 그동안 우리는 거의 매일 만났고 전화나 이메일로 이야기했다."

워즈 자신도 사실은 물리학자라는 것을 아는가. 그는 애머스트Amherst College에서 수학과 물리를 전공했고 예일대에서 생물물리학으로 박사학위를 받았다. 그뿐만 아니라 워즈의 박사과정 지도교수는 케임브리지의 유명한 캐번디시 연구소Cavendish Laboratory 출신의 어니스트 폴러드Ernest Pollard였고, 그러한 자신의 학맥에 긍지를 가지고 있었다. 폴러드의 캐번디시 시절 박사과정 지도교수였던 제임스 채드윅James Chadwick은 중성자를 발견했고, 당시 수석연구원은 방사능과 원자의 미스터리를 풀었던 어니스트 러더퍼드Ernest

Rutherford였다. 러더퍼드가 임명되기 전에는 윌리엄 톰슨^{William Thomson}(이후 로드 켈빈^{Lord Kelvin}으로 개명)이 캐번디시를 이끌었고, 톰슨 전에는 제임스 클라크 맥스웰^{James Clerk Maxwell}이었다. 모두 현대 물리학의 거장들이며, 채드윅과 러더퍼드, 톰슨 외에 캐번디시 연구소 회원 중 26명이 노벨상을 수상했다. 그중에는 왓슨과 크릭이라는 두 생물학자도 있었다. 나이절 골든펠드 역시 캐번디시에서 물리학 박사학위를 받았는데, 이것이 워즈에게 마지막 경력을 함께 할 젊은 협력자로서 호감을 갖게 한 것인지도 모르겠다. 워즈의 마지막 연구는 다시 생물물리학과 수학으로 회귀하고 있었다. 그것은 워즈가 초기 진화에 대한 더 심도 있는 이해, 그가 주장한 '다윈의 경계' 이전의 RNA 세계, 그리고 생명이 탄생한 이후 얼마나 많은 복잡성이 그렇게 빨리 발생했는지에 대한 미스터리를 더듬어 가는 과정이었다.

그 10년 동안 워즈와 골든펠드는 여러 편의 논문을 공동작업했다. 그중 가장 대표적인 것은 유전자 코드의 기원을 다룬 것이었는데, 젊은 물리학자 칼린 벳시지안^{Kalin Vetsigian}과도 공동집필한 것으로 2006년에 발표되었다. 이 논문에서 워즈는 자신이 1967년 저서에서 고심했던 주제를 끄집어냈다. 유전자 코드의 보편성에 관한 대담한 주장이었다. 즉, 모든 생명체는 같은 아미노산을 불러내기 위해서 같은 세 글자 DNA 조합을 사용하는데, 이것은 생명의 역사 초기에 진행된 역동적인 진화 과정의 산물이라는 것이다. 프랜시스 크릭이 추정했던, 소수의 공통 조상 집단에서 우연히 발생했다고 여겨지는 "동결된 사건^{frozen accident●}"이 아니라는 것이다. 논문에는 주장을 뒷받

● 하잘 것 없고 우연한 일이지만 역사의 방향을 결정하는 사건.

침하기 위한 컴퓨터 모델과 엄청나게 많은 수식이 있었다. 동적 진화 과정에는 "비다윈non-Darwinian" 메커니즘이 포함되어 있었다. 즉, 다른 계통들 간에도 혁신을 서로 공유하게 되었고, 그것이 서로 간에 이익이 됐기 때문에, 그러한 공유 능력을 필수적으로 갖추게 되었다는 것이다. "비다윈" 메커니즘 중에서도 수평적 유전자 전달은 초기에 훨씬 더 "흔하고 일반적인" 현상이었다고 그들은 주장했다. 수평으로 유전자를 제공하는 유기체가 설사 약간 다른 코드를 사용하고 있었다 하더라도 수용자에게는 그 자체로 유용한 가치가 있었을 것이다. 무엇보다도 그렇게 만연했던 수평 전달은 서로 일치된 '암호와 해독 방식'으로의 합의를 만들어 냈다. 즉, 한 종의 생물로부터 전달된 유전자가 다른 계통에서도 온전히 제 기능을 발휘할 수 있는 것은 보편적인 코드 때문이라는 것이다. 벳시지안과 워즈, 골든펠드에 따르면, HGT는 오래전부터 광범위하게 행해진 현상일 뿐만 아니라, 우리가 생각하는 생명의 형태로 진화해 가던 초창기에는 절대적인 요소 중 하나였다. 바로 그 '정보 시스템'으로부터 모든 생명체가 만들어졌다는 것이다.

그로부터 1년 후 네이처지에는 "생물학의 다음 혁명Biology's Next Revolution"이라는 제목의 논문이 등장했다. 단 한 페이지짜리지만 골든펠드와 워즈의 기념비적 합작품 중 하나였다. 논문에서 두 저자는 과학 전반에 곧 불어닥칠 급진적인 전환에 대하여 경고했다. 새로운 사고와 "폭발적인 게놈 데이터"들로 가속화될 그 격변으로 인해 생물학자는 종이나 유기체에 대한 개념, 진화 그 자체에 대한 교리들을 수정하지 않을 수 없다는 것이다. 그들은 수평적 유전자 전달로 시작했다.

"미생물의 세계에서 HGT는 광범위하고 강력한 것이다." 이것은 HGT가 그저 희미한 과거의 일만이 아니라는 것을 워즈가 인정한 것이었다. "최근의 연구들에서 미생물은 환경에 적응하기 위해 필요에 따라 유전자를 받아들이거나 폐기한다는 것이 밝혀졌다." 그들은 유전자들의 그러한 유동성 때문에 박테리아와 아르케이아들 사이에서는 "종"이라는 개념이 쓸모없는 것이라고 주장했다. 유전자가 수평으로 흐르고, 정보가 경계를 넘어 이동하고, 에너지는 세포들로부터 그들 군집과 환경으로 전달된다. 따라서 "유기체"라는 개념, 즉 독립적인 생명체, 구별되는 개체라는 개념 역시 맞지 않다는 것이다.

그리고 거기에는 우리가 친애하는 다윈의 "진화"가 있다. 그것도 역시 더는 쓸모가 없어 보인다. 진화가 만들어 내는 혁신은 점진적 돌연변이와는 다른 방식으로 더 많이 발생하고, 수직적 유전과는 다른 방식으로 더 많이 확산된다는 새로운 견해들로 인해 다윈 모델은 의심을 받고 있다고 그들은 주장했다. 이 시기에 위즈는 생물학자 스튜어트 카우프만Stuart Kauffman과 물리학자 일리야 프리고진Ilya Prigogine과 같은 뛰어나고 독창적인 과학 사상가들의 글을 읽고 있었다. 혼돈과 복잡계 이론chaos and complexity theory으로 유명한 프리고진은 다음과 같이 주장했다. "창발성들emergent properties"●은 복합 상호작용계 안에서 자발적으로 발생하는 것이어서 우리가 예측할 수 없고 놀랍도록 정교하다. 특히 카우프만은 자신의 저서 《질서의 기원The Origins of Order》과 《우주 안의 집에서At Home in the Universe》에서, 생태계의 "자기조직화self-organization" 발생 가능성을 제시했다. 이러한 견해들은 철학적으로 다윈설에 반대하는 것처럼 보일 수 있는 것이어서 자칫 창조론자들을 다시 살려

● 창발은 없다가 갑자기 나타난다는 의미.

낼 위험이 있다고 일부 생물학자들이 우려하던 것이다. 그러나 굶주린 워즈는 그들의 사상에 솔깃했다.

골든펠드와 워즈는, RNA 세계의 대혼란[*] 어디쯤에서 "운영 체제operating system"가 자발적으로 형성되었을 것이며, RNA 자기복제 과정에서 실수로 나온 더 유망한 혁신들이 서로 전달되고 적용되었을 것이라고 썼다. 그들은 결과적으로 세포 내 번역 기전translation mechanism에 의해 DNA 정보로부터 단백질이 만들어지는 과정을 암시했는데, 그 기전의 핵심에는 리보솜이 있고, 그 중심에는 워즈가 아끼는 16S rRNA 분자가 있었다. 그리고 이어진 또 다른 결론이 있었다. 초기 생명은 골든펠드와 워즈가 말하는 "라마르크 방식lamarckian way"으로, 즉 획득한 형질의 유전에 의해 진화했으며, 수직적 유전보다 수평적 유전자 전달이 훨씬 중요했다는 것이다. "고로, 다윈이라는 이름이 진화론과 동일하게 인식되는 것은 안타까운 일이다. 다른 방식들이 그보다 우선하기 때문이다." 절묘한 표현이었다. "다윈을 그의 기념비에서 끌어내려야 한다. 물론 다윈이 전적으로 틀린 것은 아니다. 다만, 초기 20억 년간 그의 이론이 적용되지 않을 뿐이다."

● 복잡계가 동작할 만큼 충분히 혼란스럽다는 의미.

74

일리노이 대학 연구소, IGB

워즈에게 일어난 또 다른 변화는 새 동료 골든펠드보다 몇 년 앞선 1997년에 일어났다. 한 자선재단에서 일리노이 대학교에 거액의 연구비 지원을 검토하고 있었다. 재단을 대표하는 담당자들과 학장, 학과장, 교수들이 함께하는 중요한 회의가 열리게 되었고, 워즈는 늦게서야 도착했다. 만약 지원이 성사된다면 비교게놈 연구센터를 설립할 수 있게 된다. 연구지원서를 작성한 이는 젊은 생물학자 해리스 르윈Harris Lewin이었다. 동물과학과 교수인 르윈은 워즈의 측근이었고, 포유류의 게놈과 면역을 연구했으며, 그들의 연구분야에 '계통유전체학phylogenomics'이라는 고급스러운 이름을 지은 사람이다. 그는 초기의 공로를 인정받아 이후에 수석연구원이 되었다. 이 지원 사업에 워즈는 자신의 스타 파워를 빌려주었고, 재단의 사업 담당자는 자금 집행을 결정하기 전에 워즈로부터 직접 들어야겠다고 고집을 부렸다. 공교롭게도 워즈는 바로 전날 사다리에서 떨어져 목을 다친 상태였으므로 동료들은 이런저런 이유(타고난 심술까지 감안해서)로 그가 회의에 오지 않을 것으로 생각했다. 그런데 그가 나타난 것이다. 후에 해리스 르윈은 이렇게 회상했다. 워즈는 "거대한 목 보호대를 장착한 무시무시한 모습"으로 나타나 회의석 한 켠에 조용히 자리 잡았다. 매우 고통스러워 보였다. 지원 사업 담당자가 물었다. "그런데 워즈 교수님, 계통-유전체학은 교수님과 어떤 관계가 있습니까?"

그는 크게 심호흡을 했다. 그리고 눈을 감은 채 읊조리듯 말하기 시작했다. 르윈은 당시를 이렇게 회상했다. "과학적 심상으로부터 저절로 흘러나오는 즉흥적인 발언은 회의실에 있던 모든 사람의 지성을 한순간에 압도해 버렸습니다. 우리 모두는 방금 그가 해낸 놀라운 일에 한동안 멍하니 침묵을 지켰습니다." 그는 야심 찬 사업의 완벽한 근거를 제시했다. 분자 증거를 통해 살아 있는 유기체들 간의 실제 관계를 밝혀내는 것, 또한 시간을 거슬러 그러한 관계를 추적하는 것은 모든 지구 생명체의 실제 역사를 밝혀내는 일이라는 것이다. 오, 그뿐인가요? "내가 그것을 녹음했어야 했는데"라며 르윈은 안타까워했다.

워즈의 연기는 르윈에게 더더욱 놀라운 일이었다. 그는 워즈가 계통유전체학이라는 말 자체도 싫어한다는 것을 알고 있었다. 그가 현명하게 처신해 줄 것이라 생각하긴 했지만 사실 확신할 수는 없었다. 그러나 그는 훌륭하게 해냈고, 그의 한마디는 지원금 담당자들을 충분히 만족시켰다. 결국 사업은 통과되었다. 워즈의 업적이 크게 작용했지만, 거기에는 르윈과 어바나의 학제간 팀원들의 노력, 그리고 그들의 분야를 타분야들로부터 차별화시키는 데 성공한 결과였다. 워즈는 정확히 그 일을 해 주었고, 그의 발언은 평생 그를 품어준 대학에 대한 충성의 발로였다고 르윈은 생각했다. "그가 일리노이를 위해 한 것입니다."

동기가 무엇이든, 그가 자제한 속내가 무엇이든 간에 일은 성사됐다. 두 달이 채 안 돼서 재단의 수표가 도착했고, 더 큰 사업을 위한 자본이 되었으며, 프로젝트가 시작되었다. 10년에 걸쳐 기부금은 7천5백만 달러에 달했고, 대학은 게놈생물학 연구소(IGB)^Institute for Genomic Biology를 설립했다. 르윈이 설립책임자를 맡았고 워즈는 상근고문이 되었다.

해리스 르윈 자신은 칼 워즈에게 "감히 친구가 될 수 없는" 사람이라고 생각했다. 무엇보다도 워즈와는 과학적인 배경이 완전히 다르다는 것이 그 이유였다. 르윈은 동물과학 분야에서 유전학과 면역학, 그리고 가축의 건강에 미치는 요소들, 그중에서도 소의 게놈을 침범하는 레트로바이러스 retrovirus(에이즈 바이러스를 포함하는 바이러스 집단)인 백혈병 바이러스^bovine leukemia virus 같은 주제를 연구했다. 반면에 워즈는 동물에 대해 거의 관심을 두지 않았다. 그의 연구, 즉 훨씬 더 이전으로 거슬러 올라가는 진화에 대한 의문 속에 그것은 들어 있지 않았다. 동물들은 생명의 나무 꼭대기에 보일까 말까 하는 잔가지에 달려 있고 워즈의 관심은 주로 나무 밑동 근처의 큰 가지들이었던 것이다. 더욱이 르윈이 듣기에 워즈는 가까이하기 어려운 "약간 무서운 사람"이었다. 그러나 르윈은 어바나에 오고 나서 약 10년쯤 지나서 포유류의 게놈 비교를 연구하게 되었을 때 어떻게 해서든 그를 만나야겠다고 생각했다.

"외톨이에 독선적인 사람이라 생각하고 있었는데," 최근에 캘리포니아 대학교 데이비스의 부총장직을 연구 때문에 사임한 르윈이 내게 이야기한 것이다. "사람들이 말하던 바와 정반대의 사람이었어요." 그가 처음 워즈를 찾아갔을 때 연구실에는 20년 전 조지 폭스 등이 있을 때 그린 초기 나무들이 누렇게 바랜 채 아직도 벽에 걸려 있었다. 워즈는 평소처럼 자신의 낡은 회전의자에 앉아서 실험대에 발을 올려놓고 있었다. 그는 일어나서 해리스를 따뜻하게 맞이하며 주변을 소개해 주었고 몇 시간이나 이야기를 나누었다. 그들은 친해졌고, 게놈생물학 연구소(IGB)가 설립될 때 워즈가 르윈을 책임자로 임명하기 위해 대학 관계자들에게 로비할 정도로 서로를 신뢰했다. 동시에 그는 자신의 연구가 중단되지 않도록 르윈에게 로비를 했다. 2007년에 IGB가 드디어 문을 열게 되었을 때 그들은 모두 그곳으로 이사했다. 커다란 창문으로 석조광장이 내려다보이는, 대학 전망대 바로 건너편의 산뜻한 새 건물이었다.

워즈는 옛 연구실을 떠나는 것이 내키지 않았다. 40년 이상을 그의 가장 위대한 발견들과 가장 고된 작업들, 수많은 의미 있는 시간들을 함께 해온 모릴홀 3층인 것이다. 르윈은 광장이 내려다보이는 IGB 건물의 멋진 사무실로 옮길 것을 설득했다. 르윈이 볼 때, 이로써 워즈가 모릴홀에서의 "칩거"를 중단하고, 나이절 골든펠드를 위시한 젊은 새 진영과 "그가 아끼던 유능한 조교 데브라 파이퍼Debra Piper"가 있는 곳에 안착하게 될 것이다. 파이퍼는 골든펠드의 '생물복잡성Biocomplexity'이라는 프로그램에서 일하고 있었고, 새로 이사 온 워즈와 맞닥뜨렸다. 그녀는 워즈의 조력자이자 친구가 되었고, 워즈의 말년에 보호자 역할을 하게 되었다. 모든 것이 순조로웠다. 그러던 중 해리스 르윈과의 우정에 약간의 그림자가 드리워지면서 사무실 위치가 그를 짜증 나게 만든 것 빼고는 말이다. 그 일은 르윈이 광장에 설치한 3-피스 조각상이 발단이었다. 그는 워즈의 유명한 업적인 생명의 세 도메인을 기리는 기념물을 만들고자 했다.

"나는 그의 발견을 기념할 무언가를 하고 싶었다. 나무 상징물이랄까"라고 르윈은 나중에 기록했다. 위원회가 심사숙고한 끝에 주 전체 입찰에 붙여졌고, 시카고 출신의 "불손한" 예술가가 선정되었다. 나무 개념은 사라졌다. 이 조각가가 만든 것은 추상적인 세 개의 거대한 폴리우레탄 덩어리였다. 마치 숟가락으로 긁어낸 쿠키 반죽처럼 모두 불규칙한 형태에 크기와 색깔도 제각각이었다. 큰 것은 연초록색, 중간 크기는 짙은 주황색, 작은 것은 노란색이었다. 어바나에 올 기회가 있다면 보게 될 것이다. 르윈은 이 덩어리들을 그대로 수용했고 그것이 설치된 광장과 함께 새 이름을 붙여 주었다. 그런데 그 이름이 하필 "다윈의 놀이터Darwin's Playground"였다. 그것은 워즈에게 모욕이었고(르윈도 오랫동안 후회했다), 그는 보는 것조차 힘들어했다. 워즈는 광장과 다른 방향에 있는 연구소 옆문으로 드나들기 시작했고, 급기야는 창문이 없는 안쪽 사무실로 옮기기까지 했다. "결국 나를 용서해 주긴 했지만, 정말 쉽지 않았다"라고 르윈은 기록했다.

이것은 워즈의 말년에 일어난 일이다. 그는 찰스 다윈을 증오했고, 20세기 내내 그가 종사했던 분자생물학에 환멸을 느꼈으며, 자신의 위대한 업적에 가해지는 저항들에 분통이 터졌고, 원핵생물이라는 바로 그 말에 약이 올랐고, 자신에 대한 적절치 못한 찬사에 분노했고, 특히나 노벨상을 타지 못해서 억울했고, 그의 창문 너머로 다윈의 이름이 새겨진 눈꼴 사나운 현대 미술을 감상해야 하는 것에 울화가 치밀었다. 그렇게 그는 마지막 5년을 보냈다.

75

인간 게놈 그리고 전위인자

　인간 게놈 프로젝트는 크레이그 벤터 그룹과 국제 컨소시엄의 "경쟁적 협력관계" 속에서 2000년에 개략적인 초안과 2003년에 완전하지는 않지만 개선된 버전이 발표됐다. 그리고 전체 서열에 대한 정밀 분석이 가능해지면서 놀라운 성과들이 나오기 시작했다.

　그러한 성과들은 인간 DNA가 어떻게 구성되어 있고 각 구성요소들이 어떤 기능을 하는지 뿐만 아니라, 그것들이 어떤 근원으로부터 유래하여 언제 어떻게 조립된 것인지에 대한 단서들이었다.

　대대적인 첫 발표는 오류였음이 밝혀졌다. 인간 유전자 중 223개가 "박테리아로부터 수평 전달된 것일 수 있다"는 2001년 컨소시엄의 발표였다. 앞서 설명한 대로 스티븐 살츠버그와 비평가들은, 컨소시엄 팀이 불충분한 데이터를 가지고 섣부르게 결론을 내렸다고 즉각적으로 지적하고 나섰다. 결국 그 주장은 버텨 내지 못했다. 인간 외의 생물체에 대한 게놈 서열도 점점 쌓이게 되면서 그것이 인간의 게놈을 분석하는 데 도움이 되었다. 한편, 처음 발표보다 대중의 관심을 덜 끌었지만 컨소시엄이 2001년에 내놓았던 인간 게놈의 또 다른 서열분석이 있었다. 그들은 30억 개의 염기에서 의미 없이 반복되는 것처럼 보이는 엄청난 양의 서열들을 발견했다. 게놈 안에 자리 잡은 거대한 쓰레기 매립지 같은 그것들에 사람들은 "정크 DNA"라는 이름을 붙였다.

인간의 기본 청사진에 나타난, 쓸데없이 중복되는 서열들은 연구자들을 당혹하게 만들었다. 그것들 대부분은 비교적 짧게 전개되는 코드들이었는데, 적게는 수백 개부터 수천 개에 이르는 염기들이, 다시 수천에서 수십만 번까지 반복되는 구성을 이루고 있었다. 이렇게 반복된 서열이 전체 게놈의 절반을 차지했다(실제 단백질을 만드는 코드 서열은 5%에 불과했다). 이 중복 현상은 DNA 서열분석이 가능해지기 이전에도 이미 다른 방법에 의해 알려졌지만, 일부 생물학자들은 이것들을 "정크"라고 부르며 누락시켰다. 그러나 이 정크들을 "전이성 인자transposable elements"라며 좀 더 구체적으로 파악한 일부 과학자들이 있었다. 여기서 전이 가능하다는 의미는 그것들이 자기 자신을 계속해서 복제할 뿐만 아니라 게놈의 다른 부위로 도약해서 들어앉은 것으로 추정된다는 뜻이다. 그러한 도약과 반복적인 서열은 쓸모없는 과정이 아니었다는 것이다. 실제로 그것들은 최소한 무언가의 단서였으며 그 이상이기도 했다. 컨소시엄의 연구자들은 그것들이 잠재적 가치를 가진 존재임을 깨달았다. 즉, 인간의 진화에 관한 "풍부한 고생물학 기록"을 담고 있는 "진귀한 정보의 보고"라는 것이다. 그렇다면 무엇을 기록한 것일까? 아직은 알 수 없었다.

이 '전이성 인자'에 대한 연구는 아이러니한 초창기 연구로 시작되었다. 바로 1940년대로 거슬러 옥수수 유전학을 연구하던 전도유망한 식물유전학자 바버라 매클린톡Barbara McClintock에 의해 처음 발견되었다. 롱 아일랜드에 위치한 콜드스프링 하버 연구소Cold Spring Harbor Laboratory에 있었던 매클린톡은, 약 1에이커(1,224평)의 땅에 매년 여름 수백 종의 식물과 옥수수를 키웠다. 그녀는 옥수수 알갱이를 X선에 노출시켜 인위적으로 돌연변이를 유도한 다음, 수작업으로 수분해서 얻은 교차 유전자들을 대상으로 모든 옥수숫대의 염색체들에서 돌연변이를 추적해 나갔다. 분자생물학 이전의 유전학자들에게 옥수수는 좋은 연구소재였는데, 돌연변이들은 옥수수 속대를 알록달록하게 만들고 그것이 옥수수 알갱이에 그대로 드러나기 때문이다. 매클린톡은 그녀가 유도한 변이들 중 이동 능력을 가진 것들이 있다는 사실을 발견했다. 이유는 알 수 없었으나 그것들은 식물 발생 과정에서 한 염색체에서 다른 염색체로 이동할 수 있었다. 그녀는 특정한 두 개의 돌연변이에 집중해서, 염색체에서 분절을 일으키는 그들의 상호작용을 관찰했다. 그것들은 유전자 발현에 중요한 역할을 하는 것처럼 보였기 때문에 그녀는 "조절 인자controlling elements"라고 불렀다. 그러나 그녀가 발견한 것은 '유전자 조절 인자'일 뿐만 아니라 지금까지 알려진 최초의 '전이성 인자transposable elements'였던 것이다. 그리고 거의 40년 후에 그녀는 노벨상을 수상했다.

무명에서 갑자기 박수갈채를 받았다는 그녀의 이야기가 아이러니라는 것은 아니다. 이런 식의 이야기는 매클린톡을 훌륭한 페미니스트 영웅으로 만든 몇몇 호사가들에 의한, 듣기에는 좋지만 신빙성이 부족한 일종의 신화였다. 그녀는 분명히 영웅이었지만 결코 페미니즘의 선구자가 아니었다. 물론 그녀는 자신에 대한 그러한 신화를 싫어하지 않았다. 여기서 말하고자 하는 진짜 아이러니는 그녀가 게놈 안에서 이리저리 옮겨 다니는 능력보다는 유전자 조절 능력을 훨씬 더 중요하게 생각했다는 것이다. 전언에 따르면 특히 그녀가 연구 경력 후반에 이르렀을 때에는 그러한 전이transposition에 거의 관심을 두지 않았다는 것이다. 그러나 노벨상위원회는 관심이 있었고 그녀에게 "이동 유전 요소$^{mobile\ genetic\ element}$ 발견"에 대한 공로로 노벨상을 수여했다.

매클린톡의 초기 연구가 있고 나서, 유전자 연구가 분자 차원으로 들어섰을 때, '전이성 인자'들이 다른 생명체들의 게놈에서도 발견되었다. 박테리아와 초파리, 효모, 인간이었다. 이제 그것들은 좀 더 간단한 이름 '전위인자(트랜스포존)^{transposons}'로 불렸다. 그러나 일부는 원래 유전자 자신이 불리던 이름 그대로 사용되는 것들도 있었다.

그중, 수백만 년 동안 이곳저곳을 두루 떠다닌다고 해서 항해자^{mariner}라는 별명이 붙은 전위인자 그룹이 있다. 이들은 초파리와 인간, 그 외에도 여러 동물의 게놈에서 발견되었다. 영장류가 갈라지던 초기 진화 시기에 두 항해자가 처음 인간 계통에 들어왔고 우리 조상의 게놈에서 약 14,000번 복제했다. 우리 게놈에 풍부한 것 중에 알루^{Alu}라는 이름의 전위인자도 있다. 이것은 겨우 300개밖에 되지 않는 염기들이지만 이 별거 아닌 300개의 염기들이 인간 게놈에서 100만 번 이상 반복된다.

틀림없이 자연계는 매우 다양한 모습으로 존재한다. 그러나 동시에, 다윈의 자연선택에서 말하는 자연계는 철저하게 경제 원리에 의해 작동하는 것으로 여겨져 왔기 때문에, 일부 생물학자들은 그 영문을 알 수 없는 중복 속에 어떤 악마의 음모가 숨겨져 있는지 궁금했다. 프랑스 툴루즈^{Toulouse} 출신의 세드릭 페쇼트$^{Cedric\ Feschotte}$도 그들 중 한 사람이었다.

페쇼트는 파리 대학교 박사과정에서 곤충의 전이성 인자를 연구했다. 그후에 애선스^{Athens}에 있는 조지아 대학교$^{University\ of\ Georgia}$에서 쌀의 전이성 인자를 연구하기 위해 포스트닥으로 합류했다. 그는 부가적인 연구로 바버라 매클린톡이 한 것처럼 온실에서 옥수수 교차실험을 진행했다. 옥수수 연구가 여전히 필요했던 이유는 옥수수 게놈에서 빈번하게 옮겨 다니는 전위인자가 85%를 차지하고 있었기 때문이다. 이것은 1940년대와 1950년대에 매클린톡도 발견하지 못한 것이었다. 페쇼트는 조지아주로부터 알링턴에 있는 텍사스 대학교로 옮겨갔고, 곡류 연구로부터 척추동물 연구로 옮겨갔다. 그는 게놈 안에서 자신을 복제하며 이리저리 활보하는 이 미친 전이성 인자를 집요하게 쫓아다녔다. 내가 방문했을 때 그는 유타 의대 교수였고, 인간과 척추동물의 전위인자를 연구하고 있었다. 그의 책장에는 알록달록한 옥수숫대 두 개가 놓여 있었다. 바버라 매클린톡에 대한 경의와 함께 땀 흘려 농사를 짓던 조지아에서의 추억이 담긴 기념물이었다.

페쇼트가 텍사스에 있을 때 그의 첫 대학원생이었던 존 페이스John K. Pace II(노먼 페이스와 무관하다)는 지방 출신으로 동급생들보다 약간 나이가 많았다. 결혼해서 아이들이 있는 데다 이미 컴퓨터 프로그래머로서 10년의 경력이 있었다. 그는 단지 지방 전문대학 어딘가에서 생물학 강의를 하기 위해 석사학위를 받고 싶어했다. 그러나 페쇼트 아래서 그는 중요한 발견을 하게 되었다. 그는 컴퓨터 기술로 게놈을 조사해 전위인자를 검색했고, 갈라고원숭이bush baby라는 동아프리카 영장류에서 하나를 발견해 냈다. 거의 3,000개의 염기에 달하는 전위인자는 갈라고원숭이 게놈에서 7,000번 이상 반복되었다. 그 자체로도 경이적이었지만 페이스가 해낸 더 놀라운 성과는 그와 똑같아 보이는 전위인자를 완전히 다른 동물의 게놈에서 발견한 것이다. 바로 북미종인 갈색박쥐little brown bat였는데 이것은 3,000번가량 반복되었다.

페이스와 페쇼트는 동일한 전위인자를 찾기 위해 연구실 사람들을 총동원하여 더 많은 게놈을 조사했다. 그들은 마다가스카르고슴도치tenrec에서 가까운 변이를 찾아냈고, 남미의 주머니쥐, 서아프리카의 개구리, 미국 남

동부의 도마뱀에서도 같은 전위인자로 볼 수 있는 일부를 발견했다. 왕성한 복제 능력을 가진 이 DNA 구간^{stretch}들은 필시 하나의 생명체 안에서 또 다른 생명체들로, 한 대륙에서 또 다른 대륙들로 순식간에 퍼져 나간 것이다. 그러나 그것들은 19가지 포유동물을 포함해서 아직까지 수많은 척추동물의 게놈에서는 전혀 발견되지 않았다. 이것은 척추동물의 조상으로부터 수직으로 유전된 것이 아니라 수평으로 이동했다는 것을 강하게 뒷받침하는 것이었다. 그것들은 일단 새로운 게놈으로 넘어가기만 하면 마음껏 복제했다. 마다가스카르고습도치의 게놈은 13,963개의 완벽한 복사본을, 갈라고원숭이는 7,145개의 복사본을 만들었다. 서로 다른 동물 게놈에 자리 잡았지만 각 버전들은 최소한 96%가 일치했다. 하나의 전위인자가 최근에 침투한 것이 확실했다. 이 공격적인 새 전위인자 세트에는 그에 걸맞은 이름이 필요했다. 페쇼트 팀은 그들을 "영역 침범자$^{Space\ Invaders}$"라고 불렀다.

"누가 지은 거죠?" 내가 페쇼트에게 물었다. "제가 지었죠. 아시잖아요, 팀원들은 일을 하고 저는 마케팅을 하고,…." 교수들이 하는 자조적인 농담이었다. 우리는 같이 웃었다. 그는 중요하지만 허드렛일인 이들 과학적 업무에 대해 가벼운 농담조로 이야기했다. "저는 주로 인자의 이름을 짓거나, 기자들이나 작가들하고 수다를 떨어요."

그는 마다가스카르고습도치와 주머니쥐 등의 게놈은 모두 온라인 데이터베이스에 공개된 것이라고 말해주었다. 오늘날 과학계는 매우 좋아져서 사람들은 게놈 전체를 서열분석할 뿐만 아니라 세상에 공개한다. "이것은 최고로 민주적인 연구 방식입니다. 누구든 언제든지 검색할 수 있으니까요." 페쇼트가 말했다. "인터넷만 연결하면 되는 겁니다." 거기에 정확한 질문을 제대로 할 수 있는 생물학 지식과 컴퓨터 기술만 있으면 된다는 것이다. 물론 페이스북보다는 어렵겠지만 말이다. 이 논문은 2008년에 발표됐고, 석사학위가 목표였던 겸손한 존 페이스는 알링턴 텍사스 대학교에서 박사학위를 받았다.

이들 전위인자에 대한 주요 의문 중 페쇼트가 특히 관심을 둔 것들이 있었다.

(1) 그들은 어디에서 왔는지, (2) 새로운 게놈에 어떻게 침투하는지, (3) 일단 침투하고 나면 그렇게 대량으로 복제하는 까닭이 무엇인지였다.

페쇼트는 세 가지 의문에 대한 자신만의 답을 가지고 있었지만, 아직 정답인지는 알 수 없었다. 그중 세 번째 항목인 과잉 자가복제에 대해서 그는 잉여 DNA 개념(생존과 증식만을 "목적"으로 하는 비유전자 DNA)일 것이라 추측했다. 1976년 리처드 도킨스가 자신의 베스트셀러 《이기적 유전자The Selfish Gene》에 소개했고, 포드 둘리틀과 그의 대학원생이 1980년 논문에서 더 발전시킨 이론이다. 이 논리에 따르면, 전위인자는 더 오랫동안 생존하기 위해 자기복제 능력을 갖게 되었다는 것이다. 그들은 숙주 게놈보다 더 빨리 복제하고 다른 계통으로 도약해 퍼져 나감으로써, 멸종해가는 계통 안에서 동반으로 멸종할 가능성을 피할 수 있게 된다. 그뿐만 아니라 게놈에 들어간 잉여 DNA는 어떤 식으로든 사용될 수 있는데, 운이 좋다면 그것이 돌연변이를 일으켜 세포 기능에 오히려 도움이 될 수도 있다.

이를테면 유전자 조절 같은 기능이다. 바버라 매클린톡이 전위인자에 대해 추론했던 기능이다. 결국 이것은 숙주 생물의 생존에 도움이 되고, 숙주 계통이 멸종하지 않는 한 전위인자 역시 살아남는다. 그러나 이에 대한 증거는 쉽사리 나오지 않았다. 아직은 매클린톡의 가설일 뿐이었다.

세드릭 페쇼트의 세 가지 의문 중 첫 번째(전위인자의 근원)는 미스터리로 남았다. 하지만 두 번째, 전위인자의 침투 방식에 대해서 그는 몇 가지 아이디어를 갖고 있었다. 바로 기생충 감염이었다. 바이러스가 HGT에 의해 한 종에서 다른 종으로 전체 유전자를 옮기는 것과 같이, 이들 이기적인 유전자의 일부만을 옮기는 것도 가능할 것이다. 페쇼트 팀은 이 유사한 과정을 HTT^{horizontal transposon transfer}(수평 전위인자 전달)라고 부르기 시작했다. HGT의 하위 범주라고 할 수 있었다. 그리고 로드니우스 프롤릭서스^{Rodnius prolixus}라는 한 기생성 곤충에서 HTT의 증거가 될 만한 것을 발견했다. 작지만 포악한 이 곤충은 중남미가 원산지로 새와 파충류, 포유류, 사람의 피를 빨며 살아간다. 주로 입 근처를 문다고 해서 키싱버그^{kissing bugs}(트리아토마빈대)라고도 불린다.

키싱버그는 무는 데서 그치지 않고 샤가스병^{Chagas}을 옮기기 때문에 아메리카 열대지방에서 혐오의 대상이다. 걸리면 쉽게 낫지 않고 때로 치명적일 수도 있는 샤가스병은 환자의 혈액과 조직 안에서 번식하는 원생동물에 의해 발생한다. 찰스 다윈은 비글 항해 도중 아르헨티나에서 키싱버그를 경험했다. 그는 말을 타고 육지를 둘러보다가 벌레가 득실거리는 마을에서 묵은 적이 있었다. 그는 "1인치나 되는 시꺼먼 벌레들이 온몸을 스멀스멀 기어다니면서 내 피를 빨아먹는다는 느낌은 한마디로 끔찍했다"라고 노트에 기록했다. 젊고 건강했던 다윈은 "무엇이든지 한 번씩 경험하는 것은 나쁘지 않다"라며 대수롭지 않게 넘겼다. 그때 키싱버그가 다윈에게 샤가스병을 옮겼는지 현재까지는 확인되지 않았다(웨스트민스터 성당 아래에서 그를 꺼내 볼 수도 없으니). 그러나 중년 내내 형벌처럼 다윈을 괴롭혔던 불가사의하고 만성적인 질병이 샤가스병으로 추정된다는 설이 있다.

이 로드니우스 프롤릭서스, 즉 키싱버그는 뱃속에 있는 샤가스 원생동물만 옮기는 것이 아니었다. 존 페이스가 연구한 마다가스카르고슴도치와 주머니쥐, 개구리처럼 키싱버그도 게놈 속에 다량의 전위인자를 가지고 옮기고 있었다. 페쇼트는 키싱버그에서 바로 그 전위인자를 발견했는데, 키싱버그의 게놈은 샤가스병에 대한 의학계의 관심 때문인지 이미 누군가가 서열 분석을 해서 공개한 상태였다. 페쇼트는 "어느 날 밤에 집에서 갖고 놀다가" 발견했다고 말했다. 그가 말한 "갖고 놀다가"라는 것은 전문적인 생물정보학 소프트웨어를 사용해서, 공개된 수많은 게놈 중 '영역 침범자'들이 어디에 숨어 있는지 조사하는 것을 의미했다. 키싱버그에서 전위인자를 찾아낸 것은 기대 이상이었다. 그는 이전에 존 페이스와 함께 수행한 연구에서, 키싱버그가 좋아하는 숙주인 남미의 주머니쥐와 몇몇 포유류에서 전위인자를 찾아냈지만, 이 키싱버그에서의 발견은 다음과 같은 그의 추측을 더욱 뒷받침하는 것이었다. 즉, 키싱버그가 피를 빨아먹는 습성은 질병을 옮기는 것과 동시에 DNA를 전달할 기회를 얻기 위한 것이고, 이때 키싱버그는 전위인자의 매개자, 즉 중간 숙주일 것이라는 추측이었다. 다음 날 아침 두 포스트닥에게 이 사실을 알리고 그들을 집으로 불러 더 면밀하게 조사했다. 결국 그들은 200번 이상 복제된 영역 침범자뿐만 아니라 이전에 포유동물에게서 발견한 세 개의 다른 전위인자들도 찾아냈다. 돌연변이율로 유추했을 때 1,500만 년 ~ 4,600만 년 사이에 그러한 전달이 일어났을 것으로 추정되었다.

이 시나리오가 무엇을 뜻하는지 잠시 생각해 보자. 한 포유동물의 게놈에 있던 이기적 주체인 DNA가 있다. 이것이 피를 빨아먹는 곤충의 배를 거쳐 다른 종의 포유동물로 옮겨가서 그 게놈 안에 들어앉는다. 그렇게 옮겨진 DNA는 두 번째 포유동물의 유산이 되어 유전된다. 일단 그렇게

DNA(전위인자)의 자가복제가 시작되면 게놈에 다량의 DNA가 더해진다. 이것은 나쁠 수도 있고 어쩌면 더 좋을 수도 있다.

나쁜 경우라면 게놈을 교란시켜 중요한 유전자 기능을 파괴하고, 선천성 질병을 유발하며, 어쩌면 그 포유동물 계통을 멸종시킬 수도 있다. 이 경우 전위인자는 불운한 계통과 함께 사라졌을 것이므로 과학계는 지금 그 현상을 결코 확인할 수 없을 것이다.

그러나 이 포유동물이 운이 좋다면, 새 DNA는 치명적인 해를 끼치지 않으며 오히려 유용할 수도 있다. 그것은 새로운 가능성을 부여하고 유전 물질의 원료를 더해주며, 오래된 전위인자 DNA로부터 새로운 유전자가 형성될 가능성을 높여준다. 이 새로운 유전자는 환경의 변화에 따라 살아남을지 사라질지가 결정된다. 새로운 유전자가 확실하게 유익하다면 그것은 집단으로 퍼져 나갈 것이고, 오랜 시간 시련을 견뎌 내며, 자신을 주머니쥐나 개구리, 갈라고원숭이 등의 계통 안에 보호할 것이다. 그리고 수백만 년 후에 세드릭 페쇼트 같은 사람들이 그 동물들에게서 그 유전자들을 발견하게 될 것이다. 어쩌면 그것은 진화의 경로를 바꿀 수도 있을 것이다. 물론 인간의 진화를 포함해서다.

다시 2007년으로 돌아가서, 존 페이스와 세드릭 페쇼트가 했던 약간 다른 연구활동이 하나 있었다. 그들은 지난 8천만 년 동안 영장류에 수평 전달된 것으로 보이는 전위인자 목록을 만들었다. 모두 40개였고 이들은 대량으로 복제되었다. 이 외계 DNA 구간stretch들은 현재 약 98,000개에 달하며, 인간 게놈의 1%를 차지한다. 지금 이 순간도 그들은 우리와 함께 있으면서 천천히 변화하고 있다. 그리고 그들의 영향력은 거의 알려져 있지 않다.

76

다윈을 시기한 칼 워즈

연구활동이 끝나갈 즈음에 칼 워즈는 괴팍한 고집쟁이 원로가 되어 가고 있었지만, 자신의 말년을 좀 더 명예롭게 만들고 싶어했다. 그는 자신의 수상경력들을 기록했다. 맥아더 펠로우MacArthur Fellowship에 선발되었고, 미국 국립과학아카데미National Academy of Sciences로부터 상을 받았으며(회원으로도 선출되었다), 네덜란드 왕립예술과학아카데미에서 수여하는 레벤후크 메달Leeuwenhoek Medal(미생물학 최고 명예)을 받았다. 2000년에는 과학자문단의 추천에 따라 미국 대통령이 수여하는 국립과학상 수상자로 낙점됐으나, 워즈는 워싱턴에서 열리는 이 행사에 참석하지 않았다. 빌 클린턴과 악수하고 싶지 않다는 것이 이유였다.

2003년에는 스웨덴 국왕이 직접 수여하는 스웨덴 왕립과학아카데미의 크라포드상Crafoord Prize을 수상했다. 그것은 워즈에게 노벨상의 허기를 달래줄 만한 것이었다. 워즈는 여행을 싫어했지만 해리스 르윈과 게리 올슨(어바나에 있는 그의 충실한 협력자)과 함께 행사가 열리는 스톡홀름에 동행했고, 칼 16세 구스타프 국왕과 거리낌 없이 악수했다. 크라포드상은 가끔 공동수여될 때도 있지만(에드워드 윌슨Edward O. Wilson과 생물학자인 파울 에를리히

Paul Ehrlich는 1990년에 공동수상했다), 워즈는 단독수상으로 50만 달러의 상금을 독차지했다. 후에 르윈은 "칼이 크라포드상을 단독 수상한 것은 통쾌한 설욕"이라고 말했고, 워즈 자신도 "크라포드상을 단독 수상한 것이 노벨상을 공동수상하는 것보다(특히 크레이그 벤터를 지칭하며) 낫다"고 농담했다는 것이다. 그러나 르윈은 그 말을 믿지 않았다. "사실 칼은 노벨상에 집착했어요." 노벨상이 생물학 부문에 인색하다는 논리로 자신을 위로해 왔지만, 바버라 매클린톡의 생물학 연구는 생리의학 부문으로 수상했고, 왓슨과 크릭도 마찬가지였다. 워즈도 노벨상 후보로 지명이 되기는 했다. 그러나 그의 아르케아 발견이 의미하는 바가 당시에 모호하게 느껴졌을 수 있다. 또는 그가 그만큼 오래 살지 못해서라고 말할 수도 있겠다.

크라포드상을 받고 1년 후 2004년에 그는 중대하고 야심에 찬 논문을 발표했다. 이것은 네이처지나 사이언스지가 아니라 그보다 덜 알려진 학회지인 미생물학 및 분자생물학 리뷰Microbiology and Molecular Biology Reviews에 실렸고 편집자들은 그에게 15페이지를 할애했다. 충분한 분량은 아니었지만 그에게는 절호의 배출구였다. 그는 분자생물학 분야를 향해 그의 생각을 말하고 싶었다. 속된 말로 그들을 향해 한 방 날리고 싶었던 것이다.

그는 "새로운 세기에 새로운 생물학A New Biology for a New Century"이라는 제목을 붙였다. 그는 분자생물학이 초창기의 취지를 계승하지 못하고 "공학적 학문"으로 변질됐다고 비판했다. 그것은 농업이나 환경 복원을 위한 유기체의 유전자 변형, 그리고 인간 건강에 대한 문제들 같은 응용 학문에 관심을 둔다는 의미였다. 사실 진화론이 아닌 인간의 건강에 워즈는 관심이 없었다. 그가 말하는 초창기, 즉 오즈월드 에이버리가 '형질전환transformation'을 발견하고, 왓슨과 크릭이 DNA 구조를 밝혀내고, 크릭이 "단백질 분류법"으로 생명의 나무를 파악할 수 있다고 제안했을 때, 또한 폴링과 주커칸들이 분자 진화 시계를 제안했던 그 영예로운 시기에 분자생물학은 "생태계의 마스터플랜"을 밝혀줄 과학 분야로 여겨졌다는 것이다. 그러나 곧 분열이 일어났고, 생물학은 분자와 진화 두 방향으로 갈라졌다. 생물학 교육 역시 미국 전역의 대학과 대부분의 나라에서 분리되었다. 서로 다른 교과과정으로, 서로 다른 건물로 갈라지게 되었다.

또한, 분자생물학의 "환원주의자reductionist" 시각으로 인해 세포나 유전자 연구가 기계론적인 문제로 취급되고 있다고 워즈는 지적했다. 그로 인해 진화에 대한 "전체론적인 문제"와 생명의 궁극적인 기원, 생명체는 어떻게 조직화되었는지에 대한 심오한 미스터리를 시야에서 놓치고 말았다. 이제 40억 년이라는 장대한 스토리에 대한 관심은 사라졌다. 애초에 있었는지조차 의심스럽다. "그게 아니라면 세계 유수의 분자생물학자들이 의학 문제에서 기인한 인간 게놈을 생물학의 '성배'라고 주장하는 이 말이 안 되는 상황을 어떻게 설명할 수 있겠는가? 순수함이 이끄는 비전, 그것이 없는 생물학, 공학 관점에 의해서만 작동하는 생물학의 미래는 과연 어떨 것인가!"

그러나 워즈가 지금까지 참아온 것으로 생각하는 사람은 아무도 없었다. 그 후에도 그는 점점 더 공격적으로 변해 갔다. 분자생물학뿐만 아니라 찰스 다윈에 대해서도 경멸을 품고 있었다. 다윈에 대한 반감은 오래전에 시작됐지만, 측근에 따르면 그는 다윈이라는 먼 역사 속 유명 인물에 대해서 비인격적이고 일관성 없는 태도로 끝도 없는 적개심을 키워나갔다. 그의 아군이었던 골든펠드에 따르면 워즈는 2000년 이전까지 《종의 기원》을 읽지 않았다. 자신이 하는 진화적인 질문과 그것은 무관하다는 이유에서였다. 대부분의 사람들이 그렇듯이, 또는 일부 생물학자들처럼 그 역시 다윈의 이론을 그저 간접적으로 들어서 아는 정도였다. 뒤늦게 그는 《종의 기원》과 다윈의 다른 저서들까지 읽게 되었고, 처음에는 호의적이었다. 2005년에 한 인터뷰 진행자가 자신에게 영감을 준 과학자를 물었을 때 그는 크릭, 프레드 생어 등 몇 사람과 다윈을 언급했다. "나는 늦게서야 그의 책을 읽었지만 그것은 나를 진화 속으로 점점 더 깊이 끌어들였다. 그 많은 것들을 어떻게 정확히 파악했을까? 놀라운 일이다!" 그 인터뷰는 '현대생물학Current Biology'에 실렸다. 전문 저널에서 공개적으로 언급한 것이다.

그러나 다윈에 대한 그의 태도는 무언가에 의해 돌변했다. 아니면 다윈에 대한 그의 표현이 솔직해진 것인지도 모른다. 그는 《종의 기원》을 더 꼼꼼하게 읽어 내려갔다. 실제로는 초판과 다윈이 직접 수정을 거듭한 다섯 개정판을 일일이 비교할 정도까지 파고들었다고 나이절 골든펠드는 말했다. 그는 이 과정을 워즈와 함께 했었다. 다윈과 알프레드 러셀 윌리스가 주고받은 서신들도 빼놓지 않았다. 윌리스는 1858년에 다윈과 함께 자연선택 아이디어를 공동 발표한 사람이다. 그 서신들 속에는, 다윈이 부당하게 공로를 차지했을 것이라는 몇몇 학자들의 집요한 의혹을 불러일으킨 것들이 들어 있었다. 그들은 다윈이 진화론의 일부를 윌리스로부터 훔치고 그 비열한 행위를 은폐했다는 극단적인 주장까지 펼쳤다. 그것은 온갖 중상모략으로 유혹하는 자극적인 비난들이지만, 다윈과 윌리스 문헌을 제대로 읽는다면 (내 생각에) 근거가 없다는 것을 알게 된다. 그러나 워즈는 다르게 느꼈다.

그는 또한 다윈 이전의 선구자들인 라마르크, 인도에서 연구했던 영국 동물학자 에드워드 블라이스Edward Blyth, 다윈의 할아버지 에라스무스 다윈에 대해서도 공부했다. 진화적 변이라는 초기 개념들, 또는 다윈이 일목요연하게 집대성한 진화론 중 일부 개념을 제시한 사람들이었다. 이제 워즈에게는 다윈의 모든 것이 지능적인 절도 행각처럼 보이기 시작했다. 그의 부정적인 생각은 《다윈의 음모The Darwin Conspiracy》라는 책으로 인해(그것이 발단은 아니더라도) 더욱 굳어졌다. 다윈이 표절과 기만행위를 했다고 비난하는 선동적인 그 책의 저자는 한때 BBC 프로듀서였던 로이 데이비스Roy Davies라는 사람이었다. 책의 부제는 '과학 범죄의 기원Origins of a Scientific Crime'이었다.

데이비스의 책을 읽으면서 워즈는 그것을 마치 계시처럼 받아들였다. 그는 데이비스와 가까워졌고 책을 대량으로 사들여서 주변에 나누어 주었다. 그것은 다윈이 월리스로부터 훔친 정황과 단편적인 사건을 엮은 흥미진진한 한 편의 소설이었고, 귀가 얇은 사람들을 솔깃하게 만들기에 충분했다. 그러나 매사에 그토록 생각이 깊었던 워즈가 유독 다윈에 대해서는 그렇지 못했다는 것은 놀라울 따름이었다. 그러한 독설이 마치 박하사탕처럼, 말년에 그가 느꼈을 허기를 달래 주었던 것일까.

워즈는 주로 친한 친구나 동료에게 다윈에 대한 불만을 드러냈다. 다윈의 200번째 생일인 2009년 2월 12일에는 친한 사람 몇 명에게 "이 날을 분노를 터트리는 날로 하자"라는 간결한 메시지를 날짜와 함께 적어 보내기도 했다. 워즈는 얀 샙과 함께 "신과 다윈을 넘어서Beyond God and Darwin"라는 제목으로 책을 집필하기 시작했다. 샙은 이 책이, 자신을 대표하는 최고의 저서지만 다소 무거운 《진화의 새로운 근거들The New Foundations of Evolution》을 대중화한 책이 될 것이라고 생각했다. "분자계통학의 혁명에 대해 간결하게 설명하고, 워즈와 동료의 발견이 창조론이라는 이데올로기를 비켜가면서 다윈의 이론을 넘어선다는 것을 보여준다." 이것이 샙이 생각한 책의 요지였다. 그러한 발견들, 즉 내공생과 수평적 유전자 전달, 뿌리부터 뒤엉킨 생명의 나무들은 창조론 대 종의 기원, 신 대 다윈이라는 이분법의 차원을 넘어서는 것이며, 진화의 기반을 손상시키지 않으면서 다윈의 이론을 넘어서는 것이다.

샙은 서문을 써서 워즈에게 보내 의견을 물었다. 워즈는 샙의 초안에 대문자로 주석을 달았는데, 엄격한 편집자가 교정한 듯한 인상을 주었다. "명확하게SHARPEN UP," 워즈는 한 단락 끝에 이렇게 타이핑했다. "더 강하게MORE PUNCHY." 대부분은 사소한 것이거나 어휘 선택에 관한 것이었다. 그러나 초안의 마지막에 워즈는 다음과 같이 썼다. "얀, 당신은 사기꾼 다윈을 너무 비중 있게 다루고 있습니다."

이 답장이 있고 얼마 지나지 않아 샙은 프로젝트를 포기했고 '신과 다윈을 넘어서'는 결국 세상에 나오지 못했다. 주제를 떠나서 샙은 이 책에 대한 의욕을 잃었다고 내게 말했다. 그는 또 점점 더 심해지는 워즈의 궁핍한 자아와 교만에 낙담했다. "말년에 칼은 자신이 누구보다도 위대하다고 생각했어요."

"특히 다윈보다도" 내가 덧붙였다.

우리는 몬트리올의 한 번잡한 식당에서 점심을 먹으며 이야기했다. 샙은 먹으면서 내 의견을 듣다가 "워즈의 그런 면이 사실 거북했어요"라고 말했다. 워즈는 "신과 다윈을 넘어서"가 중단된 데에 실망했지만 그들의 관계는 끝까지 이어졌다. 나중에 샙이 이해한 바로는, 워즈는 실제로 책을 완성하는 것에는 그다지 신경 쓰지 않았다는 것이다. 그럼에도 워즈는 그 일을 계속 잡고 있었는데, 그것이 그들이 만나서 토론하고 전화 또는 이메일로 연락을 주고받는 구실을 제공했다는 것이다. "그저 이야기하기 위해서 계속한 거죠." 캠퍼스 코앞에 아내와 두 아이를 두고 있었지만, 워즈는 외로웠고 친구들을 소중히 여겼다.

워즈의 주석이 달린 서론 원고는 일리노이 대학교 기록보관소의 칼 워즈 문헌들 속에 있다. 기록보관 담당자 존 프랜치^{John Franch}는 워즈가 처음 RNA 지문을 찍었던 X선 필름을 내게 보여준 적이 있었다. 그리고 그날 그가 보여준 뜻밖의 물건이 하나 있었다. 그것은 평범한 링 노트였는데 2006년쯤 편의점에서 한동안 판 적이 있었다. 표지는 누렇게 바래 있었고 따로 라벨이나 제목은 없었지만 워즈가 손으로 휘갈겨 쓴 몇 페이지의 글이 담겨 있었다. 한 페이지에는 '책 1권: 과학 속에서 성장하기^{Book 1: Growing up in Science}'라는 단 한 줄이 쓰여 있었다. 그가 자서전을 쓰려고 했음을 알 수 있었다. 다음 페이지에는 "서문"이라는 제목과 함께 찰스 다윈 탄생 200주년 기념일 (2008년 세계 금융위기 직후)이 적혀 있었다. 다윈에 대한 불만이 절정에 달했던 바로 그때였다.

앞에서 말했지만, 다윈은 1809년 2월 12일에 태어났다. 워즈는 "날짜를 적다 보니 올해는 2009년이다"라고 썼다. "바로 다윈의 해다. 아무 생각 없는 사람들이 다윈을 외치고 다닌다. 세계 경제가 올해 바닥을 쳤듯이, 바라건대 생물학도 올해가 최악의 해이기를, 그리고 생물학과 경제 모두 회복되기를." 그 뒤에 쓴 내용은, "생물학의 심장"인 진화에 대해서, 그리고 사회가 진화생물학을 다윈주의와 혼동하고 있다는 슬픈 현실에 대해서 다소 앞뒤가 안 맞고 갈피를 못 잡은 넋두리들이었다. 마지막 페이지에 그가 쓴 문장들은 거의 지그재그로 줄을 그어 지워져 있었는데, 지우지 않은 문장이 하나 있었다. "과학은 '속임수에 의해서' 또한 '흥정에 능하다고 해서' 즉, '음모를 잘 꾸민다고 해서' 성공할 수 있는 것이 아니다. 그런 것은 연금술처럼 사기일 뿐이다." 노트의 나머지는 빈 채로 있었다. 얀 샘의 것과 마찬가지로 이 자서전은 세상에 나오지 못했다.

그러나 워즈의 이런 생각들은 측근들의 기억 속에 아주 생생하게 남아 있었다. 그들 중 게놈생물학 연구소(IGB)의 한 화학자가 해준 이야기에서는 (그녀는 내가 이렇게 인용할 줄 모르고 한 말이었지만) 진화에 대한 워즈의 말년의 생각과 스스로를 역사적 인물로 부각시키려는 그의 생각을 엿볼 수 있었다. 그녀는 워싱턴에 있는 중요한 과학담당 관료들을 만나러 간 적이 있었다. 아마도 미국국립과학재단의 프로그램 담당자였을 텐데 그의 방에는 찰스 다윈과 칼 워즈, 두 사람의 인물화가 걸려 있었다. 어바나로 돌아온 그녀는 워즈가 우쭐해 할 모습을 상상하며 그에게 말해주었다. 워즈가 반문했다. "다윈은 왜?"

77

얀 샙의 서문

얀 샙은 출판하지 못한 그 책의 서문에 다음과 같이 썼다. "오늘날 분자 생물학자는 '박테리아가 획득한 유전자들을 상속함으로써 비약적으로 진화한다'는 사실을 알고 있다." 샙 자신도 인정했듯이 그것은 다윈 이론보다 라마르크 이론에 가깝게 느껴졌다. 물론 샙이 언급한 그 방식은 HGT였다.

이렇게 비약적으로 진화하는 것은 비단 박테리아에만 국한된 것은 아니다. 동물들도 마찬가지다. 곤충과 담륜충은 물론, 때로는 포유동물에게도 일어난다. "우리 몸을 구성하는 세포도 마찬가지다. 전형적인 다윈의 방식, 즉 유전자 돌연변이와 자연선택으로 조금씩 느리게 발생하지 않았다." 그러한 변화의 일부는 엄청난 비약이 만든 것이다. 우리의 미토콘드리아는 진핵이나 원핵 계통으로 갈라지기 전에 외부에서 포획된 박테리아로부터 돌발적으로 들어왔다. 식물도 같은 방식으로 엽록체를 획득했다. 우리의 게놈은 그렇게 모인 모자이크다. 모두가 공생복합체다. 우리 인간조차도.

샙은 이렇게 덧붙였다. "또한 우리 DNA의 상당 부분이 바이러스에서 왔다는 사실을 주지해야 한다." 인간 게놈의 8% 정도를 차지하는 이들은 우리 계통, 즉 우리 조상의 몸은 물론, DNA에까지 침투한 레트로바이러스

retroviruses(역전사바이러스)의 잔재물들이다. 우리 정체성의 가장 깊은 핵심, 그중 최소한 12분의 1은 바이러스라는 이야기다. 샙은 이 점을 강조했다.

나는 샙이 강조한 바이러스에서 유래한 유전자들에 대해서는 깊이 연구한 과학자가 거의 없다는 것을 알게 되었다. 그러나 파리 남부 외곽에 있는 구스타브 루시 연구소Gustave Roussy Institute의 티에리 하이드만Thierry Heidmann을 찾아낼 수 있었다. 그를 만나야겠다는 생각이 들었다.

78

티에리 하이드만의
레트로바이러스

티에리 하이드만은 원래 물리학과 수학을 전공했던 생물학자다. 파리에서 성장했고 파리 최고의 국립고등사범학교École Normale Supérieure와 파리 대학교를 나와 파스퇴르 연구소에 합류했다. 그는 천체물리학자였던 아버지의 영향으로 천체물리학을 염두에 두었지만, 신경생물학, 특히 복합신경회로망 분야에 관심을 가지게 되었다. 그것은 워즈가 후반에 나이절 골든펠드와 함께 흥미를 느끼고 연구한 복잡성(창발성을 지닌)과 유사한 개념이다. 이 분야로 박사과정을 마친 하이드만은 인간 건강과 좀 더 밀접한 연구를 하고자 했다. 바로 종양이었다. 그는 종양의 전위인자와 레트로바이러스 간의 관계를 연구하기 시작했다.

레트로바이러스는 일반적인 DNA 전사 과정과 비교했을 때 역으로 작동하는 바이러스를 말한다. 유전정보를 생명활동에 사용하는 일반적인 과정을 보면, DNA가 RNA를 만들고, RNA에서 단백질이 만들어진다. 반면에 레트로바이러스는 RNA 게놈으로부터 이중나선 DNA를 만들어 낸다. 이 교묘한 방식으로 레트로바이러스는 다른 몇 가지 요소와 함께 세포핵에까지 침투하여 세포 DNA에 자신의 DNA를 붙임으로써 영구적으로 세포 게놈의 일부가 된다. 물론 세포나 그 자손이 복제될 때에 이 외부 구간도 함께 복제된다. 만약 레트로바이러스가 생식 세포들, 즉 난자와 정자를 생산하는 난소나 고환 세포를 감염시킨다면 게놈에 삽입된 바이러스 서열들은 영구적인 일부가 되어 후대에 유전되는 것이다. 이쯤 되면 그것은 더 이상 유기체와 분리된 존재가 아니다. 그것은 내생하면서 토착화되어 후대로 유전된다. 이렇게 자신이 감염시킨 생명체의 계통에 내생하는 바이러스를 '내생성 레트로바이러스(ERVs)endogenous retroviruses'라고 부른다.

그런 식으로 인간 게놈에 삽입된 레트로바이러스를 인간 내생성 레트로바이러스(HERV)human endogenous retrovirus라고 부른다. 샙이 서문에 언급한 인간 게놈의 8%가 바로 이 HERV인 것이다. 이에 관한 티에리 하이드만의 연구 결과를 읽게 되면 적잖이 놀라게 될 것이다.

레트로바이러스는 암을 유발하기도 한다. 하이드만이 연구한 것 중에는 쥐 백혈병 바이러스가 있었다. 물론 가장 악명 높은 레트로바이러스로는 에이즈를 유발하는 HIV-1이 있다. 하이드만이 처음 연구실을 꾸렸던 1980년대 후반에 다른 과학자들은 HIV-1 연구 때문에 레트로바이러스에 관심을 가졌고, 그 파급력과 시급함으로 인해 많은 연구 지원이 뒤따랐다. 그러나 하이드만은 그 뻔한 길로 가지 않았다.

종양생물학 자체도 긴급한 사안일 뿐만 아니라 종양과 레트로바이러스 간의 관계는 더욱 그를 사로잡았다. 그는 게놈 서열분석 수 년 전에, 몇 명의 전자현미경 학자들이 태반 조직과 일부 종양에서 바이러스같이 생긴 입자를 대량으로 발견했다는 것을 알게 되었다. 태반 조직이라고? 그것이 궁금증을 유발했고, 어떤 가능성을 감지한 하이드만은 병원에서 갓 수집한 인간의 태반에서 레트로바이러스의 증거를 찾기 시작했다. 그의 팀은 태반

DNA에서 새로운 과^{family}에 속하는 바이러스들을 발견했고 HERV-L이라고 명명했다. 더 진행된 조사에서는, 그와 유사한 서열을 가진 ERV-L 변종들을 쥐나 다른 포유류의 게놈에서도 발견했다. 하이드만은 2009년 인터뷰에서 이렇게 말했다. "우리 연구는 말하자면 바이러스 고고학입니다."

그들은 또한 인간과 동물 게놈에서 발견한 ERV-L이, 포유류가 큰 가지로 분화되기 이전인 약 1억 년 전부터 존재했다는 것을 알아냈다. 영장류 게놈에서 ERV-L은 마치 전위인자처럼 200번 정도 자가 복제되었다. 그렇다면 복제 기능을 가진 것일까? 유전자처럼? 그들은 의아했다. 그럴 수도 있고 아닐 수도 있다. 그것은 다양한 게놈 사이를 옮겨 다니며 복제하는 이기적인 DNA일지도 모른다. 하이드만 팀은 섣불리 확신하지 않았다. 그러나 그것은 인간의 본질, 즉 인간의 게놈 안에 자리 잡은 바이러스성 구성요소들을 향한 하이드만의 수십 년에 걸친 탐험의 시작이었다. 그리고 그가 오랜 탐구의 결과로 발견한 것은 일부 HERVs는 실제로 인간 유전자로서의 기능을 획득했다는 것이다.

티에리 하이드만은 뛰어난 연구자이면서 너그러운 인품의 소유자였다. 내가 파리에 머물고 있다고 했을 때 그는, "아, 제가 있는 곳이 아주 가까워요. 지하철 탈 생각은 말아요. 제가 그리 갈게요"라고 말했다. 나는 17번가에 있는 작은 호텔 앞에 서 있었다. 정확히 오전 8시가 됐을 때 하얀색 소형 폭스바겐이 다가왔다. 회색 턱수염에 숱 많은 눈썹, 스웨터 위에 파란 재킷을 입은 남자가 차에서 내려 반겨 주었다. 그는 가까운 북쪽의 페리페리크 도로^{Boulevard Périphérique} 대신, 내가 바라던 남동쪽 도심으로 향하는 그림 같은 길로 차를 몰았다. 교통상황은 나쁘지 않았고 그는 도로를 따라가며 명소들을 소개해 주었다. "저쪽이 마들렌 사원, 여기는 콩코드 광장" 그리고 세느

강을 건널 때는 왼쪽에 루브르 박물관, 바로 상류에는 노트르담, 지금 여기는 생제르맹 거리, 그리고 솔본느가 있고, 저쪽에는 에꼴 노르말 쉬페리외르École Normale Supérieure, "제가 다닌 학교예요." 그가 말했다. 이 남자가 매일 출퇴근하는 길은 세계에서 가장 우아한 거리였다. 우리는 한 시간도 안 되어 구스타브 루시 연구소에 도착했다.

우리는 그의 배경과 연구에 대한 전반적인 이야기들을 나누었다. 그렇게 계속된 대화는 여섯 시간을 이어졌고 점심을 훌쩍 넘겨서야 겨우 중단되었다. 그의 사무실은 연구실 복도 끝에 있는 작은 방이었다. 창 밖으로는 연구소가 자리한 교외 마을 빌쥐프Villejuif의 나무꼭대기들이 내려다보였다. 방 안에는 온갖 서류철, 파일, 상자로 가득 찬 책장들이 늘어서 있었다. 갖가지 색지에 인쇄된 서류들은 딱딱한 연구실에서 멋진 몬드리안 데코를 만들어 냈다. 우리는 그의 맥북 프로가 있는 테이블에 앉았고, 그는 20년에 걸친 그의 연구를 그림과 그래프 슬라이드로 설명해 주었다.

시작은 HERV-L(태반에서 발견된 레트로바이러스) 연구였다. 그 발견은 얼마 지나지 않아 또 다른 인간 내생성 레트로바이러스의 발견으로 이어졌다. 그 두 발견 사이에는 인간 게놈 발표라는 변화가 있었다. 분석된 서열을 공개적으로 이용할 수 있게 되면서 하이드만 팀도 방법을 바꾸었다. 그들은 공개된 인간 게놈 전체에서 낯선 ERV가 있는지 조사했다. 그리고 특별히 그들에게 익숙한 유전자를 발견했다. 그것은 바이러스 입자의 단단한 캡슐을 꽁꽁 둘러싸는 바이러스 껍질생성 유전자였다. 모두 20개였다.

"이것들이 다 껍질생성 유전자들이에요." 하이드만이 말했다. "이 중에서 두 개는 특히 중요해요."

그중 하나는 이미 다른 연구자들이 발견했고 '신사이틴syncytin'이라는 이름이 붙었다. 이 유전자는 대부분 태반 조직에서 단백질로 발현된다. 거기서 무슨 일을 하는 것일까? 처음에는 아무도 알 수 없었다. 그러나 실험실 세포 배양에서 그 기능이 밝혀짐에 따라 세포(cyt)들을 서로 융합(syn)시킨다는 의미에서 '신사이틴'이라 지어졌다. 각자 세포막을 갖는 대신 여러 핵이 뭉쳐서 집합체 성격의 세포집단을 형성하는 그러한 '세포 간 융합'은 인간 태반의 한 층을 만들어 내는 데 중요한 역할을 한다. 그 층은 투과성의 원형질로 된 쿠션 같은 것으로, 모체와 태아의 혈액을 중재하는 태반의 일부분이다. '신사이티오트로포블라스트(융합세포영양막)syncytiotrophoblast'라는 멋진 이름으로 불리지만 몰라도 되니 진정하시라. 어쨌든 신사이틴이 태반 층을 형성하는 데 관여할 것이라는 가설이 유력했다.

하이드만 연구팀은 전혀 다른 레트로바이러스로부터 그와 비슷한 기능을 하는 또 다른 껍질생성 유전자를 발견했다. 그리고 신사이틴-2syncytin-2라고 이름을 지었다(처음 것은 신사이틴-1이 되었다). 그들은 실험에서 세포와 세포를 융합시키는 동일한 기능을 확인했다. 이것은 신사이틴 유전자들이 태반을 만드는 데 관여한다는 가설을 뒷받침하는 것이었다.

그 직후에 하이드만 팀은 두 가지 유전자를 일반 실험용 쥐에서 발견했다. 이것들은 인간의 신사이틴과 매우 달라서 별도의 이름이 필요했다. 각각 신사이틴-A와 신사이틴-B라고 불렀다. 그런데 이들은 모래쥐gerbils, 들쥐, 햄스터와 같은 다른 쥐들의 게놈에서도 발견되었다. 그렇다면 두 가지 쥐 유전자들은 쥐들이 여러 갈래로 분화되기 이전, 적어도 2천만 년 전에 설치류 계통에 침투했다는 말이 된다.

"이 단계에서 의문이 생겼어요." 하이드만이 말했다. "우연히 포획된 유전자가 어떻게 그렇게 중요한 역할을 할 수 있었을까요?"

태반을 형성하는 것은 더없이 중요한 기능인 만큼 연구팀은 신사이틴이 해당 기능에 관여한다는 더 확실한 증거가 필요했다. 그들은 유전자 변형 생쥐를 대상으로 실험에 들어갔다. 분자 조작으로 신사이틴-A 유전자가 제거된knockout 쥐들이었다. 그들은 쥐들의 자궁에서 임신 13일을 넘지 못하고 태아들이 죽는 것을 볼 수 있었다. 쥐의 평균 임신 기간인 19일에서 21일에 훨씬 못 미쳐 죽은 것이다. 죽은 쥐들을 해부한 결과, 태반과 태아를 잇는 중간 지대의 구조 결함으로 인해 태아 쪽으로 가는 혈관이 막힌 상태였고 결국 태아의 성장에 문제가 되어 태어나기도 전에 죽게 된 것이었다. 이것은 꽤 설득력이 있었지만 인간을 대상으로 실험할 수는 없었다.

하이드만의 호기심은 꼬리에 꼬리를 물고 퍼져 나갔다. 연구팀은 집토끼에서 신사이틴 유전자를 발견했다. 개와 고양이의 게놈에서는 육식동물 신사이틴을 발견했다. 소와 양에서도, 땅다람쥐에서도 하나를 발견했다. "우리는 많은 대학과 연구소, 또 동물원과도 연계했어요." 그들은 특히 프랑스의 한 동물원과 협력하여 많은 동물로부터 태반을 얻을 수 있었다. 심지어는 유대류 동물marsupials에서도 이러한 유전자를 발견했다.

유대류에게 태반이 있다? "매우 일시적인 태반이에요. 유대목 동물에는 주머니쥐opossum, 캥거루, 왈라비wallaby가 있는데, 이들은 잠깐이나마 태반을 가지고 있어요." 그가 설명했다. 새끼가 모체의 바깥주머니로 가기 때문에 사람들은 유대목 동물에는 태반이 없을 것으로 생각하지만, 바깥주머니에서 잉태하는 그들조차도 일시적인 태반을 위해 바이러스성 유전자를 가지고 있었다. 하이드만 팀은 회색짧은꼬리주머니쥐gray short-tailed opossum라는 유대목 동물에서 처음으로 발견한 이 유전자에 신사이틴-오포1syncytin-Opo1이라는 이름을 붙였다.

이 유전자들에는 네 가지 공통점이 있었다.

1. 이들은 모두 레트로바이러스의 껍질생성 유전자에서 유래한 것으로, 포유류 게놈에 침투하여 그 일부로 자리 잡았다.

2. 이들은 태반을 채우는 단백질로 발현된다.

3. 이들은 세포와 세포를 융합하여(적어도 실험실에서 배양한 바로는) 특별한 융합세포 원형질층을 생성하며, 이것은 태반과 태아 사이에서 모체로부터 온 영양분과 산소를 전달하고 배설물을 방출하는 역할을 한다.

4. 이들은 자연선택에 의해 수백만 년 동안 기능을 수행하며 살아남은 유서 깊은 유전자다(우연히 발생한 돌연변이가 아니라는 뜻이다). 즉, 이들은 정크 DNA가 아니라 필요한 존재라는 것, 자투리가 아닌 포유류의 생존에 최적화된 필수 도구다.

하이드만 팀이 정리한 이들 네 가지는 신사이틴의 전형을 설명한 것이다. 그러나 연구팀은, 이 유전자들이 위의 요소들 외에 다른 특징도 있다는 사실에 주목했다. 이 유전자들은 제각기 다른 근원으로부터 왔다는 사실이다. 완전히 다른 레트로바이러스에서 온 바이러스성 유전자들로서, 따로따로 포획되어 각자 독립적인 순화과정domestication을 거쳐왔다는 것이다. 하이드만은 그러한 독립성이 포유동물 종 간에 매우 다양한 태반 구조를 갖게 만든다고 생각했다. 그는 내게 태반의 구조와 종류에 대한 전체 자료를 넘겨주었다. 놀랍고 신비로운 그것들에 대해서 잠깐 이야기하고자 한다.

"그들은 서로 다른 신사이틴들을 받아들였어요." 하이드만이 말했다. 여기서 "그들"이란 진화에서 살아남은 다양한 포유류 계통을 뜻한다. "그들이 포획한 바이러스가 서로 다르기 때문에 다른 껍질생성 유전자를 받아들인 겁니다. 그 다름이 서로 다른 구조물을 만들어 낸 거죠." 또한 포획은 오랜 시간에 걸쳐 드문드문 일어났다. 영장류의 신사이틴-2는 적어도 4천만년 전으로 거슬러 올라간다. 앞서 언급했듯이 설치류 버전은 2천만 년 전에그 계통에 들어앉았다. 소와 양의 신사이틴은 적어도 3천만 년 전에, 유대목 동물은 8천만 년보다도 이전에 들어간 것으로 추정된다. 이 이야기는 레트로바이러스들이 동물들과 그들의 게놈에 지속적으로 침투해 왔음을 의미한다고 하이드만은 말했다. 이들의 감염방식은 주로 게놈 안으로 바이러스 전체가 침투하는 것이 아니라, 아주 작은 구간만 들어간다는 것이다. 그중에서도 작은 일부가 내생성 레트로바이러스가 되고, 그 ERV들 중에서도 극히 일부의 껍질생성 유전자가 신사이틴으로 변환되었다는 것이다.

나는 파리행 비행기를 기다리며 하이드만의 논문을 읽고 있었다. 그런데잠깐. 다양한 시기에 다양한 포유류 계통에 나타난 서로 다른 신사이틴들을 하나의 그림으로 보면, 또 다른 의문, 논리적인 딜레마와 마주치게 된다.만약 그토록 중요한 신사이틴이 2천만 년, 3천만 년, 일부는 4천만 년 전에생긴 것이라면, 그 유전자들이 포획되기 이전의 포유류는 태반도 없이 대체어떻게 생겨난 것일까? 그들은 포유류의 진화 과정에서 간헐적으로 그리고우연히 포획된 것이지만 항상 없어서는 안 되는 것이었다. 태반 없이는 포유류가 있을 수 없기 때문이다. 과연 닭이 먼저일까, 알이 먼저일까? 그것은우연일까, 필연일까?

"맞아요. 정확해요." 하이드만이 말했다. "역설이죠."

79

레트로바이러스 '신사이틴'의 면역억제 능력

하이드만과 젊은 팀원들은 그 역설을 풀어낼 하나의 가설을 제시했다. 바로 면역억제immunosuppression 능력이다. 이 역시 바이러스의 껍질생성 유전자에서 유래하여 오래전부터 간직해 온 신사이틴 유전자의 중요한 기능이다.

레트로바이러스가 만들어 낸 껍질(태반을 구성하는 세포막), 그리고 그들을 만들어 내는 유전자 코드들은 복합적이고 다목적으로 사용될 수 있는 구조를 가지고 있었다. 세포와 세포를 융합시키는 능력 외에도, 자신이 들어앉은 숙주가 가진 항바이러스 면역반응을 억제시키는 능력이었다. 이러한 면역억제 능력은 바이러스가 침입할 때 결정적으로 위력을 발휘한다. 그러나 포유류의 태반에서는 약간 다르게 작용하고 있었다.

포유류에서 태아와 태반 게놈의 절반은 부체 DNA에서 온 것이므로 모체의 게놈과 같을 수 없다. 만약 모체의 면역체계가 비상을 감지하게 되면, 모체의 백혈구가 태아를 공격하거나 거부할 수도 있다. 태반을 가진 포유류에서 특별하게 진화한 태반의 역할 중 하나는 그러한 면역반응을 진정시켜 모체의 면역체계와 태아 사이에서 평화를 유지하는 것이다. 이것은 포유류에게 임신과 출산을 가능하게 함으로써, 일찍이 포유류가 파충류와 갈라서

게 만든 혁신이며, 알을 낳는 것보다 확실한 이점을 제공했다. 물론 새들은 여전히 알을 낳는 것으로 보아 그 이점이 절대적인 것은 아닐 수 있다고 하이드만은 말했다. 새들에게는 태반이 없다. 그들은 처음부터 단단한 타원형 껍질 안에 배아를 넣어 배출한다. 그 안에서 태아는 영양가 있는 노른자와 온기만으로 자라난다. 즉, 그들은 알을 낳는다. 악어 같은 파충류도 마찬가지다. 그러나 태반은 척추동물에게 몇 가지 편의를 제공한다. 그러한 장점을 선택했던 포유류가 있는 반면, 단공류^{monotremes}(오리너구리나 바늘두더지^{spiny anteaters}처럼 알을 낳는 포유류) 같은 포유류의 조상은 그렇게 하지 않았다. 그렇다면 임신과 출산의 장점은 무엇일까? 그중 하나는 오리처럼 웅크리고 앉아서 알을 품는 대신 태아를 몸 안에 안전하게 지닌 채 돌아다닐 수 있다는 것이다.

하이드만의 가설을 종합해 보면, 원시 태반 상태인 포유류에 신사이틴 유전자가 포획되었고, 처음에는 주로 태아에 대한 면역반응을 억제하는 기능을 수행했으나, 태반이 진화함에 따라 점차 중간 매개층 역할을 획득했을 수 있다는 것이다. 그 후 신사이틴은 포유류 초기에 가장 필요한 기능으로 발전하면서 포유류 계통 안에 남게 되었을 것이다.

점심을 먹고 돌아온 우리는 마지막으로 대화의 결론에 대해 이야기했다. 그에게 물었다.

"우리가 말한 이 모든 것이 진화에서 어떤 의미를 갖는 거죠? 그리고 생명의 나무에 대해서는요?"

그는 갑작스러운 질문에 긴 숨을 내쉬었다. "우리 유전자에는 우리 것만 있는 게 아니에요." 그는 그렇게 말하며 웃었다. 나도 멋쩍게 따라 웃긴 했지만 제대로 들었는지 미심쩍었다. 그에게 다시 한 번 말해 달라고 했다.

"우리 유전자는 우리 것일 뿐만 아니라," 그가 다시 말했다. "레트로바이러스의 유전자이기도 해요."

80

크리스퍼, CRISPR

우리 유전자의 상당 부분은 비인간, 비영장류에서 온 것이라는 하이드만의 메시지는 소름 끼치도록 냉정한 현실로 다가왔다. 그러나 한발 더 나아가면 크리스퍼CRISPR라는 가공할 신세계가 기다리고 있다. 여러분도 알다시피 'CRISPR'라는 짧은 머리글자는 여러 단어의 조합이다. 획기적인 게놈 편집genome editing 시스템을 지칭하는 CRISPR는 2015년 사이언스지에 올해의 혁신 성과로 선정되면서 신문이나 잡지를 통해 대대적으로 보도되었고, 누군가에게 노벨상을 안겨줄 것임에 틀림없다. CRISPR는 하이드만이 말한 것보다 한발 더 나아간 것으로, 유전공학의 미래를 좌우할 가장 큰 격변이다. 그것은 실험실에서, 아마 종국에는 병원에서, 저렴하면서도 치밀하게 게놈(인간의 게놈까지도)을 바꿔치기할 수 있는 가능성을 여는 기술이다.

CRISPR clustered regularly interspaced short palindromic repeats는 "일정한 간격을 두고 회문 구조가 반복되는 짧은 DNA 서열"을 뜻한다. 회문palindrome이란 앞에서 읽으나 뒤에서 읽으나 같은 철자를 가진 문장이나 낱말을 뜻한다. 나폴레옹의 "Able was I ere I saw Elba(엘바섬을 보기 전에는 가능했다)", 그리고 페르디낭 드 레셉스Ferdinand de Lesseps가 언급했다고 전해져 내려오는 "A man, plan, a plan, a plan, a calan: Panama"와 같이 기발하지만 억지스러운 말장난도 있다. 회문에 담긴 의미들은 그다지 이치에 맞지는 않는다. 예를 들어 "A Santa dog lived as a devil god at NASA(산타 개가 NASA에서 악마의 신으로 살았다)."와 같은 것들이다. 그나마 내가 좋아하는 이 짧은 회문은 좀 낫다. "As I pee, sir, I see Pisa(선생님, 소변을 보고 나니, 피사가 보여요)."

DNA 게놈 안에서, 회문 구조를 만들 수 있는 알파벳은 A, C, G, T 단 네 개의 코드 문자다. 따라서 DNA 서열에서 회문 반복은 GTTCCTAATGTA-ATGTAATCCTTG 같은 식일 것이다.* 그런데 그러한 DNA 회문이 중요한 기능을 하는 표식일 수 있음이 밝혀졌다. 그것은 과학자들로 하여금 자연계에 존재하는 CRISPR 메커니즘의 발견을 이끈 최초의 증거가 됐을 뿐만 아니라, (그 한순간에 많은 것을 이해하게 되면서) 단 몇 년 만에 유전공학의 혁신 신기술로 탄생하게 되었다. 전체 시스템 안에는 이런 회문 외에도 RNA나 효소와 같은 분자 요소가 들어 있지만 CRISPR는 전체 뼈대를 통칭하는 간판이 되었다.

CRISPR는 30억 개나 되는 인간 게놈에서 모종의 돌연변이, 즉 "잘못된" 염기를 찾아낼 수 있게 함으로써 생화학 기술로 이들을 바로잡을 수 있게 한다. 그것은 선천성 결함을 가진 아이들 가족에게 희망을 주었다. 아이를 고통스럽게 하고 심지어 죽음에까지 이르게 하는 그러한 결함이나 돌연변이가 유전자 검사로 감지될 뿐만 아니라 태아가 자라기 전에 치료될 수 있기 때문이다. 근육퇴행위축증^{muscular dystrophy}을 유발하는 유전자를 미리

● 실제 DNA 서열에서는, 중간 '-' 이후 부분이 앞 배열의 회문이면서 상보적인 염기로 배열되어 있다. 즉, GTTCCTAATGTA-TACATTAGGAAC

잘라 내고 다른 것으로 바꿔치기한다? 굉장한 일이다. 낭포성 섬유증^{cystic} fibrosis의 위험으로부터 돌연변이 유전자를 잘라 낸다고? 대단하지 않은가. 통계에 따르면 인간의 유전성 장애는 10,000가지가 넘는데, 각각의 장애는 단 하나의 불량 유전자에 의한 것이므로 대부분이 CRISPR를 사용하여 치료가 가능하다는 것이다.

　나아가 그러한 치료는 아이의 체세포 계열뿐만 아니라 생식세포 계열에도 적용될 수 있다. DNA를 다음 세대로 전달하는 생식세포는 신성불가침한 것으로 여겨지던 것이다. 어떻게 가능한 것일까? 그것은 체외수정^{in vitro} fertilization의 초기 단계에서 이루어진다. 수정용 접시에 올려진 한 개의 난자와 한 개의 정자, 여기에 약간의 CRISPR 마술이 가해진다. 이 가공할 생식계열공학^{germline engineering}은 많은 논란을 불러일으키고 있다. 비단 개인뿐만 아니라 집단에 영향을 주기 때문이다. 생식세포계열을 조작하는 것은 해당 생명체의 계통에 영구적인 변형을 가져올 수 있고, 따라서 현 세대뿐만 아니라 미래 세대까지 변형시킬 수 있다. 한 마디로 종이 진화하는 궤적을 바꿀 수 있으며, 실제로 우리의 이야기인 것이다.

　아직은 시작되지 않았다. CRISPR 치료를 거친 시험관 아기는 우리가 아는 바로는 아직 태어나지 않았다. 이 분야의 몇몇 저명한 연구자들은 인간의 생식계열공학에 CRISPR를 사용하는 것에 대한 경고와 규제, 심지어 범세계적인 금지를 요구하고 있다. 또 다른 이들은, 돌연변이를 치료하는 눈앞의 가능성은 물론 새로운 DNA 조각을 끼워 넣을 수 있는 CRISPR의 엄청난 잠재력이 하이테크 우생학의 위험을 내포하고 있다고 지적했다. 아직 태어나지 않은 아이에게 더 높은 지능, 탁월한 신체능력 또는 천재적인 첼로 연주자가 될 수 있는 유전자를 주입한다? 그렇다면 미래의 아이들 모두가 평균 이상의 능력을 가진 워비곤 호수®같은 세상에서 살게 되는 것인가?

이 꿈같은 이야기는 긴급을 요하는 의학적 치료의 변형과 구별하기 위해 "자발적voluntary" 유전자 변형이라고도 불린다. 이것은 대학입시를 앞둔 자녀에게 과외교사를 붙이는 식의, 자녀를 상류사회로 유도하기 위한 부모의 "자발적" 교육열처럼, 부모의 노파심을 넘어 경쟁사회의 필연적인 결과로 귀결될지도 모른다. 그렇다 해도 그것은 부유한 특권층에게만 가능할 것이며 일반인은 생각할 수 없는 일이다. 부유층 아이들과 빈곤층 아이들, 최적화된 아이들과 평범한 아이들, 공학기술로 정교하게 만들어진 아이들과 예전 방식으로 무작위로 태어난 아이들 간의 격차는 더욱 커지고 말 것이다. 단지 SAT 과외를 받고 성형수술을 하고 5살 어린 아이가 태권도 수업을 받는 것과는 달리, 옳고 그름의 문제를 떠나서 개입의 결과는 후대에 고스란히 전해지게 된다.

인간에 대한 생식계열공학은 아직 구체화되지 않은 가능성일 뿐 현재 본 궤도에 오른 것은 아니다. 하지만 이 글을 쓰는 지금도 네이처지에 실린 CRISPR 최근 기사를 볼 수 있다. 그중 오리건에 본부를 둔 한 국제과학자팀의 보고서는, 단세포 단계의 인간 배아에 CRISPR 기술을 사용해서 돌연변이를 바로잡았다는 내용이다.

특히 해당 돌연변이는 비대심근병증(HCM)hypertrophic cardiomyopath이라는 심장병을 유발하는데, 가끔 젊고 건장한 운동선수를 급성심장마비로 쓰러트리기도 한다. HCM은 사람을 사망에 이르게 하고 많은 이들의 인생에 어

● 미국 라디오쇼 프레리 홈 컴패니언(A Prairie Home Companion)에 나오는 공상의 장소

둠을 드리운다. HCM에 관한 연구는 아직 실험 단계여서 임상의학에까지 적용된 것은 아니다. 54개의 인간 배아를 CRISPR로 치료한 결과 일부를 제외한 대부분은 성공적이었다. 그러나 그들 중 어떤 것도 그 후에 인간의 자궁에 이식하거나 CRISPR 아기를 시도하지는 않았다. 그럼에도 불구하고 그 문턱을 넘는 것은 시간문제일 뿐이며, 현재의 연구 속도라면 오래 걸리지 않을 것으로 보인다. CRISPR의 열기는 뜨겁고 누구에게나 열려 있다. 비교적 단순하여 많은 비용이 들지 않는다. 심지어 어떤 회사는 온라인에서 DIY CRISPR 키트를 200달러도 안 되는 가격으로 판매하고 있다(인간이 아닌, 배양된 박테리아용). 전 세계적으로 뛰어난 연구자들, 아직 신중한 판단보다는 야심에 들떠 있을 새내기 과학자들이 여기에 뛰어들고 있다.

여기서 CRISPR에 대한 자세한 치료법이나 윤리적 의미를 파헤치려는 것이 아니다. 그에 관한 책은 앞으로 수없이 쏟아져 나올 것이다. 인간에 의해 재설정되고 있는 CRISPR의 목적에 대해서가 아니라, 칼 워즈와 새로운 생명의 나무와 관련해서 CRISPR의 기원을 짚어 보려는 것이다. CRISPR의 기발한 응용을 앞다투어 다루던 언론에서 기원은 거의 언급하지 않았다. 그러나 그것은 자체로 연구 가치가 있으며 이 책의 주제와도 상당한 관련이 있다.

1980년대 후반부터 1990년대 초로 돌아가 보자. 몇몇 연구팀은 미생물 게놈에서 특이하게 반복되는 서열들을 발견했다. 이들 미생물은 인간의 장에서 흔히 보는 대장균 같은 박테리아들이었고, 반복되는 서열들은 일반적으로 30개 정도 되는 염기들이 중간 지점에서 양쪽에 대칭으로 배열된 것으로, 반복되지 않는 짧은 서열 앞뒤를 샌드위치처럼 둘러 싸고 있었다. 말하자면 이런 식이다. "Able was I ere gesundheit(인사말) ere I saw Elba." 이들은 모두 A, T, C, G로 이루어졌다. 이 특이한 DNA 구간이 무슨 역할을 하는지 아니면 아무 쓸모없는 것인지 도무지 알 수 없었다. 그러나 2002년에는 그들에게 이름이 붙었고 그 머리글자인 CRISPR라고 부르게 되었다. 연구자들은 그들의 기능을 집요하게 추적했다. 3년 후, 미스터리는 스페인 과학자 프란시스코 모히카Francisco Mojica에 의해 밝혀졌다.

모히카는 산타폴라Santa Pola라는 지중해 항구와 가까운 바닷가에서 성장했다. 그는 박사과정 때 산타폴라의 작은 늪지대에 살고 있는 워즈의 소중한 아르케이아 게놈을 연구했다. 염분을 사랑한다는 호염성halophilic 미생물이었다. 그 게놈을 조사하다가 그는 이상한 패턴을 발견했다. 거의 완벽한 회문이 수차례 반복되었으며, 대칭을 이루는 서열 사이에는 다른 염기들이 자리 잡고 있었다. 그 의문에 이끌려 그는 거의 10년간 동일한 패턴을 조사했다. 아르케이아뿐만 아니라 이미 발표된 박테리아 게놈들에서 다른 버전의 다른 회문 구조를 발견했다. 그보다 이전인 1987년에 일본 팀이 대장균에서 이를 발견했지만 무엇을 의미하는지 알지 못했다. 2000년에 모히카는 이미 발표된 19개의 박테리아와 아르케이아 게놈에서 CRISPR 서열을 찾아냈다.

그는 이러한 서열들이 공통적인 기능을 수행할 것으로 추측했다. 그가 특히 주목한 것은 회문 반복 중간에 자리 잡고 있는 DNA 구간들, 즉 앞서 말한 예문 'Able was I ere gesundheit(인사말) ere I saw Elba'에서 'gesundheit'에 해당하지만, 그보다는 좀 더 긴 12개 정도 되는 스페이서spacers라고 불리는 것들이다. 그것은 무엇을 의미하는가? 무슨 역할을 하는 것일까? 다른 서열에서는 'abracadabra(수리수리마수리)'였는데, 왜 하필 이 서열에서는 'damnyankees(미국의 록밴드)'나 'rumplestiltskin(동화책 주인공 이름)'이 아닌 'gesundheit(안녕하세요)'인 것일까? 2003년 푹푹 찌는 8월 더위에 모히카는 산타폴라에서 바로 북쪽에 있는 알리칸테 대학교University of

Alicante의 연구실 에어컨 아래 틀어박혀 그것을 알아내느라 여념이 없었다.

그는 문서 작성 프로그램으로 CRISPR 사이에 있는 스페이서들의 서열을 일일이 입력한 후, 방대한 게놈 공개 데이터베이스에서 비슷한 서열이 있는지 검색했다. 그리고 거의 일치하는 것들을 찾아냈다. 어떤 바이러스의 DNA 구간들이었고, 박테리아 플라스미드에서도 비슷한 경우들을 발견했다. 플라스미드는 수평 전달로 감염되는 미세한 DNA 입자다. CRISPR는 마치 과거에 감염된 기록들, 즉 박테리아와 아르케이아가 과거에 외계 DNA 절편fragment들을 포획하여 자신의 게놈에 통합시킨 이력들을 기록한 것처럼 보였다. 그렇다면 무슨 이유일까?

플라스미드 감염(수평 전달된 DNA)은 그 게놈에 유리하거나 혹은 불리하게 작용할 수 있지만, 바이러스 감염은 박테리아나 아르케이아를 죽게 만들 수 있다. 미생물은 그러한 침입을 막아 낼 방법을 모색했을 것이다. 즉, CRISPR들은 그러한 바이러스에 다시 감염되지 않기 위해 스페이서에 그들의 이름을 기록해 놓는 일종의 면역기전일 것이라고 모히카는 추측했다. 나중에 다시 감염되지 않기 위해 감염을 기억해 둔다? 오늘날 우리가 흔히 하는 '예방접종vaccination' 같은 것인가.

모히카는 세 공동저자와 함께 연구결과에 따른 추론을 논문으로 작성하여 네이처지에 제출했다. 그러나 받아들여지지 않았고, 여러 유력 저널들의 문을 두드렸지만 역시 거절당했다. 편집자들은 이 논문이 새로운 중대 발견이라는 것을 감지하지 못했다. 그렇게 몇 달이 지나자 모히카는 논문이 이대로 묻히게 될까 우려했다. 그는 마지막으로 분자진화 저널Journal of Molecular Evolution에 원고를 보냈다. 칼 워즈와 네 명의 동료가 '다른 형태의 생명체'에 대한 첫 번째 힌트를 발표했던 바로 그 저널이었다. CRISPR가 면역방어에 관련되었다는 것을 시사하는 모히카의 논문은 2005년에 발표되었다.

한편, 2002년에 한 네덜란드 팀에 의해 새로운 단서가 발견되었다. 그들은 CRISPR 서열에 인접해 있는 네 개의 특이한 유전자 그룹을 여러 게놈에서 발견했다고 보고했다. 특히 이들 CRISPR 서열에 인접한 유전자(간단하게 Cas 유전자)CRISPR-associated genes들은 CRISPR 서열이 없는 미생물의 게놈에서는 볼 수 없었다. 말하자면 우연히 옆에 있었던 것이 아니라 CRISPR와 기능적인 관계를 맺고 있는 것 같았다. 처음에는 네덜란드 팀조차도 이 기능의 정체를 알지 못했다. 그러나 곧바로 CRISPR와 Cas 유전자에 대한 새로운 사실들이 여러 출처로부터 나왔고, Cas 유전자는 CRISPR 스페이서의 지침에 따라 침입하는 DNA를 공격하고 분해하는 기능을 수행한다는 것이 밝혀졌다. 모히카의 가설이 설득력 있게 증명된 것이다. 미생물에서 CRISPR-Cas는 감염과 그로 인한 감염 유전에 대항하여 자연적으로 진화한 방어기전이라는 것이다. 이것은 스스로 진화해 온 그들만의 면역체계다. 우리에게 항체와 백혈구가 있듯이 그들에게는 CRISPR가 있었다. 이것은 킬러 바이러스로부터 박테리아와 아르케이아를 보호하고 수평적 유전자 전달에 대한 방호벽(유리할 수도 있고 불리할 수도 있는) 기능을 수행한다. CRISPR로 인해서 미생물은 자신의 건강을 지키며 정체성을 유지한다. 박테리아와 아르케이아에서 HGT가 일상적으로 일어나는 일이긴 하지만, 적어도 몇몇 위험한 전염으로부터 자신을 보호하는 것이 바로 CRISPR-Cas 유전자인 것이다.

여기까지는 CRISPR의 배경일 뿐이다. 더 화려하고 흥미로운 이야기는 그 이후에 시작되었다. 2012년, CRISPR 서열과 Cas 유전자를 포유류(실험용 쥐, 멸종위기동물, 위험한 해충, 그리고 우리)의 게놈 편집에 어떻게 활용할지에 대한 일부 과학자들의 발표가 있었다.

그 연구분야는 CRISPR를 현재에서 미래로, 그리고 여러 분야 중에서도 인간 생식계열공학이라는 놀랍고 꿈같은 가능성으로 유도하고 있다. CRISPR에 대한 노벨상이 발표될 때 수상자 명단에는 아마도 프란시스코 모히카나 네덜란드 팀은 물론, 박테리아와 아르케이아의 진화 현상으로 CRISPR를 연구한 순수과학자들 어느 누구도 포함되지 않을 것이다. 대신 CRISPR를 인간에게 활용할 수 있게 한 과학자들, 제니퍼 다우드나Jennifer Doudna, 엠마누엘 샤르팡티에Emmanuelle Charpentier, 펑장Feng Zhang과 같은 이름을 듣게 될 것이다. 이 특별한 노벨상으로 더욱 고무될 놀라운 청사진들에 대해 사람들은 환호하거나 우려를 나타낼 것이다. 그러나 만약 칼 워즈가 살아 있다면, "공학 측면으로만 작동하는 생물학"을 비난했던 그의 성향으로 봐서 절대 환호하지 않을 것이다.

2004년에 "새로운 세기를 위한 새로운 생물학A New Biology for a New Century"에서 워즈는 말년의 불편한 심기를 드러내며 다음과 같이 선언했다.

현대 사회는 생물권과 조화를 이루면서 살아야 한다는 것을 절실하게 깨닫고 있다. 그것을 위해 오늘날 우리에게는 그 어느 때보다도 생물학이 필요하며 그것이 길을 안내해 줄 것이다. 생물공학 역시 우리에게 거기로 가는 법을 알려 줄 수도 있겠지만, 아예 거기가 어디인지를 알려 하지 않는다.

생물학의 진정한 목적은 세상을 바꾸는 것이 아니라 그것을 이해하는 것이라고 워즈는 덧붙였다. 안타깝게도 새로운 세기는 그가 바라는 세기가 되지 않았다. 그도 알고 있었다.

81

인간 칼 워즈

칼 워즈는 세상을 떠났지만 각계에 있는 많은 사람들의 기억 속에 생생하게 남아 있었다. 애도의 글을 발표하는 사람도 있었고 그와의 일들이나 그에 대한 생각을 소중히 간직하는 사람도 있었다. 그런 기억들을 모아서 엮는 것이 내가 이 책에서 하고자 했던 임무의 하나이기도 했다.

4년 동안 나는 마치 '시민 케인Citizen Kane(오슨 웰즈의 1941년 영화)'에 나오는 뉴스리포터가 된 듯한 착각이 들었다. 영화에서 리포터는 신문 분야의 거물이었던 주인공 찰스 포스터 케인Charles Foster Kane의 미스터리를 파헤치라는 편집장의 지시에 따라 케인의 옛 친구들과 연락처들을 추적한다. 무엇이 케인을 그렇게 냉혹한 성공에 굶주린 괴짜로 내몰았을까? 그가 마지막 내뱉은 '로즈버드(장미꽃봉오리)'의 의미는 무엇일까? 만일 로즈버드가 사람을 의미한다면 케인의 삶과 인격에 대한 열쇠가 될 수 있을까? 그저 의미 없는 일개 단서일 뿐일까? 사람들이 케인이라는 문을 열 수 있는, 그의 삶과 인격의 열쇠는 무엇일까? 감독 오슨 웰즈는 로즈버드라는 효과적인 장치로 그의 영화 속 주인공을 가공할 미스터리의 인물로 각인시켰다(영화를 보지 못했다면 볼 것을 추천한다). 그러나 뉴스리포터 제리 톰슨Jerry Thompson이라는 이름을 기억하는 사람은 거의 없을 것이다. 그는 그저 사람들을 찾아다니며 질문하는, 관객에게는 동료 같은 존재이기 때문이다. 톰슨은 언제나 카메라 뒤에 서 있는 영화 밖의 외부인이다. 우리는 결코 그를 볼 수 없다. 그는 관객을 대신해 증인의 이야기를 이끌어 내는 대리인이다. 내가 하는 일도 그와 다르지 않았다.

앞선의 내용에서 랄프 울프가 들려준 이야기 중에 워즈가 명성을 얻기 훨씬 전에 파리에서 당했던 모욕을 기억하는가? 파리에서 있었던 대규모 학회에서 저명한 생물학자들을 앞에 두고 논문을 발표했지만 아무도 질문하거나 논평하지 않은 채 일제히 자리를 떠나 점심을 먹으러 갔다. 울프는 그것을 "치명상이었어요"라고 표현했다. 워즈는 다시는 자신을 무시하지 못하게 할 것이라 결심했고, 아르케아를 발표할 때 논문을 저널에 발표하지 않고 보도자료로 내보냈다. 그것은 오히려 역효과를 낳았다. 그는 타임스지의 1면을 장식했지만, 과학 저널이 아닌 언론에 먼저 발표했다는 이유로 그의 세 번째 도메인의 실체는 의심받았고 그는 과학자들로부터 비난의 대상이 되었다.

그때가 그에게는 로즈버드의 순간이었을까? 그렇지 않을 것이다. 그렇다면 노벨상에 실패한 순간이었을까? 아니면 그가 좌절하고 당혹했던 순간들? 개인적으로 그리고 업무적으로 내가 전해 들은 온갖 모욕의 순간들? 그것들도 물론 아닐 것이다. 나는 제리 톰슨의 결론에 동의한다. 어떤 말도, 상처도, 원한도, 유년기의 결핍도 한 사람의 인생을 대변할 수는 없다. 그러기에는 너무 많은 것들이 함께 얽혀 있다. 복잡성 이론은 기계론적인 퍼즐을 풀 때보다 사실 인간의 행동을 이해하는 데 더 적절한 은유이다.

워즈는 일기나 개인적인 기록을 남기지 않았다. 어바나에 보관된 그의 자료들에는 과학 논문, 초안, 업무 서신들이 가득하지만 위즈 자신에 대한 기록을 찾기는 어렵다. 그는 초창기에 《유전자 코드$^{The Genetic Code}$》라는 단 한 권의 책을 출판했는데 거기에도 그의 과학적 탁월함이나 성격에 대한 것은 드러나지 않았다. 그가 쓴 리뷰 논문들이나 일부 기고문들, 그가 아르케이아에 대해 쓴 두꺼운 편집본에 그와 관련된 일화들과 약간의 회고가 있는 정도였다. 그나마 그런 개인적인 것들조차도 실험실에서의 시간들이었다.

그는 아르케이아를 발견한 순간을 회고했다. 그것이 알려지지 않은 독특한 생명체라는 것을 처음으로 X선 필름에서 깨닫는 순간이었다. "나는 생물학의 신세계가 열리는 이 순간을 조지와 함께 해야겠다는 생각에 달려갔지만, 의심이 많은 조지 폭스는 반신반의했다. 조지는 항상 회의적이었다. 그런 성향이 그를 훌륭한 과학자로 만들었다."

아르케이아 논문을 처음 발표한 후에, 노벨상 수상자인 살바도르 루리아가 랄프 울프에게 전화를 걸어서 위즈와 그의 터무니없는 과학을 멀리 해야 한다고 말했을 때였다. "루리아 그 사람은 어떻게 자신의 친구와 내 동료들을 그렇게 대놓고 비난할 수 있지? 얼마나 대단한 인물이길래?"

위즈는 자서전을 쓰지 않았다. 가정생활은 철저하게 사생활로 부쳐졌다. 아마도 그의 자화상에 가장 가까운 것은 삼인칭 시점으로 쓰여진 자신의 연구와 그 의의에 대한 공식적이고 개괄적인 평가일 것이다. 1995년에 노먼 페이스에게 보낸 5페이지 분량의 이메일로, 아마도 그를 노벨상 후보로 지명하기 위해 페이스가 위즈에게 요청했을 것이다. 다윈에 대한 그의 감정이 최악으로 치닫기 전에 쓰인 그 글은 위즈 자신이 말하는 위즈, 즉 사람들이 입사지원서에 쓰는 자기소개서처럼 과학사에서 위즈 자신이 어떤 인물인지 소개한 글이다. 여기에 그 글을 옮겨 놓을 수는 없지만, 요지는 그가 스스로를 레벤후크나 다윈과 동격으로 생각했다는 것이다.

래리 골드^{Larry Gold}, 그는 현재 콜로라도에 기반을 둔 저명한 분자생물학자이자 생명공학 기업가다. 그는 워즈의 초창기에 스키넥터디^{Schenectady}(뉴욕주 도시)의 GE에서 함께 근무했고 수년간 친하게 지냈다. 당시에 워즈는 32세의 생물물리학자였는데, 자신과 윗사람 모두 그가 어떤 목적으로 GE 연구소에 고용되었는지 알지 못했다. 골드는 여름학기에 임시로 고용된 19살의 예일대 학생이었다. 골드는 암 발병을 막기 위한 프로젝트의 일환으로 발암성 화학물질을 쥐에게 투여하는 내키지 않는 실험에 자신이 배치된 것을 알게 되었다. 그는 병들고 죽어가는 쥐들 속에서 감독자도 없이 어찌할 바를 몰랐고, 워즈에게 도움을 청했다. 그들은 함께 불쌍한 쥐들을 돌봤지만 많은 쥐들이 죽어 갔다.

워즈가 실험에 관심이 있었을까? "아니요, 그렇게 생각되지 않았어요."

54년 후에 어바나의 벤치에서 골드는 내게 말했다. "그럴 생각은 털끝만큼도 없어 보였어요. 그는 어떻게 하면 즐거운 시간을 보낼지에 관심이 있었어요." 그는 젊은 래리 골드에게서 활력을 얻었다. "칼은 자신이 좋아하는 사람과 함께 있을 때 굉장히 활기찼어요." 그는 잘 웃었다. 박장대소하기도 했고 낄낄대며 웃기도 했다. 그들은 진지한 이야기도 나눴다. 특히 워즈가 유전자 코드와 진화에 관련된 문제에 대해 이야기할 때면, 골드는 마치 율법을 가르치는 랍비에게 귀 기울이는 아이 같았다.

사람들은 워즈를 심각하기만 한 사람으로 생각했지만 골드에게는 그렇지 않았다. 그는 외로움을 탔고 좋은 친구를 갈망했으며, 시끄럽게 떠들기도 했고, 새로운 아이디어에 늘 흥미를 보였다. 그리고 너그러운 사람이었다. 골드는 스키넥터디에서 여자친구를 사귀었는데 그녀와 단둘이 있을 곳이 없었다. 워즈는 그들을 위해 자신의 진입로에 주차하도록 해주었다. 그는 차 안에 있는 래리와 여자친구에게 사람 좋게 작별 인사를 하곤 했다. "난 정말 운이 좋았어요." 골드가 말했다. "그리고 그는 나의 영원한 친구가 되었어요."

골드는 워즈가 두 개의 다른 뇌를 가졌다고 생각했다. 한쪽은 그의 엄청나게 깊은 지식과 집요한 호기심이었다. 지식 대부분은 학교 교육이 아닌 스스로 습득한 것이었다. 워즈는 생물학자가 아니라 생물물리학자였다고 골드는 내게 상기시켰다. "생물학은 전혀 몰랐어요. 아마 죽을 때까지 제가 아는 것보다도 생물학을 잘 몰랐을 걸요." 골드 교수가 스스로 비하하면서 한 말이었다. "한마디로 형편없는 수준이에요. 하지만 그는 생물학에 전혀 관심이 없었어요. 35억 년 전에 일어났던 일에 대해 생각하고 있었던 거죠. 그건 생물학이 아닙니다." 그것은 물리학과 분자진화학, 지질학을 합친 것 이상이라고 골드는 힘주어 말했다. 'RNA 세계'는 신기에 가까운 독학으로부터 나온 것이었다.

"다른 쪽으로는," 워즈의 다른 뇌에 대해서 골드가 말했다. "그가 삶을 즐기는 사람들을 가까이 두고 싶어했다는 거에요." 좋은 예로 골드는 워즈의 가장 오래되고 가장 친한 두 친구를 꼽았다. 오토바이를 즐기고 공중곡예사 부인을 둔 노먼 페이스, 그리고 함께 재즈를 즐기던 해리 놀러[Harry Noller]였다.

그래서 나는 해리 놀러를 만나러 갔다. 현재 그는 캘리포니아 대학교 산타크루즈[Santa Cruz]의 명예교수이자 리보솜 분야에서 세계 최고의 전문가다. 나는 몬터레이만[Monterey Bay] 위로 숲이 우거진 가파른 급커브길로 차를 몰았고, 삼나무와 유칼립투스 그늘 아래 작은 협곡 위에 떠 있는 캔틸레버식

UCSC 캠퍼스 건물에 도착했다. 그의 사무실은 아담하지만 쾌적했다. 그는 검은색 스웨터와 청바지, 운동화 차림이었고, 흰머리와 턱수염에 둘러싸인 긴 타원형의 얼굴에 고요함을 머금은 신부나 사제 같은 인상을 풍겼다. 그러나 의외로 그는 소탈했으며 근엄하기보다는 직설적이었다. 책장 한 켠에는 그가 공동 저술한 기념비적인 책 《리보솜Ribosomes》 두 권과 거의 바닥만 남은 라프로잉Laphroaig 위스키 한 병이 있었다.

해리 놀러가 워즈를 처음 만난 것은 1970년대 초반이었다. 그가 UCSC의 새내기 조교수가 되어 이제 막 리보솜 연구를 시작할 때였다. 놀러는 심오한 계통발생보다는 리보솜의 구조와 기능에 관심이 있었지만, 분자들이 어떻게 기능에 관여하는지 알아내기 위해 워즈가 했던 방법으로 짧은 rRNA 구간을 서열분석했다. 한편 실험실 밖에서 그는 전문적인 재즈 색소폰 연주자로 활동했다. 그는 듀크 엘링턴 오케스트라로 활동해도 손색이 없을 만한 수준의 다양한 그룹들과 함께 연주했고, 비브라폰 연주자인 바비 허처슨Bobby Hutcherson과 함께 콘서트 무대에 서기도 했다. 그는 위대한 트럼펫 연주자 쳇 베이커Chet Baker와도 공연했다. 리허설이나 공연이 끝날 때면 그는 작동시켜 놓은 전기영동기의 결과를 확인하기 위해 달려오곤 했다. 한번은 놀러의 rRNA 서열과 스트라스부르크에 있는 한 연구실에서 발표한 서열이 서로 일치하지 않아서 논란이 된 적이 있었다. 놀러는 워즈가 UCSC를 잠깐 방문했을 때 한번 만났던 인연으로 워즈에게 전화를 걸었고, 워즈는 그의 데이터가 맞고 프랑스 버전이 틀린 것이라며 그를 안심시켰다. 워즈는 심지어 열을 내며 다음과 같이 말하기도 했다. "이런 서열들은 신성한 두루마리 같은 겁니다. 진의를 아는 자에게만 맡겨야 하는 일이에요."

워즈는 놀러의 연구가 진척될 때마다 격려해 주었고, 수시로 그를 어바나에 초대하여 세미나를 열거나 다른 일없이 오로지 과학 이야기로 시간을 보내기도 했다. 그들은 몇 편의 논문을 공동집필했으며, 워즈의 집 작은 서재에서 약간의 스카치를 마시며 재즈를 감상했다. 이따금 워즈는 집에 있는 자신의 피아노로 함께 연주하곤 했다.

"재즈 연주를 곧잘 했나요?" 내가 물었다.

"음.... 놀랄 정도는 아니었을 걸요." 놀러가 재치 있게 받았다. "이것저것 해보는 정도였고, 선율을 아는 몇 곡 정도가 있었고,...." 한동안 그는 회상에 잠겼다. "능숙하게 피아노를 치지는 못했지만, 그와 연주하는 건 늘 즐거웠어요." 워즈는 재능 있는 연주자는 아니더라도 진정한 재즈 애호가였다. 그는 피아니스트 아트 테이텀Art Tatum을 좋아했다. 그는 엘라 피츠제럴드Ella Fitzgerald와 게리 멀리건Gerry Mulligan을 사랑했다. 자신이 놀러와 같은 수준의 연주를 할 수 없다는 자신의 한계를 알았던 워즈는 거금을 들여서 해리와 함께 연주할 피아노, 베이스, 드럼으로 구성된 세 명의 전문 세션을 고용해 자신의 친구에게 깜짝 선물을 하기도 했다. 그들은 거실에 악기를 세팅한 상태였고, 워즈는 같이 어울릴 수 있는 친구 몇 명을 더 초대했다. 놀러는 내게 말했다. "내 생각에, 그보다 더한 접대는 있을 수 없을 걸요."

워즈는 너그러운 데다가 그와의 신의를 소중히 여겼다. 놀러가 세미나 때문에 어바나를 방문했을 때였다. 마지막 질의가 오갈 때쯤 다른 과의 교수가 불쑥 들어와서는 그 시간에 예약이 되어 있다고 주장하고 나섰다. 워즈가 느끼기에 이는 "난폭하고 옹졸하고 모욕적인" 침해였다. 워즈는 그에게 놀러 교수에게 사과해야 한다는 짧은 쪽지를 보냈다. 그러고는 사본을 놀러에게 보냈는데, 격식을 갖추어 교수를 꾸짖는 편지 위에 가로로 길게 그가 가장 좋아하는 장난스런 고무 스탬프를 꽝하고 찍어 놓았다.

이메일이나 팩스가 상용화되기 전, 아직 장거리 전화요금을 내던 시대였음에도 그들은 거의 매일 통화하다시피 했다. 나중에 놀러가 말했다. "그는 스카치 몇 병을 마시고 한밤중에 전화해서는 끝도 없이 이야기하곤 했어요." rRNA에 대한 이야기가 아니라 주로 진화와 우주에 대한 횡설수설이었고, 수수께끼 같은 말을 내뱉기도 했다. "시간은 존재의 잔유물이다." "리보솜은 침묵 속에서 가르친다." 그는 아트 테이텀의 음악을 들은 한 무명음악가의 "들어보면, 도저히 믿어지지가 않아요"라는 반응을 좋아하기도 했다.

한번은 워즈가 산타크루즈를 방문했을 때였다. 놀러는 연구실의 젊은 학생들, 포스트닥들과 함께 작은 축하파티를 열었다. 그때 워즈는 부엌에서 브라우니 한 접시를 발견했고 그 자리에서 몇 조각을 먹어 치웠다. 한 학생이 브라우니에 문제가 있을지 모른다고 놀러 박사에게 말했다. 놀러는 워즈에게 괜찮은지 물었지만 그는 걱정 말라며 안심시켰다. 파티가 끝날 때까지 워즈는 한쪽 구석에 별 탈 없이 앉아서 얼굴에 눈물을 흘리면서도 이따금 웃음을 터뜨렸다. 사람들 말에 따르면, 워즈는 1960년대에 강한 마약에 손을 댄 적이 있었는데, 그날 저녁은 얌전하게 마약 없이도 충분히 즐거워했다는 것이다. 다음 날 아침에 놀러가 커피를 내리는 동안, 워즈는 미간을 찌푸리며 또 하나의 명언을 남겼다. "어젯밤 내 유머감각을 발견했어."

"그는 복잡했어요." 놀러가 내게 말했다. "그는 언제나 구루(권위자)^{guru}였어요. 그리고 자신을 소외된, 인정받지 못하고 알려지지 못한 천재라고 생각했어요." 하지만 그의 심각함이 오래가지는 않았다. "진지하게 선언하고 나서는 바로 외설적인 농담을 하는 식이었어요." 놀러는 회상했다. 그가 했던 음담패설이나 노골적인 악담은 주로 찰스 다윈이나 분자생물학의 위대한 창시자들과 같이 그가 분개하던 사람들이 주요 대상이었다.

워즈에 대한 회고글 마지막에 놀러는 이렇게 썼다. "칼은 대단히 창조적이고 절대 타협하지 않는 과학자이자 사상가였으며, 동시대 사람들과 동떨어져 있는 사람이었다." 해리 놀러는 워즈에게 충실했지만 그를 예리하게 파악하고 있었다. 그가 말하는 "동떨어져 있는stood apart"에는 두 가지 의미가 내포되어 있었다. 우선 워즈는 특출했다는 것, 또 한편으로는 많은 사람들에게 엄격하고 가까이하기 어려운 사람이었다는 것이다.

그로 인해 나는 찰리 보스브링크Charlie Vossbrinck의 증언에 관심이 쏠렸다. 보스브링크에 대해 들은 것은 우연이었다. 래리 골드와 해리 놀러, 노먼 페이스, 나이절 골든펠드, 조지 폭스 등이 참여한 칼 워즈 추모 심포지엄에서가 아니었다. 사이언스지나 네이처지, 다른 출판물에서 나온 찬미 일색의 회고록을 통해서도 아니었다. RNA 생물학RNA Biology 저널이 전체 호를 워즈 특집에 할애했을 때에도 보스브링크는 기고자 중에 없었다. 그러나 그는 워즈를 잘 알았고, 그가 곤충학 박사과정 학생이었던 1980년대에 워즈와 친해졌다. 일리노이 대학교에서 곤충학과는 워즈의 연구실 복도 바로 아래에 있었기 때문이다. 모릴홀 3층은 이번에도 역시 사람들을 맺어 주었다. 나는 뉴헤이븐에 있는 찰리 보스브링크를 찾아갔다. 코네티컷의 농업시험장Connecticut Agricultural Experiment Station에서 그는 또 다른 3층 사무실을 쓰고 있었다. 한쪽 벽에는 곤충과 거미의 포스터 장식이 있었고, 그의 책상은 작은 플라스틱 컵에 있는 집시나방 애벌레들로 가득했다. 집시나방은 참나무나 숲 전체를 고사시킬 수도 있는 경제적으로 치명적인 해충으로, 그는 연구 목적으로 컵에서 이들의 유충을 사육하고 있었다.

보스브링크는 털털한 성격의 곰을 연상시키는 거구의 남자였다. 롱아일랜드 억양에 머리가 빠지기 시작했고, 늘어진 턱에는 회색 수염이 뒤덮여 있었다. 그는 자신에 관해서 터놓고 이야기했다. 그가 63세라는 것, 이제 자신은 애벌레를 기를 필요가 없다는 것, 그리고 그의 윗사람들이 자신의 연구를 인정하지 않기 때문에 승진에서 누락됐다고 말했다. "괜찮아요." 그는 좌절감을 떨쳐내며, 친구 칼에 대해 한 시간 동안 애틋한 회고담을 들려주었다.

보스브링크는 워즈가 연구하는 분자계통학과 RNA 카탈로그에 대해 듣게 되었고, 그 기술을 곤충에, 또는 곤충의 기생충에 어떻게 적용할 수 있는지 알고 싶었다. 그래서 워즈를 찾아갔고, 조교실습을 마친 궁금한 대학원생이었던 그에게는 일이 필요했다. "그래서 가 보게 됐고 칼과 이야기하게 됐어요. 아실지 모르지만 칼은 약간 음흉한 유머감각을 가지고 있어요." 워즈는 보스브링크의 외설적인 농담을 재미있어했다. "우리는 죽이 맞았어요." 워즈가 프로젝트에 그를 고용하면서 두 사람은 친해졌다.

어느 금요일 오후, 아마도 워즈가 즐겨 가던 굿윈 애버뉴 건너편에 트리노즈 맥주집이거나 바로 옆 팀폰스라는 이탈리아 레스토랑이었을 것이다. 그들은 맥주를 마시고 반쯤 취한 상태에서 영화를 보러 갔다. 치치와 총^{Cheech} $^{and\ Chong}$●, 아니면 약간 이상한 공상과학 영화였을 것이다. "맥주가 마음을 연다." 이것은 워즈의 알 수 없는 명언들 중 확실하게 이해되는 것이었다. 그들은 진화나 여러 주제에 대해서 진지하게 이야기를 나누었고 그런 가운데 보스브링크는 "커다란 질문에 대한 답"을 찾고자 하는 워즈의 깊은 갈증을 볼 수 있었다. 그는 또한 워즈의 자아^{ego}를 느낄 수 있었다. 보스브링크 자

● 리처드 치치 마린과 토미 총은 1970년대와 80년대 당대의 히피와 자유연애와 마약 문화를 바탕으로 한 스탠드업 코미디로 인기를 끈 코미디 듀오다.

신은 "그 자아를 진정시키는" 사람이었다. 찰리는 워즈가 그 안에서 너무 긴 시간 빠져 있도록 내버려두지 않았다.

"한번은 우리가 그의 뒷마당에 있을 때였어요. 학생들을 가끔 바비큐 파티에 초대했거든요. 그날 모두 술에 취했고, 워즈가 일어나서 뭔가 말하려는 찰나였어요." 보스브링크가 말했다. "그때 내가 그를 번쩍 들어서 울타리 속으로 던졌죠."

"칼 워즈를 울타리 나무에 던졌다고요?"

"그렇다니까요. 아내와 아이들이 달려가서는, '세상에, 그가 칼을 울타리에 던졌어요.' 그때 칼이 외쳤어요. '안 돼, 여긴 내 집이 아니야! 옆집 울타리라고!'"

워즈는 맥주로 잔뜩 취했어도 자기 몸이나 체면보다는 옆집의 울타리가 더 신경 쓰였던 모양이다. 그의 아내 게이Gay는 조용히 물러나 있는 심성의 여성이었고, 워즈의 이야기 속에 거의 등장한 적이 없었다. 그러나 이때만은 그녀도 소리지를 수밖에 없었던 모양이다. "어쨌거나 나는 그를 울타리에 던졌어요." 그들의 우정은 더 깊어졌다.

그들은 직접 샴페인을 발효시키기도 했다. 근처 농장에서 구입한 사과 주스와 워즈가 미생물학과에서 가져온 샴페인 효모로 거품을 제조했다. "2주 정도 기다렸어요. 당신도 알겠지만 그거 먹으면 소변이 노랗게 나오죠. 금요일 오후에 우리가 마시기 시작했을 겁니다." 취할수록 그들은 직접 만든 혼합물에 더 빠져들었다. "와인 전문가들은 경멸할지 몰라도 이건 정말 최고야." 그들은 기분 좋은 중독에 그들만의 표현을 사용했다. 보스브링크가 "칼, 달려보시죠"라고 말했고 그들은 그렇게 달렸다.

워즈는 찰리에게 돈을 빌려줄 정도로 관대했고, 다른 사람에게도 마찬가지였다. 당시 연구실에는 인민복을 입고 다니는 초라한 행색의 젊은 중국 유학생이 있었다. 1985년 미토콘드리아 기원에 대한 논문에서 제1 저자에 이름을 올린 바로 데청 양 박사였다. 그가 돈이 없다는 것을 알게 된 워즈는 그에게 태극권을 가르치게 하고 교육비를 지불했다. 그런데 이것이 약간 웃지 못할 상황을 연출했다. 데청 양은 태극권을 알지 못했고 그것을 가르치기 위해 일부러 배워야 했다. 어쨌든 모릴홀 바깥마당에는 왜소한 흰머리 교수와 크고 순해 빠진 곰, 워즈 연구실 사람들, 그리고 그들 앞에서 진땀을 빼며 시범을 보이는 중국 학생이 있었다.

보스브링크는 워즈의 야심과 승부욕을 누구보다 잘 알고 있었다. 워즈는 매년 새로 선출하는 미국 국립과학아카데미 회원 명부에 자신의 이름이 없을 때면 이렇게 말하곤 했다. "이 친구들이 나를 실망시키는군." 보스브링크는 언젠가 워즈가 "이미 늦었다"고 말하며 "이제는 그들이 간청한다 해도 내가 거절하겠어"라고 다짐한 것을 기억했다. 이듬해 그는 워즈가 명부에 선출됐다는 소식을 들었다. "거절할 거죠, 칼?" 그가 놀려 댔다. 워즈는 겸연쩍게 웃었다. "나를 꿰뚫고 있군, 그렇지?" 워즈는 들어간 것이 기뻤다. 아니 들어가야만 했다.

그렇다. 워즈는 인정받지 못한다고 느꼈다. 그가 발견한 세 번째 생명의 형태는 과학 분야에 중요한 성과였지만 논쟁거리가 되었고, 보스브링크가 어바나에 있었던 내내 워즈는 그것 때문에 속앓이를 하고 있었다. 그는 과학계에서 자신의 입지를 구축하는 데 승부사 기질을 발휘하지 못했다. 그것은 워즈에게 치명적인 손실이었다. 보스브링크는 "탭 댄싱"이라고 불렀는데, 그 자신도 애벌레 연구로 인해 그러한 대가를 치르고 있었기 때문에 그에 동감했다. 보스브링크는 다윈에 관해서도 이야기했다. "칼이 다윈에게도 이런 부류의 증오를 품고 있었는데,...." 그것은 뭐라 말하기 어려운, 추상적이면서 철학적이기도 했고, 그의 자아 일부라고 해야 할까? "가끔식 그는 자신이 다윈보다 더 중요한 인물이라고 말하기도 했어요." 나 역시 비슷한 이야기를 다른 사람에게서 들었다고 그에게 말했다. "난 그럴 때마다 울타리에 던져 버리겠다고 했어요."

아마 그 시기였을 것이다. 보스브링크는 상태가 좋은 4×5인치 필름의 구형 린호프 카메라를 구입했고, 워즈를 카메라 앞에 앉혔다. 그의 집과 마당을 배경으로 사진을 찍었다. 보스브링크가 컴퓨터에 저장된 그의 사진들을 보여주었다. 한 사진에서 워즈는 모직 셔츠 차림으로 거실 탁자에 앉아 있고, 옆에는 워즈보다도 자연스러워 보이는 테이블 램프가 있었다. 창문 앞에서 찍은 워즈의 흑백 사진은 마치 영화 속 한 장면 같았다. 워즈는 눈을 가늘게 뜬 채 야외에 있는 알루미늄 접이식 의자에 앉아 있었다. 워즈는 주먹에 턱을 괴고 아이 같은 포즈를 취했다. 특별히 사진 찍히는 데 소질 있어 보이지는 않았다. 하지만 카메라 가까이에 앉아서 워즈가 정면을 응시하는 사진에는, 그의 헝클어진 머리와 수염, 깊이 패인 눈 속에서 맹렬하게 반짝이는 눈빛이, 그 유명한 울타리를 배경으로 하고 있었다. 그것은 내가 본 워즈의 사진 중 최고였다. 이게 바로 워즈의 모습이었다. 과연 그는 어떤 사람이었을까?

82

진핵생물, 그리고 인간의 기원

워즈가 세상을 떠났을 때 가장 크게 이슈가 되었고 지금도 여전히 논쟁 중인 미스터리, 그것은 진핵세포의 기원이다. 이는 바로 우리 인간의 첫 시작에 대한 의문에 다름 아니다.

1977년에 워즈가 주장한 바대로, 생명이 세 도메인으로 나뉘고, 그중 하나인 진핵생물에 모든 동물과 식물, 균류, 세포 안에 핵을 가진 모든 미생물이 포함된다면, 결국 인간을 포함해 눈앞의 모든 생물로 진화된 그 계통의 탄생 신화는 무엇인가? 무엇이 진핵생물을 그렇게 특별하게 진화시킨 것일까? 무엇이 그들을 박테리아나 아르케이아처럼 미미하고 원시적인 무리에서 벗어나, 삼나무와 푸른 고래, 흰코뿔소와 같이 거대하고 복합적인 생명체들로, 또한 메이저리그 야구를 하고 운율에 맞춰 시를 쓰고 그레고리안 성가를 부르며, 지구상에서 가장 유별난 행위를 해대는 우리 인간으로 진화하도록 이끈 것일까? 어떤 물질들이 모여서, 어떤 과정을 거쳐서 최초의 진핵세포가 탄생한 것일까?

중대하기 이를 데 없는 그 사건은 16억 년에서 21억 년 전에 일어났을 것으로 추정된다. 5억 년이라는 작지 않은 오차는 그만큼 현대 과학이 아직 정확하지 못하다는 사실을 반영한다. 여러 가설이 공존하며, 서로 극렬하게 대립된 진영들에서 나온 것이기 때문이다.

그들 중 암석에 새겨진 화석의 증거로 미생물의 초기 형태를 알아내는 데는 거의 실패한 것으로 보인다. 반면 게놈 데이터로부터 얻은 단서들은 훨씬 더 정확하고 다양한 의미를 담고 있다. 특히 16S rRNA는 여전히 중요한 단서로서, 칼 워즈의 통찰력과 40년에 걸쳐 그가 헤쳐온 여정의 결과이다. 그러나 그 데이터들이 가진 의미에 대해서는 해석이 분분하다. 내공생이 필수적인 역할을 했다는 가설은 현재 학계에서 거의 정설로 받아들여지고 있다. 박테리아가 다른 세포, 즉 숙주 안에 포획되고 길들여져서 미토콘드리아가 되었다는 것이다. 초기 진핵세포에 단 한 번 성공적으로 침투한 미토콘드리아가 세포 내에 풍부하게 존재하게 되었고, 이전에 사용되던 어떤 것보다 훨씬 더 많은 양의 에너지를 공급할 수 있게 되었다. 그것은 더 크고 더 복잡한 새로운 세포들을 만들어 냈고, 그들로부터 다세포 생물로 진화하게 되었다. 증가한 복잡성에서 가장 핵심은 격리, 특히 유전 물질을 격리시킨 것이다. 즉, 세포 내 유전 물질인 DNA를 핵으로 감싸고 그것을 다시 세포막으로 둘러싼다는 것이다.

결국 진핵생물의 기원에 대한 미스터리는 세 가지 의문으로 정리된다.

(1) 원래의 숙주세포는 무엇이었는가?

(2) 과연 미토콘드리아 획득은 중대한 변화들을 촉발시킨 것인가, 아니면 그 변화들로부터 나온 결과인가?

(3) 핵의 근원은 무엇인가?

그리고 이 질문들은 다시 하나의 간결한 질문으로 귀결된다.

어떻게 하나가 다른 하나 안에 들어가서 복잡한 무언가가 될 수 있었는가? 그리고 그것들은 대체 무엇이었는가?

세 의문 중에서 앞의 두 가지에 관한 새로운 증거가 최근에 전혀 예상치 못한 곳에서 발견됐다. 그곳은 그린란드와 노르웨이 중간의 대서양 약 8천 피트(약 2.4킬로미터) 깊이의 해저였고, '로키 캐슬Loki's Castle'이라는 열수분출구 부근에서 퍼올린 해양 퇴적물에서 나온 것이다. '로키'는 북유럽 신화에서 자유자재로 형상을 바꾸는 사악한 신이다. 노르웨이 과학자가 이끄는 탐사팀이 발견한 '로키 캐슬'은 광물질화된 입구가 마치 성처럼 생긴 데다가 그곳을 찾기가 매우 어려웠기 때문에 지어진 이름이다. 해양 퇴적물은 분석차 다른 과학자들에게도 보내졌고, 거기서 완전히 새로운 계통의 아르케이아 DNA가 발견되었다. 그 게놈은 별도의 문phylum으로 뚜렷하게 구분될 만큼 다른 것들과 차이가 있었다(문은 상위 분류에 속한다. 모든 척추동물은 '척추동물 문'에 포함된다). 게놈 조사를 주도한 사람은 스웨덴의 한 대학에 소속된 티스 에테마Thijs Ettema라는 젊은 네덜란드 생물학자였다. 그는 심해의 성과 사악한 신의 이름을 따서 이 낯선 생명체의 이름을 로키아르케이오타Lokiarchaeota라고 지었다.

2015년 에테마 연구팀의 발표는 학계의 빅뉴스가 되었다. 이 '로키아르케이오타 게놈'이 우리 계통의 기원이었을 숙주세포에 너무나 근접한 것처럼 보였기 때문이다. 워싱턴포스트지의 헤드라인은 다음과 같았다. "새로 발견된 이 '퍼즐 조각Missing Link'은 인간이 어떻게 단세포 생물에서 진화했는지 말해준다." 깊은 바다 진흙에서 추출된 이 아르케이아들이 20억 년 전 원시 계통에서 급격하게 분화하여 오늘에 이른 진핵생물들과 사촌지간이라는 것인가? 그렇다면 우리와 가장 가까운 친척이 바로 그들 미생물이라는 것인가? 그럴 것이다. 이 일은 세간의 이목을 집중시켰다.

그러나 에테마의 연구는 두 가지 측면에서 초기 진화를 연구하는 전문가들 사이에 논쟁을 일으켰다.

첫째, 에테마 연구진은 로키아르케이오타 같은 세포들이 미토콘드리아 획득 이전부터 복잡해지기 시작했다는 증거를 보고했다. 주요 단백질과 내부구조 그리고 박테리아를 잡아먹기 위해 몸을 구부리는 것 같은 능력을 이미 갖고 있었다는 것이다. 그게 사실이라면 미토콘드리아 포획이라는 중대 사건은 생명의 역사에서 가장 큰 전환의 원인이 아니라 그 결과가 되는 것이다. 설사 그렇다 해도 이 사건은 그 후에 일어난 연쇄적인 변화들의 원인이었을 것이다. 하지만 빌 마틴과 같은 학자들은 결코 수긍하지 않았다.

둘째, 에테마 연구팀은 진핵생물^{eukarya}의 기원을 아르케이아^{archaea}와 나란히 두지 않고 그 안에 배치했다. 그것이 맞다면 생명의 나뭇가지가 다시 두 개가 된 것이다. 그러나 두 가지는 모두 우리의 마음속에 지금껏 소중하게 간직해 온 조상의 계통과는 거리가 멀었다. 그것은 우리라는 존재가 1977년 이전에는 아예 상상조차 못했던 괴상한 생명체, 아르케이아의 자손이라고 말하는 것이다. 이 시나리오가 내포하는 좀 더 복잡한 의미는 아르케이아로부터 우리의 계통이 싹트기도 전에, 우리의 아르케이아 조상에게 박테리아 유전자들이 수평으로 전달되었고, 결국 박테리아가 우리 안에 섞이게 되었다는 것이다. 어쨌든 핵심은 그대로다. 우리가 바로 그것들이라는 것! 노먼 페이스 같은 학자들은 아마도 고개를 가로저었을 것이고, 칼 워즈 역시 동의하지 않겠지만 말이다. 그러나 안타깝게도 워즈는 2015년 네이처지에 실린 에테마의 도전에 맞설 만큼 오래 살지 못했다.

그해 6월, 티스 에테마는 토론토에서 열린 학회에서 자신의 연구에 대해 설명했다. 포드 둘리틀과 수십 명의 연구자들, 나를 포함해 방안을 가득 메운 청중들은 거의 넋이 나갈 지경이었다. 나중에 포드는 나에게 특유의 쓴 웃음과 함께 자조적 멘트를 날렸다. "빠져들지 않고는 못 배기겠는 걸요."

나는 기다렸다가 에테마와 마주 앉았다. 우리는 아직 발표하지 않은 그의 최근 연구에 대해 이야기했는데, 그것은 지금의 연구를 더욱 뒷받침하는 것이었다. 미토콘드리아는 커다란 변혁에서 부차적인 요인일 뿐이며, 두 개의 가지로 뻗은 생명의 나무에서 인간은 아르케이아 쪽에 뿌리를 두고 있다는 것이다. 그는 반대하는 견해들을 잘 알고 있었고 그들이 얼마나 맹렬하게 반박할지도 예상하고 있었다. 그가 말했다. "한바탕 격전을 치르게 될 겁니다."

83

칼 워즈, 생을 마감하며

워즈의 건강에 문제가 생기기 시작한 것은 2012년 늦은 봄부터였다. 그는 83세였지만 아직 은퇴할 생각이 없었고, 게놈생물학 연구소(IGB) 사무실에 매일 출근하면서 여전히 그의 커다란 질문들에 몰입하고 있었다. 5월 어느 날 아침, 그는 캘리포니아 대학교 데이비스 캠퍼스$^{UC\text{-}Davis}$에 있는 그의 친구 해리스 르윈에게 전화를 걸어 르윈이 미국 국립과학아카데미 회원으로 선출된 것을 축하해 주었다. 그는 르윈이 선출된 아카데미 섹션 61의 "촌놈들"을 조심하라고 귀띔해 주었다. 동물학과 영양학, 응용미생물학 부문인 섹션 61은 농업생물학자인 르윈의 기초 학문이었다. 워즈가 귀띔한 "촌놈들"이 우분비료를 연구하는 과학자들을 일컫는 애칭인지 아니면 응용생물학 전반에 대한 그의 불쾌한 속내를 드러낸 것인지는 알 수 없었다. 르윈은 워즈에 대한 회고록에서 이 통화를 언급하고 나서 다음과 같이 썼다. "안타깝게도 그 후 몇 달 만에 칼의 신체 기력과 정신력은 급격하게 떨어졌다." 르윈은 떨어져 있었지만 그에게 관심의 끈을 놓지 않았다.

여름이 다가올 무렵 워즈의 건강은 더 나빠졌다. 그는 가족과 함께 '마서스비니어드$^{Martha's\ Vineyard}$(미국 매사추세츠주의 휴양 섬)'에서 휴가를 보내던 중

장폐색 증상을 일으켰다. 가족들은 보스턴에 있는 매사추세츠 종합병원으로 그를 데려갔고, 영상진단 결과 췌장암이라는 것이 밝혀졌다. 고약하게도 종양이 마치 목을 조르듯이 동맥을 감고 있었다. 그는 장폐색으로 응급수술을 받았지만, 동맥벽에 붙어서 얽혀 있는 종양은 잘라 낼 수 없었다.

이후에 그의 마지막 6개월은 데비 파이퍼(데브라 파이퍼)를 통해 전해 들을 수 있었다. 그녀는 워즈가 게놈생물학 연구소에 있던 내내 그의 친구가 되었고 끝까지 그를 보살폈던 행정보좌관이었다. 그녀는 워즈가 원하는 대로 죽을 수 있게 돌봐 주었다. 그는 병원을 거부했고 삶을 연장하기 위한 "특단의 조치"도 원하지 않았다.

데비 파이퍼와 워즈의 우정은 빈 공터에 난데없이 피어난 꽃처럼 우연히 시작되었다. 데비는 원래 워즈에게 고용된 사람이 아니었다. 2007년에 IGB 연구소가 시작될 때 들어와서 나이절 골든펠드 산하의 생물복잡성 프로그램에 배정되었다. "어느 날 자리에 앉아 있는데 작은 백발의 남자가 책이 잔뜩 든 가방을 들고 들어왔어요." 파이퍼가 말했다. "그래서 제가 '도와드릴까요?' 했더니, '그래요.'라고 했지요." 그들은 허물없이 친해졌다. "우리는 이해관계가 없었기 때문에 날 믿어준 것 같아요."

파이퍼와 나는 어바나의 팀폰스 레스토랑 바로 아래 커피숍에서 만났다. 이제 50대인 그녀는 희끗희끗한 머리가 얼굴에 흘러내리고 부드러운 목소리와 단정한 태도를 가진 사람이었다. "한번은 워즈가 내게 '데비, 우린 가족 같아.'라고 말했어요." 그러면서 사실 가족보다 더 낫다며 그가 덧붙였다. "우리는 그렇고 그런 사이가 아니니까."

그녀는, 과거 1970년대 후반에 워즈가 뉴욕타임스와 언론에 대서특필되었던 워홀의 15분간의 명성 이후, 자신에 대한 평판과 과학계의 거부 내지는 반발로 인해 그가 받은 고통에 대해서 이야기했다. "그때 난 거기에 없었지만 그 얘기를 많이 나눴어요." 그 앙금은 30년이 흘렀지만 워즈 안에 그대로 남아 있었다. "그는 이 놀라운 발견을 해냈어요." 그녀는 그의 아픔을 느끼듯이 말했다. "하지만 사람들은 그 의미를 알지 못했고, 그것이 사실이라고 믿지도 않았어요."

데비 파이퍼의 생각에, 워즈가 끝까지 인정받고 싶어한 것은 그 자신보다는 연구에 대한 것이었다. 그는 소위 말하는 과학계의 "우상"을 혐오했다(또는 그렇게 주장했다). 그 자체로 상징이 된 다윈처럼 말이다. 워즈는 그것을 원하지 않았고, 적어도 그와 가장 가까운 파이퍼만은 그것을 진심으로 받아들였다. 그와 오랜 시간 함께 한 과학계 동료들은 그렇게 생각하지 않았지만, 그의 편을 들어주고 받아들였던 그녀는 끝까지 그의 옆에 남았다. "그는 자신의 연구가 자신과 동일시되는 것을 원치 않았어요." 그녀가 말했다. "그는, 연구는 연구 자체로 인정받아야 한다고 생각했어요." 그녀가 워즈의 말년을 지키고 있을 때, 캠퍼스를 방문했던 많은 학계 사람들이 유명한 칼 워즈를 보고자 그를 찾아왔다. 자신들의 연구분야와 관계가 있건 없건, 워즈의 연구에 대해 알건 모르건 상관없었다. 워즈는 그녀에게 "나는 춤추는 곰이 아니야"라고 말하곤 했다. 그는 자신을 우러러보는 사람들을 만나고 싶어하지 않았다. 그는 여행하는 것을 좋아하지 않았다. "그저 혼자 남아서 생각할 시간을 갖고 싶어했어요."

골든펠드는 IGB에서 파이퍼에게 워즈의 개인 보좌를 전담하도록 배려해 주었다. 워즈가 원하는 것을 최우선으로 배려한 것이다. 그녀는 그가 누구인지, 그가 무엇을 했는지, 그의 명성이 어떤지 전혀 알지 못했기 때문에 처음에는 의아했었다고 말했다.

"그냥 머리가 센 노인이었겠죠." 내가 묻자, "맞아요, 그냥 흰머리의 외로운 늑대 교수였죠." 그녀가 받았다. "맞은편 사무실에 있었어요." 그녀는 워즈를 알아 가면서 그가 재미있는 사람, 친절하고 사사로운 사람이라고 생각했다. 그녀가 보기에 그는 일상적인 일에서 약간 대책이 없기는 했지만, 그만큼 지적으로 뛰어난 사람은 본적이 없었다. 그녀는 그의 배회하는 마음을 알아준 사람이었다. 데비 파이퍼에게 워즈는 가장 친한 친구였고 간절하게 그리운 사람으로 남아 있었다. 그에게 가식이 있지 않았을까? 나는 궁금했다. 그녀는 단언했다. 그리고 확인시켜 주었다.

"가식과는 거리가 멀었어요. 그는 정말 겸손했어요. 그런데도 가끔 이런 말을 했어요. '난 더 겸손해져야 해.'" 그녀가 웃었다.

잠시 후 우리는 힘든 이야기로 들어갔다. 그녀는 워즈가 2012년 7월 1일에 암 판정을 받고, 7월 3일에 응급수술을 받았다고 정확하게 기억했다. "내게 전화해서 거기로 올 수 있겠느냐고 했어요." 7월 4일에 그녀는 보스턴으로 날아갔다.

84

모자이크적 인간을 생각하다

격변을 맞이한 중요한 개념. 칼 워즈는 그 신호탄을 쏘았고, 지금 이 책은 격동의 면면을 스케치하고 있다. 그것은 지구상의 생명에 대해서 우리가 확신하던 개념들, 바로 종, 개체, 나무, 이들에 도전하는, 우리의 상식을 뛰어넘는 통찰들이다.

종^{Species}: 여럿이 모인 집단의 단위로서, 정해진 회원만 받아들이는 회원제 클럽처럼, 종들 간에는 확실한 경계선이 있어서 뚜렷하게 구별된다.

개체^{Individual}: 하나의 유기체 역시 뚜렷하게 구별되며, 단일한 정체성을 갖는다. 누렁이라는 갈색 개, 특이한 눈을 가진 고양이, 유명한 찰스 다윈 같은 개인이 있다.

나무^{Tree}: 유전은 반드시 조상으로부터 자손을 향해 수직적으로 흐른다. 새로운 가지를 뻗거나 갈라질 수는 있어도 다시 합쳐질 수는 없다. 따라서 생명의 역사는 마치 나무와 같은 형상을 하고 있다.

그러나 이제 우리는 세 가지 확신이 모두 틀렸다는 것을 알고 있다.

종^{Species}을 어떻게 정의해야 하는가? 이것은 분자계통학이 가세하기 훨씬 이전부터 생물학자들이 고질적인 논쟁을 벌이던 문제였다. 이 개념은 적어도 린네우스까지, 아니 그보다 덜 세분화된 분류로 따진다면 아리스토텔레스까지도 거슬러 올라간다. 또 아리스토텔레스? 그러나 여기서 그 아득한 역사에 대한 철학적 의미나 어원까지 들어갈 이유는 없다. 지금껏 우리가 사용한 18세기 린네우스의 분류체계에 따르면, 하나의 종은 하나의 단위로서 (생물체들의 집합체이면서도 하나의 단위) 불변하는 본질 그 자체였다. 19세기에 들어서, 다윈은 월리스와 같은 이들과 함께 그러한 이상주의를 해체하기 위해 사람들을 설득했다. 종들은 변화를 겪으며, 새로 생겨나거나 사라지기도 한다. 하나의 종에 속해 있는 각각의 개체들끼리는 분명히 유사성이 있지만 그러한 공통점이 절대 불변의 본질은 아니다. 20세기에, 에른스트 마이어Ernst Mayr는 종에 대해서 좀 더 구체적으로 정의했다. 그는 앞에서 신다윈주의자 중 한 사람으로 거론한 사람이다(린 마굴리스 책의 서문에서 그녀를 비판한 적이 있다). 마이어는 당대의 걸출한 진화이론가였고, 그가 저술한 생물학 역사 책들은 학계에서 큰 비중을 차지했다. 그는 책 속의 무용담에서 자신을 종종 사려 깊은 제3의 인물로 묘사했다. 마이어가 1942년에 했던 유명한 정의는 다음과 같다. "종은 실제로 혹은 잠재적으로 짝짓기(교배)가 가능한 개체끼리 모인 집단이며, 따라서 다른 종과 생식적으로 격리되는 집단이다." 여러분은 아마 이 정의에 두 가지 문제가 있다는 것을 눈치챘을 것이다.

첫 번째 문제: 박테리아와 아르케이아에서는 메이어가 말하는 "교배"가 일어나지 않으므로 종의 개념은 적용되지 않는다.

두 번째 문제: 유전자가 지속적으로 수평으로 전달되는 상황에서(바이러스 감염이나 다른 기전에 의해) 과연 "생식적 격리"가 절대적인 기준이 될 수 있을까? 한 종의 일원이 다른 종의 일원과 교배하여 새로운 혼혈 계통을 만들

어 낸다면? 그러한 잡종은 식물의 세계에서 흔하게 발생하며 동물들 간에도 드물지 않게 발생한다.

결론: 종을 생식적 격리로 구분하는 것은 편리하고 직관적인 기준일지는 몰라도 절대적인 기준은 될 수 없다.

그렇다면 소중한 우리 자신의 종, 호모 사피엔스^{Homo sapiens}는 어떨까? DNA 서열분석 시대가 열리면서 과학자들은 인간 게놈에도 그러한 이종교배^{hybridizing}의 흔적이 있다는 것을 발견했다.

호모 네안데르탈렌시스^{Homo neanderthalensis}, 즉 네안데르탈인은 1856년에 발견되어 1864년에 이름이 지어졌고, 이후 수십 년 동안은 별개의 종으로 여겨졌다. 우리와 같은 호미니드 과^{hominid family}에 속하지만 다른 종인 것이다. 최근에 일부 전문가들이 네안데르탈인을 호모 사피엔스의 아종으로, 즉 호모 사피엔스 네안데르탈렌시스로 분류해야 한다고 주장하지만, 여전히 많은 전문가는 호모 네안데르탈렌시스를 분리된 종이라고 주장한다. 어찌 되었든 우리의 계통이 그들과 갈라진 것은 개척자들이 아프리카를 떠나 유라시아에 정착하던 약 30만 년 전에서 60만 년 전으로 추정된다. 그 개척자들로부터 비아프리카 계열의 몇몇 종들이 이어져 내려왔는데 그들 중 한 계통이 호모 네안데르탈렌시스인 것이다. 아프리카에서 퍼져 나간 또 다른 무리인 우리 "현대 인간"의 계통은 그보다 훨씬 후인 5만 년 전에 유럽에 정착했다. 그런데 그 무렵, 네안데르탈인은 돌연 자취를 감췄다.

그에 관해서 고생물학자들은 우리 조상들이 직접적인 침략으로 그들을 몰살했거나, 경쟁에 의해 그들을 멸종에 이르게 했거나, 혹은 이종교배로 어느 정도 흡수했을 것이라고 주장해 왔다. 결정적인 증거는 없었다.

그러나 최근에 네안데르탈인의 DNA 복구에 성공한 스웨덴의 생물학자

스반테 페보$^{Svante\ Pääbo}$ 연구팀이 DNA 서열을 분석한 결과, 네안데르탈인과 현대 인간 사이의 이종교배가 발생했음을 보여주었다. 특히 그러한 이종교배로부터 이어져 내려온 비아프리카계 민족들의 게놈에는 네안데르탈인의 DNA가 현재 1~3퍼센트 정도 포함된 것으로 나타났다.

그러나 우리의 게놈에는 네안데르탈인만 있는 것이 아니다. 인간의 계통은 7백만 년 또는 1천만 년, 아니면 그보다 오래 1천3백만 년 전으로, 시기에 대한 학설은 분분하지만 그 즈음에 침팬지 계통에서 갈라져 나온 것으로 추정된다. 그런데 그러한 분화가 있은 후 얼마 지나지 않아 인류 조상과 침팬지 조상 간의 이종교배가 다시 일어났고, 그로 인해 순수한 침팬지 유전자가 우리 게놈에 남게 되었다는 것이 최근의 게놈 연구에서 밝혀졌다. 사실 완전히 분화된 시점이 정확하지 않은 것은 래칫^{ratchet} 과정(한쪽 방향으로만 도는 톱니바퀴라는 의미)이 오랜 시간에 걸쳐 불규칙적으로 진행되었기 때문일지도 모른다.

결과적으로, 현재 우리 게놈 중에는 인간보다 오히려 침팬지에 가까운 유전자들이 존재한다는 것이다. 이러한 사실은 호모 사피엔스가 점진적인 진화 과정을 거쳐 현재 우주라는 시공간에 독립적인 개체로 우뚝 존재한다는 우리의 자부심과 확고한 믿음을 흐릿하게 만드는 것이다. 우리는 그렇게 독립적이지 않으며 독보적인 존재가 아니다. 스반테 페보는 우리의 게놈을 모자이크라고 부른다. 앞에서도 언급했지만 모자이크라는 비유는 유전체학^{genomics}에서 처음 나온 것은 아니다. 그러나 지금 그것은 실제로 우리 자신에게 적용되면서 인간의 '자아'에 강하게 이의를 제기하고 있다.

물론 침팬지 유전자나 네안데르탈인 유전자의 존재가 다는 아니다. 거기에 바이러스성 DNA도 있다. 레트로바이러스로부터 포획되어 인간의 임신에 기여하도록 적응해온 신사이틴-2 같은 유전자들 말이다. 이들 내생성 레트로바이러스가 인간 게놈의 8%를 차지한다는 사실은 영장류의 뛰어난 종으로서 호모 사피엔스의 위상을 다시금 생각하게 만든다.

인간의 개별성, 즉 '개인Individual'에 대한 인식 역시 마찬가지다. 우리 몸에는 수천 "종"을 대표하는, 수백조 개의 박테리아 세포들이 살면서 우리 자신의 건강과 소화, 그 밖의 생리적인 측면에서 필수적인 역할을 하고 있다. 특히나 우리의 모든 세포 안에 있는 오래전에 포획된 박테리아, 즉 미토콘드리아 없이 우리는 생명을 유지할 수도 없는 것이다.

오래전부터 생물학자들 그리고 과학철학자들은 "개체individual"라는 개념을 생물학적으로 명확히 정의하기 위해 고심해 왔다. 일부 학자들은, 다윈 진화론의 핵심인 자연선택이 개체들의 차별적 생존과 번식을 전제로 하기 때문에 그렇게 정의하는 것이 당연한 것이라고 주장했다.

그렇다면 개체는 무엇인가? 하나의 박테리아는 개체인가? 나이절 골든 펠드와 칼 워즈는 2007년 네이처지 논문 "생물학의 다음 혁명Biology's Next Revolution"에서 그에 대해 이의를 제기했다. 모든 지구상의 박테리아가 하나로 연결된 게놈인 "초개체superorganism"를 구성한다고 주장했던 루마니아 학자 소린 소네아라면 특히나 더 아니라고 말할 것이다.

그럼 일개미들은 어떤가? 번식 능력 없이 여왕개미의 생식력을 극대화하기 위해 생존하는 일개미를 개체라고 할 수 있는가? 그렇다면 개미 군집 전체가 개체인가? 아니면 또 하나의 초개체인가?

'작은부레관해파리Portuguese man-o'-war'라는 물고기 부레처럼 날카로운 촉수로 바다 표면을 떠다니는, 해파리의 괴상한 친척이 있다. 이것은 하나의 개체처럼 보이지만 이들을 연구하는 생물학자는 개체로 인정하지 않는다. 이들도 개미언덕이나 흰개미 군집처럼, 공통의 목적 아래 각자 특화된 기능만을 수행하기 위해 집합체로 모인 개별 생물의 군집(개충^{zooid}이라는 작은 다세포 형태의 동물)이다.

'세포성점균$^{cellular\ slime\ mold}$' 역시 매우 특이한데, 어떤 단계에서는 민달팽이처럼 보이지만, 또 다른 단계에서는 고도로 조직화된 아메바 팀처럼 보인다. 먹이가 부족할 때 아메바들은 더 나은 서식지로 기어가기 위해, 하나의 민달팽이 형태로 결합하여 나무줄기 꼭대기로 기어올라간 뒤, 마치 열매가 터지듯이 포자가 되어 흩어진다. 먹이(박테리아)가 있는 곳으로 떨어진 포자는 새로운 아메바로 깨어날 수 있다.

숲 속의 사시나무^{aspen}도 마찬가지다. 언뜻 개별적인 나무들로 보이지만 사실은 땅속 하나의 뿌리줄기에서 돋아나는 무리들이다. 때로 넓은 지역에 걸쳐 수백 그루의 나무 군집을 형성하기도 하는데, 전체가 하나의 게놈을 공유하며 연결된 것이다. 이 경우 숲 전체가 하나의 개체일 것이다. 한 통계에 따르면, 지구상에서 가장 큰 유기체는 미국 유타주 피시레이크 국립공원 Fishlake National Forest에 있는 사시나무 군집으로 알려졌다. 100에이커(약 12만 평) 이상의 면적에 걸쳐 수천 그루의 나무로 구성된 하나의 사시나무 클론^{clone}인 것이다. 이 사시나무 개체는 무게만도 약 1,300만 파운드(약 5,900톤)로 추정되며 나이는 어림잡아도 8만 살 정도라고 한다.

이 사례들은 과학철학자들의 학술 논문에서 다뤄진 것들이다. 이들처럼 "개체"의 의미는 일률적으로 적용하기 어려우며, 사례별로 정의한다 하더라도 그리 쉬운 일은 아니다. 산호초나 이끼 같은 것은 더욱 애매하다. 우리 인간을 포함해서 강아지나 올빼미는 분명히 개체라고 누구나 동의하겠지만, 분자 증거들은 이마저도 단정하기 어렵게 만들고 있다. 빌 마틴이나 파보가 말했듯이, 우리는 순수한 개체가 아니라 모자이크인 것이다.

마지막으로, 우리가 확신하던 또 하나의 개념, 생명의 나무는 어떤가. 이제 우리는 잘 알고 있다. 그것은 어째서 실제로는 떡갈나무 모양일 수 없는지, 왜 양버들 모양이 아닌지 말이다. 땅속에서는 하나로 연결되어 있으면서 거대한 숲을 채우는 사시나무도 위에서 다시 합쳐지지는 않는다. 그 뿌리는 그물망과 같지만, 큰 팔다리와 가지들은 이파리들을 빛에 노출시키기 위해 서로 멀어지며 갈라지기만 할 뿐이다. 존 크럽삭이 접붙인 네군도단풍나무나 액셀 얼랜슨이 접붙인 플라타너스와 달리, 야생에서 나무들은 수렴하거나 접합하지 않는다. 곧, 생명의 나무가 틀린 이유는 단지 생명의 역사가 나무와 닮지 않았기 때문이다.

물론 칼 워즈도 알고 있었다. 단지 그는 군이 언급할 만큼 중요하게 생각하지 않았다. 그의 관심은 위쪽의 잔가지들이 아니라 아래쪽의 큰 나뭇가지들이었다. 40억 년을 아우르는 그의 큰 나뭇가지들인 박테리아, 진핵생물, 아르케이아, 우리가 알고 있듯이 그들은 다시 모든 생명의 끝단에 있는 보편적인 공통 조상, 즉 하나의 공통된 유전자 코드에서 분화된 것이다. 그들은 RNA 세계에서 태어나 세포를 만들어 내고, 다윈의 경계를 거쳐 매우 복잡하게 분화된 지구상의 생명들이다. 아이러니하지 않은가. 칼 워즈는 복잡성과 그 발생에 대한 깊은 관심으로 말년에 나이절 골든펠드와 협업하며 복잡성 이론과 창발성에 심취하기도 했지만, 그가 도달하고자 한 곳은 극도의 단순성만이 존재하는 곳이었다. 모든 생명의 근원이 된 세 가지 도메인, 그것은 단순성의 극치였다. 그의 신성한 삼위일체, 그것은 거의 종교에 가까웠다.

워즈는 많은 무신론 과학자들과 달리 유신론자였다. "그는 신을 믿는다고 했어요." 데비 파이퍼의 말이다. 그녀는 그의 믿음을 과장해서 말할 이유가 없는 무신론자다. 찰스 다윈이 임종의 순간 회개했다고 거짓 증언한 성공회교도와는 다르다. 임종 순간까지도 워즈가 기성 종교에 귀의하는 일은 일어나지 않았다. 점점 흐려지긴 했어도 그는 한결같았다. 신이 있었다. 그는 종종 파이퍼에게 이메일로 이렇게 썼다. "하나님을 믿지 않는 당신에게 신의 은총이 함께 하기를." 마치 그들 사이의 달콤한 밀어인 양 그녀는 내게 말하며 웃었다.

워즈는 2012년 7월 4일 그녀가 보스턴에 도착했을 때, 건강은 물론 정신적으로도 매우 좋지 않은 상태였다. 매사추세츠병원에서 가족들에 둘러싸인 그는 병원 치료를 힘들어했다. 그는 퇴원하길 원했다. "의사는 할돌을 처방했는데 그것이 칼을 더 힘들게 만들었어요." 파이퍼가 말했다. 할돌은 할로페리돌haloperidol이라는 약품으로 정신분열증과 망상증, 정신병, 각종 흥분증세 치료에 사용되는 항정신병 약물이다. 워즈가 정신병자라고? 물론 아니다. 그에게 흥분증세가 있었는가? 그랬다. 그는 정맥주사를 팔에서 걷어냈다. 그의 아내와 자식들이 걱정했지만 권위적인 의료진에 도전할 수 없었기 때문에 안절부절했다. 파이퍼는 담당 의사에게 거침없이 물었다. "왜 할돌을 주는 거죠?"

"글쎄요, 불안한 상태니까요." "그건 할돌을 주니까 그런 거죠. 그는 정신이 맑은 상태로 있고 싶어 한다고요."

워즈는 몽롱한 상태를 극도로 싫어했다. 그는 깨어 있기를 원했다. 그에게 다가오는 운명이나 아픔보다 더 고통스러운 것은 사고 능력을 앗아가는 것이었다. 그에게 사고는 삶 자체였다. 의사는 할돌을 중단했다. 대수술 직후였지만 워즈는 타이레놀조차 거부했다. 불과 1, 2일 전에 배를 절개하고 대대적인 수술을 받았음에도 그는 편안한 몸보다는 맑은 정신을 원했다.

"그 상황이 진정되고 나서였어요." 그녀가 말했다. "품위 있게 죽을 수 있도록 도와주겠느냐고 내게 물었어요." 그녀는 잠시 멈추었다. "그가 원하는 대로 따랐어요."

의사는 최소한 3주는 치료해야 한다고 했지만 워즈는 그러고 싶지 않았다. 그는 화학요법마저 거부했다. 파이퍼는 그를 어바나로 옮기기 위해 $16,000(1,800만 원 정도)의 의료용 전세기를 준비했다. "칼을 둘러싸서 집으로 옮겼어요." 그녀가 말했다.

집에 왔지만 아직 끝나지 않았다. 사람들은 계속 그를 찾아왔고 직접 만나고 싶어했다. 주로 워즈의 측근들과 학교의 고위인사들이었지만, 파이퍼는 그의 마지막 남은 에너지와 최소한의 사생활을 지켜 달라고 그들을 설득했다. 그는 아내와 아들, 딸과 소원했었지만 지금은 그의 옆에 있어주기를 원했다. 이따금 파이퍼만이 그가 먹을 수 있는 음식을 가져오곤 했으며, 래리 골드도 방문했다. 나이절 골든펠드는 그에게 의미 있는 일을 해주었다. 8월에 워즈는 자신의 일대기가 될 비디오 인터뷰를 수락했다. 얀 샙과 노먼 페이스가 함께 했다. 샙과 골든펠드의 진행으로 그의 연구와 발견, 그 시대의 과학에 대한 성찰을 이끌어 내는 질문들이 신중하게 이어졌고, 워즈는 최선을 다했다.

이 기록들은 IGB에 보관되었다. IGB는 이후에 '칼 워즈 게놈생물학 연구소Carl R. Woese Institute for Genomic Biology'로 개명되었다.

워즈는 병색이 완연한 얼굴로 담쟁이 식물과 책장 앞에 앉아서, 이틀에 걸쳐 6시간 이상을 카메라에 대고 이야기했다. 그는 보기에 안타까울 정도로 힘겨워했지만, 자신의 견해를 표현하기 위해 사건과 이름을 기억해 내려고 온 힘을 다했다. 기억에 집중하기 어려울 때면 그는 낙담했고 그때마다 "컷" 또는 "잠깐"이라고 말하곤 했다. 그러나 카메라는 멈추지 않았다. 위즈는 몰랐거나 개의치 않는 것 같았고 잠시 후에 다시 이어가곤 했다. 아직 해야 할 말이 너무 많았지만 시간이 많지 않았다. 그는 긴 휴식을 취하기도 했다. 눈을 감고 자신의 죽음을 받아들이는 것처럼 느껴졌다. 중간에 그는 "내 기억력이 형편없군, 형편없어"라며 탄식을 거듭했다. 모든 순간이 카메라에 담겼다. 몇 달 후 그의 추도식이 있을 때, 누군가가 그의 목소리와 모습이 담긴 비디오를 틀자고 제안했다.

데비 파이퍼가 그때를 회상하며 이야기했다. "아, 제발 그러지 마세요. 그저 병든 노인처럼 보일 거예요." 그녀는 반대했다.

그러나 그 병든 노인의 내면에는 다양한 세계들이 있었다. 곧바로 위로 뻗은 세계들 그리고 옆으로부터 이어진 세계들이었다.

"기독교인 지질학자"를 자처했던 에드워드 히치콕, 1840년대와 1850년대 다윈 이전에 비진화적인 생명의 나무를 제안했다.

출처: The Edward and Orra White Hitchcock Papers, box 24, folder 21, 애머스트 대학 기록보관소 및 특별모음전

동물학자이자 예술가였던 에른스트 헤켈(의자에 앉아 있는 사람), 그는 조수 한 명과 함께 카나리아 제도로 채집 여행을 떠났고, 다윈의 나무를 탄탄하게 그려냈다.

출처: Photos.com

"낮을 많이 가리고 무뚝뚝한" 의학 미생물학자였던 프레드 그리피스, 1920년대 후반 신기한 형질전환을 일으키는 "자양분"을 발견했다.
출처: 앨빈 F. 코번의 사진, 미국 국립의학도서관 제공

"교수님"으로 불린 오즈월드 에이버리, 젊은 동료 매클린 매카티, 콜린 매클라우드와 함께 1944년 프레드 그리피스가 발견한 형질변환을 일으키는 "자양분"이 DNA임을 밝혀냈다.
출처: 테네시 주립도서관 제공

영국 포톤다운에 있는 국립표준배양균
주보관소(NCTC), 한 미생물학자가 냉동
건조된 박테리아의 진공 밀봉된 앰플을
검사하고 있다. 이 유리관 안에서 표본
은 50년 이상 생존할 수 있다.
출처: 영국 공중보건부 NCTC 제공

조슈아 레더버그는 박테리아 사이에서 바이러스 감염을 통한 수평적 유전자 전달의 증거를 발
견했고, 1952년 이를 "감염 유전"이라 이름 붙였다. 출처: Image S10965, 위스콘신 대학교 기록보관소

노벨상을 받은 화학자 라이너스 폴링, 1965년 공동저자인 에밀 주커칸들과 함께 긴 분자에서 얻은 정보로부터 생명의 나무를 식별할 수 있다는 제안을 했다.
출처: Ava Helent and Linus Pauling Papers, 오리건 주립대학교 도서관

옥수수 유전학을 연구한 바버라 매클린톡, 이동 유전 요소, 즉 염색체에서 위치를 바꾸고 때로는 종 사이도 뛰어넘는 유전자를 발견하여 노벨상을 수상했다. 출처: Image # SIA2008-5609, 스미스소니언 기록보관소

라이트보드의 RNA "지문"에 주석을 다는 칼 워즈, 지루하지만 심오한, 늘 상 하던 작업이다. 오랜 시간 쳇바퀴처럼 반복되는 나날에 그는 때로 혼자 중얼거리곤 했다. "워즈, 오늘도 너를 상심시켰군." 출처: 켄 루어슨 제공

워즈는 곤충학자인 친구, 찰리 보스브링크를 신뢰했고 그가 구형 린호프 카메라로 일련의 초상화를 찍도록 했다. 그중 하나는 매우 인상적이었다. 출처: 찰리 보스브링크 제공

워즈와 랄프 울프, 오토 칸들러, 아르케이아에 대한 기념비적인 학회를 마치고 바이에른 알프스의 산꼭대기에서 샴페인을 터트렸다.

출처: 오토 칸들러의 사진

워즈 연구실의 젊고 팔다리가 긴 포스트닥 조지 폭스, 세 번째 생명체를 알린 1977년 논문을 공동집필했다. 출처: 켄 루어슨 제공

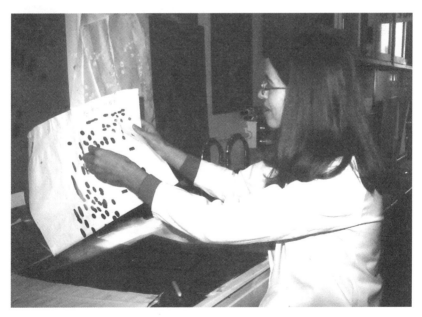

워즈 연구실의 핵심기술자 린다 보넨, RNA 지문 작업에서 중요한 업무를 수행했으며, 자신의 기술을 가지고 핼리팩스에 있는 포드 둘리틀의 연구실로 옮겨갔다. 출처: 린다 보넨 제공

내공생 이론의 검증을 도왔던 포드 둘리틀, 후에 그는 수평적 유전자 전달이 생명의 역사가 나무 모양이라는 다윈의 가설을 훨씬 복잡하게 만든다는 것을 발견했다. 출처 미상

2010년 현장탐방 중에 옐로스톤 강의 그랜드 캐니언에서 잠시 멈춰 선 린 마굴리스, 에드워드 O. 윌슨(챙 모자를 쓴)과 물리학자 에릭 D. 슈나이더(운동 모자를 쓴), 그리고 필자와 함께.
출처: 몬태나주 보즈먼, 조지 케레메지예프 제공

파리 남부 구스타브 루시 연구소의 티에리 하이드만, 포유동물 게놈 내에 포획된 바이러스 유전자가 임신에 관해 수행하는 중요한 역할을 밝혀내는 연구를 주도했다. 출처: 티에리 하이드만 제공

워즈는 몇몇 친한 친구들로부터 큰 위안과 즐거움을 얻었다. 리보솜 분야의 저명한 전문가이자 한때 프로 재즈 음악가였던 해리 놀러의 집에서 워즈는 때때로 피아노를 치면서 긴장을 풀었다. 출처: 해리 놀러 제공

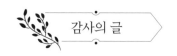
감사의 글

내가 이 프로젝트를 시작하게 된 계기는 포드 둘리틀의 1999년 사이언스 지 논문을 뒤늦은 2013년에 읽고 나서였다. 둘리틀의 논문은 나에게 몇 가지 방향을 제시했다. 가장 중요한 것은 2012년 12월 30일에 사망한 칼 워즈의 업적이었다. 그 이후, 분자계통학이라는 더 넓은 세계와 생명의 나무에 대한 새로운 사고들로 이어졌다. 그것은 마치 광대한 석회암 동굴 벽에 빼곡히 그려진 놀라운 신석기 암석 예술들이 갑자기 손전등 불빛으로 내 앞에 펼쳐진 것 같았다. 첫 걸음은 둘리틀을 만나는 것이었다. 처음부터 그는 아낌없는 도움을 주었고 이 프로젝트의 윤곽이나 방향에 지나치게 자신의 영향이 미치지 않도록 노력했다. 그는 핼리팩스 등지에서 여러 날에 걸친 수차례의 인터뷰에 응해 주었고, 내 글의 초안 전체를 읽고 나서는 다시 나의 주관적인 판단이나 결론을 존중하면서 대단히 정확하게 교정해 주었다. 고마워요, 포드.

역사학자 얀 샙 또한 다방면으로 내게 도움을 주었다. 특히 그의 뛰어난 저서 "진화의 새로운 기초New Foundations of Evolution"는 큰 도움이 되었으며, 장시간에 걸친 인터뷰 그리고 칼 워즈와 린 마굴리스에 대한 그의 회고들뿐만 아니라 꽤 친분이 있었던 그들과의 사적인 서신들을 공유해 주었다. 비록 우리는 완전히 다른 독자들을 위해 글을 쓰지만 내가 설명이나 도움을 요청하면 샙은 기꺼이 지원군이 되어 주었다.

나에게는 두 과학자 친구들이 있다. 모두 분자계통학은 아니지만 생물

학의 변화를 잘 알고 있으며 초안을 읽고 조언해 주었다. 마이크 길핀^{Mike}

Gilpin(《도도의 노래^{The Song of the Dodo}》 시절부터 가장 믿음직한 생물학 지원군이다)

과 데이브 샌즈^{Dave Sands}.

　다음 목록은 다방면으로 도움을 준 사람들이다. 수년에 걸쳐 긴 인터뷰
와 이메일, 전화 질문에 응해 주었고, 원고의 각 부분에 대한 상세한 검증으
로 정확성을 더해 주었다.

　린다 보넨, 짐 브라운, 줄리 더닝 하토프, 티스 에테마, 세드릭 페쇼트, 조
지 폭스, 래리 골드, 피터 고가르텐, 나이절 골든펠드, 마이크 그레이, 조나
단 그레셀, 티에리 하이드만, 짐 레이크, 제프리 로렌스, 스튜어트 레비, 해
리스 르윈, 켄 루어슨, 빌 마틴, 해리 놀러, 노먼 페이스, 데비 파이퍼, 줄리
러셀, 도리언 세이건, 미치 소긴, 제이크 턴불, 찰리 보스브링크, 블레이크
비덴헤프트, 랄프 울프, 모두에게 감사드린다. 또한 조지 폭스는 워즈와 공
동집필한 1980년 판 "빅 트리^{Big Tree}" 논문의 초안들을 공유해 주었다.

　많은 과학자들이 나의 주제넘은 의문들에 해답을 주었다. 그중에서도 특
히 존 매커천^{John McCutcheon}, 게리 올슨^{Gary Olsen}, 조너선 아이젠^{Jonathan Eisen}, 그
리고 유진 쿠닌^{Eugene Koonin}, 이 네 명의 과학자에게 감사드린다. 이들은 내게
중요한 생각, 중요한 시간을 허락해 주었음에도, 순전히 이 책의 주제와 집
중이라는 이유로 이 책에서 거의 언급되지 않았거나 아예 다루지 않았고,
그에 대하여 오히려 너그럽게 이해해 주었다. 존 매커천과는 그의 동료들과
함께 칠레에서 10일 동안 함께 머물며 그의 포스트닥 피오트르 루카식^{Piotr}
^{Łukasik} 박사가 이끄는 현장을 취재했다. 특정 매미들 안에서 내공생하는 박
테리아 유전자를 연구하기 위해 잠자리채로 매미를 채집하는 일이었다. 이
연구는 맥커천 연구소의 총체적인 주제의 일부다. 특정 곤충에 내생하는 생

물들 안에서 중첩된 게놈과 유전자 이동, 그리고 그러한 중첩과 게놈의 감소는 일반적인 내공생에서 무엇을 제안하는지, 특히 어쩌면 미토콘드리아의 내공생 기원에 대해서도 어떤 의미를 갖는지에 대한 것이다. 맥커천의 연구는 대단히 매혹적이고 중요한 것이었으나, 이 책의 주제와 연결하기에는 너무나 복잡해서, 독자들에게 이해하도록 하는 것이 무리라는 것을 깨달았다. 칠레는 잊을 수 없는 곳이었다. 그리고 칠레 스테이크와 맥주처럼 맥커천과 그 동료들과의 대화는 훌륭했다.

또한 캘리포니아 데이비스에서 일주일 동안 조너선 아이젠의 수업을 들었다. "생물 다양성과 생명의 나무"라는 제목으로 대형 강의실에서 수백 명의 학생이 듣는 생물학 입문 수업이었다. 매일 수업이 끝난 후 아이젠과 나는 계통발생학과 진화, 야구, 도서들에 관해 이야기했고, 마지막 날에는 그가 조류관찰을 위해 즐겨 찾는 비밀스런 습지로 데려가 주었다. "보세요!" 어느 순간 그가 말했다. "흰얼굴따오기white-faced ibis가 있죠!" 이 생물학자는 웹사이트에 "모든 미생물은 항상 존재한다All microbes, all the time"라는 슬로건을 내걸었지만, 일반 동물에도 관심이 많다는 것을 알 수 있었다.

게리 올슨은 어바나에 칼 워즈와 함께 있을 당시에 그의 가장 가까운 파트너 중 한 사람이다. 그 역시 같은 이유로, 이 책에 등장할 수 없었던 아이디어들과 기억들로 끈기 있게 나를 안내해 주었다.

미생물의 게놈과 진화에 대한 유진 쿠닌의 폭넓은 사고는 나를 매우 흥분시켰다. 베데스다에 있는 그의 사무실에서 첫 인터뷰를 마치고, 그의 책 《기회의 로직The Logic of Chance》을 읽고 나서 나는 두 번째 인터뷰로 다시 오겠노라고 말했다. 몇 달 후 그렇게 했고 이 책에서 소개하지는 않았지만, 쿠닌과의 대화는 내가 프로젝트를 수행하면서 부가적으로 누린 대단한 특권이었다.

　이들 외에도 이번 나의 프로젝트를 도와주고, 연구소와 사무실에 방문하는 것을 환영해 주고, 성가신 질문에 호의적으로 응답해준 고마운 사람들의 긴 목록은 나라별로 정리했다. 몇 명의 이름은 반복되지만 그대로 두었다.

미국과 캐나다: 에릭 앨름, 존 아치발드, 질리안 반필드, 린다 보넨, 오스틴 부스, 세스 보든스타인, 짐 브라운, 타일러 브루넷, 포드 두리틀, 로라 에메, 마크 에레셰프스키, 세드릭 페쇼트, 그레그 포니어, 조지 폭스, 보브 갈로, 피터 고가르텐, 래리 골드, 나이절 골든펠드, 마이크 그레이, 제이콥 P. 존슨, 패트릭 킬링, 짐 레이크, 제프리 로렌스, 해리스 르윈, 스튜어트 레비, 린다 매그럼, 조앤 매너스터, 카를로스 마리탈리, 해리 놀러, 모린 오말리, 노먼 페이스, 데비 파이퍼, 데이비드 레만, 앤드류 로저, 미치 소긴, 레이 틴폰, 찰리 보스브링크, 블레이크 위든히프트, 랄프 울프

영국: 톰 캐벌리어-스미스, 매튜 콥, 마틴 에블리, 제임스 매키너니, 그리고 국립 생물학표준연구소 사람들, 이소벨 앳킨을 포함한 미생물보관소 사람들, 마일스 캐럴, 애나 드헤어-가람, 스티브 그릭스비, 아유엔 리알, 한나 맥그리거, 조디 로버츠, 제인 크로스, 그리고 줄리 러셀과 제이크 턴불

독일: 크리스타 슐레퍼와 빌 마틴

프랑스: 티에리 하이드만

이스라엘: 조나단 그레셀

스웨덴: 티스 에테마

칠레: 피오트르 루카식, 클라우디오 벨로소, 존 매커천

　그리고 일리노이 대학교의 샴페인 어바나에 방문하여 대학 기록보관소에

있는 크리스토퍼 프롬과 그의 동료들, 특히 존 프랜치에게 도움을 받았다. 칼 워즈 게놈생물학 연구소 감독인 진 로빈슨과 그의 조수 김 존슨은 내가 사건과 연락처, 자료들을 볼 수 있도록 주선해 주었다. 그리고 연구소의 추모기념 심포지엄 행사에서 칼 워즈의 여동생 도나 다니엘스를 만났다. 다니엘스 부인은 나중에 이메일로 내 질문들에 답해 주었고 고맙게도 사랑하는 오빠와 그들의 가족사에 대한 추억을 전해 주었다. 칼 워즈의 미망인과 그의 아들, 가브리엘라 워즈와 로버트 워즈는 내가 워즈의 미발표된 글을 인용할 수 있도록 기꺼이 허락해 주었다.

작가에게도 동료는 더없이 중요하다. 특별히 자신의 작품과 지식, 우정의 차원에서 나를 도와준 네 사람, 칼 짐머와 에드 용, 도리언 세이건, 배리 로페즈를 언급하지 않을 수 없다.

사이먼&슈스터 출판사^{Simon & Schuster}의 밥 벤더는 이 책을 놀랍도록 기민하고 고급스럽게 편집해 주었다. 그의 정통적인 편집스타일은 작가가 자신의 의도를 더욱 확실하게 하고, 문맥을 잘 유지하며, 독자와의 관계가 더 친밀해지도록 만든다. 밥과 그의 동료들, 조나단 카프에서 조안나 리에 이르기까지 이들의 생기 넘치고 친절한 협력에 매우 감사한다. 필립 바쉐 역시 열정적으로 교정작업을 해 주었다.

ICM에 있는 나의 에이전트 아만다 어번은 올바른 프로젝트를 선택하고, 올바른 방향으로 가도록 다시 한번 조언하고 지지해 주는 엄청난 역할을 했다.

에밀리 크리거는 지칠 줄 모르는 철저한 사실 검증으로 내가 범한 오류들의 주요 해결사 역할을 해주었다. 또한 글로리아 티에드는 알아듣기 어려운 긴 녹취물 속의 중얼거리는 대화를 작가가 사용할 수 있도록 글로 옮겼으며, 눈이 빠질듯한 깨알 같은 참고문헌들을 정리했다. 두 사람이 아니었다면 나는 훨씬 더 어리석고 더디게 일했을 것이다.

몬태나 집에 있는 나의 아내 벳시는 첫 번째 조언자이자, 가장 믿음직한 베타테스터가 되어 주었다. 내게는 힘과 사랑의 본보기일 뿐만 아니라, 우리가 입양한 여러 포유류의 족장이기도 하다. 늙은 개, 해리와 닉, 스텔라는 이 책의 시작을 함께했지만 끝은 보지 못했다. 아직 어린 스티브와 매니는 벌써 신발을 물어뜯는다. 옆에서 지켜봐 준 고양이 오스카도 있다.

Notes

　이 책은 실증 자료들을 기반으로 하고 있으며, 내가 개인적으로 보관하고 있는 원고에는 모든 인용자료에 대한 출처들이 기록되어 있다. 하지만 독자나 출판에 부담을 주면서까지 모든 인용에 대한 주석을 넣고 싶지는 않았다. 특별히 어떤 주장에 대한 출처를 알고 싶은 독자들은 언제든지 나의 웹사이트(www.davidquammen.com)를 통해 연락하는 것을 환영한다. 여기서 따로 할애한 주석들은 출판된 논문이나 자료 중, 가장 중요한 출처들에 해당한다. 인터뷰에서 직접 인용한 대화들은 내용 속에 함께 명시되어 있으며, 더 상세한 출처에 대한 정보는 참고문헌 목록에 수록되어 있다.* 본문의 한 단락 내에서 같은 출처를 여러 번 인용했을 때는 하나의 주석으로 처리했다. 명민한 독자들이 전체 단락을 충분히 파악할 수 있으리라 생각한다.

들어가며

16 "다른 분류의 생명체": New York Times, November 3, 1977.

● 　참고문헌 목록은 프리렉 홈페이지(www.freelec.co.kr) 자료실에서 내려받을 수 있다.

1부 다윈의 첫 스케치
Darwin's Little Sketch

32 "하나의 생명 줄기로부터 나왔고": quoted in Browne (1995), 84.

32 "왜 생물의 수명은 짧은 것일까": Barrett (1987), 171-76.

34 "유기체들은 하나의 나무로 표현할 수 있다": ibid., 176.

35 "불규칙하게 뻗어나갔어": ibid., 176-77.

39 생명이 없는 것에서부터 동물과 같은 살아 있는 생물로 "진보"했으며: Archibald (2014), 2, guided me to this passage from Aristotle.

39 지능으로 서열화된 사다리: Pietsch (2012), 4-6.

39 자연물 계층: Archibald (2014), fig. 1.4.

40 "지극히 미미한 동물들": Lane (2015), 4.

42 "계통수는": Stevens (1983), 206.

42 "자연이 따랐을 법한 질서를 적용한": ibid., 203.

42 "자연의 질서": ibid., 205.

42 "의심할 수 없는 사실이다": ibid., 206.

44 동물을 "무혈"과 "유혈"로 분류했다: Mayr (1982), 152.

46 "수술의 개수는 확연히 구분되는 형질": Stevens (1983), 205.

47 "내 식물나무는": ibid., 206.

48 "기독교인 지질학자"를 자처했던 미국인: Lawrence (1972), 21, 23.

48 "곤충, 유충, 미생물": Packard (1901), 37.

50 너무 빨리 "잊히고 묻혀 버렸다.": ibid., 56-57.

51 "감지하기 어려운 액체": Mayr (1982), 354.

51 "변화의 실제 단계"... 별도의 동물 사다리에 "대응"시켰고: Pietsch (2012), 36-37.

53 그가 명명한 "고생물학 연대표": ibid., 81.

54 "내 앞길에는 육체노동만이 있을 뿐이었다": Hitchcock (1863), 282.

54 "난 거기에 완전히 빠져들었고": ibid., 284.

55 "중증 건강염려증환자": Lawrence (1972), 21.

56 콘웨이 목사직에서 "해고" 당했는데: ibid., 24.

57 "창조와 다스림으로부터 신을 쫓아내는 것": ibid., 25.

57 "라이엘 씨의 종교적 신념에 대해서는 알 수 없으나": ibid., 29.

58 "더 진보된 기관"을 가진: Archibald (2009), 573.

58 "지구 환경의 변화에 따라 더 완벽한 종으로": ibid., 575.

60 다윈이 책을 접한 것은 1838년 초가을이었다. 나중에 그는 "재미삼아 읽었다"고 회상했지만: Darwin (1958), 120.

60 "맬서스에서 추론한 종의 투쟁": Barrett (1987), 375.

60 "힘에 비유할 수 있다": ibid., 375-76.

61 "개체의 과포화": ibid., 399.

61 그때까지 계속 "나의 이론"이라고 적어 두었다: ibid., 397-99, 409.

66 "하나의 긴 논쟁"으로 전개되었다: Darwin (1859), 459.

66 "자연선택은 형질의 변이를 이끌어 내고 . . .": ibid., 128.

66 " . . . 유사성은 큰 나무에서 그 일부를 볼 수 있다": ibid., 129.

67 "푸른 새싹이 돋아나는 잔가지들은 현존하는 종들을 나타낸다.": ibid., 129-30.

70 "전문가들의 의견에 주의를 기울이는 게 좋을 것": Archibald (2009), 575-76.

2부 다른 분류의 생명체
A Separate Form of Life

74 "우리가 가정한 특정 결합이 . . .": Watson and Crick (1953), 737.

76 "그는 언제나 큰 소리로 떠들면서 일했다": Ridley (2006), 86, quoting David Blow.

77 그의 강연은 "발표장을 장악했으며 . . .": Judson (1979), 333.

77 "그의 가장 뛰어난 논문": Ridley (2006), 104.

78 "생물학자들은 머지않아 '단백질 분류학'이라는 분야가 나타나는 것을 보게 될 것이다.": Crick (1958), 142.

78 "진화에 관한 방대한 정보": ibid.

79 그들은 자신들의 연구를 "화학 고유-전학"이라고 고급스럽게 부르며: Zuckerkandl and Pauling (1965a), 97.

80 "헤모글로빈을 연구하지 그래요?": Morgan (1998), 161-62.

82 "폴링의 후반 경력에서 가장 영향력이 큰 것": ibid., 172.

82 우리는 "분자 진화 시계"를 갖고 있는 것이다: Zuckerkandl and Pauling (1965a), 148.

82 "진화 분야에서 가장 명확하고 가장 강력한" 개념": Morgan (1998), 155.

83 나중에 크릭은 "... 매우 중요한 아이디어"라고 평가했다: ibid., 155-56.

83 "분자계통수에서 가지의 분기는": Zuckerkandl and Pauling (1965a), 101.

85 단지 코드 해독에 대한 것뿐만 아니라: Woese (1965a), 1546.

86 "코드의 본질에 대한 생각부터 나는 그 사람들과 완전히 달랐습니다.": Woese (2007), 2.

87 "그러므로 보편적인 나무는 그 자체로서 존재의 비밀을 담고 있을 것이다.": Sapp (2009), 156.

87 "내 연구 프로그램에 뭔가 전환이 필요해.": Woese (2007), 2.

88 "프란시스에게, 저는 지금 돌이킬 수 없는 중대한 결정을 내리려고 합니다": Woese to Crick, June 24, 1969. Woese Archives, University of Illinois, Champaign-Urbana.

88 "사건들의 실타래를 풀기 위해: ibid.

89 "10억 년 더 거슬러": ibid.

89 "확실하지는 않지만 가능성이 있습니다": ibid.

89 "옛 조상의 서열"을 추론할 수 있다는 것이다: ibid.

90 "여기서 올바른 분자의 선택은": ibid.

90 "미소체 입자"라는 이전의 이름으로: Crick (1958), 147.

93 "제가 보기에는 이 기계(리보솜)에서 RNA 성분이": Woese to Crick, June 24, 1969.

94 "저의 제안이 과학적으로 명쾌하지는 않습니다.": ibid.

95 "이 부분에서 특별히 당신의 조언과 도움이 필요합니다.": ibid.

96 분자의 변이 형태들을 식별하기 위해 폴링이 주커칸들에게 추천했던 "핑거프린트 법": Morgan (1998), 161, n. 34.

97 "이제 내가 할 수 있는 일은 다 했다고 봅니다.": Browntree (2014), 132.

97 "기사는 사람을 다르게 만들어요. 나는 달라지고 싶지 않아요..": *Frederick Sanger: Sequencing Insulin,* "Wikipedia, https://en.wikipedia.org/wiki/Frederick_Sanger#Sequencing_insulin.

100 "일상적으로 해야 하는 지루한 일이었지만 엄청난 집중이 필요했다.": Woese (2007), 1.

104 "몇 날이고 쳇바퀴처럼 반복해야 했다. . . . 집으로 걸어가며": ibid.

109 "다른 교수들이 단지 . . . 기원에 대한 탐구로부터 자신을 멀어지게 한다고 느끼기": Luehrsen (2014), 217.

109 "자신의 사무실에 앉았다": ibid., 218.

111 "어찌나 자주 엉망진창이 됐는지!": ibid.

111 워즈는 "상처가 없으니 걱정하지 말라": ibid.

118 "옳거나 중요한 것을 모두 추려 내어 혼란을 수습했다": Bulloch (1938), 192.

118 "특징과 표현에서 완전히 새로운 것": ibid.

119 "카오스"는 . . . 그룹의 이름이다: Breed (1928), 143.

121 "박테리아학에서 가장 고질적인 학문적 수치": Stanier and van Niel (1962), 17.

122 "가장 뚜렷하게 드러나는 유일한 진화적 단절": Stanier et al. (1963), 85.

123 "지적으로 얼마나 고통스러운 일인지 진정한 생물학자라면 알 것이다": Stanier and van Niel (1962), 17.

123 오래전 1941년에 발표했던 그들의 "상세한 분류학적 제안": ibid.

123 "언제부턴가 나는 " . . . "그 시기에 나는": Sapp (2005), 295.

126 "14음절의 괴물"이라고 말했고: Woese (2007), 3.

126 원핵생물이라고 "간절히 외치는" 것처럼 보였다: ibid.

127 모든 원핵생물에서 공통적인 "표식"이 되는 서열: ibid., 6.

127 "무슨 일이지?": ibid.

127 "그때 분명해졌다": ibid., 7.

127 "생물학을 뛰어넘는 경험": ibid., 4.

130 "옆 실험실에 있는 제 방으로 뛰어들어 왔습니다": Sapp (2009), 166.

130 "우리가 새로운 형태의 생명체를 발견했다고 선언하면서": George Fox, "Remembering Carl," "Carl R. Woese Guest Book" (of posthumous remembrances), Carl R. Woese Institute for Genomic Biology online, last modified January 13, 2013, www.igb.illinois.edu/woese-guest-book.

130 "폭스는 매사에 의심이 많았다: Woese (2007), 4.

131 "필름 위에는 마치 그것들만 불쑥 튀어나온" 것처럼: George Fox to Jan Sapp, January 24, 2005, quoted in Sapp (2009), 167.

135 "마인 슬라임"이라는 물질: Wanger et al. (2008), 325.

137 "칼은 의문에 가득 찬 목소리로": Wolfe (1991). 13.

140 "우리는 속전속결로 작업을 진행했다": Woese (2007), 4.

141 "진화론을 . . . 검증할 수 있는 절호의 기회": ibid.

142 "진화에 관한 두 가지 주요 가설을 검증하는 것이": ibid.

142 "원칙적으로 분자정보만으로 정의할 수 있다": Zuckerkandl and Pauling (1965a), 101.

143 "일반적인" 박테리아처럼 보이지 않는다: Balch et al. (1977), 305.

144 "가장 오래된 계통발생학적 사건": ibid.

144 "이 유기체들은 . . . 다소 먼 관계인 것처럼 보인다": Fox et al. (1977), 4537.

145 "제3의 생물계가 존재한다": Woese and Fox (1977a), 5089.

145 "이 유기체들은 수소와 이산화탄소 대기를 좋아합니다": *Washington Post*, November 3, 1977.

148 "래칫"이라는 . . . 메커니즘에 대한 논문이었다: Woese (1970).

152 "원시 유기체의 진화를 연구하는 과학자들이": *New York Times*, November 3, 1977, 1.

154 "랄프, 그 바보 같은 짓에서 빨리 벗어나게나": Wolfe (2006), 3.

154 "나는 어디라도 기어들어가 숨고 싶었어요": ibid.

156 "울프가 그를 앞세우며 내 사무실로 들어왔다": Woese (2007), 5.

158 "나는 한 번도 지질에 관심을 기울인 적이 없었는데": ibid., 6.

158 "일반적이지 않은 세포벽을 갖고 있다면": ibid., 5.

161 "세 번째 제국?" 그는 날카롭게 쏘아 댔다: Sapp (2009), 210.

163 "우리는 지금 역사적으로 중요한 과학 학회를 시작하려고 합니다": Woese (1982), in Kandler, ed. (1982), 2.

164 "실패한 세대들은 . . . 미생물학자들에게 걸림돌이 되었습니다": ibid.

164 "생물학의 영역을 확장하는 기반이 될 수 있기를 바란다": ibid.

166 "위즈와, 특히 울프는 최고의 몸짱은 아니지만": Wolfe (2006), 7.

3부 공생 그리고 획득
Mergers and Acquisitions

170 "15개 정도의" 저널로부터 거절당했다: Margulis (1998), 29.

170 "세포분열의 기원": Sagan (1967).

172 "가장 뚜렷하게 드러나는 유일무이한 진화적 차이": ibid., quoting Stanier et al. (1963), 85.

172 "나는 이론을 제시한 것이다": ibid., 226.

175 그녀는 스스로를, 조숙했지만 "불량 학생"이었고: the quoted words come from Lake (2011), an obituary, but Margulis herself gives a similar and fuller account in Margulis (1998), 15-16.

176 "저는 과학에 대해서 너무 무식했어요." 그녀는 회상했다: Margulis (1998), 16.

176 "훌륭한 선생님이셨어요. 내 인생에서 최고였어요.": Eric Goldscheider, *Evolution Revolution," On Wisconsin* 110, no. 3 (Fall 2009): 46, https://onwisconsin. uwalumni.com/features/evolution-revolution/6.

178 "내공생은 가능성 있는 진화 과정으로 진지하게 다시 고려되어야 합니다": Ris and Plaut (1962), 390.

179 "나는 진화에 관심이 있었어요": quoted in Keller (1986), 47.

180 "버클리에는 . . . 전혀 교류가 없었어요." 그녀는 이렇게 회상하며: Margulis (1998), 26–27.

181 메레츠코브스키의 주장을 "재미있는 판타지"라고 부르며: Wilson (1925), 738–39.

181 그녀가 회상한 세이건은, "믿을 수 없을 만큼 자기중심적"이고: Goldscheider, *"Evolution Revolution,"* 46.

181 "아이들과 함께 갇힌 고문실": Poundstone (1999), 47.

181 그녀에겐 "편의상 조치"일 뿐이었다: ibid., 70.

182 "어쩔 수 없이 집에 묶이게 됐는데 오히려 생각에 집중할 수 있었어요": Margulis (1998), 29.

182 "더 보강되고 확장되어 마침내 . . . 정리되었다": ibid., 29–30.

182 "매일 밤늦게까지 원고를 타이핑했어요": ibid., 30.

185 "그의 직업은 정해진 게 없었다": Sapp et al. (2002), 416.

187 "둘 이상이 결합하거나 . . . 유기체의 기원": Merezhkowsky (1920), quoted in ibid., 425.

188 "다소 공생을 연상시키는": quoted in ibid., 419.

188 그의 말에 의하면 "순전히 마음속에서 자연스럽게": quoted in ibid.

189 각 세포가 원래 가지고 있던 "기관"이며, . . . "점차 차별화되어 왔다"는 것이다: Martin (1999) translation of Merezhkowsky (1905), 288.

189 "외부의 유기체, 다른 몸": ibid., 289.

190 "연못가에 평화롭게 자라는 . . . 상상해 봅시다": ibid., 292.

190 그 온순한 "녹색 노예"인 엽록체가: ibid.

190 "틀림없이 . . . 평화롭게 쉬게 될 것이다": ibid., 292–93.

191 《7차원의 진동 우주》라는 제목으로: Sapp et al. (2002), 432.

192 "공생복합체로서의 식물": cited in Khakhina (1992), 48.

192 "내 방에 들어오지 마시오": Sapp et al. (2002), 435.

195 "이따금" 후원자가 보내주는 약간의 돈: Wallin (1927), ix–x.

195 친밀하고 "절대적인" 공생으로써: Wallin (1923b), 68, 71.

196 "종의 기원을 관장하는 근본적인 원리": Wallin (1927), 146-47.

196 세 번째 힘이 존재하며 그것은 "알려지지 않은 원칙"으로서: ibid., 147.

196 "월린 박사의 글은 많은 관심을 불러일으켰지만: Eliot (1971), 138.

196 이반 월린은 . . . "우리에게 믿으라고 한다.": Gatenby (1928), 165.

197 "완전히 물 건너간" 것으로 여겨지던: Lange (1966), quoted in Margulis (1970), 45.

200 스피로헤타로부터 바로 나왔을 수도 있고: Margulis (1981), 16.

201 "여기에 제시된 주요 개념들은": ibid., 67.

210 "조언과 격려, 미발표 자료를 제공해 준 것": Bonen and Doolittle (1975), 2314.

214 말하자면 이런 식이다. "AAA, UUG, AAG,": the full sequence appears in Carbon et al. (1978), 155, fig. 2.

223 "내공생 이론은 입증된 것인가": Gray and Doolittle (1982).

224 1985년 워즈 실험실은 "미토콘드리아의 기원"이라는 논문에서: Yang et al. (1985).

229 "허위 사기극"이라고 생각했다: "College and University Professors Question the 9/11 Commission Report," http://patriotsquestion911.com/professors.html.

229 "우리는 과학자들에게 윌리엄슨의 아이디어를 받아들이라고 요구하는 것이 아닙니다": "Butterfly Paper Bust-up," *Nature* online, last modified December 24, 2009, www.nature.com/news/2009/091224/full/news.2009.1162.html.

230 "과학계의 왈가닥 지구의 어머니": Mann (1991), headline.

230 "저는 아내로서 두 번이나 실패했어요": quoted in Martin Weil, "Lynn Margulis, Leading Evolutionary Biologist, Dies at 73," *Washington Post*, November 26, 2011.

231 "그보다는", 그들은 썼다. "새로운 진화를 이끄는 중요한 유전적 변이는 . . .: Margulis and Sagan (2002), 12.

231 사실상 "식물과 동물의 잡종": ibid., 13.

232 "진화 생물학자들이 생각하는 진화의 패턴은 나무입니다": Dick Teresi (2011), "Discover Interview: Lynn Margulis Says She's Not Controversial, She's Right," *Discover*, April 2011.

234 "그녀는 과학계에서 관행을 파괴하는 데 일조했습니다": quoted in Mann (1991), 4.

235 "내공생 이론에 대한 린 마굴리스의 불굴의 용기와 정열을 진심으로 존경합니다": John Brockman, *Third Culture: Beyond the Scientific Revolution* (New York: Touchstone, 1996), 129.

236 "또다시 그렇게 말하면 고소해 버리겠어": he told Sapp, and Sapp told me: interview, July 6, 2015.

236 '생명의 세 영역'이라고 불렀던 분류 용어를 선택할 때: Woese et al. (1990).

236 "추천서를 원하신 거라면 상대를 잘못 고르신 거 같군요": Carl Woese to Dean Nicholas at Chicago, January 14, 1991, Woese Archives, University of Illinois, Chapaign-i ©Urbana.

4부 나무들
Big Tree

242 "디 라디올라리엔은 제가 본 가장 훌륭한 작품이며": Darwin to Haeckel, March 3, 1864, in *The Correspondence of Charles Darwin*, vol. 12, 61.

244 "자연을 제대로 평가하려면": Richards (2008), 22.

245 "끔찍한 기생충, 구루병, 괴혈병, 눈병": ibid., 42.

246 17살이었던 안나는 마치 춤추는 요정 같았다: ibid., 50.

247 "진정한 독일의 요정": ibid.

248 헤켈이 메시나를 "동물학의 엘도라도"라고 칭송한 것도: ibid., 63.

248 "이탈리아를 떠나기 불과 몇 달 전에": ibid.

250 "그는 주저할 이유가 없었다": ibid., 79.

250 "독일의 다윈맨"이라고 불렀다: Haeckel to Darwin, August 10, 1864, in *The Correspondence of Charles Darwin*, vol. 12, 485.

251 "동물과 식물로 이루어진 자연계 전체": Haeckel (1863), quoted in Richards (2008), 94-95.

253 "마치 진격하는 젊은 아폴로처럼": ibid., 83, and n. 12, quoting Furbringer (1914).

254 그것을 그가 말하는 "일원론"의 핵심으로: ibid., 11.

256 "자연의 법칙"이라는 커다란 체계를: Haeckel (1880).

257 "지방자치 법규만큼이나 많은 규칙들": Richards (2008), 120.

257 "그때 나는 거의 은둔자였다": quoted in Gliboff (2008), 171.

257 "후기 헤켈 사상을 형성한 기반이 담겨 있는 것": Richards (2008), 117.

258 "다윈" 이론을 제시한 슐라이허: ibid., 126, 159.

262 "다윈주의라는 범세계적인 지식의 주요 원천": ibid., 2, 223.

263 《인간 발달의 역사》: ibid., 140.

265 "피상적이고, 일관성이 없으며, 한낱 평범한 얼간이": Kelly (1981), quoted in ibid., 263.

265 "이름뿐인 다윈주의자": Bowler (1988), 72.

265 모든 "가짜 다윈주의자들"과 "반다윈주의자들": ibid., 47, 76.

266 "헤켈 진화론의 핵심이라고 할 수 있는 선형적 특징": ibid., 87.

269 식물생태학자 로버트 휘태커가 그린 범상치 않은 나무가 등장했다: Hagen (2012), 67.

269 후에 그의 동료들은 그를 "금욕적"이고 "진지한" 사람으로 기억했다: Westman and Peet (1985), 7, 10.

270 느슨한 조직과 흐릿한 경계, "모호한 실체"를 가졌다고 보았다: Hagen (2012), 68.

271 "생물 세계의 분류에 있어서, 코프랜드의 이론이나 두 개의 왕국 개념이 맞지 않는다는 것을 생태학자들은 잘 알고 있다": Whittaker (1957), 536.

272 "생명의 왕국은 인간의 분류 체계이다": ibid., 537.

273 "이 분류에 따른 제목들은 일관성이 없다": Whittaker (1959), 223.

274 "최근의 연구에서, 박테리아 세포와 다른 생물 세포 조직체 사이의 중요한 차이점들이 더욱 명백해졌다": Whittaker (1969), 151.

275 "고대의 세포 공생"이라는 개념에 있다: ibid.

279 진화적인 분류 기준으로서 다계통분류가 지닌 "단점"을 인정했다: Whittaker and Margulis (1978), 6.

281 1977년 11월 . . . '생명의 세 번째 왕국'을 발표한: Woese and Fox (1977), 5089.

282 비공식 프로젝트명은 "빅 트리"였다: Carl Woese to George Fox, November 16, 1977; courtesy of George Fox.

282 "빅 트리 작업을 최우선으로 해 주세요": ibid.

284 "최소한 한 세기 이상, 미생물학자들은 . . . 노력했다": typescript of "Big Tree," version 1, courtesy of George Fox. All other typescript versions, likewise courtesy of George Fox.

285 "박테리아 분류학에서 혁명이 일어나고 있다: typescript of "Big Tree," version 7.

287 워즈는 폭스에게 "갈등의 소지가 있는 것들"에 대해 썼다: Woese to Fox, August 27, 1979. Woese Archives, University of Illinois, Champaign-Urbana.

289 진핵세포는 "이제 유전적 키메라로 인식되고 있다: Fox et al. (1980), 458.

294 각 개체들은 '이오사이즈': Lake et al. (1984), 3786.

294 "당신의 제안들은 물을 흐리게 할 뿐입니다": quoted in Sapp (2009), 247.

294 "새로운 왕국이 필요하다는 자명한 사실": ibid., 248.

294 "왕국 수호자들의 전쟁": ibid., 249.

294 이 논쟁 전체를 "터무니없는 촌극"이라고 일축하며: quoted in ibid., 251.

296 "세포는 기본적으로 역사의 기록물이다": Woese (1987), 222.

296 "진화의 초기 단계에 고세포가 존재했다는 확신": ibid., 263.

298 "현재까지는 이 고세포가 우리가 추적할 수 있는 진화의 종착지다": ibid., 264.

299 "우리 함께 과학기고문을 쓰면 어때요": Woese to Kandler, February 11, 1980; in the Woese Archives, University of Illinois, Champaign-Urbana.

300 "아르케박테리아에 대한 첫 워크숍": its *Proceedings* were published as Kandler et al. (1982).

300 "시간이 갈수록 분명해지는 건": Woese to Zillig, June 3, 1989; in the Woese Archives, University of Illinois, Champaign-Urbana.

302 "마크를 공동저자로 넣는 것에 반대할 이유가 없다": Kandler to Woese, January 5, 1990; in Kandler Papers, University of Munich; as quoted in Sapp (2009), 386.

303 "아르케박테리아"라는 단어는 잘못된 것이며: Woese et al. (1990), 4578.

5부 감염 유전

Infective Heredity

308 "낯을 많이 가리고 무뚝뚝해서 가까이하기 어려운 사람": Pollock (1970), 11.

308 "그리피스와 스콧이 등유 초롱과 석유난로가 있는 . . . 업적이다": quoted in Downie (1972), 2, from Wright (1941), 588. Downie capitalizes *Palace* but Wright did not.

310 "타입이 전환되었다는 가정 외에는 달리 설명할 길이 없는 것 같다": Griffith (1928), 154.

311 "사실상 죽은 배양균의 부산물을 이용": ibid., 150.

311 "자양분"으로 삼아서: ibid., 153.

311 자세한 설명을 "화학자의 몫"으로: Pollock (1970), 10.

311 "용광로에 묻힌 폭탄": Olby (1994), 178.

312 "택시에 밀어 넣어야 했다": Pollock (1970), 7.

314 "유전학자들 간에 의견이 분분합니다": Morgan (1934), 315.

315 "재미없는 분자" 또는 "우둔한 분자"로 과소평가되었고: boring: Cobb (2015), 42, 54; stupid: Judson (1979), 59, 63.

316 신성한 의무에 대한 "영적 계시"를 경험하게 되었고: Dubos (1976), 49.

317 친구들은 그를 "베이비"라고 불렀다: ibid., 56.

318 "형질전환의 주성분"이라고 부르기 시작했고: McCarty (1985), 85, 92.

319 "매우 충동적이고 급한": ibid., 101.

319 "세균투성이의 보이지 않는 에어로졸": ibid., 104.

320 더 이상 "베이비"가 아니라 근엄한 "교수님"이었고: Dubos (1976), 4, 62.

320 "우리는 사람들이 우리의 아이디어를 회의적으로 받아들일 거라고는 미처 생각하지 못했어요": McCarty (1985), 143.

321 "누가 그것을 짐작이나 했겠어?": Oswald Avery to Roy Avery, May 26, 1943, quoted in Dubos (1976), 218–19.

321 "드디어 해냈어요": McCarty (1985), 171.

325 "다양한 유전자들이 재조합의 기회를 얻으려면": Lederberg and Tatum (1946a), 558.

328 "성적 적합성"과 비적합성에 관한 나름의 체계: Lederberg, Cavalli, and Lederberg (1952), 720; see also "The True History of Fertility Factor F," Esther M. Zimmer Lederberg Memorial Website, accessed www.esthermlederberg.com/Clark_MemorialVita/HISTORY52.html, wherein Esther Lederberg asserts her priority of credit.

329 다른 종류의 "감염 유전 인자": Lederberg et al. (1952), 729.

329 '감염 유전'이라는 문구로 암시한 것이었다: Lederberg (1952), 413.

332 이를 "감염 유전의 한 사례"라고 불렀다: Watanabe (1963), 87.

336 "현재 일본에만 국한된 것이다": ibid., 108.

341 "40년 전, 전이될 수 있는 R 인자가 발견됨에 따라": Levy (2002), 78–79.

348 베이커 연구팀은 . . . "내인성 항균제 내성"을 발견했다: Baker et al. (2014), 1696.

348 원주민들은 "항생제 무노출 집단"이었다: Gardner (1969), 774.

349 "가장 깊은 덤불 지역에서 온"이라는 이름의 토착 섬주민: ibid., 775.

350 "VRSA 감염자가 계속 발생할 수 있다": Miller (2002), 902.

354 사람을 불쾌하게 만드는 데 "천부적 재능"을 가진 사람: Anthony Tucker, "E.S. Anderson," Guardian US, last modified March 21, 2006, www.theguardian.com/society/2006/mar/22/health.science.

354 "박테리아 진화 역사에서 어떤 역할을 해 왔는지": Anderson (1968), 176.

354 "진화에 연관되어 있을 가능성이 매우 크다": ibid.

355 "이것은 . . . 그물 형태로 이어져 왔음을 단적으로 뒷받침하는 것이다": Jones and Sneath (1970), 69.

356 "그러한 유전자 교환은 수시로 일어났을 것이며": ibid.

359 박테리아 개체에게 "거대한 유전자 창고" 역할을 함으로써: Sonea and Panisset (1983), 112.

360 "초개체"라는 단어를 사용했다: ibid., 8, 85.

361 포드 둘리틀은 "무모한 용기"라고 말했다: Doolittle (2004), in Cracraft and

Donoghue (2004), 88-89.

363 "왕국(계) 간의 유전자 교환이라는 점에서 진화적으로 중요한 의미를 가질 수 있다": Heinemann and Sprague (1989), 205, abstract.

363 "유전자는 진핵생물 종 간의 경계를 뛰어넘을 수 있는가": Lewin (1982).

363 "상상에서나 있을 수 있는 지극히 이례적인" 개념: ibid., 42.

364 외부 유전자를 "대량으로" 받아들이고 있었다: Gladyshev et al. (2008), 1210, 1213.

366 "수백 개의" 외부 유전자를 발견했다: Eyres et al. (2015), 1.

370 한 전문가의 말이다. "장담하건대 볼바키아의 확산이 . . .": Werren (2005), 299.

376 "인간 유전자 중 수백 개는 박테리아에서 수평 전달된 것으로 보인다": Lander et al. (2001), 860.

378 지금까지의 인간 게놈 프로젝트에서 '가장 주목할 만한 뉴스': Andersson et al. (2001), 1.

378 "다소 과장되었다"는 것이 드러났다: Edward R. Winstead, "Researchers Challenge Recent Claim That Humans Acquired 223 Bacterial Genes During Evolution," Genome News Network, last modified May 21, 2001, www.genomenewsnetwork.org/articles/05_01/Gene_transfer.shtml.

378 "게놈 전쟁 속 접전의 현장": Nicholas Wade, "Link Between Human Genes and Bacteria Is Hotly Debated by Rival Scientific Camps," *New York Times* online, May 18, 2001.

378 "잘못된 방법으로 도출된 결과라는 것을 알고 충격받았다": quoted in ibid.

6부 장식나무
Topiary

383 "두고 보라고": quoted in letter from Hugo Krubsack to Dennis Krubsack, May 13, 1975, cited in "John Krubsack," Wikipedia, https://en.wikipedia.org/wiki/John_Krubsack.

387 "보편적인 계통발생 나무"에서 이러한 결합을 깡그리 무시했다: Woese et al. (1990), 4578, fig. 1.

390 이제 '생명의 두 왕국'이 지배하던 시대는 막을 내렸다: Norman Pace, quoted in Morell (1996), 1043.

390 "이제 기본 세트가 완성되었다" *he told Science*: ibid.

391 "이제 계통발생을 이해할 수 없다": quoted in Pennisi (1998), 2.

391 "각 유전자는 그 자신의 역사를 가지고 있다": Robert Feldman, quoted in ibid., 3.

392 "빈곤한 상상력의 결정판": Doolittle remembers: email to DQ, February 5, 2017.

394 "광범위하게 행해진 유전자 전달은 . . .": Brown et al. (1994), 575.

399 "생물을 분류하려는 시도는 오래전에 시작된 것이다": Doolittle (1999), 2124.

400 "현재 합의" 모델이라고 표현했다: ibid., 2125, fig. 2.

401 대장균의 연구결과에 대해서 "매우 불길한 징조"라고: Martin (1999), 101.

402 그는 이것을 "그물형 나무"라고 불렀다: Doolittle (1999), 2127, fig. 3.

406 수평적 유전자 전달은 "만연한" 현상이었다. 그는 독자들에게 말했다: Doolittle (2000), 94.

407 "유전자를 자유롭게 교환함으로써" *he wrote*: ibid., 97.

407 HGT의 중요성을 일깨워 준 데 대해: Doolittle (1999), 2128.

409 그들은 "원핵생물"의 진화에 초점을 맞췄다: Gogarten et al. (2002), 2226.

409 수평적 유전자 전달은 원핵생물의 진화에서 "핵심 동력"이었을 수 있다는 것이다: ibid., 2234.

413 "당시의 점잖은 생물학계와 많은 생물학자에게 언급할 가치가 없는 공상": Wilson (1925), 738–39.

419 두 번째는 . . . "모자이크적" 특성에 대한 것이었다: Martin (1999), 99.

419 HGT가 오랜 시간에 걸쳐 미쳐 왔을 영향을 생각하면 그것은 "매우 불길한 징조": ibid., 101.

421 전체 게놈의 "1퍼센트짜리 나무": Dagan and Martin (2006), 1–2.

422 그가 "보편타당한 계통수"라고 부르기 시작한: Woese (2000), 8392.

422 "밀레니얼 시리즈"라고 부른다: Koonin (2014), 197.

425 "세포 구성이 더 복잡해지고 내부 구조가 긴밀해짐에 따라": Woese (2002), 8742.

428 나무 그림은 다윈의 진화론에 "절대적인 핵심": Graham Lawton, "Axing Darwin's Tree," *New Scientist*, January 24, 2009.

429 "유전 정보의 교환은 상대를 가리지 않고 다양한 그룹들 간에 불규칙하게 일어난다": quoted in ibid.

430 "나무 뿌리 뽑기"를 더 파급력 있고 더 급진적인 것의 시작이기를: ibid.

431 "도대체 무슨 생각으로...": letter to the editor by Daniel Dennett, Jerry Coyne, Richard Dawkins, and Paul Myers, "Darwin Was Right," *New Scientist*, February 18, 2009.

431 "창조론자들로 하여금 . . . 절호의 기회를 주는 것이다": ibid.

431 "고난의 시대에 추락한 진화의 표상": Eric Lyons, "Startling Admission: 'Darwin Was Wrong,'" Apologetics Press. www.apologeticspress.org/APContent. aspx?category=23&article=2666.

432 "우리가 상상했던 것보다 훨씬 더 복잡해지고 있다": unsigned editorial in *New Scientist*, "The Future of Life, but Not as We Know It," January 24, 2009.

433 "이들 중 어느 하나도 창조론자에게 도움이 될 만한 것은 없다": ibid.

434 "나무는 생명의 역사를 표현하기에 적절하지 않다": Doolittle (1999), 2124.

435 그렇다면 그것은 여전히 "테세우스의 배"라고 할 수 있는가?: Doolittle (2004), R176.

436 "인기를 끌기 위한 가설"은 아니다: Doolittle (2000), 97.

437 희한한 나무들에 대한 비결을 물었을 때 그는 농담하듯이 말했다. "나는 그들과 소통할 수 있어요.": "Axel Erlandson," Wikipedia, https://en.wikipedia.org/wiki/Axel_Erlandson, quoting from Wilma Erlandson (2001), *My Father Talked to Trees*, 13.

7부 모자이크 인간

E Pluribus Human

444 "마이크로바이옴은 편리공생과 공생, 병원성 미생물들로서, . . . 생태 군집": Lederberg (2001), 2.

446 "마치 굳은 밀가루 반죽처럼 작고 희멀건 물질": Leeuwenhoek letter to the Royal Society, September 17, 1683, quoted in "Antony van Leeuwenhoek (1632–1723)," University of California Museum of Paleontology online, www.ucmp.berkeley. edu/history/leeuwenhoek.html.

455 "왕국의 우정": the photo appears in Gold (2013), 3206.

457 "인간과 밀접한 박테리아": Smillie et al. (2011), 242.

459 "이 분석들을 종합해 보면": ibid., 242.

461 유일하고 명백해 보였던 . . . "뚜렷한 조상의 자취가 사라지고 있다": ibid.

461 그는 워즈와의 첫 접촉을 "내 인생에서 가장 중요한 이메일"이었다고 회상했다: Goldenfeld (2014), 248.

462 "내 전화는 3–9369번입니다"라고 워즈는 적었다: ibid.

462 "현재 진행되는 생물학이 수월하지는 않겠지만": ibid.

462 "그렇게 시작된 과학적인 협력과 우리의 우정은": ibid.

464 동적 진화 과정에는 "비다윈" 메커니즘이 포함되어 있었다: Vestigian et al. (2006), 10696.

464 "폭발적인 게놈 데이터": Goldenfeld and Woese (2007), 369.

464 "미생물의 세계에서 HGT는 광범위하고 강력한 것이다": ibid.

465 생태계의 "자기조직화" 발생 가능성: Kauffman (1993), *xiii*, 22–26.

466 "운영 체제"가 자발적으로 형성되었을 것이며: Goldenfeld and Woese (2007), 369.

467 "거대한 목 보호대를 장착한 무시무시한 모습": Lewin (2014), 273.

468 "과학적 심상으로부터 저절로 흘러나오는 즉흥적인 발언": ibid.

469 해리스 르윈 자신은 칼 워즈에게 "감히 친구가 될 수 없는" 사람이라고 생각했다: ibid.

470 워즈가 모릴홀에서의 "칩거"를 중단하고: ibid., 275.

470 "나는 그의 발견을 기념할 무언가를 하고 싶었다": ibid., 276.

472 "박테리아로부터 수평 전달된 것일 수 있다": Lander et al. (2001), 860.

473 "진귀한 정보의 보고": ibid.

474 그녀는 "조절 인자"라고 불렀다: Comfort (2001), 9.

475 "이동 유전 요소 발견": ibid., 251, his translation from the Swedish.

479 "1인치나 되는 시꺼먼 벌레들이 . . . 한마디로 끔찍했다": Keynes, ed. (1988), 315, and n. 1.

483 "칼이 크라포드상을 단독 수상한 것": Lewin (2014), 275.

483 "공학적 학문"으로 변질됐다고 비판했다: Woese (2004), 173.

484 "생태계의 마스터플랜"을 밝혀줄 과학 분야: ibid.

484 분자생물학의 "환원주의자" 시각으로 인해: ibid., 174.

484 공학 관점에 의해서만 작동하는 생물학: Woese (2004), 173.

485 "나는 늦게서야 그의 책을 읽었지만": Woese (2005), R112.

487 "얃, 당신은 사기꾼 다윈을 너무 비중 있게 다루고 있습니다": Draft of "Beyond God and Darwin," in the Woese Archives, University of Illinois, Champaign–Urbana.

488 "책 1권: 과학 속에서 성장하기": This CVS notebook is in the Woese Archives, University of Illinois, Champaign–Urbana.

490 '박테리아가 . . . 비약적으로 진화한다': Draft of "Beyond God and Darwin," in the Woese Archives, University of Illinois, Champaign–Urbana.

490 "우리 몸을 구성하는 세포도 . . . 조금씩 느리게 발생하지 않았다": ibid.

490 샙은 이렇게 덧붙였다. "또한 우리 DNA의 상당 부분이 바이러스에서 왔다는 사실을 주지해야 한다.": ibid.

494 "우리 연구는 말하자면 바이러스 고고학입니다": Saib and Benkirane (2009), 4.

497 유전자 변형 생쥐: Dupressoir et al. (2005), 730.

503 CRISPR . . . 일정한 간격을 두고 회문 구조가 반복되는 짧은 DNA 서열: Morange (2015), 221.

510 CRISPR 서열에 인접한 유전자(간단하게 Cas 유전자): Jansen et al. (2002), 1565, 1569.

511 현대 사회는 생물권과 조화를 이루면서 살아야 한다는 것을 절실하게 깨닫고 있다: ibid.

514 "나는 생물학의 신세계가 열리는 이 순간을 조지와 함께 해야겠다는 생각에 달려 갔지만": Woese (2007), 4.

517 "이런 서열들은 신성한 두루마리 같은 겁니다": Carl Woese to Harry Noller, August 22, 1974; courtesy of Harry Noller.

518 "난폭하고 옹졸하고 모욕적인": Carl Woese to Professor J. Health, May 17, 1988; copy to Harry Noller, which Noller shared with DQ.

519 "어젯밤 내 유머감각을 발견했어": Noller (2014), 230.

520 "칼은 대단히 창조적이고 절대 타협하지 않는 과학자": ibid., 230-31.

527 "새로 발견된 이 '퍼즐 조각'은 인간이 어떻게 단세포 생물에서 진화했는지 말해준 다": Rachel Feltman, *Washington Post*, May 6, 2015.

530 아카데미 섹션 61의 "촌놈들"을 조심하라고: Lewin (2014), 277.

530 "안타깝게도 그 후 몇 달 만에": ibid.

535 "종은 실제로 혹은 잠재적으로 짝짓기(교배)가 가능한 개체끼리 모인 집단이며": Mayr (1942), 120.

543 기억에 집중하기 어려울 때면 그는 낙담했고 그때마다 "컷" 또는 "잠깐"이라 고 말하곤 했다: These videotapes are available for viewing, with permission, through the Carl R. Woese Institute for Genomic Biology, University of Illinois, Champaign-Urbana.

37 패트리샤 J. 윈 그림

43 생물다양성유산도서관Biodiversity Heritage Library 제공

52 장바티스트 라마르크

55 오라 화이트 히치콕이 에드워드 히치콕을 위해 그림

68 찰스 다윈

93 패트리샤 J. 윈 그림

114 패트리샤 J. 윈 그림.

141 패트리샤 J. 윈 그림

159 패트리샤 J. 윈 그림

209 린 마굴리스 재단 제공

261 에른스트 헤켈

264 에른스트 헤켈

274 From Whittaker (1969), "New Concepts of Kingdoms of Organisms," *Science* 163, no. 3863, fig. 3. 미국과학진흥회American Association for the Advancement of Science 제공

290 From Fox et al. (1980), "The Phylogeny of Prokaryotes," *Science* 209, no. 4455, fig. 1. 미국과학진흥회 제공

297 패트리샤 J. 윈 그림

303 From Woese, Kandler, and Wheelis (1990), "Towards a Natural System of Organisms: Proposal for the Domains Archaea, Bacteria, and Eucarya," *Proceedings of the National Academy of Sciences*, 87, no. 12, fig. 1. 마크 L. 휠리스 제공

403 From Doolittle (1999), "Phylogenetic Classification and the Universal Tree," *Science* 284, no. 5423, fig. 3. 미국과학진흥회 제공

420 From Martin (1999), "Mosaic Bacterial Chromosomes: A Challenge En Route to a Tree of Genomes," *BioEssays* 21, no. 2, fig. 2. 윌리엄 마틴 제공

찾아보기